A JORNADA DO ESCRITOR

Estrutura mítica para escritores

um livro de
CHRISTOPHER VOGLER

traduzido por
PETÊ RISSATTI
ISADORA PROSPERO

ilustrado por
MICHELE MONTEZ

publicado por
SEIVA

Copyright © Christopher Vogler, 2020
Copyright © Seiva, 2024

Todos os direitos reservados, incluindo os direitos de reprodução total ou parcial em qualquer meio.

The Writer's Journey – 25th Anniversary Edition
Originalmente publicado por Michael Wiese Productions
11288 Ventura Blvd, 621
Studio City, CA 91604
www.mwp.com

TÍTULO ORIGINAL The Writer's Journey:
Mythic Structure for Writers

Direção
Daniel Lameira
Adriano Fromer

Coordenação editorial
Bárbara Prince
Luise Fialho

Tradução
Petê Rissatti
Isadora Prospero

Preparação
Isabela Talarico

Revisão
Paula Queiroz
Leticia Campopiano

Capa
Giovanna Cianelli

Projeto gráfico
Giovanna Cianelli
Victoria Servilhano

Ilustrações
Michele Montez
Fritz Springmeyer
Alexander Ward

Diagramação
Desenho Editorial

Comunicação
Gabi de Vicq
Olivia Lober

Comunicação visual
Arthur Magalhães

Você tem consigo a edição ampliada de *A Jornada do Escritor*, um livro que, tamanha a relevância para criadores de narrativas ao longo das últimas décadas, se tornou um clássico. A partir de agora, ele também será seu guia.

A inteligência do título vai muito além da engenhosa alusão à teoria contida em *O herói de mil faces*, de Joseph Campbell. A estrutura mítica da Jornada do Herói, desvendada por Campbell e adaptada por Christopher Vogler para roteiristas, é uma ferramenta narrativa eficaz que também reflete as provações e transformações vivenciadas pelo escritor – afinal, o monomito emerge da psique humana. Ao conduzir seus personagens pelo caminho da adversidade, portanto, o escritor percorre simultaneamente as próprias angústias e medos, e, sobretudo, seu caminho de evolução. Há uma Jornada do Escritor em cada Jornada do Herói.

A escrita, em sua forma mais elevada, é um exercício de exposição à vulnerabilidade – talvez seja daí que venha o apego do autor à sua obra. Nós, criadores e roteiristas, revelamos em cada narrativa algo profundo sobre nossa visão de mundo, nossas crenças e, de forma sutil, sobre as experiências que moldaram nossa vida. O ato de criar não é, portanto, um processo unidirecional, mas uma constante troca entre vida e obra.

Vogler, além de executivo de desenvolvimento para os estúdios Disney e Fox, é também roteirista. Em sua carreira, avaliando histórias e colaborando na narrativa de títulos como *O rei leão*, ele compreendeu que escrever é um processo interminável de autodescoberta. Somos, em certa medida, tanto o Herói como o Mentor de nossa própria jornada. A cada linha deixamos um fragmento indelével de nós mesmos, cientes de que, ao final da história, emerge uma nova versão de quem somos. Ao moldar personagens, moldamo-nos também, reinventando infindavelmente nossa identidade por meio do processo criativo.

A Jornada do Escritor é um convite contínuo à mudança – não apenas daquilo que está no papel, mas de quem escreve. Que este livro não somente te inspire e ensine a transformar teus protagonistas, mas incite em ti, escritor ou escritora, uma incessante transformação a cada Jornada do Herói.

Para contar com a companhia de outras pessoas que criam nesse caminho de descobertas, te convidamos a se juntar à comunidade da Seiva no Discord.

Boa jornada!
Bea Góes

Para minha mãe e meu pai

Sumário

INTRODUÇÃO: (Quarta) Edição do 25º aniversário **11**

INTRODUÇÃO: Edição anterior **17**

LIVRO UM: MAPEAMENTO DA JORNADA **24**
Um guia prático **26**
Os arquétipos **46**
Herói **52**
Mentor: Velha Sábia ou Velho Sábio **64**
Guardião do Limiar **76**
Arauto **82**
Camaleão **88**
Sombra **96**
Aliado **102**
Pícaro **110**
Além dos arquétipos **116**

LIVRO DOIS: ESTÁGIOS DA JORNADA **120**
O Mundo Comum **122**
Chamado à Aventura **140**
Recusa do Chamado **148**
Encontro com o Mentor **158**
A travessia do Primeiro Limiar **170**

Provas, Aliados e Inimigos 178
Aproximação da Caverna Secreta 188
A Provação 202
Recompensa 224
O Caminho de Volta 238
A Ressurreição 248
Retorno com o Elixir 266

EPÍLOGO: RECAPITULAÇÃO DA JORNADA 282
A Jornada do Escritor 364

APÊNDICES: O RESTANTE DA HISTÓRIA: FERRAMENTAS ADICIONAIS
PARA DOMINAR O OFÍCIO 368
O grande acordo 370
As histórias estão vivas 376
Polaridade 392
Catarse 418
A sabedoria do corpo 432
São as vibes, cara 440
Confiança no caminho 460

AGRADECIMENTOS 469

FILMOGRAFIA 471

BIBLIOGRAFIA 477

ÍNDICE 479

INTRODUÇÃO

(Quarta) Edição do 25º aniversário

Um quarto de século atrás, encontrei o editor Michael Wiese para falar sobre uma ideia insana para um livro, destilada das teorias do mitólogo Joseph Campbell e das minhas experiências em criticar roteiros e romances para os estúdios de Hollywood. Wiese, um cineasta e visionário alto e de fala mansa, tinha recentemente aberto uma empresa no ramo da chamada "editoração eletrônica", usando as ferramentas recentes da era da computação para contornar a indústria editorial tradicional e criar sua própria coleção de livros a fim de ajudar cineastas independentes a realizar seus sonhos. Nesse dia, ele ouviu meu discurso ansioso, mas já ficou empolgado com a proposta de um livro que tornasse as ideias de Campbell mais acessíveis a roteiristas e contadores de histórias de todos os tipos. Ele quis pagar para ver e me desafiou a escrever o livro em que eu vinha pensando e sobre o qual discutia havia anos.

Embora ambos estivéssemos animados com o conceito e confiantes de que as ideias seriam úteis para escritores de ficção, não esperávamos que o livro se mantivesse em catálogo por mais de uma ou duas estações – como a grande maioria dos livros publicados. Alguns poucos milhares de exemplares deviam ser suficientes para ocupar as estantes de todos os roteiristas do mundo.

Para nossa constante surpresa, o livro fez sucesso e se tornou uma das obras mais vendáveis da editora, encontrando leitores ano após ano. Entrelaçou-se com a tradição de contação de histórias de Hollywood e foi adotado como livro didático em cursos de cinema e escrita criativa ao redor do mundo.

Nosso público primário eram roteiristas, mas o livro encontrou usuários entre romancistas, animadores, designers de jogos de computador, dramaturgos, atores, dançarinos, compositores, soldados, agentes de viagem e assistentes sociais. O modelo da jornada de doze estágios foi aplicado a uma ampla gama de disciplinas, como marketing e design de produtos, como um sistema de orientação que prevê precisamente os altos e baixos de executar qualquer coisa difícil. Ele dá às pessoas uma linguagem e metáforas que as ajudam a se sentir mais no controle de suas empreitadas. Além disso, tornou-se parte da vida de muitos, orientando-os no planejamento maior das coisas e tornando-se uma maneira de antecipar desafios e ajudar a lidar com eles.

Agora, descobrimos que *A Jornada do Escritor* faz parte de um novo ramo do conhecimento – a ciência do heroísmo, o estudo do padrão heroico e como ele se manifesta na biologia, nas artes e na psicologia humana. Os pioneiros do ramo, entre eles os doutores Philip Zimbardo, Zeno Franco, Olivia Efthimiou, Scott T. Allison e George R. Goethals, estão explorando o assunto de forma multidisciplinar e rastreando sua presença até o nível celular primitivo, onde alguns veem o ciclo heroico em operação nos primórdios da vida. É uma ciência otimista, que vê o ciclo heroico como um fator importante na evolução da humanidade e uma ferramenta valiosa na vida das pessoas. E o padrão narrativo de doze estágios de *A Jornada do Escritor*, assim como o ciclo de dezessete estágios de Campbell, é um dos vários modelos que os pesquisadores estão aplicando ao seu estudo do heroísmo.

COMO AS COISAS MUDARAM

Obviamente, o meio da contação de histórias evoluiu em vinte e cinco anos. Para o bem ou para o mal, histórias de heróis agora dominam o entretenimento narrativo mundial por meio de jogos e franquias de super-heróis épicas de grande orçamento. Não é difícil saber por quê. Elas são facilmente entendidas por diversas culturas, com frequência ressoam com algum aspecto de lendas e mitos locais e, apesar de sua familiaridade, ainda são capazes de fascinar e agradar ao público. Sua apresentação constante de figuras humanas desafiando a morte parece satisfazer um desejo profundo nas plateias, que nunca se cansam de assisti-las.

INTRODUÇÃO: (QUARTA) EDIÇÃO DO 25º ANIVERSÁRIO

Histórias heroicas também servem à nossa saúde mental coletiva, ao refletir a sociedade e suas necessidades e desejos. Espelhadas nas lutas e no triunfo de super-heróis quase divinos, vemos nossas próprias batalhas ampliadas e as consideramos estratégias para nos dar bem no jogo da vida. Histórias heroicas influenciam e ajudam a formar a sociedade, conectando-nos com referências culturais compartilhadas e nos fornecendo sistemas de crença, códigos de honra e modelos de comportamento coletivos.

Entretanto, o gênero cinematográfico de super-heróis corre o risco de se tornar terrivelmente formulista e deve ser continuamente renovado com experimentações e muita disposição em abandonar antigos modelos. Para manter o público engajado, os contadores de histórias precisam conhecer os padrões antigos e, intencionalmente, romper com eles de alguma forma em toda a obra. Um padrão alto para esse tipo de ousadia foi estabelecido pela série de TV *Game of Thrones*, que surpreendeu e fascinou um público enorme ao demolir tabus tácitos sobre o comportamento dos personagens e abruptamente matar heróis amados que, numa história tradicional, continuariam vivos como os representantes do público até o final. Alguns, membros da audiência leal, ficaram chocados, outros rejeitaram a série completamente, sentindo-se traídos, mas muitos se conectaram pelo prazer de ver quais outros tabus poderiam ser quebrados. Minha esperança é que os escritores encontrem nessas páginas um conjunto de instruções flexíveis que permitam esse tipo de quebra de tabu, em vez de uma estrutura, modelo ou fórmula rígida a ser seguida sem questionamentos.

Claro que histórias e fantasias de super-heróis não são o único tipo de drama, e espero que os leitores encontrem aqui instruções e padrões que possam aperfeiçoar histórias íntimas sobre fragilidade e luta humana além de histórias com escopo épico e titânico.

Devido à evolução das tecnologias e dos novos modos de distribuir entretenimento, as histórias estão se tornando ao mesmo tempo mais longas e mais curtas. Em um extremo da escala, seguindo a onda atual de séries longas de alta qualidade, produzidas por companhias como HBO, BBC, Showtime, History Channel e Disney+, a audiência demonstrou gostar de histórias muito longas que podem chegar a uma eventual conclusão ou que, como nos universos de *Star Wars* e *Star Trek*, podem nunca acabar. No outro extremo do espectro narrativo, as pessoas parecem desfrutar de histórias que começam e terminam em poucos minutos ou menos, podendo ser consumidas através das pequenas telas de um smartphone ou smartwatch.

Embora o modelo da Jornada do Herói apresentado neste volume tenha sido concebido originalmente para descrever o curso de um longa-metragem – entre noventa minutos e duas horas –, sempre foi flexível o suficiente para se adaptar a histórias superlongas ou supercurtas. Universos que levam décadas para se revelar podem sustentar a atenção do público com sub-histórias frescas que passam por todos os estágios da jornada de um único herói, enquanto mantêm as pessoas engajadas com uma grande questão dramática que transforma a composição toda na Jornada do Herói de uma família, uma nação, um modo de vida. E, na outra ponta da escala, as histórias mais curtas ainda podem ressoar com a Jornada do Herói ao eficientemente dramatizar apenas um ou dois elementos críticos do padrão, tal como a provação, ressurreição ou retorno do herói. Afinal, no mundo antigo as pessoas acreditavam firmemente que uma única imagem, encarnada em uma estátua ou figuras pintadas em um vaso, era capaz de transmitir toda a essência de uma história mítica.

Quando olho para os vinte e cinco anos de exploração de *A Jornada do Escritor* e examino seu efeito no entretenimento de massa, sinto-me incentivado e otimista. Histórias são resilientes e parecem estar se adaptando a uma nova era e a novas realidades com a ajuda de escritores que estão sempre procurando modos inesperados de juntar as partes elementares. O público também está se adaptando, tornando-se muito mais consciente da mecânica de contação de história e produção de filmes. Isso representa tanto um desafio como uma oportunidade: um desafio porque o público conhece todas as jogadas convencionais e é difícil surpreendê-lo ou oferecer uma emoção genuína, e uma oportunidade porque, se você *consegue* surpreendê-lo com uma manobra narrativa totalmente inesperada, ele irá experimentar uma grande descarga de prazer e alegria. Além disso, como o público conhece os modos convencionais de contar uma história, você pode usar uma abordagem estenográfica, acenando rapidamente a alguns pontos de virada ou tratando-os de forma irônica, deixando o público sentir que está por dentro da piada.

Como você lerá nestas páginas, a Jornada do Herói é uma renovação sempre perene de um padrão antigo que retrata as lutas de personagens, sejam pessoas comuns ou deuses, reis e super-heróis, contra forças implacáveis de morte

INTRODUÇÃO: (QUARTA) EDIÇÃO DO 25º ANIVERSÁRIO

e destruição. Vez por vez, sempre em frente, a batalha eterna será travada. Ela está em *Os vingadores*, com Thanos destruindo metade da vida no universo com um estalar dos dedos. Está em *Game of Thrones*, com o Rei da Noite liderando legiões de zumbis ressuscitados. A morte sempre vence no final, a morte é um terrível oponente, mas as histórias proclamam que os seres humanos são combatentes ferozes também, que às vezes conseguem rechaçar as forças destrutivas por um tempo, um tempo glorioso, e se tornar heróis.

Quando eu era garoto, crescendo numa fazenda no Missouri, me perguntava o que eram histórias e por que elas abalavam tão profundamente minha alma e expandiam minha mente. Parti em uma jornada para responder a essas perguntas e tropecei em uma fonte de poder inesperado que me guiou em uma carreira de desenvolvimento de histórias em Hollywood e me orientou ao longo da vida. Tenho sincera esperança de que você encontre algo aqui que ilumine seu caminho e lhe permita aproveitar mais o poder infinito das histórias de entreter, curar uma alma machucada e mudar vidas.

O QUE HÁ DE NOVO

O que há de novo nesta edição de 25º aniversário?

Nos últimos anos, venho investigando mais profundamente um jeito de pensar as histórias como dispositivos para elevar a consciência do público, ou, na linguagem do movimento psicodélico dos anos 1960 e 1970, aumentar a frequência vibratória do público. Em um capítulo chamado "São as vibes, cara", exploramos o conceito de chacras, com base em tradições espirituais antigas, sugerindo que esses centros de energia invisíveis podem ser úteis para contadores de histórias, agindo como alvos para os efeitos emocionais em nossas narrativas. Eles representam um mapa de como as emoções são sentidas em áreas diferentes do nosso corpo. Eles nos mostram um caminho para uma consciência superior – e creio que é isso que as histórias também tentam fazer.

Uma questão importante na contação de histórias não abordada na primeira edição é a questão de "O que é uma cena?". Para acrescentar essa peça à caixa de ferramentas do contador de histórias, emprestei um capítulo do meu livro *Memo from the Story Department: Secrets of Story and Character*, coescrito com David McKenna. O capítulo se chama "O grande acordo" e propõe um jeito de pensar sobre cenas que pode ajudar você a determinar quando elas cumpriram a sua função e quando encerrá-las. Você encontrará isso na seção chamada "O restante da história", na qual eu reúno ferramentas adicionais que complementam o domínio de um contador de histórias sobre seu ofício.

A seção sobre os padrões arquetípicos de personagens foi expandida com um checklist de perguntas sobre personagens sob o título "Além dos arquétipos".

Para a seção na qual eu detalho a Jornada do Herói em filmes específicos, acrescentei uma análise do filme mágico e onírico de Guillermo del Toro *A forma da água*, porque sua humanidade e imagens me impactaram como poucas películas dos últimos anos. Por fim, revisei o manuscrito para eliminar frases truncadas ou erros, embora tenha certeza de que restam alguns e que leitores atentos e solícitos continuarão a encontrá-los e apontá-los.

INTRODUÇÃO

Edição anterior

PREPARATIVOS PARA A JORNADA

"Esta é a história que peço à divina Musa que nos revele.
Comece-a, deusa, do ponto que desejares."
– Odisseia, de Homero

*

Convido você a vir comigo na Jornada do Escritor, uma missão de descoberta, exploração e mapeamento das fronteiras fugazes entre o mito e a narrativa moderna. Seremos guiados por uma ideia simples: TODAS AS HISTÓRIAS CONSISTEM EM POUCOS ELEMENTOS ESTRUTURAIS COMUNS, conhecidos coletivamente como a JORNADA DO HERÓI. Compreender esses elementos e seu uso na escrita moderna é o objetivo dessa nossa aventura. Usadas com sabedoria, essas ferramentas antiquíssimas da arte da narrativa ainda têm um poder tremendo para curar nosso povo e tornar o mundo um lugar melhor.

Minha Jornada do Escritor começa com a força peculiar que a arte narrativa sempre teve sobre mim. Fui fisgado pelos contos de fadas e pela coleção *Little Golden Books*, lidos em voz alta por minha mãe e minha avó. Devorava histórias em quadrinhos e filmes que pululavam na TV nos anos 1950, as aventuras emocionantes nas telas dos cinemas *drive-in*, os violentos quadrinhos e livros de ficção científica da época que davam nó na cabeça. Quando fiquei de cama por conta de um tornozelo torcido, meu pai ia à biblioteca da cidade e me trazia histórias maravilhosas das mitologias nórdica e celta que me faziam esquecer as dores.

Um rastro de histórias acabou me levando a ganhar a vida com a leitura, como analista de histórias para estúdios de Hollywood. Embora avaliasse milhares de romances e roteiros, nunca me cansei de explorar o labirinto de histórias com seus padrões surpreendentemente repetidos, variações desconcertantes e questões enigmáticas.

De onde vinham as histórias? Como funcionam? O que nos dizem sobre nós mesmos? O que significam? Por que precisamos delas? Como podemos usá-las para melhorar o mundo?

Acima de tudo, como os autores conseguem fazer com que a história adquira significado? Boas histórias nos fazem sentir como se tivéssemos passado por uma experiência completa e satisfatória. Rimos, choramos ou fazemos os dois ao mesmo tempo. Terminamos a história com a certeza de que aprendemos algo sobre a vida e nós mesmos. Talvez até tenhamos encontrado uma nova percepção, uma nova índole ou atitude para tomar como modelo de vida. Como os autores conseguem? Quais são os segredos desse ofício tão antigo? Que regras e princípios esquemáticos o norteiam?

Com o passar dos anos, comecei a perceber alguns elementos comuns em histórias de aventura e nos mitos, personagens, adereços, locais e situações de familiaridade intrigante. Compreendi, ainda que vagamente, que havia um padrão ou modelo que guiava o planejamento das histórias. Eu tinha algumas peças do quebra-cabeça, mas o plano geral me escapava.

Então, na escola de cinema da University of South California, felizmente me deparei com a obra do mitólogo Joseph Campbell. Para mim e para outras pessoas, o encontro com Campbell foi uma experiência transformadora. Poucos dias de mergulho no labirinto de seu livro, O herói de mil faces, provocaram uma reorganização eletrizante na minha vida e nos meus pensamentos. Ali, o padrão que eu pressentia existir estava totalmente explorado. Campbell rompeu o código secreto da narrativa. Seu trabalho foi como um lampejo que de repente ilumina uma paisagem profundamente sombria.

Trabalhei com a ideia da Jornada do Herói de Campbell para entender o fenômeno de público recorrente em filmes como Star Wars e Contatos imediatos do terceiro grau. As pessoas voltavam para assistir a eles como se buscassem algum

INTRODUÇÃO: EDIÇÃO ANTERIOR

tipo de experiência religiosa. A mim parecia que esses filmes atraíam as pessoas desse jeito especial porque refletiam os padrões universalmente recompensadores que Campbell encontrara nos mitos. Tinham algo de que as pessoas precisavam.

O herói de mil faces foi a salvação da pátria quando comecei a trabalhar como analista de histórias para os principais estúdios cinematográficos dos Estados Unidos. Nos meus primeiros trabalhos, agradeci profundamente a Campbell por essa obra, que se transformou num conjunto de ferramentas confiável para diagnosticar problemas da história e prescrever soluções. Sem a orientação e a mitologia de Campbell, eu estaria perdido.

Para mim, a Jornada do Herói era uma tecnologia narrativa empolgante e útil que poderia ajudar cineastas e executivos a eliminar um pouco dos tiros no escuro e das despesas no desenvolvimento de histórias para filmes. Com o passar dos anos, encontrei algumas pessoas que haviam sido afetadas pelos encontros com Joseph Campbell. Éramos como uma sociedade secreta, os seguidores verdadeiros que em geral professavam sua fé no "poder do mito".

Pouco depois de começar a trabalhar como analista de histórias na Walt Disney Company, elaborei um memorando de sete páginas chamado "Guia Prático para O *herói de mil faces*", no qual descrevi a ideia da Jornada do Herói, com exemplos de filmes clássicos e contemporâneos. Entreguei o memorando a amigos, colegas e a vários executivos da Disney para testar e refinar as ideias com o retorno deles. Aos poucos, expandi o "Guia Prático" num longo ensaio e passei a usar esse material em aulas de análise de histórias no Programa de Extensão para Escritores da Universidade da Califórnia em Los Angeles (UCLA).

Em conferências de escritores ao redor do país, testei as ideias em seminários com roteiristas, romancistas, autores infantojuvenis e todos os tipos de narradores. Descobri que muitos outros também estavam explorando os caminhos entrelaçados de mito, história e psicologia.

Pelo que pude perceber, a Jornada do Herói é mais do que apenas uma descrição dos padrões ocultos da mitologia. É um guia útil para a vida, especialmente para a vida do escritor. Na perigosa aventura da minha escrita, encontrei estágios da Jornada do Herói aparecendo de forma tão confiável e útil quanto faziam em livros, mitos e filmes. Na minha vida pessoal, agradecia por ter esse mapa para guiar minha missão e me ajudar a prever o que vinha por aí.

A utilidade da Jornada do Herói como guia para a vida apresentou-se definitivamente quando me preparava pela primeira vez para falar em público sobre ela num grande seminário da UCLA. Algumas semanas antes do seminário, li dois artigos publicados no *Herald-Examiner*, de Los Angeles, em que um crítico de cinema atacava o cineasta George Lucas e seu filme *Willow: na terra da magia* (em produção como uma série da Disney+). De alguma forma, o crítico conseguira um exemplar do "Guia Prático" e afirmava que ele havia influenciado e corrompido profundamente os autores hollywoodianos. O crítico atribuía ao "Guia Prático" a culpa por todos os problemas de *Ishtar* até *Howard, o Super-herói*, bem como pelo sucesso de *De volta para o futuro*. De acordo com ele, executivos preguiçosos e ignorantes dos estúdios, ansiosos para encontrar uma fórmula de ganhar dinheiro rápido, agarravam o "Guia Prático" como uma panaceia e esforçavam-se para enfiá-lo goela abaixo dos roteiristas, engessando a criatividade com técnicas que os executivos nem haviam se dado ao trabalho de entender.

Embora tenha ficado lisonjeado por alguém ter pensado que eu tinha uma influência arrebatadora na mente coletiva de Hollywood, também fiquei arrasado. No limiar de uma nova fase de trabalho com essas ideias, fui derrubado mesmo antes de começar. Ou assim me parecia.

Amigos que eram veteranos nessa guerra de ideias salientaram que, ao ser contestado, simplesmente eu estava encontrando um ARQUÉTIPO, um dos personagens familiares que povoam a paisagem da Jornada do Herói: o GUARDIÃO DO LIMIAR.

Essa informação logo me reequilibrou e me mostrou como lidar com a situação. Campbell descreveu como frequentemente heróis encontram essas "forças alheias, ainda que estranhamente íntimas, que os ameaçam seriamente". Os Guardiões parecem aparecer de repente em vários LIMIARES da jornada, nas passagens estreitas e perigosas de um estágio da vida para outro. Campbell mostrou as muitas formas como os heróis podem lidar com os Guardiões do Limiar. Em vez de enfrentar essas forças aparentemente estranhas, aqueles que estão na jornada aprendem a enganá-las ou a juntar esforços com elas, absorvendo sua energia em lugar de serem destruídos por ela.

Percebi que o ataque aparente desse Guardião do Limiar era uma bênção em potencial, não uma maldição. Pensei em desafiar o crítico para um duelo (laptops a postos, vinte passos de distância), mas reconsiderei. Com uma leve

INTRODUÇÃO: EDIÇÃO ANTERIOR

mudança de atitude, pude converter sua hostilidade em benefício. Entrei em contato com o crítico e o convidei para uma conversa sobre nossas diferenças de opinião em um seminário. Ele aceitou e participou de um painel de discussão que se transformou num debate animado e divertido, lançando luzes em partes do mundo da narrativa que eu nunca havia vislumbrado antes. O seminário ficou melhor e minhas ideias, mais fortes por terem sido contestadas. Em vez de combater meu Guardião do Limiar, trouxe-o para a minha aventura. O que parecia um golpe letal virou algo eficaz e saudável. A abordagem mitológica provou seu valor na vida e na história.

Nessa época, percebi que o "Guia Prático" e as ideias de Campbell de fato tiveram influência em Hollywood. Comecei a receber pedidos de cópias do "Guia Prático" por departamentos de criação de histórias dos estúdios. Ouvi que executivos em outros estúdios estavam dando o panfleto para escritores, diretores e produtores como orientações de padrões de histórias comerciais universais. Aparentemente, Hollywood estava descobrindo que a Jornada do Herói era útil.

Enquanto isso, as ideias de Joseph Campbell explodiram numa esfera mais ampla de divulgação com o programa de entrevistas de Bill Moyers no canal PBS, O poder do mito. O programa foi um sucesso para todas as idades, posições políticas e religiões, falando diretamente ao espírito das pessoas. A versão do livro, uma transcrição de entrevistas, ficou na lista dos mais vendidos do New York Times por mais de um ano. O herói de mil faces, o venerável carro-chefe de Campbell, de repente transformou-se num best-seller quente após quarenta anos de vendas lentas, mas contínuas, em fundo de catálogo.

O programa da PBS levou as ideias de Campbell a milhões de pessoas e iluminou o impacto de sua obra em cineastas como George Lucas, John Boorman, Steven Spielberg e George Miller. De repente me deparei com o aumento acentuado de percepção e aceitação das ideias de Campbell em Hollywood. Mais executivos e escritores especializaram-se nesses conceitos e interessaram-se por aprender como aplicá-los à produção de cinema e à escrita de roteiros.

O modelo da Jornada do Herói continuou a me servir bem, acompanhando-me durante a leitura e a avaliação de mais de dez mil roteiros para meia dúzia de estúdios. Era o meu atlas, um livro de mapas para minhas jornadas de escrita. Além disso, guiou-me até um novo cargo na Disney, como consultor de histórias para a divisão de animação, na época da concepção de *A pequena sereia* e *A Bela e a Fera*. As ideias de Campbell foram extremamente valiosas nas minhas pesquisas e no desenvolvimento das histórias baseadas em contos de fadas, mitologia, ficção científica, quadrinhos e aventura histórica.

Joseph Campbell morreu em 1987. Eu havia tido breves encontros com ele em seminários. Ainda era um homem surpreendente aos oitenta anos – alto, vigoroso, eloquente, engraçado, cheio de energia e entusiasmo, além de extremamente charmoso. Pouco antes de falecer ele me disse: "Não largue esse tema. Ele vai te levar longe".

Recentemente descobri que por algum tempo o "Guia Prático" foi leitura obrigatória dos executivos de desenvolvimento da Disney. Solicitações diárias, bem como inúmeras cartas e ligações de romancistas, roteiristas, produtores, escritores e atores indicam que, mais do que nunca, as ideias da Jornada do Herói estão sendo usadas e desenvolvidas atualmente.

E por isso escrevo esta obra, a descendente do "Guia Prático". O livro é pensado um pouco como o modelo do *I Ching*, com uma visão geral introdutória seguida de comentários que se expandem nos estágios tradicionais da Jornada do Herói. O Livro Um, MAPEAMENTO DA JORNADA, é um rápido reconhecimento de território. O Capítulo 1 é uma revisão do "Guia Prático" e uma apresentação concentrada dos doze estágios da Jornada do Herói. É possível pensar nele como o mapa da jornada que estamos prestes a empreender juntos através do mundo especial das narrativas. O Capítulo 2 é uma introdução aos arquétipos, as *dramatis personae* do mito e das histórias, e descreve os oito tipos comuns de personagem ou funções psicológicas encontradas na maioria das histórias.

O Livro Dois, ESTÁGIOS DA JORNADA, é um exame mais detalhado dos doze elementos da Jornada do Herói. Cada capítulo traz ao final sugestões para que se continue a exploração, as PERGUNTAS SOBRE A JORNADA. Um Epílogo, RECAPITULAÇÃO DA JORNADA, trata da aventura especial da Jornada do Escritor e de algumas armadilhas a se evitar na estrada. Inclui análises da Jornada do Herói em filmes influentes, inclusive *Titanic*, *O rei leão*, *Pulp Fiction*, *A forma da água* e *Star Wars*. No caso de *O rei leão*, tive a oportunidade de aplicar as ideias da Jornada do Herói como consultor de histórias durante o processo de desenvolvimento do filme, e vi em primeira mão o quanto esses princípios podem ser úteis.

INTRODUÇÃO: EDIÇÃO ANTERIOR

Em todo o livro, faço referências a filmes clássicos e contemporâneos. Talvez o leitor queira assistir a alguns desses filmes para confirmar como a Jornada do Herói funciona na prática. Uma lista representativa de filmes pode ser encontrada em Filmografia, na seção Apêndices.

Talvez também o leitor selecione um único filme ou história de sua preferência e o mantenha em mente enquanto empreende a Jornada do Escritor. Conheça a história selecionada lendo ou assistindo a ela várias vezes, tomando notas breves sobre o que acontece em cada cena e como funcionam os conflitos emocionais. Assistir a um filme em um aparelho de sua escolha é útil se você puder pausar para anotar o conteúdo de cada cena e entender seu sentido e relação com o restante da história.

Sugiro que execute esse processo com uma história ou filme e use-o para testar as ideias deste livro. Confira se sua história reflete os estágios e arquétipos da Jornada do Herói. Observe como os estágios são adaptados para atender às necessidades da história ou à cultura específica para a qual a história foi escrita. Conteste essas ideias, teste-as na prática, adeque-as às suas necessidades e as incorpore. Use esses conceitos para provocar e inspirar histórias próprias.

A Jornada do Herói tem servido a contadores de história e a seus ouvintes desde que a primeira história foi contada, e não dá sinais de estar saindo de moda. Comecemos juntos a Jornada do Herói para explorar essas ideias. Espero que elas sejam úteis para você como as chaves mágicas para o mundo da narrativa e para o labirinto da vida.

LIVRO UM

· · ·

MAPEAMENTO DA JORNADA

UM GUIA PRÁTICO

*"Existem apenas duas ou três histórias na humanidade e elas se repetem
de forma tão insistente como se nunca tivessem acontecido antes."*
– Willa Cather, em O *Pioneers!*

*

Com o tempo, é possível que se descubra que um dos livros mais influentes do século 20 foi O *herói de mil faces*, de Joseph Campbell.

As ideias contidas no livro de Campbell estão tendo um grande impacto na arte da narrativa. Escritores estão ficando mais conscientes dos padrões atemporais que Campbell identifica e enriquecem seu trabalho com eles.

Seria inevitável que Hollywood compreendesse a utilidade do trabalho de Campbell. Cineastas como George Lucas e George Miller reconhecem o quanto devem ao autor, e sua influência pode ser notada nos filmes de Steven Spielberg, John Boorman, Francis Coppola, Darren Aronofsky e Jon Favreau, entre outros.

Não é à toa que Hollywood prontamente aceitou as ideias que Campbell apresenta nos livros. Para escritores, produtores, diretores ou cenógrafos, seus conceitos são uma bem-vinda caixa de ferramentas, com instrumentos sólidos ideais para o ofício de contação de histórias. Com essas ferramentas é possível construir uma história que sirva para quase todas as situações, uma história que seja dramática, divertida e psicologicamente verdadeira. Por meio desses equipamentos, podem-se diagnosticar problemas de quase todos os enredos problemáticos e corrigi-los para atingir o máximo desempenho.

Essas ferramentas resistiram ao teste do tempo. São mais antigas que as pirâmides, mais que o Stonehenge, mais ainda que as primeiras pinturas rupestres.

A contribuição de Joseph Campbell à caixa de ferramentas foi reunir essas ideias, reconhecê-las, articulá-las, nomeá-las e organizá-las. Ele expôs pela primeira vez o padrão que existe por trás de todas as histórias já contadas.

O herói de mil faces é sua declaração do tema mais persistente na tradição oral e da literatura escrita: o mito do herói. Em seu estudo dos mitos mundiais do herói, Campbell descobriu que eles basicamente são a mesma história, recontada *ad infinitum* em variações ilimitadas.

O autor também descobriu que toda narrativa, consciente ou não, segue padrões antigos do mito, e que todas as histórias, das piadas mais rudimentares aos mais altos voos da literatura, podem ser compreendidas nos termos da Jornada do Herói: o "monomito", cujos princípios ele descreve em seu livro.

O padrão da Jornada do Herói é universal, recorrente em todas as culturas e em todas as épocas. Como a evolução humana, ele é infinitamente variável e, ainda assim, sua forma básica permanece constante. A Jornada do Herói é um conjunto incrivelmente tenaz de elementos que brota incessantemente dos rincões mais profundos da mente humana; diferente em detalhes para cada cultura, mas fundamentalmente o mesmo.

O pensamento de Campbell segue em paralelo com o do psicólogo suíço Carl G. Jung, que escreveu sobre os ARQUÉTIPOS: personagens ou energias que se repetem constantemente e surgem nos sonhos de todas as pessoas e em mitos de todas as culturas. Jung sugeriu que esses arquétipos refletem diferentes aspectos da mente humana – que nossa personalidade se divide nesses personagens para desempenhar o teatro da vida. Ele percebeu uma forte correspondência entre as imagens oníricas de pacientes e os arquétipos comuns da mitologia. Aventou a hipótese de que ambos vinham de uma fonte mais profunda, o INCONSCIENTE COLETIVO da raça humana.

Os personagens repetidos do mito mundial, como o jovem herói, o velho sábio ou a velha sábia, o camaleão e o antagonista sombrio, são as mesmas figuras que aparecem repetidamente em nossos sonhos e fantasias. Por isso os mitos e a maioria das histórias construídas segundo o modelo mítico são psicologicamente verossímeis.

Essas histórias, verdadeiros mapas da psique, são modelos precisos das engrenagens da mente humana, psicologicamente válidos e emocionalmente realistas, mesmo quando retratam eventos fantásticos, impossíveis ou irreais.

Por essa razão, essas histórias têm força universal. Narrativas construídas segundo o modelo da Jornada do Herói contam com um apelo que pode ser sentido por todos, pois jorram de uma fonte universal do inconsciente compartilhado e refletem as preocupações universais.

Elas lidam com as questões universais que parecem infantis: quem sou? De onde vim? Para onde vou quando morrer? O que são o bem e o mal? O que preciso fazer quanto a isso? Como será o amanhã? Para onde foi o ontem? Tem alguém mais lá em cima?

As ideias incorporadas na mitologia e identificadas por Campbell em *O herói de mil faces* podem ser aplicadas para compreender quase todos os problemas humanos. São a grande chave para a vida e também o principal instrumento para lidar de forma mais eficiente com um público massificado.

Caso queira entender as ideias por trás da Jornada do Herói, não existe maneira melhor de fazê-lo do que ler a obra de Campbell. Essa é uma experiência que pode ser transformadora. Ler muitos mitos também é uma boa ideia, mas terá o mesmo resultado, pois Campbell é um contador de histórias magistral que fascina ao ilustrar seus temas com exemplos do rico repertório da mitologia.

Campbell traça um esquema da Jornada do Herói no Capítulo IV, "As chaves", de *O herói de mil faces*. Tomei a liberdade de alterar um pouco o resumo, tentando refletir alguns dos temas comuns em filmes com ilustrações tiradas de obras contemporâneas e de alguns clássicos. Será possível comparar os dois esquemas e a terminologia na tabela a seguir.

COMPARAÇÃO DE ESQUEMAS E TERMINOLOGIA

A Jornada do Escritor	*O herói de mil faces*
PRIMEIRO ATO	**PARTIDA, SEPARAÇÃO**
Mundo Comum	Mundo Cotidiano
Chamado à Aventura	Chamado à Aventura
Recusa do Chamado	Recusa do Chamado
Encontro com o Mentor	O Auxílio Sobrenatural
Travessia do Primeiro Limiar	A Passagem do Primeiro Limiar
	O Ventre da Baleia
SEGUNDO ATO	**DESCIDA, INICIAÇÃO, PENETRAÇÃO**
Provas, Aliados e Inimigos	O Caminho de Provas
Aproximação da Caverna Secreta	O Encontro com a Deusa
	A Mulher como Tentação
Provação	Sintonia com o Pai
	A Apoteose
Recompensa	A Benção Última
TERCEIRO ATO	**RETORNO**
	A Recusa do Retorno
	A Fuga Mágica
O Caminho de Volta	Resgate com Auxílio Eterno
	Travessia do Limiar
	Retorno
Ressurreição	Senhor de Dois Mundos
Retorno com o Elixir	Liberdade para Viver

Estou recontando o mito do herói à minha maneira, e você deve ficar à vontade para fazer o mesmo. Todo contador de histórias ajusta o padrão mítico a um objetivo próprio ou às necessidades de uma cultura específica.

É por esse motivo que o herói tem mil faces. E é importante observar que a palavra "herói", conforme usada neste livro, poderá fazer referência tanto ao gênero masculino quanto ao feminino.

A JORNADA DO HERÓI

Em princípio, apesar de sua variedade infinita, a história de um herói é sempre uma jornada. Um herói abandona seu ambiente confortável e comum para se aventurar em um mundo desafiador e desconhecido. Pode ser uma jornada ao exterior, a um lugar de verdade: um labirinto, uma floresta ou caverna, uma cidade ou país estrangeiro, um novo local que se converte em arena para seu conflito com forças antagônicas, contestadoras.

No entanto, existem muitas histórias que conduzem o herói a uma jornada interior, que acontece na mente, no coração, no espírito. Em qualquer boa história, o herói cresce e se transforma, empreendendo uma jornada de um modo de ser para outro: do desespero à esperança, da fraqueza à força, da tolice à sabedoria, do amor ao ódio e vice-versa. São essas jornadas emocionais que prendem o público e fazem valer a pena acompanhar a história.

Os estágios da Jornada do Herói podem ser identificados em todos os tipos de história, não apenas naquelas que apresentam ação física "heroica" e aventuras. O protagonista de toda história é o herói de uma jornada, mesmo que o caminho leve apenas à sua mente ou ao reino dos relacionamentos pessoais.

As escalas da Jornada do Herói surgem naturalmente, mesmo quando o escritor não tem consciência delas. No entanto, é útil ter um pouco de conhecimento sobre esse guia antiquíssimo de narrativas para identificar problemas e contar histórias melhores. Considere esses doze estágios como um mapa da Jornada do Herói – uma das muitas maneiras de se partir de um ponto a outro, mas uma das mais flexíveis, duradouras e confiáveis.

OS ESTÁGIOS DA JORNADA DO HERÓI

1. Mundo Comum
2. Chamado à Aventura
3. Recusa do Chamado
4. Encontro com o Mentor
5. Travessia do Primeiro Limiar
6. Provas, Aliados e Inimigos
7. Aproximação da Caverna Secreta
8. Provação
9. Recompensa (Empunhando a Espada)
10. O Caminho de Volta
11. Ressurreição
12. Retorno com o Elixir

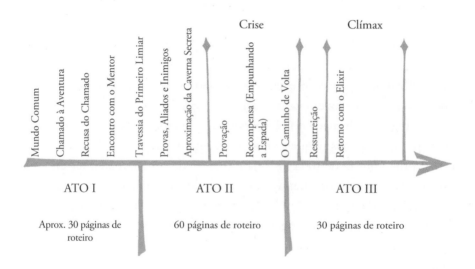

MODELO DA JORNADA DO HERÓI

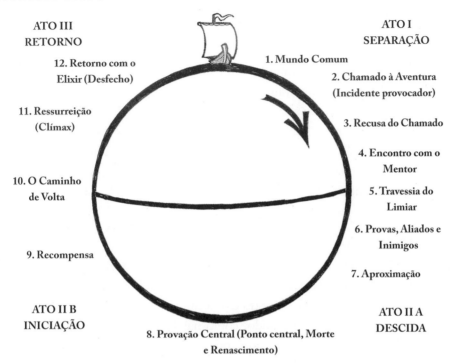

1. O MUNDO COMUM

A maioria das histórias tira o herói de um mundo comum e trivial e o leva a um Mundo Especial, novo e estranho. É a famigerada ideia do "peixe fora d'água", que tem gerado inúmeros filmes e séries televisivas (*O fugitivo*, *A família Buscapé*, *A mulher faz o homem*, *Na corte do rei Arthur*, *O mágico de Oz*, *A testemunha*, *48 horas*, *Trocando as bolas*, *Um tira da pesada* etc.).

Se quisermos mostrar um peixe fora do ambiente habitual, primeiro teremos de mostrá-lo no MUNDO COMUM, para que se crie um contraste nítido com o estranho mundo novo no qual ele está prestes a entrar.

Em *A testemunha*, vemos a história do policial da cidade grande e a da mãe e do filho da seita amish, cada qual no seu mundo comum, antes de serem lançados em ambientes totalmente estranhos: os amish sendo assolados pela vida na cidade e o policial adentrando o universo dos amish, povo estacionado no século 19. Já em *Star Wars*, primeiro vemos Luke Skywalker, o herói da saga, entediado com sua vidinha no interior de um planeta desértico, e só mais tarde é que ele parte para enfrentar suas aventuras.

Da mesma forma, em *O mágico de Oz* gasta-se um bom tempo para apresentar a vida monótona e normal de Dorothy no Kansas antes de ela ser arrastada por um furacão até o mundo maravilhoso de Oz. Nesse caso o contraste é maior, pois as cenas do Kansas são gravadas num preto-e-branco austero, enquanto as cenas em Oz são rodadas em Technicolor vibrante.

A força do destino delineia um contraste nítido entre o Mundo Comum do herói – rapaz brigão, filho de um oficial da Marinha afeito a bebedeiras e prostíbulos – e o Mundo Especial da escola de aviação naval, rígido e limpíssimo, onde o garoto entra.

2. CHAMADO À AVENTURA

O herói é apresentado a um problema, desafio ou aventura a empreender. Uma vez apresentado ao CHAMADO À AVENTURA, ele não pode mais permanecer para sempre no conforto do Mundo Comum.

Talvez a terra esteja morrendo, como nas histórias do rei Arthur sobre a busca do Graal, o único tesouro que pode curar a terra ferida. Em *Star Wars*, o Chamado à Aventura é a desesperada mensagem holográfica da Princesa Leia ao velho sábio Obi-Wan Kenobi, que pede a Luke para se unir à missão. Leia foi capturada pelo maléfico Darth Vader, como a deusa grega da primavera, Perséfone, raptada para o mundo inferior por Hades, o senhor dos mortos. Seu resgate é vital para restaurar o equilíbrio do universo.

Em muitas histórias policiais, o Chamado à Aventura é o pedido a um detetive para que assuma um novo caso e resolva um crime que perturbou a ordem das coisas. Um bom detetive deve consertar as coisas, bem como resolver os crimes.

Em enredos de vingança, o Chamado à Aventura com frequência consiste em algo errado que deve ser corrigido, um ataque à ordem natural das coisas. Em *O conde de Monte Cristo*, Edmond Dantes é injustamente aprisionado e levado a escapar pelo desejo de vingança. O enredo de *Um tira da pesada* é desencadeado pelo assassinato do melhor amigo do herói. Em *Rambo: programado para matar*, o protagonista é motivado pelo tratamento desleal que sofreu nas mãos de um xerife intolerante.

Em comédias românticas, o Chamado à Aventura pode ser o primeiro encontro com alguém especial, mas irritante, que o herói ou heroína perseguirá e enfrentará.

O Chamado à Aventura estabelece as regras do jogo e deixa claro o objetivo do herói: conquistar o tesouro ou o amor, vingar-se ou corrigir um erro, realizar um sonho, enfrentar um desafio ou mudar sua vida.

O que está em jogo pode ser expresso geralmente como uma questão levantada pelo chamado. E.T. e Dorothy de *O mágico de Oz* voltarão para casa? Luke resgatará a Princesa Leia e derrotará Darth Vader? Em *A força do destino*, o herói será expulso da escola aeronaval por seu egoísmo e pela implicância de um instrutor carrasco, ou ganhará o direito de vencer a força do destino? O garoto encontra a garota, mas conseguirá ficar com ela?

3. RECUSA DO CHAMADO (O HERÓI RELUTANTE)

Esse estágio é sobre o medo. Não raro, nesse momento o herói hesita no limiar da aventura, RECUSANDO O CHAMADO ou manifestando relutância. Depois de tudo, enfrenta o maior de todos os medos: o terror frente ao desconhecido. O herói ainda não está totalmente comprometido com a jornada e talvez esteja pensando em desistir. Outra influência – a mudança nas circunstâncias, outro ataque à ordem natural das coisas ou o incentivo de um Mentor – é necessária para fazê-lo deixar para trás esse momento decisivo de medo.

Nas comédias românticas, o herói pode se mostrar hesitante em se envolver amorosamente (talvez pela dor sofrida na relação anterior). Numa história policial, o detetive pode recusar o caso num primeiro momento e aceitá-lo mais tarde, depois de pensar melhor.

É nesse estágio de *Star Wars* que Luke recusa o Chamado à Aventura de Obi-Wan e volta a viver na fazendola dos tios para logo em seguida descobrir que os *stormtroopers* do Imperador haviam feito churrasquinho deles. Luke, então, deixa de hesitar e se revela ávido por assumir a missão. A maldade do Império havia se transformado numa questão pessoal para ele. E ele fica motivado.

4. MENTOR: VELHA SÁBIA OU VELHO SÁBIO

Nessa fase, muitas histórias já terão apresentado um personagem estilo Merlin, o mago, que será o MENTOR do herói. O relacionamento entre herói e Mentor é um dos temas mais comuns na mitologia e um dos mais ricos em valor simbólico. Representa o laço entre pai e filho, professor e aluno, doutor e paciente, deus e homem.

O Mentor pode aparecer como um velho mago sábio (*Star Wars*), um sargento exigente e durão (*A força do destino*) ou um treinador de boxe grisalho (*Rocky, um lutador*). Na mitologia do programa "The Mary Tyler Moore Show", era o chefe de Mary, o rabugento, mas bondoso Lou Grant. Em *Tubarão*, é o personagem ríspido de Robert Shaw, que sabe tudo sobre tubarões.

A função do Mentor é preparar o herói para enfrentar o desconhecido. Ele pode dar conselhos, orientação ou equipamentos mágicos. Obi-Wan, em *Star Wars*, presenteia Luke com o sabre de luz do pai do rapaz, que será usado nas batalhas com o lado sombrio da Força. Em *O mágico de Oz*, Glinda, a Bruxa Boa do Sul, dá orientação a Dorothy e os sapatinhos de rubi que, no fim das contas, a levarão de volta para casa.

Contudo, o Mentor só pode acompanhar o herói até certo ponto. No fim, o herói deve enfrentar o desconhecido sozinho. Às vezes, o Mentor precisa dar um chute de leve no traseiro do herói para que a aventura prossiga.

5. TRAVESSIA DO PRIMEIRO LIMIAR

Agora o herói finalmente se compromete com a aventura e, pela primeira vez, entra com os dois pés no Mundo Especial da história ao fazer a TRAVESSIA DO PRIMEIRO LIMIAR. Ele concorda em enfrentar as consequências de lidar com o problema ou o desafio imposto no Chamado à Aventura. É o momento em que a história decola e a aventura realmente começa. O balão alça voo, o navio se lança ao mar, o romance começa, o avião ou espaçonave ruma para o céu, o vagão do trem parte.

Filmes em geral são constituídos por três atos, que podem ser resumidos como: 1) a decisão do herói de agir; 2) a ação em si; e 3) as consequências da ação. O Primeiro Limiar marca o ponto de virada entre o Primeiro e o Segundo Ato. Ao superar o medo, o herói decidiu enfrentar o problema e agir. Agora está comprometido com a jornada e não há caminho de volta.

É o momento em que Dorothy entra na Estrada de Tijolos Amarelos, e que o herói de *Um tira da pesada*, Axel Foley, decide desafiar a ordem do chefe, saindo do Mundo Comum das ruas de Detroit para investigar o assassinato do amigo no Mundo Especial de Beverly Hills.

6. PROVAS, ALIADOS E INIMIGOS

Uma vez cruzado o Primeiro Limiar, o herói naturalmente encontra novos desafios e PROVAS, faz ALIADOS e INIMIGOS e começa a aprender as regras do Mundo Especial.

Saloons e bares sujos parecem bons lugares para essas transações. Inúmeros faroestes levam o herói a um *saloon*, onde sua virilidade e determinação são testadas e onde amigos e vilões são apresentados. Bares também são úteis para o herói obter informações e aprender as novas regras que valem no Mundo Especial.

Em *Casablanca*, o Rick's Café é o covil da intriga, o lugar em que alianças e inimizades são forjadas e o caráter moral do herói é testado a todo o momento. Em *Episódio IV: Uma nova esperança* (o primeiro filme de *Star Wars* a ser lançado), a cantina é o cenário para a criação de uma importante aliança com Han Solo e da inimizade com Jabba, o Hutt, que se vinga dois filmes depois, em *O retorno de Jedi*. Neste filme, na atmosfera eufórica, surreal e violenta da cantina, apinhada de alienígenas bizarros, Luke também experimenta o Mundo Especial empolgante e perigoso no qual acabara de entrar.

Cenas como essas permitem o desenvolvimento do caráter, enquanto assistimos ao herói e a seus companheiros reagirem à pressão. Na cantina de *Star Wars*, Luke consegue ver a maneira como Han Solo lida com uma situação periclitante e descobre que Obi-Wan é um mago guerreiro de grande poder.

Existem sequências semelhantes em *A força do destino*, nas quais o herói faz aliados e inimigos e encontra seu "interesse amoroso". Vários aspectos do caráter do herói – agressividade e hostilidade, conhecimentos de luta de rua e atitudes sobre as mulheres – são revelados sob pressão nessas cenas e, claro, uma delas acontece num bar.

Obviamente, nem todos os Testes, Alianças e Inimizades ocorrem em bares. Em muitas histórias, como *O mágico de Oz*, eles são simples encontros na estrada. Nesse estágio da Estrada de Tijolos Amarelos, Dorothy depara-se com o Espantalho, o Homem de Lata e o Leão Covarde, e faz inimigos, como um pomar cheio de árvores falantes mal-humoradas. Ela então passa por vários Testes, como despregar o Espantalho, azeitar o Homem de Lata e ajudar o Leão Covarde a lidar com o medo.

Em *Star Wars*, os Testes continuam depois da cena da cantina. Obi-Wan ensina Luke a lidar com a Força ao fazê-lo lutar vendado. As primeiras batalhas com armas de laser contra os combatentes Imperiais são outro Teste em que Luke passa com sucesso.

7. APROXIMAÇÃO DA CAVERNA SECRETA

Enfim, o herói chega às margens do local perigoso, às vezes no subterrâneo profundo, onde o objeto da missão está escondido. Com frequência, esse é o quartel-general do maior inimigo do herói, o ponto mais perigoso do Mundo Especial: a CAVERNA SECRETA. Ao entrar nesse lugar temeroso, o herói cruza o segundo limiar principal. Heróis sempre param nos portais para se preparar, planejar e enganar os soldados do vilão. Essa é a fase da APROXIMAÇÃO.

Na mitologia, a Caverna Secreta pode representar a terra dos mortos. O herói talvez precise descer ao inferno para resgatar a amada (Orfeu), a uma caverna para combater um dragão e conquistar um tesouro (Sigurd, no mito nórdico) ou num labirinto para enfrentar um monstro (Teseu e o Minotauro).

Nas histórias arturianas, a Caverna Secreta é a Capela Perigosa, a câmara assustadora onde é possível encontrar o Graal.

Na mitologia moderna de *Star Wars*, a Aproximação da Caverna Secreta acontece quando Luke Skywalker e companhia são sugados para dentro da Estrela da Morte, onde enfrentarão Darth Vader e resgatarão a Princesa Leia. Em *O mágico de Oz*, é o sequestro de Dorothy, quando é levada ao castelo maligno da Bruxa Má, e seus companheiros invadem o castelo às escondidas para salvá-la. O título de *Indiana Jones e o Templo da Perdição* revela qual é a Caverna Secreta do filme.

A Aproximação cobre todos os preparativos para adentrar a Caverna Secreta e enfrentar a morte ou um perigo supremo.

8. A PROVAÇÃO

Neste estágio, o destino do herói atinge o fundo do poço num confronto direto com seu maior medo – é aqui que ele enfrenta a possibilidade de morte e é levado a encarar uma batalha com forças hostis. A PROVAÇÃO é o "momento sombrio" para o público, pois somos mantidos em suspense e tensão, sem saber se nosso personagem viverá ou morrerá. O herói, como Jonas, está "no ventre da fera".

Em *Star Wars*, a Provação é o momento angustiante nas entranhas da Estrela da Morte, quando Luke, Leia e seus amigos estão presos no gigantesco triturador de lixo. Ali, Luke é puxado pelo monstro de tentáculos que vive no esgoto e mantido lá até que o público comece a imaginar que talvez ele esteja morto. Em *E.T.*, o alienígena amável parece morrer, por um instante, na mesa de operação. Em *O mágico de Oz*, Dorothy e seus amigos são aprisionados pela Bruxa Má, e temos a impressão de que não haverá escapatória. No mesmo momento, em *Um tira da pesada*, Axel Foley está nas garras dos homens do vilão e com uma arma apontada para a cabeça.

Em *A força do destino*, Zack Mayo suporta uma Provação quando seu instrutor carrasco lança uma investida completa para atormentá-lo e humilhá-lo até que ele desista do programa. Esse é um momento de vida ou morte psicológica, pois, se ele desistir, suas chances de mostrar ao destino quem de fato detém a força estarão acabadas. Ele sobrevive à Provação, recusando-se a entregar os pontos, e a Provação o altera. O sargento exigente, um Velho Sábio astuto, forçou-o a admitir sua dependência dos outros e, a partir daquele momento, ele começa a cooperar mais e ser menos egoísta.

Em comédias românticas, a morte enfrentada pelo herói pode ser apenas a morte temporária do relacionamento, como no segundo movimento do velho enredo padrão: "garoto encontra garota, perde a garota e depois fica com a garota". Aqui, as condições para que o herói se conecte com seu objeto de afeição parecem as piores possíveis.

A Provação é um momento crucial em que o herói corre o risco de morrer, ou parece morrer, para que, em seguida, venha a renascer. É a principal fonte da magia do mito heroico. As experiências dos estágios anteriores levam-nos, o público, a nos identificar com o herói e seu destino. O que acontece com o herói acontece também conosco. Somos incentivados a vivenciar o instante à beira da morte com ele. Nossas emoções são temporariamente oprimidas para que elas possam ser revividas quando o herói voltar da morte. O resultado dessa ressurreição é, para nós, a sensação de alegria e euforia.

Os projetistas dos brinquedos emocionantes de um parque de diversões sabem como usar esse princípio. As montanhas-russas fazem os passageiros sentirem como se fossem morrer, provocando a grande emoção do enfrentamento da morte e da consequente vitória sobre ela. Nunca se estará mais vivo do que quando se encara a morte de frente.

Esse também é o elemento-chave em ritos de passagem ou rituais iniciáticos de fraternidades ou sociedades secretas. O iniciado é forçado a experimentar a proximidade da morte em alguma experiência terrível e, em seguida, vivencia a ressurreição quando renasce como novo membro do grupo. O herói de cada história é um iniciado sendo introduzido nos mistérios da vida e da morte.

Toda história precisa de um momento de vida ou morte em que o herói e seus objetivos estão em perigo mortal.

9. RECOMPENSA (EMPUNHANDO A ESPADA)

Depois de ter sobrevivido à morte, derrotado o dragão ou massacrado o Minotauro, o herói e o público terão motivos para celebrar. O herói agora toma posse do tesouro que viera buscar, sua RECOMPENSA. Talvez seja uma arma especial, como uma espada mágica, ou um símbolo, como o Graal, ou ainda algum elixir capaz de curar a terra ferida.

Às vezes, a "espada" é o conhecimento e a experiência que levam a uma maior compreensão e a uma reconciliação com forças hostis.

Em *Star Wars*, Luke resgata a Princesa Leia e captura os projetos da Estrela da Morte, a chave para derrotar Darth Vader.

Dorothy escapa do castelo da Bruxa Má com a vassoura da Bruxa e os sapatinhos de rubi, instrumentos essenciais para voltar para casa.

Nesse momento, o herói pode também resolver um conflito com o pai ou a mãe. Em *O retorno de Jedi*, Luke reconcilia-se com Darth Vader, que revela ser seu pai e um sujeito "nem tão mau assim". Essa também pode ser a etapa da reconciliação com o sexo oposto, como nas comédias românticas.

Em muitas histórias, o(a) amado(a) é o tesouro que o herói vai buscar ou resgatar, e sempre há uma cena de amor nesse momento para comemorar a vitória.

Do ponto de vista do herói, os membros do sexo oposto podem se assemelhar a CAMALEÕES, um arquétipo de mudança. Eles parecem se transformar o tempo todo, seja na forma ou na idade, refletindo os aspectos confusos e em contínua mutação do sexo oposto. Histórias de vampiros, lobisomens e outros antropomorfos são ecos simbólicos dessa qualidade mutável que homens e mulheres veem uns nos outros.

A Provação do herói pode trazer uma compreensão mais ampla do sexo oposto, uma capacidade de enxergar além da aparência exterior mutável, o que leva à reconciliação. É possível também que o herói se torne mais atraente como resultado de ter vencido a Provação. Ele conquistou o título de "herói" ao assumir o risco supremo em nome da comunidade.

10. O CAMINHO DE VOLTA

O herói ainda não saiu da floresta. Estamos passando para o Terceiro Ato agora, quando o herói começa a lidar com as consequências de enfrentar as forças obscuras da Provação. Se ele ainda não conseguiu se reconciliar com seu pai ou sua mãe, com os deuses ou com as forças hostis, estes podem vir atrás dele enfurecidos. Algumas das melhores cenas de perseguição aparecem nesse momento, quando o herói é perseguido no CAMINHO DE VOLTA por forças vingativas que ele perturbou ao Empunhar a Espada, se apossar do elixir ou do tesouro.

Portanto, Luke e Leia são perseguidos furiosamente por Darth Vader quando escapam da Estrela da Morte. O Caminho de Volta em *E.T.* é a fuga de Elliott e E.T. com a bicicleta que voa à luz da lua, quando escapam de Keys (Peter Coyote), que representa a autoridade governamental repressiva.

Esse estágio marca a decisão de voltar ao Mundo Comum. O herói percebe que o Mundo Especial deve, no fim das contas, ser deixado para trás, e que ainda há perigos, tentações e testes pela frente.

11. RESSURREIÇÃO

Em tempos antigos, os caçadores e guerreiros tinham de ser purificados antes de voltar às comunidades, porque tinham sangue nas mãos. O herói que foi para o reino dos mortos precisa renascer e ser depurado em uma última Provação de morte e ressurreição antes de voltar a viver no Mundo Comum.

Isso acontece em geral num segundo momento de vida e morte, numa quase repetição da morte e renascimento da Provação. A morte e a escuridão empenham-se numa última tentativa desesperada antes de serem finalmente derrotadas. Essa é uma espécie de exame final do herói, que precisa ser testado mais uma vez para garantir que tenha realmente aprendido as lições da Provação.

O herói, então, é transformado por esses ensejos de morte e renascimento e consegue voltar à vida comum renascido, como um novo ser e com novas perspectivas. A série *Star Wars* joga o tempo todo com esse elemento. Os filmes da "trilogia original" trazem as cenas de batalha final nas quais Luke quase morre, aparenta estar morto por um momento e então, como que por milagre, sobrevive. Cada Provação lhe concede novos conhecimentos e comando sobre a Força. Ele é sempre transformado em um novo ser por meio dessas experiências.

Axel Foley, na sequência de clímax de *Um tira da pesada*, enfrenta a morte novamente nas mãos do vilão, mas é resgatado pela intervenção das forças policiais de Beverly Hills. Ele emerge desse teste com um grande respeito pela cooperação e se torna um ser humano mais completo.

A força do destino oferece uma série mais complexa de provações finais, pois o herói enfrenta a morte de várias formas. O egoísmo de Zack definha quando ele desiste da chance de conquistar um troféu atlético pessoal para ajudar outro cadete com um obstáculo. O relacionamento com sua namorada parece morto, e ele precisa sobreviver ao golpe esmagador do suicídio de seu melhor amigo. Como se não fosse o bastante, também aguenta uma batalha de vida ou morte, corpo a corpo, com seu instrutor carrasco, mas sobrevive a tudo isso e consegue se transformar com a força do destino.

12. RETORNO COM O ELIXIR

O herói retorna ao Mundo Comum, mas sua jornada não teria sentido se ele não trouxesse consigo algum Elixir, tesouro ou lição do Mundo Especial. O Elixir é uma poção mágica com o poder de curar. Pode ser um grande tesouro como o Graal, que cura magicamente a terra ferida, ou simplesmente o conhecimento e a experiência que serão úteis para a comunidade algum dia.

Dorothy volta ao Kansas sabendo que é amada e que "não há lugar como o lar". E.T. volta para casa com a experiência da amizade com seres humanos. Luke Skywalker derrota Darth Vader (por ora) e restaura a paz e a ordem na galáxia.

Zack Mayo ganha sua patente e deixa o Mundo Especial da base de treinamento com uma nova perspectiva. No novo e impecável uniforme de oficial (com uma nova atitude para combinar), ele literalmente faz a namorada flutuar e a leva embora.

Às vezes, o Elixir é o tesouro conquistado numa aventura – que pode ser o amor, a liberdade ou o conhecimento de que o Mundo Especial existe e de que é possível sobreviver a ele. Às vezes, é apenas voltar para casa com uma boa história para contar.

A menos que se traga algo de volta da Provação na Caverna Secreta, o herói fica fadado a repetir a aventura. Muitas comédias usam esse fim quando um personagem tolo se recusa a aprender a lição e embarca na mesma tolice que causou os problemas no início.

RECAPITULANDO A JORNADA DO HERÓI

1. Heróis são introduzidos no MUNDO COMUM, onde
2. recebem o CHAMADO À AVENTURA.
3. Ficam RELUTANTES no início ou RECUSAM O CHAMADO, mas
4. são incentivados por um MENTOR a
5. CRUZAR O PRIMEIRO LIMIAR, e entram no Mundo Especial, onde
6. encontram PROVAS, ALIADOS E INIMIGOS.
7. APROXIMAM-SE DA CAVERNA SECRETA, cruzando um segundo limiar
8. onde passam pela PROVAÇÃO.
9. Tomam posse da RECOMPENSA e

10. são perseguidos no CAMINHO DE VOLTA ao Mundo Comum.

11. Cruzam o terceiro limiar, vivenciam uma RESSURREIÇÃO e são transformados pela experiência.

12. RETORNAM COM O ELIXIR, uma bênção ou tesouro para beneficiar o Mundo Comum.

*

A Jornada do Herói é uma estrutura que deve ser preenchida com detalhes e surpresas da história individual. A estrutura não deve chamar atenção, tampouco ser seguida com tanta precisão. A ordem dos estágios dada aqui é apenas uma das muitas possíveis variações. Os estágios podem ser excluídos, acrescentados e drasticamente embaralhados sem perder em nada sua força.

A importância está nos valores da Jornada do Herói. As imagens da versão básica – jovens heróis buscando espadas mágicas de velhos magos, donzelas arriscando a vida para salvar os amados, cavaleiros cavalgando para combater dragões maléficos em cavernas profundas e assim por diante – são apenas símbolos de experiências de vida universais. Os símbolos podem ser alterados *ad infinitum* para se adequar às histórias e às necessidades da sociedade.

A Jornada do Herói é facilmente traduzida em dramas, comédias, romances ou aventuras contemporâneas com a substituição de equivalentes modernos das figuras e cenários simbólicos da história do herói. O velho(a) sábio(a) pode ser um xamã ou um mago verdadeiro, mas também qualquer tipo de Mentor, professor, médico ou terapeuta, "rabugento, mas benigno", o sargento durão, mas justo, pai ou mãe, avô ou avó, ou seja, uma figura que oriente e ajude.

Os heróis modernos talvez não vivam em cavernas e labirintos combatendo feras míticas, mas entram num Mundo Especial e na Caverna Secreta ao se aventurar no espaço, no fundo do mar, nas profundezas de uma cidade moderna ou no fundo do coração.

Os modelos do mito podem ser usados para contar tanto a história mais simples de uma revista em quadrinhos quanto o mais sofisticado drama. A Jornada do Herói cresce e amadurece à medida que novos experimentos são aplicados dentro dessa estrutura. Mudar o gênero tradicional e as idades relativas dos arquétipos apenas torna o modelo mais interessante, permitindo que sejam tramadas teias de compreensão ainda mais complexas entre eles.

As figuras básicas podem ser combinadas ou divididas em vários personagens para mostrar diferentes aspectos da mesma ideia.

A Jornada do Herói é infinitamente flexível e possibilita uma variação infinda, sem sacrificar sua magia, e vai sobreviver a todos nós.

Agora que já vislumbramos o mapa, vamos conhecer os personagens que povoam as paisagens da narrativa: os ARQUÉTIPOS.

OS ARQUÉTIPOS

"Invocado ou não, o deus virá."
– Lema sobre a porta da casa de Carl Jung

*

Assim que entramos no mundo dos contos de fadas e mitos, tomamos ciência de que há tipos de personagens e relacionamentos recorrentes: heróis aventureiros, arautos que os convocam à aventura, velhos sábios ou velhas sábias que lhes entregam presentes mágicos, guardiões do limiar que parecem bloquear seu caminho, viajantes camaleões que os confundem e ofuscam, vilões sombrios que tentam destruí-los, pícaros que perturbam a ordem estabelecida e trazem alívio cômico... Ao descrever tipos, símbolos e relacionamentos de personagens, o psicólogo suíço Carl G. Jung empregou o termo arquétipos para designar padrões antigos de personalidade que são uma herança compartilhada da raça humana.

Jung sugeriu a possibilidade de que exista um inconsciente coletivo, semelhante ao inconsciente pessoal. Contos de fadas e mitos seriam como sonhos de uma cultura inteira que brotam do inconsciente coletivo. Os mesmos tipos de personagem parecem ocorrer em escala pessoal e coletiva. Os arquétipos permanecem incrivelmente constantes com o passar do tempo e das culturas, nos sonhos e personalidades de indivíduos e na imaginação mítica do mundo inteiro. A compreensão dessas forças é um dos elementos mais poderosos na maleta de truques do narrador moderno.

O conceito de arquétipo é uma ferramenta indispensável para entender o objetivo e a função dos personagens em uma história. A compreensão do arquétipo que um personagem específico expressa pode ajudar a determinar se o personagem está fazendo sua parte a contento na história. Os arquétipos são parte da linguagem universal da narrativa, e um domínio de sua energia é tão essencial para o escritor como respirar.

Joseph Campbell tratou os arquétipos como um fenômeno biológico, como expressões dos órgãos do corpo que se conectam dentro de cada ser humano. A universalidade desses padrões torna possível a experiência compartilhada da narrativa. Os narradores escolhem por instinto personagens e relacionamentos que justificam a energia dos arquétipos para criar experiências dramáticas que sejam reconhecíveis a todos. Ter ciência dos arquétipos concede um domínio sobre seu ofício.

ARQUÉTIPOS COMO FUNÇÕES

Quando comecei a trabalhar com essas ideias, pensava num arquétipo como um papel fixo que o personagem representaria exclusivamente durante uma história. Assim que identifiquei um personagem como mentor, esperei que ele permanecesse nesse posto e apenas nele. No entanto, ao trabalhar com motivos de contos de fadas como consultor de histórias para a Disney Animation, encontrei outra forma de olhar para os arquétipos – não como papéis rígidos de personagens, mas como funções desempenhadas temporariamente pelos personagens para alcançar certos efeitos numa história. Essa observação vem de uma obra do especialista russo em contos de fadas, Vladimir Propp, cujo livro *Morfologia do conto maravilhoso* analisa motivos e padrões recorrentes em centenas de contos russos.

Olhar para os arquétipos dessa forma, como funções flexíveis de caráter em vez de tipos de personagem rígidos, pode liberar sua arte da narrativa. Essa visão explica como um personagem numa história pode manifestar as qualidades de mais de um arquétipo. Os arquétipos podem ser pensados como máscaras, usadas pelos personagens temporariamente quando a história precisa avançar. Um personagem pode entrar na história com a função de arauto, e em seguida trocar de máscaras para agir como bufão, mentor e sombra.

AS FACETAS DA PERSONALIDADE DO HERÓI

Outra maneira de olhar os arquétipos clássicos é como se eles fossem facetas da personalidade do herói (ou do escritor). Os demais personagens representam possibilidades para o herói, para o bem ou para o mal. Um herói às vezes avança pela história reunindo e incorporando a energia e traços dos outros personagens. Ele aprende com os outros personagens, fundindo-se a eles num ser humano completo que acumulou algo de todos os que encontrou durante o caminho.

OS ARQUÉTIPOS COMO EMANAÇÕES DO HERÓI

Os arquétipos também podem ser encarados como símbolos personificados de várias qualidades humanas. Como as principais cartas arcanas do tarô, eles representam os aspectos de uma personalidade humana completa. Toda boa história reflete a história humana total, a condição humana universal de ter nascido neste mundo, que consiste em crescer, aprender, lutar para se tornar um indivíduo e morrer. As histórias podem ser lidas como metáforas de uma situação humana geral, com personagens que incorporam qualidades arquetípicas universais, compreensíveis para o grupo e também para o indivíduo.

OS ARQUÉTIPOS MAIS ÚTEIS E COMUNS

Para o narrador, certos arquétipos de personagem são ferramentas indispensáveis do ofício. É impossível contar histórias sem eles. Os arquétipos que ocorrem com mais frequência nas histórias, e que parecem ser os mais úteis para o escritor compreender, são:

HERÓI

MENTOR (Velha Sábia ou Velho Sábio)

GUARDIÃO DO LIMIAR

ARAUTO

CAMALEÃO

SOMBRA

ALIADO

PÍCARO

Existem, obviamente, muitos outros arquétipos, tantos quantos são as qualidades humanas dramatizadas nas histórias. Os contos de fadas são cheios de figuras arquetípicas: o Lobo, o Caçador, a Boa Mãe, a Madrasta Malvada, a Fada Madrinha, a Bruxa, o Príncipe ou a Princesa, o Estalajadeiro Ganancioso e assim por diante, que representam funções altamente especializadas. Jung e outros identificaram muitos arquétipos psicológicos, como o *Puer Aeternus*, ou menino eterno, que pode ser encontrado em mitos como o do sempre jovem Cupido, em histórias com personagens como Peter Pan e na vida como homens que se recusam a crescer.

OS ARQUÉTIPOS

Gêneros específicos das histórias modernas têm seus tipos de personagens especializados, como a "Prostituta com Coração de Ouro" ou o "Tenente Arrogante de West Point", nos faroestes; o "Policial Bom" e o "Policial Mau", nos filmes policiais; ou o "Sargento Durão, mas Justo", nos filmes de guerra.

Contudo, essas são apenas variações e refinamentos dos arquétipos que serão discutidos nos próximos capítulos. Os arquétipos que discutiremos são os padrões mais básicos, a partir dos quais todos os outros são modelados para atender às necessidades de histórias e gêneros específicos.

Duas questões são úteis para um escritor tentar identificar a natureza de um arquétipo: 1) Qual função psicológica ou parte da personalidade ele representa? e 2) Qual é sua função dramática na história?

Mantenha essas questões em mente enquanto analisarmos os oito arquétipos básicos, as pessoas ou energias que provavelmente encontraremos na Jornada do Herói.

HERÓI

"Estamos numa missão nos dada por Deus."
– *Os irmãos cara de pau,* roteiro de Dan Aykroyd e John Landis

*

A palavra HERÓI vem do grego e em suas origens significa "proteger e servir" (que, aliás, é o lema do Departamento de Polícia de Los Angeles). Desde os primórdios, a ideia do herói está conectada ao sacrifício. Um herói é alguém disposto a sacrificar suas próprias necessidades pelo bem dos outros, como um pastor que suporta a solidão, o desconforto e o perigo para proteger e servir o rebanho.

FUNÇÃO PSICOLÓGICA

Em termos psicológicos, o arquétipo do Herói representa o que Freud chamou de ego – a parte da personalidade que se separa da mãe, que se considera distinta do restante da humanidade. Em última instância, o Herói é aquele que pode transcender as fronteiras e ilusões do ego, embora, a princípio, o Herói seja completamente ego: o eu, o escolhido, aquela identidade pessoal que se considera à parte do restante do grupo. A jornada de muitos Heróis é a história dessa separação da família ou da tribo, equivalente ao sentimento de separação da mãe que tem a criança.

O arquétipo do Herói representa a busca pela identidade e totalidade do ego. No processo de nos tornarmos seres humanos completos, integrados, somos todos Heróis enfrentando guardiões, monstros e ajudantes internos. Na busca por explorar nossa mente, encontramos professores, guias, demônios, deuses, colegas, serviçais, bodes expiatórios, mestres, sedutores, traidores e aliados como aspectos da nossa personalidade e personagens em nossos sonhos. Todos os vilões, pícaros, amantes, amigos e inimigos do Herói podem ser encontrados dentro de nós mesmos. A tarefa psicológica que enfrentamos é a de integrar essas partes separadas em uma entidade completa, equilibrada. O ego, o Herói que pensa estar separado de todas as suas partes, deve se incorporar a elas e tornar-se um ser único.

FUNÇÕES DRAMÁTICAS

IDENTIFICAÇÃO DO PÚBLICO

O objetivo dramático do Herói é abrir ao público uma janela para a história. Cada pessoa que ouvir uma história ou assistir a uma peça ou filme é convidada, nos primeiros estágios da narrativa, a IDENTIFICAR-SE com o Herói, fundir-se a ele e enxergar o mundo da história através de seus olhos. Narradores fazem isso ao dar a seus Heróis uma combinação de qualidades, uma mistura de características universais e únicas.

Heróis têm qualidades com que todos podemos nos identificar e nas quais nos reconhecemos. São estimulados por impulsos universais que todos podemos entender: o desejo de ser amado, compreendido e bem-sucedido, de sobreviver, de ser livre, de se vingar, de consertar erros e injustiças ou de buscar a autoexpressão.

As histórias nos convidam a investir parte de nossa identidade pessoal no Herói pela duração da experiência. Em certo sentido, tornamo-nos o Herói por um tempo. Projetamo-nos na psique do Herói e vemos o mundo através de seus olhos. Heróis precisam de algumas qualidades admiráveis, de forma que queiramos ser como eles. Queremos vivenciar a autoconfiança de Katharine Hepburn, a elegância de Fred Astaire, a astúcia de Cary Grant e a sensualidade de Marilyn Monroe.

Heróis devem ter qualidades, emoções e motivações universais que todos experimentamos em um momento ou outro da vida: vingança, raiva, luxúria, concorrência, territorialidade, patriotismo, idealismo, cinismo ou desespero. Porém os Heróis devem também ser seres humanos únicos, em vez de criaturas estereotipadas ou deuses de mentira, sem máculas ou imprevisibilidade. Como qualquer obra de arte eficaz, eles exigem universalidade e originalidade. Ninguém quer ver um filme ou ler uma história sobre qualidades abstratas em forma de ser humano. Queremos histórias sobre pessoas reais. Um personagem real, como uma pessoa, não é um traço único, mas uma combinação singular de muitas qualidades e impulsos, alguns deles conflitantes. E quanto mais conflitantes, melhor. Um personagem dividido pela dedicação inconciliável entre amor e dever é, por definição, interessante para o público. Um personagem que tem uma combinação única de impulsos contraditórios parece mais realista e humano do que aquele que mostra apenas um traço de caráter.

Um Herói bem trabalhado pode ser determinado, inseguro, charmoso, esquecido, impaciente e forte de corpo, mas fraco de coração, tudo ao mesmo tempo. É a combinação particular de qualidades que dá ao público a sensação de que o herói é único na espécie, uma pessoa real, e não um tipo.

CRESCIMENTO

Outra função do Herói na história é aprender ou amadurecer. Às vezes, ao avaliar um roteiro, é difícil dizer quem é o personagem principal, ou quem deveria sê-lo. Não raro, a melhor resposta é: aquele que aprende ou cresce mais no decorrer da história. Heróis vencem obstáculos e alcançam objetivos, mas também ganham conhecimentos e sabedoria. A essência de muitas histórias está no processo de aprendizado entre um Herói e um mentor, ou um Herói e um amor, ou mesmo entre um Herói e um vilão. Todos somos professores uns dos outros.

AÇÃO

Outra função heroica é agir ou realizar. O Herói em geral é a pessoa mais ativa no roteiro. Sua vontade, seu desejo, é o que move a história adiante. Uma falha frequente em roteiros é o Herói ser razoavelmente ativo ao longo da história, mas, no momento crucial, tornar-se um personagem passivo e ser resgatado pela chegada a tempo de alguma força externa. É nesse momento, sobretudo, que o Herói deve ser plenamente ativo, controlando o seu destino. A função do Herói é realizar a ação decisiva da história, a ação que exigirá assumir o maior risco ou responsabilidade.

SACRIFÍCIO

As pessoas em geral pensam em Heróis como fortes ou corajosos, mas essas qualidades são secundárias em relação à disposição para o SACRIFÍCIO – a verdadeira marca do Herói. Sacrifício é a capacidade do Herói de abrir mão de algo de valor, talvez até da própria vida, em prol de um ideal ou de um grupo. Sacrifício significa "tornar sagrado". Na Antiguidade, as pessoas faziam sacrifícios, inclusive de seres humanos, para reconhecer sua dívida com o mundo espiritual, os deuses ou a natureza, para acalmar essas forças poderosas e tornar sagrado os processos da vida cotidiana. Até mesmo a morte se transformava num ato santificado, sagrado.

LIDANDO COM A MORTE

No cerne de toda história há um confronto com a morte. Se o Herói não enfrenta uma morte de fato, então há a ameaça de morte ou uma morte simbólica na forma de um jogo de apostas altas, caso de amor ou aventura em que o Herói pode ter êxito (viver) ou fracassar (morrer).

Heróis nos mostram como lidar com a morte. Podem sobreviver, provando que a morte não é tão durona. Podem morrer (talvez apenas simbolicamente) e renascer, provando que a morte pode ser transcendida. Podem sofrer a morte de um Herói, transcendendo-a ao oferecer sua vida espontaneamente por uma causa, um ideal ou grupo.

O heroísmo verdadeiro aparece em histórias nas quais os Heróis oferecem-se no altar do acaso, dispostos a assumir o risco de que a busca por aventura talvez os leve ao perigo, à perda ou à morte. Como soldados cientes de que, ao se alistar, concordarão em dar a vida se o país pedir, os Heróis aceitam a possibilidade de sacrifício.

Os Heróis podem realizar um sacrifício ao desistir de um amor ou de um amigo ao longo do caminho. Podem abrir mão de um vício estimado ou de uma excentricidade como preço de ingressar numa nova vida. Podem devolver alguma conquista ou partilhar o que ganharam no Mundo Especial. Podem voltar ao ponto de partida, a tribo ou vilarejo, e trazer de volta bênçãos, elixires, comida ou conhecimento para compartilhar com o restante do grupo. Grandes Heróis culturais, como Martin Luther King ou Gandhi, deram a vida ao perseguir seus ideais.

HEROÍSMO EM OUTROS ARQUÉTIPOS

Às vezes, o arquétipo do Herói não se manifesta apenas no personagem principal, no protagonista que combate corajosamente os vilões e vence. O arquétipo pode surgir em outros personagens que porventura ajam heroicamente. Uma figura sem heroísmo pode se tornar heroica. O personagem-título de *Gunga Din* começa sua trajetória no filme como um arquétipo totalmente diferente, um pícaro ou palhaço, mas, quando luta para ser um Herói e se sacrifica num momento crucial pelos amigos, adquire o direito de ser chamado de Herói. Em *Star Wars*, Obi-Wan Kenobi claramente manifesta o arquétipo de mentor em grande parte da história. Contudo, ele AGE heroicamente e veste por um tempo a máscara de Herói quando se sacrifica para permitir que Luke escape da Estrela da Morte.

Pode funcionar muito bem ter um personagem maléfico ou antagonista que expresse inesperadamente qualidades heroicas. Numa *sitcom*, quando um personagem como o desprezível coordenador de taxistas da série *Taxi*, Louie, interpretado por Danny DeVito, revelou de repente que tinha um bom coração e fez algo nobre, o episódio ganhou um Emmy. Um vilão galante, heroico em alguns momentos e horrível em outros, pode ser muito atraente. Numa visão ideal, todo personagem bem-acabado deve manifestar um toque de cada arquétipo, pois os arquétipos são expressões das partes que formam uma personalidade completa.

DEFEITOS DE PERSONAGEM

Defeitos interessantes humanizam um personagem. Podemos reconhecer um pouco de nós mesmos num Herói que precisa superar dúvidas internas, erros de pensamento, culpa, traumas do passado ou medo do futuro. Fraquezas, imperfeições, idiossincrasias e vícios imediatamente tornam um Herói ou qualquer personagem mais real e atraente. Parece que quanto mais neuróticos os personagens, mais o público gosta deles e se identifica com eles. Os defeitos também dão ao personagem um destino – o famoso "arco de personagem", em que o personagem se desenvolve da condição A para a condição Z por meio de uma série de passos. Esses desvios são um ponto de partida de imperfeição e incompletude a partir do qual um personagem tem a possibilidade de crescer. Um Herói pode ter imperfeições – talvez lhe falte um par romântico e ele esteja buscando a "metade da laranja" para complementar a vida. Nos contos de fadas, isso é frequentemente simbolizado com uma perda ou morte na família. Muitos contos de fadas começam com a morte do pai ou da mãe ou com o sequestro de um irmão ou irmã do protagonista. A subtração da unidade familiar põe a energia nervosa da história em movimento, que não para até o equilíbrio ser restaurado pela criação de uma nova família ou a reunião da antiga.

Nas histórias mais modernas, é a personalidade do Herói que se recria e se restaura à completude. A parte faltante pode ser um elemento crucial da personalidade, como a capacidade de amar ou de confiar. Heróis também podem ter de superar algum problema, como falta de paciência ou indecisão. O público ama assistir ao Herói lidar com problemas de personalidade e superá-los. Será que Edward, o executivo rico e frio de *Uma linda mulher*, vai ferver com a influência da alegre Vivian e se tornar seu Príncipe Encantado? Vivian ganhará respeito próprio e escapará de uma vida de prostituição? E Conrad, o adolescente cheio de culpa de *Gente como a gente*, recuperará a habilidade perdida de aceitar o amor e a intimidade?

VARIEDADES DE HERÓI

Existem muitas variedades de Heróis: há aqueles que querem e os que não querem sê-lo; os gregários e solitários; os Anti-heróis e, ainda, os trágicos e catalisadores. Como todos os outros arquétipos, o conceito de Herói é flexível e capaz de expressar muitos tipos de energia. Heróis podem combinar-se com outros arquétipos para produzir híbridos como o Herói Pícaro, ou podem temporariamente usar a máscara de outro arquétipo, tornando-se um Pícaro, um Mentor de outra pessoa ou mesmo uma Sombra.

Embora geralmente retratado como uma figura positiva, o Herói pode também manifestar os lados obscuros ou negativos do ego. Não raro, o arquétipo de Herói representa o espírito humano em ação positiva, mas igualmente lhe é permitido mostrar as consequências da fraqueza e da relutância em agir.

HERÓIS VOLUNTÁRIOS E HERÓIS A CONTRAGOSTO

Parece que há dois tipos de heróis: 1) os voluntários, ativos, entusiasmados, comprometidos com a aventura, desprovidos de dúvidas, automotivados e que sempre avançam com bravura, ou 2) os a contragosto, cheios de dúvidas e hesitações, passivos, carentes de motivação ou que precisam ser empurrados para a aventura por forças externas. Os dois são capazes de compor histórias divertidas, embora um Herói passivo do início ao fim talvez resulte numa experiência dramática pouco envolvente. Em geral, é melhor que o Herói a contragosto mude em algum momento e comprometa-se com a aventura depois de receber um pouco da motivação necessária.

ANTI-HERÓIS

Anti-herói é um termo ambíguo que pode causar muita confusão. Trocando em miúdos, o anti-herói não é o oposto do Herói, mas um tipo específico de Herói, que pode ser fora da lei ou vilão do ponto de vista da sociedade, mas que simplesmente ganha a simpatia do público. Nós nos identificamos com esses párias, pois todos nos sentimos párias em um momento ou outro.

Existem dois tipos de anti-herói: 1) personagens que se comportam como os Heróis convencionais, mas que têm um forte toque de ceticismo ou uma qualidade tortuosa, como os personagens de Humphrey Bogart em *À beira do abismo* e *Casablanca*; ou 2) Heróis trágicos, figuras centrais de uma história que podem não ser agradáveis ou admiráveis e cujas ações possamos até achar hediondas, como Macbeth, Scarface ou Joan Crawford em *Mamãezinha querida*.

O anti-herói tortuoso pode ser um cavaleiro heroico em armadura manchada, um solitário que rejeitou a sociedade ou foi rejeitado por ela. Esses personagens podem vencer no fim e conquistar a simpatia total do público em todos os momentos, mas ser excluídos aos olhos da sociedade – como Robin Hood, Heróis piratas mandriões ou bandidos, ou muitos personagens de Bogart. São, com frequência, homens honrados que se afastaram da corrupção da sociedade, talvez ex-policiais ou soldados que se desiludiram e agora agem à sombra da lei, como detetives particulares, contrabandistas, jogadores ou mercenários. Amamos esses personagens porque eles são rebeldes e desprezam a sociedade, como todos gostaríamos de fazer. Outro arquétipo desse tipo é personificado por James Dean em *Juventude transviada* e em *Vidas amargas*, ou pelo jovem Marlon Brando, cujo personagem em O *selvagem* exprimia a insatisfação de uma geração nova e totalmente diferente da anterior. Atores como Mickey Rourke, Matt Dillon e Sean Penn seguem até hoje nessa tradição.

O segundo tipo de Anti-herói se aproxima mais da ideia clássica do Herói trágico. É o Herói fracassado, que nunca superou seus demônios internos, sendo humilhado e destruído por eles. Eles são charmosos e têm qualidades admiráveis, mas sua imperfeição vence no final. Alguns Anti-heróis trágicos podem nem ser tão encantadores, mas assistimos à sua queda com fascinação, pois "graças a Deus, não sou eu ali". Como os gregos na Antiguidade, que observaram a derrocada de Édipo, purgamos nossas emoções e aprendemos a evitar as mesmas armadilhas quando presenciamos a destruição do personagem de Al Pacino em *Scarface*, a de Sigourney Weaver como Dian Fossey em *Nas montanhas dos gorilas* ou de Diane Keaton em *À procura de Mr. Goodbar*.

HERÓIS GREGÁRIOS

Outra distinção que deve ser feita sobre os Heróis diz respeito à relação que eles estabelecem com a sociedade. Como os primeiros narradores, os seres humanos dos primórdios que saíam para caçar e coletar nas planícies africanas, a maioria dos Heróis são voltados ao grupo: esses personagens são parte de uma sociedade no início da história, e sua jornada os leva a uma terra desconhecida longe de casa. Quando nos deparamos com eles pela primeira vez, são partes de um clã, tribo, cidade, vilarejo ou família. Sua história é de separação daquele grupo (Primeiro Ato); aventura solitária em lugar distante longe do grupo (Segundo Ato); e, em geral, a reintegração ao grupo no fim (Terceiro Ato).

Heróis gregários frequentemente enfrentam uma escolha entre voltar ao Mundo Comum do Primeiro Ato ou permanecer no Mundo Especial do Segundo Ato. Os Heróis que escolhem ficar no Mundo Especial são raros na cultura ocidental, mas razoavelmente comuns nos contos asiáticos e indianos clássicos.

HERÓIS SOLITÁRIOS

Em contraste com o Herói gregário está o Herói ocidental solitário, como o pistoleiro sem nome de Clint Eastwood, em *Os brutos também amam;* Ethan, de John Wayne, em *Rastros de ódio;* ou o Cavaleiro Solitário. As histórias que trazem esse tipo de Herói começam com o protagonista apartado da sociedade. Seu habitat natural é o ermo, seu estado natural é a solidão. Sua jornada é a de reentrada no grupo (Primeiro Ato); de aventura dentro do grupo, no ambiente normal do grupo (Segundo Ato); e retorno ao isolamento na natureza (Terceiro Ato). Para ele, o Mundo Especial do Segundo Ato é a tribo ou vilarejo, que visita durante pouco tempo, mas onde fica sempre desconfortável. A maravilhosa tomada de John Wayne, no final de *Rastros de ódio*, resume a energia desse tipo de Herói. Wayne é enquadrado em um batente de cabana como um forasteiro, sempre afastado das alegrias e do conforto da família. Contudo, esse Herói não se limita aos faroestes – ele pode ser usado com sucesso em dramas ou filmes de ação nos quais um detetive solitário é tentado a voltar para a aventura; um eremita ou alguém afastado da sociedade é chamado de volta para ela; ou uma pessoa emocionalmente isolada é desafiada a reingressar no mundo dos relacionamentos.

Como no caso de Heróis gregários, os Heróis solitários têm a escolha final de voltar ao estado inicial (solidão) ou permanecer no Mundo Especial do Segundo Ato. Alguns Heróis começam solitários e terminam como Heróis ligados ao grupo, que optam por permanecer em sociedade.

HERÓIS CATALISADORES

Certa classe de Herói é uma exceção à regra de que os Heróis, em geral, são os personagens que mais sofrem mudanças: a dos catalisadores. Esses constituem as figuras centrais capazes de agir heroicamente, mas que não passam por transformações radicais porque sua principal função é provocar mudanças nos outros. Como um verdadeiro catalisador na química, eles causam modificações num sistema sem sofrer alterações.

Um bom exemplo desse modelo de Herói é o personagem de Eddie Murphy, Axel Foley, em *Um tira da pesada*. Sua personalidade já está bem formada no início da história. Ele não passa por um arco de personagem propriamente dito, pois não tem para onde ir. Não aprende ou muda no decorrer da história, mas provoca grandes mudanças na vida de seus colegas policiais de Beverly Hills, Taggart e Rosewood. Ambos constroem arcos de personagem relativamente fortes, partindo de uma postura travada e certinha para algo com mais molejo e esperteza, graças à influência de Axel. De fato, embora Axel seja o protagonista, o principal oponente do vilão com as melhores falas e o maior tempo de tela, é possível dizer que ele não é o verdadeiro Herói, mas o Mentor da obra, enquanto o jovem Rosewood (Judge Reinhold) é de fato o Herói, pois é quem mais aprende.

Os Heróis catalisadores são especialmente úteis em histórias continuadas, como programas de TV em episódios e sequências. Como o Cavaleiro Solitário ou o Superman, esses Heróis sofrem poucas mudanças internas e agem principalmente para ajudar os outros ou orientá-los no crescimento. Claro que é uma boa ideia dar a esses personagens alguns momentos de crescimento e transformação para ajudá-los a se manterem atraentes e verossímeis.

A ESTRADA DOS HERÓIS

Os Heróis são símbolos da alma em transformação e da jornada que cada pessoa empreende na vida. Os estágios dessa progressão, os estágios naturais da vida e crescimento, compõem a Jornada do Herói. O arquétipo do Herói é um campo rico de exploração pelos escritores e por quem está numa busca espiritual. O livro de Carol S. Pearson, *O despertar do herói interior*, divide ainda mais o conceito de Herói em arquétipos úteis (Inocente, Órfão, Mártir, Andarilho, Guerreiro, Cuidador, Buscador, Amante, Destruidor, Criador, Governante, Mágico, Sábio e Bobo) e apresenta gráficos do progresso emocional de cada um. É um bom guia para uma compreensão psicológica mais profunda do Herói em muitas facetas. Os caminhos especiais percorridos por algumas heroínas são descritos em *The Heroine's Journey: Woman's Quest for Wholeness*, de Maureen Murdock.

MENTOR:
VELHA SÁBIA OU VELHO SÁBIO

"Que a Força esteja com você!"
– *Star Wars,* de George Lucas

*

Um arquétipo encontrado com frequência em sonhos, mitos e histórias é o do Mentor, em geral um personagem positivo que ajuda ou treina o herói. O nome de Campbell para essa força é VELHO SÁBIO ou VELHA SÁBIA. Esse arquétipo é expresso em todos os personagens que ensinam e protegem os heróis e lhes concedem presentes. Seja Deus caminhando com Adão no Jardim do Éden, Merlin guiando o rei Arthur, a Fada Madrinha ajudando a Cinderela ou um sargento veterano dando conselhos para um policial novato, o relacionamento entre herói e Mentor é uma das fontes mais ricas de entretenimento na literatura e no cinema.

A palavra "Mentor" vem da *Odisseia* de Homero. Um personagem chamado Mentor guia o jovem herói, Telêmaco, em sua Jornada do Herói. De fato, é a deusa Atena quem ajuda Telêmaco ao assumir a forma de Mentor (veja no Capítulo 4 do Livro 2 uma discussão mais completa do papel do Mentor). Os Mentores sempre falam na voz de um deus ou são inspirados por sabedoria divina. Bons professores e Mentores são ENTUSIASMADOS, no sentido original da palavra. "Entusiasmo" vem do grego *en theos* e significa ser inspirado por um deus, ter um deus dentro de você ou estar na presença de um deus.

FUNÇÃO PSICOLÓGICA

Na anatomia da psique humana, os Mentores representam o *self*, o deus dentro de nós, o aspecto da personalidade que está conectado com todas as coisas. Esse Eu superior é a parte mais sábia, mais nobre e mais parecida com um deus que temos. Como o Grilo Falante na versão Disney de *Pinóquio*, o *self* age como uma consciência para nos orientar na estrada da vida quando não há Fada Azul ou o gentil Gepeto para nos proteger e nos dizer o que é bom ou ruim.

A figura do Mentor, seja a dos sonhos, a dos contos de fadas, a dos mitos ou a dos roteiros, representa as maiores aspirações do herói. Ela simboliza o que o herói pode se tornar se persistir na Estrada dos Heróis. Mentores quase sempre são ex-heróis que sobreviveram às provações da vida e agora repassam seu conhecimento e sabedoria.

O arquétipo do Mentor tem relação íntima com a imagem do pai ou da mãe. A fada madrinha, que aparece em histórias como Cinderela, pode ser interpretada como o espírito protetor da mãe já falecida da heroína. Merlin é pai de criação do jovem rei Arthur, cujo pai legítimo está morto. Há também muitos heróis que buscam Mentores porque seus pais são exemplos inadequados.

FUNÇÕES DRAMÁTICAS

ENSINAR

Assim como aprender é uma função importante do herói, ensinar ou treinar é uma função-chave do Mentor. Sargentos, instrutores, professores, supervisores, pais, avós, o velho treinador de boxe rabugento e todos aqueles que ensinam ao herói o caminho das pedras são manifestações desse arquétipo. Claro que o ensinar pode ser uma via de mão dupla. Qualquer um que já tenha dado aulas sabe que se aprende tanto com os alunos quanto eles aprendem com o professor.

DAR PRESENTES

Dar presentes também é uma função importante desse arquétipo. Na análise de Vladimir Propp de contos de fadas russos, *A morfologia do conto maravilhoso*, ele identifica essa função com a de um "doador" ou provedor: aquele que temporariamente ajuda o herói, em geral lhe oferecendo algum presente. Pode ser uma arma mágica, uma chave ou pista importante, algum remédio ou alimento mágico ou um conselho salvador. Em contos de fadas, o doador pode ser o gato da bruxa, que, grato pela gentileza da garota, lhe dá uma toalha e um pente. Mais tarde, quando a garota é perseguida pela bruxa, a toalha se transforma num rio enfurecido e o pente numa floresta que atrapalha a perseguição da bruxa.

Exemplos de presentes são abundantes em filmes: do pequeno delinquente Puttynose, que dá a James Cagney sua primeira arma em *Inimigo público*, a Obi-Wan Kenobi, que entrega a Luke Skywalker o sabre de luz de seu pai. Atualmente, o presente pode ser uma senha de computador ou uma pista para a caverna de um dragão.

PRESENTES NA MITOLOGIA

Dar presentes, a função de doador do Mentor, tem um papel importante na mitologia. Muitos heróis receberam presentes dos deuses, seus Mentores. Pandora, cujo nome significa "aquela que tem todos os dons", recebeu muitos presentes, inclusive o vingativo presente de Zeus: a caixa que ela não poderia abrir. Heróis como Hércules receberam alguns presentes dos Mentores, mas, entre os gregos, o herói mais presenteado foi Perseu.

PERSEU

O ideal grego de heroísmo foi expresso em Perseu, o destruidor de monstros. Ele se distingue dos outros por ser um dos heróis mais bem-equipados, tão carregado de presentes vindos de forças superiores que é um milagre ter conseguido caminhar. Na época, com auxílio de Mentores como Hermes e Atena, Perseu obteve sandálias aladas, uma espada mágica, um elmo de invisibilidade, uma foice mágica, um espelho mágico, a cabeça da Medusa que transformava todos que a olhavam em pedra e uma sacola mágica para guardar a cabeça. Como se não fosse o bastante, a versão cinematográfica do conto de Perseu, *Fúria de Titãs*, lhe deu também Pégaso, o cavalo alado.

Na maioria das histórias, isso seria um exagero. Mas Perseu é considerado um ideal de herói, então é adequado que ele esteja tão bem-servido pelos deuses, seus Mentores na aventura.

PRESENTES DEVEM SER MERECIDOS

Na dissecação de contos de fadas russos feita por Propp, ele observa que os personagens doadores geralmente entregam presentes mágicos aos heróis apenas depois que eles tenham passado por algum teste. É uma boa regra básica: O PRESENTE OU AJUDA DO DOADOR DEVE SER MERECIDO PELO APRENDIZADO, SACRIFÍCIO OU COMPROMISSO. No fim das contas, os heróis dos contos de fadas ganham ajuda de animais ou criaturas mágicas ao serem gentis com eles no início, compartilhando comida ou impedindo que sejam feridos.

MENTOR COMO INVENTOR

Às vezes, o Mentor aparece como cientista ou inventor, e seus presentes são dispositivos, planos ou invenções. O grande inventor do mito clássico é Dédalo, que projetou o Labirinto e outras maravilhas para os governantes de Creta. Como artesão mestre da história de Teseu e o Minotauro, ele participou da criação do monstro Minotauro e projetou o Labirinto para ser sua jaula. Como Mentor, Dédalo deu a Ariadne o novelo que possibilitou a Teseu entrar e sair do Labirinto são e salvo.

Aprisionado em seu labirinto como punição por ajudar Teseu, Dédalo também inventou as famosas asas de cera e pena para que ele e o filho Ícaro escapassem. Como Mentor de Ícaro, aconselhou o filho a não voar perto demais do sol. Ícaro, que crescera na escuridão completa do Labirinto, não resistiu à atração do sol e ignorou o conselho do pai, despencando para a morte quando a cera derreteu. O melhor conselho é inútil se não for seguido.

A CONSCIÊNCIA DO HERÓI

Alguns Mentores desempenham a função especial da consciência do herói. Personagens como o Grilo Falante em *Pinóquio* ou o Groot de Walter Brennan em *Rio vermelho* tentam lembrar ao herói errante um importante código moral. No entanto, o herói pode se rebelar contra uma consciência persistente. Futuros Mentores devem lembrar que, na história original de Collodi, Pinóquio esmaga o grilo para calá-lo. O anjo no ombro do herói nunca consegue oferecer argumentos tão atraentes quanto o diabinho do outro ombro.

O Mentor pode agir como a consciência do Herói.

MOTIVAÇÃO

Outra importante função do arquétipo do Mentor é motivar o herói e ajudá-lo a superar o medo. Por vezes, apenas o presente basta como conforto e motivação. Em outros casos, o Mentor mostra algo ao herói ou arranja as coisas para motivá-lo a tomar uma atitude e comprometer-se com a aventura.

Em alguns casos, o herói é tão arredio e temeroso que deve ser empurrado para dentro da aventura. O Mentor pode precisar dar um leve chute no traseiro do herói para que a aventura prossiga.

PLANTAR

Uma função do arquétipo do Mentor também é *plantar* informações ou um adereço que será importante no decorrer da história. Os filmes de James Bond têm uma cena obrigatória na qual "Q", o mestre de armas e um dos Mentores recorrentes de Bond, descreve o funcionamento de um novo dispositivo na maleta para um 007 entediado. Essas informações são PLANTADAS, feitas para que o público as observe mas as esqueça logo em seguida, até o momento do clímax em que o dispositivo salva a vida do herói. Essas construções ajudam a amarrar o começo e o fim da história e mostram que, em algum momento, tudo o que aprendemos de nosso Mentor será útil.

INICIAÇÃO SEXUAL

No terreno do amor, a função do Mentor pode ser a de nos iniciar nos mistérios do amor ou do sexo. Na Índia, chamam-no de *Shakti* – um iniciador sexual, um parceiro que ajuda a vivenciar o poder do sexo como veículo de uma consciência maior. Um *Shakti* é uma manifestação de Deus, um Mentor que leva o amante a vivenciar o divino.

Sedutores e ladrões de inocência ensinam lições aos heróis da maneira mais difícil. Pode haver um lado de sombra em Mentores que conduzem o herói a uma estrada perigosa de amor obsessivo ou de sexo manipulador e sem amor. Há muitas maneiras de aprender.

TIPOS DE MENTOR

Como os heróis, os Mentores podem ser voluntários ou desempenhar essa função a contragosto. Às vezes, ensinam mesmo sem querer. Em outros casos, ensinam pelo mau exemplo. A queda de um Mentor enfraquecido e tragicamente fracassado pode mostrar ao herói as armadilhas a se evitar. Como acontece com os heróis, lados sombrios e negativos podem se expressar por meio desse arquétipo.

MENTORES SOMBRIOS

Em determinadas histórias, o poder do arquétipo do Mentor pode ser usado para iludir o público. Em thrillers, a máscara de um Mentor às vezes é uma isca usada para atrair o herói para o perigo; em um filme de gângster anti-herói, como *Inimigo público* ou *Os bons companheiros*, nos quais o valor heroico convencional é invertido, um Antimentor aparece para guiar o Anti-herói no caminho do crime e da destruição.

Outra inversão da energia do arquétipo é um tipo especial de Guardião do Limiar (arquétipo que será discutido no próximo capítulo). Um exemplo desse tipo pode ser visto em *Tudo por uma esmeralda*, filme em que a fascinante e ferina agente literária de Joan Wilder se parece muito com uma Mentora, guiando sua carreira e dando-lhe conselhos sobre homens. Porém, quando Joan está prestes a cruzar o limiar para a aventura, a agente tenta impedi-la, alertando sobre os perigos e lançando dúvidas para a escritora. Em vez de motivá-la como uma verdadeira Mentora, a agente se torna um obstáculo no caminho da heroína. Isso é psicologicamente verdadeiro, pois não raro precisamos ultrapassar ou superar a energia de nossos melhores professores para atingir o próximo estágio de desenvolvimento.

MENTORES FRACASSADOS

Alguns Mentores ainda estão trilhando sua própria Jornada do Herói: podem estar passando por uma crise de fé em seu chamado; talvez estejam lidando com os problemas do envelhecimento e a aproximação do limiar da morte; ou podem ter abandonado a estrada do herói. O herói precisa do Mentor para se recompor mais de uma vez, e existe a dúvida grave de que ele realmente possa. Tom Hanks, em *Uma equipe muito especial,* faz o papel de um ex-herói esportivo deixado de lado por uma contusão, que se transforma em Mentor com insatisfação. Assim, caiu em desgraça, e o público torce para que ele se reerga e honre a tarefa de ajudar os heróis. Esse Mentor talvez passe por todos os estágios de uma jornada de heróis, seu caminho para a redenção.

MENTORES CONTÍNUOS

Mentores são úteis para designar missões e colocar histórias em movimento. Por esse motivo, quase sempre são incluídos em elencos de histórias sequenciais. Entre os Mentores recorrentes estão o sr. Waverly, em *O agente da U.N.C.L.E.;* "M", nos filmes do 007; o Chefe, em *Agente 86*; Will Geer e Ellen Corby como os avós de *Os Waltons*; Alfred, em "Batman"; o oficial da CIA de James Earl Jones em *Jogos patrióticos* e em *Caçada ao Outubro Vermelho*, entre outros.

MENTORES MÚLTIPLOS

Um herói pode ser treinado por uma série de Mentores que ensinam habilidades específicas. Hércules com certeza figura entre os heróis mais bem treinados, orientado por especialistas em luta livre, arco e flecha, montaria, manuseio de armas, boxe, sabedoria, virtude e música. Recebe até mesmo um curso de direção de carruagem de um dos Mentores. Todos nós aprendemos com uma série de Mentores, inclusive nossos pais, irmãos e irmãs mais velhos, amigos, amantes, professores, chefes, colegas de trabalho, terapeutas e outras figuras exemplares.

Os Mentores múltiplos muitas vezes precisam expressar funções diferentes do arquétipo. Nos filmes de James Bond, 007 sempre volta à base para conferir com seu principal Velho Sábio ou Velha Sábia, o(a) mestre de espionagem "M", que lhe dá as missões, conselhos e avisos. No entanto, a função de Mentor de dar presentes ao herói é delegada a "Q", o mestre de armas e dispositivos. Um pouco de apoio emocional, além de aconselhamento e informações cruciais, são fornecidos pela srta. Moneypenny, que representa outro aspecto do Mentor.

MENTORES CÔMICOS

Um tipo especial de Mentor surge em comédias românticas. Essa pessoa pode ser o amigo ou colega de trabalho do herói, em geral do mesmo gênero que ele, e que lhe dá alguns conselhos sobre o amor: saia mais para esquecer a dor de um amor perdido; finja ter um caso para deixar seu marido enciumado;

finja interesse nos hobbies do amado; impressione o amado com presentes, flores ou elogios; seja mais agressivo, e assim por diante. Os conselhos em geral parecem levar o herói a um desastre temporário, mas tudo fica bem no final. Esses personagens são uma característica das comédias românticas, especialmente aquelas dos anos de 1950, quando filmes como *Confidências à meia-noite* e *Volta, meu amor* sempre contavam com atores como Thelma Ritter e Tony Randall, que conseguiam representar essa versão mordaz e sarcástica de um Mentor.

MENTOR COMO XAMÃ

As figuras do Mentor nas histórias estão intimamente ligadas à ideia de xamã: o curandeiro das culturas tribais. Assim como os Mentores guiam o herói através do Mundo Especial, os xamãs guiam seu povo pela vida. Viajam para outros mundos em sonhos e visões e trazem histórias para curar a tribo. Não raro é função do Mentor ajudar o herói a buscar uma visão orientadora para uma jornada em outro mundo.

FLEXIBILIDADE DO ARQUÉTIPO MENTOR

Como os outros arquétipos, o Mentor ou doador não é um tipo de personagem inflexível, mas, sim, uma FUNÇÃO, um cargo que diferentes personagens podem desempenhar no decorrer de uma história. Um personagem que em princípio manifeste um arquétipo – herói, camaleão, pícaro ou mesmo um vilão – pode temporariamente vestir a máscara do Mentor para ensinar ou dar alguma coisa ao herói.

Nos contos de fadas russos, o maravilhoso personagem da bruxa Baba Yaga é uma figura de Sombra, que às vezes veste a máscara do Mentor. Superficialmente, é uma bruxa horrível, canibalesca, que representa o lado escuro da floresta, seu poder de devorar. Mas, como a floresta, ela pode ser apaziguada e dar muitos presentes ao viajante. Às vezes, quando o Príncipe Ivan é gentil e elogioso, Baba Yaga lhe concede o tesouro mágico de que ele precisa para resgatar a Princesa Vasilisa.

Embora Campbell tenha chamado essas figuras de Mentor de Velho Sábio e Velha Sábia, às vezes eles não são sábios, tampouco velhos. Os jovens, em sua inocência, com frequência são capazes de ensinar os mais velhos. A pessoa mais tola de uma história talvez seja aquela com quem aprenderemos mais. Como em outros arquétipos, a função de um Mentor é mais importante do que a mera descrição física. São as atitudes de um personagem que determinarão qual arquétipo ele está manifestando naquele momento.

Muitas histórias não têm um personagem específico que possa ser identificado como Mentor. Não há figura de barba branca com jeito de mago, que perambula agindo como um Velho Sábio. Mesmo assim, quase toda história invoca a energia desse arquétipo em algum momento.

MENTORES INTERNOS

Em algumas histórias de faroeste ou filmes *noir*, o herói é um personagem vivido, calejado, que não precisa de um Mentor ou guia. Internalizou o arquétipo e agora essa figura vive dentro dele como um código de comportamento interno. O Mentor pode ser o código tácito de um pistoleiro ou as noções secretas de honra incorporadas por Sam Spade ou Philip Marlowe. Um código de ética pode ser uma manifestação não personificada do arquétipo do Mentor, que guia as ações do herói. Não é raro um herói mencionar um Mentor que significou muito para ele no passado, ainda que não exista um Mentor de fato na história. Um herói pode se lembrar: "Minha mãe/meu pai/meu avô/o sargento costumava dizer...", e em seguida invocar mentalmente o conselho que será essencial para resolver o problema da história. A energia do arquétipo do Mentor também pode ser incluída num adereço, como um livro ou outro artefato que guie o herói na busca.

COLOCAÇÃO DE MENTORES

Embora a Jornada do Herói quase sempre surja no Primeiro Ato, a colocação de um Mentor numa história é uma consideração prática. Um personagem que conheça o caminho das pedras, possua o mapa do país desconhecido ou possa dar ao herói informações-chave no momento certo pode ser necessário em qualquer ponto da história. Os Mentores podem aparecer no início ou esperar nos bastidores até que seja útil num momento crucial do Segundo ou do Terceiro Ato.

Os Mentores dão aos heróis motivação, inspiração, orientação, treinamento e presentes para a jornada. Todo herói é guiado por alguma coisa, e uma história sem o reconhecimento dessa energia fica incompleta. Seja expresso por um personagem ou como um código de conduta internalizado, o arquétipo do Mentor é uma ferramenta poderosa nas mãos do escritor.

GUARDIÃO DO LIMIAR

———✳———

"Da minha parte, creio que ele nunca levará a cabo esta jornada..."
— *Odisseia*, de Homero

*

Todos os heróis encontram obstáculos na estrada para a aventura. Em cada portal para um novo mundo existem guardiões poderosos no limiar prontos a impedir que os indignos entrem. Eles mostram ao herói uma face ameaçadora, mas, se entendidos de forma adequada, podem ser vencidos, ultrapassados ou mesmo transformados em aliados. Muitos heróis (e muitos escritores) encontram Guardiões do Limiar, e compreender sua natureza pode ajudar a determinar como lidar com eles.

Em geral, os Guardiões do Limiar não são os principais vilões ou antagonistas nas histórias. Com frequência, são os tenentes do vilão, brutamontes ou mercenários menores contratados para proteger o acesso ao quartel-general do chefe. Também podem ser figuras neutras que simplesmente fazem parte da paisagem do Mundo Especial. Em casos raros, podem ser ajudantes secretos deixados no caminho do herói para testar sua disposição e habilidade. É comum que se estabeleça uma relação simbiótica entre um vilão e um Guardião do Limiar. Na natureza, um animal poderoso, como um urso, às vezes tolera um animal menor, como uma raposa, aninhado na entrada de seu covil.

A raposa, com seu cheiro forte e dentes afiados, tende a manter outros animais longe da caverna enquanto o urso estiver dormindo. A raposa também serve como um sistema de alerta prévio para o urso, fazendo balbúrdia se o outro animal tentar entrar na caverna. Da mesma forma, os vilões das histórias com frequência confiam em lacaios como porteiros, leões de chácara, guarda-costas, sentinelas, pistoleiros ou mercenários para protegê-los e alertá-los quando um herói se aproximar do Limiar da fortaleza do vilão.

FUNÇÃO PSICOLÓGICA: NEUROSES

Esses Guardiões podem representar os obstáculos comuns que todos enfrentamos no mundo ao nosso redor: intempéries, má sorte, preconceito, opressão ou pessoas hostis, como o garçom que se recusa a atender ao simples pedido de Jack Nicholson em *Cada um vive como quer*. Porém, em um nível psicológico mais profundo, representam nossos demônios internos: as neuroses, cicatrizes emocionais, vícios, dependências e limitações autoimpostas que impedem nosso crescimento e avanço. Parece que, toda vez que tentamos fazer uma grande mudança na vida, esses demônios internos erguem-se com força total, não necessariamente para nos parar, mas para testar se estamos realmente determinados a aceitar o desafio da mudança.

FUNÇÃO DRAMÁTICA: TESTES

Testar o herói é a principal função dramática do Guardião do Limiar. Quando os heróis confrontam uma dessas figuras, precisam resolver um quebra-cabeça ou passar num teste. Como a esfinge que apresenta uma charada a Édipo antes que ele possa continuar a jornada, os Guardiões do Limiar desafiam e testam heróis no seu caminho.

Como lidar com esses obstáculos aparentes? Heróis dispõem de uma série de opções. Podem virar as costas e correr, atacar o oponente frontalmente, usar artimanhas ou enganá-los para se desviar, subornar ou apaziguar o Guardião e até transformar um suposto inimigo num ALIADO. (Heróis são auxiliados por uma variedade de arquétipos conhecidos coletivamente como Aliados, que serão discutidos num outro capítulo).

Uma das maneiras mais eficientes de lidar com um Guardião do Limiar é "imaginar-se na pele" do oponente, como um caçador entrando na mente de um animal acossado. Os índios da planície vestem peles de búfalo para se esgueirar até se aproximarem o bastante e flechar uma manada de bisões. O herói pode ultrapassar um Guardião do Limiar entrando no seu espírito ou assumindo sua aparência. Um bom exemplo desse recurso se vê no Segundo Ato de *O mágico de Oz*, quando o Homem de Lata, o Leão Covarde e o Espantalho entram no castelo da Bruxa Má para resgatar Dorothy. A situação parece desesperadora: Dorothy está dentro de uma fortaleza defendida por um regimento de soldados de olhar ameaçador que marcham para lá e para cá cantando "O-ê-o". Não há como esses três amigos derrotarem um exército tão grande.

No entanto, nossos heróis são emboscados por três sentinelas e os derrotam, pegando seus uniformes e armas. Disfarçados de soldados, juntam-se ao fim da coluna e marcham para dentro do castelo. Transformaram um ataque em vantagem, entrando literalmente na pele dos oponentes. Em vez de tentar inutilmente derrotar um inimigo, temporariamente TORNARAM-SE o inimigo.

É importante para um herói reconhecer e identificar essas figuras como Guardiões do Limiar. No dia a dia, você provavelmente já encontrou resistência quando tentava fazer uma mudança positiva na vida. As pessoas ao seu redor, mesmo aquelas que você ama, frequentemente relutam em aceitar uma mudança. Elas são acostumadas a suas neuroses e encontraram maneiras de se beneficiar delas. A ideia de mudar pode ameaçá-las. Se resistirem a você, é importante perceber que simplesmente estão agindo como Guardiões do Limiar, testando para ver se você realmente tem disposição para se transformar.

SINAIS DE UM NOVO PODER

Heróis bem-sucedidos aprendem a reconhecer os Guardiões do Limiar não como inimigos ameaçadores, mas como Aliados úteis e indicadores prévios de que o novo poder ou êxito se aproxima. Os Guardiões do Limiar que parecem estar atacando podem, na verdade, estar prestando um imenso favor ao herói.

Heróis também aprendem a reconhecer a resistência como fonte de força. Como na musculação, quanto maior a resistência, maior a força. Em vez de atacar o poder de Guardiões do Limiar de frente, os heróis aprendem a usá-lo de forma que não os prejudique. De fato, esse poder os deixa mais fortes. As artes marciais ensinam que a força de um oponente pode ser usada contra ele. Num nível ideal, os Guardiões do Limiar não devem ser exterminados, mas INCORPORADOS (literalmente levados para dentro do corpo). Heróis aprendem os truques dos Guardiões, absorvem-nos e seguem em frente. No final, heróis totalmente desenvolvidos sentem compaixão por seus inimigos aparentes e os transcendem em vez de destruí-los.

Os heróis precisam aprender a ler os sinais de seus Guardiões do Limiar. Em O *poder do mito*, Joseph Campbell ilustrou essa ideia lindamente com um exemplo do Japão. As estátuas de demônios com caretas ferozes às vezes guardam entradas dos templos japoneses. A primeira coisa que se percebe é uma das mãos erguidas como um policial que faz o gesto de "Pare!". Porém, quando se olha mais de perto, percebe-se que a mão convida para entrar no Mundo Especial. A mensagem é: aqueles que são afastados pelas aparências não podem entrar no Mundo Especial, mas aqueles que conseguem ver além das impressões superficiais para a realidade interna são bem-vindos.

*

Nas histórias, os Guardiões do Limiar assumem uma variedade fantástica de formas. Podem ser guardas de fronteira, sentinelas, guardas noturnos, vigias, guarda-costas, bandoleiros, editores, porteiros, leões de chácara, revistadores ou qualquer um cuja função seja bloquear temporariamente o caminho do herói e testar seus poderes. A energia do Guardião do Limiar pode não estar corporificada como uma personagem, mas ser um objeto, uma característica arquitetônica, animal ou força da natureza que bloqueie e teste o herói. Aprender como lidar com os Guardiões do Limiar é um dos principais testes da Jornada do Herói.

ARAUTO

---✷---

"Se você o construir, eles virão."
– A Voz em *Campo dos sonhos,* roteiro de Phil Alden Robinson
baseado no romance *Shoeless Joe,* de W.P. Kinsella

*

Com frequência, aparece uma nova força no Primeiro Ato para trazer um desafio ao herói. Essa é a energia do arquétipo do Arauto. Como os arautos da cavalaria medieval, esses personagens apresentam desafios e anunciam a iminência de mudanças significativas.

Os arautos de cavalaria eram responsáveis por acompanhar as linhagens e os brasões, e tinham um papel importante de identificação das pessoas e dos relacionamentos em batalhas, torneios e grandes eventos dos governos, como casamentos. Eles eram os oficiais de protocolo de sua época. No início de uma guerra, um arauto podia ser convocado para recitar as causas do conflito; de fato, apresentar a motivação. Em *Henrique V,* de Shakespeare, os Embaixadores do Delfim (príncipe coroado) da França agem como Arautos quando trazem ao jovem rei inglês um presente ofensivo, bolas de tênis, querendo dizer que o rei Henrique servia apenas para frívolos jogos de tênis. A aparição desses Arautos é a centelha que desencadeia a guerra. Mais tarde, o personagem de Mountjoy, o Arauto do Delfim, leva mensagens trocadas entre o rei Henrique e seu senhor durante a batalha crucial de Agincourt. No início de uma história, quase sempre os heróis encontram-se na fase do "empurrar com a barriga": levam uma vida desequilibrada, utilizando-se de uma série de mecanismos de defesa para lidar com ela. Então, de repente, um novo tipo de energia entra na história para fazer com que seja impossível para o herói simplesmente "ir levando". Uma nova pessoa, condição ou informação muda o equilíbrio do herói, e nada mais será igual. Ele precisa tomar uma decisão, agir, encarar o conflito. Um Chamado à Aventura é anunciado, não raro por um arquétipo do Arauto.

Arautos são tão necessários na mitologia que o deus grego Hermes (o romano Mercúrio) foi designado a desempenhar essa função. Hermes aparece em todos os lugares como o mensageiro ou Arauto dos deuses, executando alguns trabalhos ou levando uma mensagem de Zeus. No início da *Odisseia*, Hermes, por ordem de Atena, leva um recado de Zeus à ninfa Calipso para que ela solte Odisseu (Ulisses). A aparição de Hermes como Arauto faz a história continuar seu curso.

FUNÇÃO PSICOLÓGICA: CHAMADO À MUDANÇA

Os Arautos têm a importante função psicológica de anunciar a necessidade de mudança. Algo bem no nosso íntimo sabe quando estamos prontos para mudar e nos envia um mensageiro, que pode ser um personagem num sonho, uma pessoa de verdade ou uma nova ideia que encontramos. Em *Campo dos sonhos*, é a Voz misteriosa que o herói ouve dizer: "Se você o construir, eles virão". O Chamado pode vir de um livro que lemos ou de um filme ao qual assistimos. Mas algo dentro de nós soa como um sino, e as vibrações resultantes espalham-se pela nossa vida até que a mudança seja inevitável.

FUNÇÃO DRAMÁTICA: MOTIVAÇÃO

Os Arautos trazem motivação, oferecem ao herói um desafio e põem a história em movimento. Alertam o herói (e o público) que a mudança e a aventura estão a caminho.

Um exemplo do arquétipo do Arauto como motivador em filmes pode ser visto em *Interlúdio*, de Alfred Hitchcock. Cary Grant faz o papel de um agente secreto tentando recrutar Ingrid Bergman, a filha riquinha de um espião nazista, para uma causa nobre. Oferece a ela um desafio e uma oportunidade: eliminar sua má reputação e a vergonha da família ao se dedicar à causa nobre de Cary. (Mais tarde, a causa se revela não tão nobre, mas essa é outra história.)

Como a maioria dos heróis, a personagem de Ingrid tem medo da mudança e reluta em aceitar o desafio, mas Grant, como um arauto medieval, a faz se lembrar de seu passado e lhe confere motivação para agir. Ele faz com que ela ouça a gravação de uma briga que ela havia tido com o pai, na qual rejeitava seu trabalho de espião e declarava lealdade aos Estados Unidos. Confrontada pela prova do próprio patriotismo, ela aceita o Chamado à Aventura. E fica motivada.

O Arauto pode ser uma pessoa ou uma força. A chegada de um furacão ou os primeiros tremores de terra, como em *Furacão* ou *Terremoto*, podem ser o Arauto da aventura. A quebra da bolsa de valores ou uma declaração de guerra já puseram muitas histórias em movimento.

Não raro, o Arauto é apenas um meio de trazer notícias ao herói de uma nova energia que alterará o equilíbrio. Talvez um telegrama ou uma ligação telefônica. Em *Matar ou morrer*, o Arauto é um funcionário dos telégrafos que leva a notícia a Gary Cooper de que seus inimigos saíram da cadeia e estão a caminho da cidade para matá-lo. Em *Tudo por uma esmeralda*, o Arauto de Joan Wilder é o mapa do tesouro que chega pelo correio e uma ligação da irmã, que está sendo mantida em cativeiro na Colômbia.

TIPOS DE ARAUTO

O Arauto pode ser uma figura positiva, negativa ou neutra. Em algumas histórias, o Arauto é o vilão ou seu emissário, que talvez apresente um desafio direto ao herói ou tente induzi-lo a se envolver. No thriller *Arabesque*, o Arauto é a secretária particular do vilão, que tenta atrair o herói, um modesto professor de escola, para uma situação perigosa com uma tentadora oferta de trabalho. Em alguns casos, um Arauto vilão poderá anunciar a mudança não para o herói, mas para o público. Em *Star Wars*, a primeira aparição de Darth Vader, quando ele captura a Princesa Leia, anuncia ao público que algo está fora da ordem antes que o herói, Luke Skywalker, sequer tenha aparecido.

Em outras histórias, o Arauto é um agente das forças do bem que convoca o herói para uma aventura positiva. A máscara do Arauto pode ser usada temporariamente por um personagem que incorpore, a princípio, outro arquétipo. Um Mentor com frequência age como o Arauto que apresenta um desafio ao herói. O Arauto pode ser o amor do herói, um Aliado ou algum herói neutro, como um Pícaro ou Guardião do Limiar.

*

O arquétipo do Arauto pode entrar em jogo em praticamente qualquer momento numa história, mas é empregado com mais frequência no Primeiro Ato para ajudar a levar o herói à nova aventura. Seja um chamado íntimo, um acontecimento externo ou um personagem trazendo notícias de mudança, a energia do Arauto é necessária em quase toda história.

CAMALEÃO

———✶———

"Você pode esperar o inesperado."
– Publicidade do filme *Charada*

*

As pessoas têm problemas para entender o arquétipo ambíguo do CAMA-LEÃO, talvez porque sua natureza seja de mudança e instabilidade. Sua aparência e características mudam assim que se examina com atenção. Contudo, o Camaleão é um arquétipo poderoso, e entender seus caminhos pode ser útil nas narrativas e na vida.

Os heróis com frequência encontram figuras cuja característica principal é que parecem mudar constantemente a partir do ponto de vista do herói. Quase sempre o interesse amoroso ou par romântico do herói manifestará as qualidades de um Camaleão. Todos vivenciamos relacionamentos nos quais nosso parceiro é volúvel, falso ou maleável de forma desconcertante. Em *Atração fatal*, o herói é confrontado com uma mulher Camaleoa que se transforma de uma amante apaixonada para uma harpia insana e assassina.

Os Camaleões mudam de aparência e humor, e é difícil para o herói e para o público defini-los. Eles podem enganar o herói ou mantê-lo em dúvida, e sua lealdade ou sinceridade sempre é questionável. Um Aliado ou amigo do mesmo gênero que o do herói também pode agir como Camaleão num filme de amigos ou numa aventura. Magos, bruxas e ogros são Camaleões tradicionais no mundo dos contos de fadas.

FUNÇÃO PSICOLÓGICA

Um objetivo psicológico importante do arquétipo do Camaleão é expressar a energia do *animus* e *anima*, termos da psicologia de Carl Jung. O *animus* é o nome que Jung dá para o elemento masculino no inconsciente feminino, o conjunto de imagens positivas e negativas de masculinidade nos sonhos e fantasias de uma mulher. A *anima* é o elemento feminino correspondente no inconsciente masculino. Segundo essa teoria, as pessoas têm um conjunto completo de qualidades masculinas e femininas que são necessárias para a sobrevivência e o equilíbrio interno.

Historicamente, as características femininas em homens e características masculinas em mulheres foram reprimidas com firmeza pela sociedade. Homens aprendem desde cedo a mostrar apenas o lado machão e insensível. As mulheres são ensinadas a reprimir suas qualidades "masculinas". Isso pode levar a problemas emocionais e até mesmo físicos. Atualmente, os homens estão trabalhando para reaver um pouco das qualidades ditas femininas suprimidas – sensibilidade, intuição e a capacidade de sentir e expressar emoções. Às vezes, as mulheres passam toda a vida adulta tentando recuperar as energias associadas à masculinidade que a sociedade desencorajava, como força e assertividade.

Essas qualidades reprimidas vivem dentro de nós e se manifestam em sonhos e fantasias como *animus* e *anima*. Podem assumir a forma de personagens, como professores do sexo oposto, membros da família, colegas de classe, deuses e monstros que nos permitem expressar essa força inconsciente, mas poderosa de nosso interior. Um encontro com *anima* ou *animus* em sonhos ou fantasias é considerado um passo importante em direção ao crescimento psicológico.

PROJEÇÃO

Também podemos nos deparar com *animus* e *anima* na realidade. Normalmente, procuramos pessoas que se combinem com nossa imagem interna do parceiro ideal. Com frequência, imaginamos a semelhança e PROJETAMOS em alguma pessoa inocente nosso desejo de uni-lo com *anima* ou *animus*. Podemos cair em relacionamentos nos quais não enxergamos o parceiro claramente. Em vez disso, vemos *anima* ou *animus*, nossa noção interna do parceiro ideal projetada em outra pessoa. Com frequência passamos relacionamentos inteiros tentando forçar o parceiro a se encaixar em nossa PROJEÇÃO. Hitchcock criou uma expressão poderosa desse fenômeno em *Um corpo que cai*. James Stewart força Kim Novak a mudar o penteado e as roupas para se encaixar na imagem de ideal feminino, Carlota, uma mulher que ironicamente nunca existiu.

É natural que cada gênero veja o outro como algo misterioso, em constante transformação. Muitos de nós não entendemos nossa própria sexualidade e psicologia perfeitamente, menos ainda aquelas do sexo oposto. Com frequência, nossa principal experiência com o sexo oposto é a mutabilidade e a tendência a trocar de atitude, aparência e emoções sem motivo aparente.

Mulheres reclamam que homens são vagos, hesitantes e incapazes de se comprometer. Homens reclamam que mulheres são temperamentais, caprichosas, instáveis e imprevisíveis. A raiva pode transformar homens em feras. Mulheres mudam drasticamente durante o ciclo menstrual, com as fases da lua. Durante a gravidez, sofrem grande mudança de forma física e de humor. Em algum momento, a maioria das pessoas é vista pelos outros como Camaleões de "duas caras".

Animus e *anima* podem ser figuras positivas ou negativas que serão úteis ou destrutivas para o herói. Em algumas histórias, é tarefa do herói descobrir com que lado, positivo ou negativo, ele está lidando.

O arquétipo do Camaleão também é catalisador de mudanças, um símbolo do desejo psicológico de transformação. Lidar com um Camaleão pode fazer com que o herói mude de atitude quanto ao sexo oposto ou aceite as energias reprimidas que esse arquétipo estimula.

Essas projeções de nossos lados opostos ocultos, essas imagens e ideias sobre sexualidade e relacionamentos, formam o arquétipo do Camaleão.

FUNÇÃO DRAMÁTICA

O Camaleão cumpre a função dramática de trazer dúvida e suspense para a história. Quando os heróis perguntam: "Ele é fiel? Ela vai me trair?

Ele me ama de verdade? É um aliado ou inimigo?", é sinal de que um Camaleão está presente.

Os Camaleões aparecem com grande frequência e variedade em filmes *noir* e *thriller*. *À beira do abismo*, *O falcão maltês* e *Chinatown* trazem detetives confrontando mulheres Camaleoas cujas lealdade e motivações são duvidosas. Em outras histórias, como *Suspeita* ou *A sombra de uma dúvida*, uma mulher bondosa deve descobrir se um homem Camaleão é digno de sua confiança.

Um tipo comum de Camaleão é a *femme fatale*, a mulher tentadora ou destruidora. A ideia é tão antiga quanto a Bíblia, com suas histórias de Eva no Jardim do Éden, da traiçoeira Jezebel e de Dalila, que corta os cabelos de Sansão para roubar suas forças. Hoje em dia, a *femme fatale* aparece em histórias de policiais e detetives traídos por mulheres assassinas, como a personagem de Sharon Stone em *Instinto selvagem* ou a de Kathleen Turner em *Corpos ardentes*. *O mistério da viúva negra* e *Mulher solteira procura* são variantes interessantes nas quais uma heroína confronta uma *femme fatale* Camaleoa e mortal.

O Camaleão, como outros arquétipos, pode se manifestar por meio de personagens masculinos ou femininos. Existem tantos *hommes fatales* nos mitos, na literatura e no cinema como há *femmes*. Na mitologia grega, Zeus era um grande Camaleão, mudando de forma para seduzir donzelas humanas que em geral terminavam sofrendo. *À procura de Mr. Goodbar* é um filme sobre uma mulher que busca o amante perfeito, mas que, em vez disso, encontra um homem Camaleão que a leva à morte. O filme *O estranho* traz uma mulher bondosa (Loretta Young) que está prestes a se casar com um Camaleão monstruoso, um nazista enrustido interpretado por Orson Welles.

O aspecto *fatale* não é crucial para este arquétipo. Os Camaleões podem apenas deixar o herói confuso e perplexo e não tentar matá-lo. A transformação faz parte do romance. É comum que o amor cegue e nos impeça de ver a outra pessoa claramente sob as muitas máscaras que ela usa. O personagem interpretado por Michael Douglas em *Tudo por uma esmeralda* parece ser um Camaleão para a heroína Kathleen Turner, que tem dúvidas até o último instante sobre a lealdade de seu companheiro.

Essas transformações podem se manifestar em mudanças de aparência. Em muitos filmes, a mudança de roupa ou de penteado de uma mulher indica que sua identidade está mudando e sua lealdade entra na berlinda. Esse arquétipo também pode se expressar por meio de mudanças comportamentais ou discursivas, como assumir diferentes sotaques ou contar uma sequência de mentiras. No thriller *Arabesque*, a Camaleoa de Sophia Loren conta ao herói a contragosto de Gregory Peck uma série desconcertante de histórias sobre sua vida pregressa que acabam se revelando falsas. Muitos heróis precisam lidar com Camaleões, homens e mulheres, que assumem disfarces e contam mentiras para confundi-los.

Um Camaleão famoso da *Odisseia* é o deus marinho Proteu, "o Velho do Mar". Menelau, um dos heróis que voltam da Guerra de Troia, prende Proteu para forçá-lo a lhe dar informações. Proteu transforma-se em leão, cobra, pantera, javali, água corrente e árvore para tentar escapar, mas Menelau e seus homens seguram-no com firmeza até que Proteu volte à sua verdadeira forma e responda às perguntas. A história ensina que, se os heróis forem pacientes com os Camaleões, a verdade virá à tona no fim das contas. "Proteico", além da relação com proteínas, também pode significar "que apresenta muitas e variadas formas, multiforme, polimorfo", e tem sua origem na história de Proteu.

MÁSCARA DO CAMALEÃO

Como acontece com outros arquétipos, o Camaleão é uma função ou máscara que pode ser usada por qualquer personagem numa história. Um herói pode vestir a máscara numa situação romântica. Richard Gere, em *A força do destino*, empina o nariz e conta uma série de mentiras para impressionar Debra Winger. Ele está, temporariamente, agindo como um Camaleão, embora seja o herói do filme.

Às vezes, um herói precisa se transformar num Camaleão para escapar de uma armadilha ou passar por um Guardião do Limiar. Em *Mudança de hábito*, a personagem de Whoopi Goldberg, uma cantora de Las Vegas, disfarça-se de freira católica para não ser morta por mafiosos após ter testemunhado um assassinato.

Vilões ou seus aliados podem vestir a máscara do Camaleão para seduzir ou confundir um herói. A rainha malvada de *Branca de Neve e os sete anões* assume a forma de uma velhinha para fazer a heroína comer a maçã envenenada.

A transformação também é um atributo comum de outros arquétipos, como Mentores e Pícaros. Merlin, Mentor das histórias do rei Arthur, não raro muda de forma para ajudar Arthur. A deusa Atena, na *Odisseia*, assume a aparência de muitos seres humanos diferentes para ajudar Odisseu e seu filho.

Camaleões também podem ser encontrados nos filmes conhecidos como "filmes de amigos", nos quais a história se concentra em dois personagens masculinos ou femininos que compartilham o papel de herói. Com frequência um é mais convencionalmente heroico e causa maior identificação do público. O segundo personagem, embora seja do mesmo gênero que o protagonista, será quase sempre um Camaleão, cujas lealdade e verdadeira natureza estão sempre na berlinda. Na comédia *Um casamento de alto risco*, o herói "certinho", Alan Arkin, quase enlouquece por causa das características camaleônicas de seu parceiro, Peter Falk, um agente da CIA.

*

O Camaleão é um dos arquétipos mais flexíveis e cumpre uma variedade "proteica" de funções nas histórias modernas. Apesar de ser encontrado com grande frequência em relacionamentos românticos, também pode ser útil em outras situações para retratar personagens cuja aparência ou comportamento muda para atender às necessidades da história.

SOMBRA

———✷———

"É impossível manter um bom monstro sob controle!"
– Publicidade de O *fantasma de Frankenstein*

*

O arquétipo conhecido como SOMBRA representa a energia do lado obscuro, os aspectos não expressos, desconhecidos ou rejeitados de alguma coisa. Em geral, é o lar dos monstros suprimidos de nosso mundo interior. As Sombras podem ser todas as coisas que não gostamos em nós mesmos, todos os segredos profundos que as pessoas não conseguem admitir sequer para si. As qualidades a que renunciamos e que tentamos arrancar pela raiz ainda espreitam lá dentro, agindo no mundo das sombras do inconsciente. A Sombra também pode abrigar qualidades positivas que se escondem ou que rejeitamos por algum motivo.

A face negativa da Sombra nas histórias é projetada nos personagens que chamamos de vilões, antagonistas ou inimigos. Vilões e inimigos em geral dedicam-se à morte, destruição ou derrota do herói. Antagonistas podem não ser tão hostis – podem ser Aliados que estão atrás do mesmo objetivo, mas que discordam das táticas do herói. Antagonistas e heróis em conflito são como cavalos em uma parelha puxando em direções opostas, enquanto vilões e heróis em conflito são como trens em rota de colisão.

FUNÇÃO PSICOLÓGICA

A Sombra pode representar o poder de sentimentos reprimidos. Traumas profundos ou culpa podem agravar-se quando exilados na escuridão do inconsciente, e as emoções escondidas ou negadas podem se transformar em algo monstruoso que quer nos destruir. Se o Guardião do Limiar representa as neuroses, então o arquétipo da Sombra faz as vezes das psicoses que não só nos atrapalham, mas ameaçam nos derrotar. A Sombra pode simplesmente ser aquela parte obscura dentro de nós contra a qual sempre lutamos, tentando combater maus hábitos e medos antigos. A energia pode ser uma força interna poderosa com uma vida própria e um conjunto próprio de interesses e prioridades. Pode ser uma força destrutiva, especialmente se não for reconhecida, confrontada e iluminada.

Por isso, em sonhos, é possível que as Sombras apareçam como monstros, demônios, alienígenas malignos, vampiros ou outros inimigos apavorantes. Observe que muitas personagens de Sombra são também camaleões, como vampiros e lobisomens.

FUNÇÃO DRAMÁTICA

A função da Sombra no drama é desafiar o herói e lhe dar um oponente digno de ser combatido. As Sombras criam conflito e revelam o melhor de um herói ao deixá-lo numa situação de ameaça à vida. Sempre se diz que uma história é boa quando o vilão é bom, pois um inimigo poderoso força o herói a crescer para enfrentar o desafio.

A energia contestadora do arquétipo da Sombra pode se manifestar em um único personagem, mas também ser uma máscara usada em diferentes momentos por qualquer um dos personagens. Os próprios heróis podem ter um lado Sombra. Quando o protagonista está cheio de dúvidas ou culpa, age de forma autodestrutiva, expressa um desejo de morte, deixa seu sucesso subir à cabeça, abusa do poder ou se torna egoísta em vez de abnegado, a Sombra tomou conta dele.

MÁSCARA DA SOMBRA

A Sombra pode se combinar de maneira poderosa com outros arquétipos. Como outros arquétipos, a Sombra é uma FUNÇÃO ou MÁSCARA passível de ser usada por qualquer personagem. O principal Mentor de uma história pode vestir a máscara da Sombra às vezes. Em *A força do destino*, o rígido sargento interpretado por Louis Gossett Jr. usa a máscara de Mentor e a de Sombra ao mesmo tempo. Ele é o Mentor e segundo pai de Richard Gere, guiando-o através do rigoroso treinamento naval. Mas, em termos da essência de vida e morte da história, Gossett também é uma Sombra que tenta destruir Gere e expulsá-lo do programa, testando o jovem até o limite para descobrir se ele tem o necessário para crescer, e quase o mata no processo de revelar o melhor do rapaz.

Outra forte combinação de arquétipos é encontrada nas personagens Camaleões fatais discutidas antes. Em algumas histórias, a pessoa que começa como alvo do amor do herói muda tanto que se torna uma Sombra, desviando--se para buscar a destruição do herói. *Femmes fatales* são chamadas de "damas sombrias", o que pode representar uma luta entre os lados masculino e feminino de uma pessoa ou uma obsessão com o sexo oposto transformado num estado mental psicótico. Orson Welles criou uma história clássica sobre esse tema em *A dama de Xangai*, no qual Rita Hayworth fascina o personagem de Welles, muda de forma e tenta destruí-lo.

Uma Sombra também pode usar a máscara de outros arquétipos. O personagem canibal Hannibal Lecter de Anthony Hopkins, em *O silêncio dos inocentes*, é fundamentalmente uma Sombra, uma projeção do lado sombrio da natureza humana, mas também funciona como um Mentor útil para a agente do FBI de Jodie Foster, dando a ela informações que a ajudam a capturar outro assassino maluco.

As Sombras podem se transformar em Camaleões sedutores para atrair o herói ao perigo. Podem funcionar como Pícaros ou Arautos, e talvez até manifestem qualidades heroicas. Vilões que lutam bravamente por sua causa ou vivenciam uma mudança de essência podem ser redimidos e se transformar em heróis, como a Fera em *A Bela e a Fera*.

HUMANIZAÇÃO DA SOMBRA

As Sombras não precisam ser totalmente malignas ou perversas. De fato, é melhor que sejam humanizadas por um toque de bondade ou alguma qualidade admirável. Os desenhos animados da Disney são memoráveis por seus vilões, como o Capitão Gancho em *Peter Pan;* o demônio de *Fantasia;* a rainha linda, mas malvada de *Branca de Neve e os sete anões;* a glamorosa fada Malévola em *A bela adormecida;* e Cruella de Vil em *101 dálmatas.* Esses personagens são ainda mais deliciosamente sinistros por suas qualidades de espirituosidade, poder, beleza ou elegância.

As Sombras podem também ser humanizadas, tornando-se vulneráveis. O romancista Graham Greene é um mestre em fazer de seus vilões pessoas reais, frágeis. Com frequência ele faz o herói estar prestes a matar um vilão, apenas para descobrir que o pobre diabo está sofrendo com uma gripe horrível ou lendo uma carta da filha pequena. De repente, o vilão não é apenas uma mosca a ser esmagada, mas um ser humano de verdade, com fraquezas e emoções. Matar uma figura dessas transforma-se numa escolha realmente moral, e não em um reflexo impensado.

Ao se criar histórias, é importante que a maioria dos personagens Sombra não pensem em si mesmos como vilões ou inimigos. Do ponto de vista dele, o vilão é o herói de seu mito, e o herói do público é seu vilão. Um tipo perigoso de vilão é "o homem determinado", a pessoa tão convencida de que sua causa é justa que nada o impedirá de alcançá-la. Cuidado com o homem que acredita que os fins justificam os meios. A crença sincera de Hitler de que era correto, até mesmo heroico, permitiu que ele comandasse as atrocidades mais abomináveis para alcançar seus objetivos.

Uma Sombra pode ser um personagem ou uma força externa ao herói, ou uma parte profundamente reprimida do herói. *O médico e o monstro* representam vividamente o poder do lado obscuro na personalidade de um bom homem.

Sombras externas devem ser banidas ou destruídas pelo herói. Sombras internas, como vampiros, podem ter seus poderes confiscados, o que as tira das Sombras e as leva à luz da consciência. Algumas Sombras podem até ser redimidas e transformadas em forças positivas. Uma das figuras de Sombra mais impressionantes na história do cinema, Darth Vader da série *Star Wars,* revela ser o pai do herói. Toda a vilania é finalmente perdoada em *O retorno de Jedi*, fazendo dele uma figura benigna e fantasmagórica que cuida do filho. O Exterminador também evolui de máquina mortífera dedicada a destruir os heróis em *Exterminador do futuro* para ser um Mentor protetor dos heróis em *Exterminador do futuro 2: O julgamento final*.

Como outros arquétipos, as Sombras podem expressar aspectos positivos e negativos. A Sombra na psique de uma pessoa pode ser qualquer coisa que tenha sido oprimida, negligenciada ou esquecida. A Sombra recobre sentimentos sadios e naturais que acreditamos que não devemos mostrar. Mas a raiva sadia ou a tristeza, se oprimidas no território das Sombras, podem se tornar uma energia nociva que nos atinge e solapa de formas inesperadas. A Sombra também pode ser um potencial inexplorado, como afeição, criatividade ou capacidades psíquicas que seguem não expressas. "Caminhos não trilhados", as possibilidades de vida que eliminamos por fazer escolhas em vários estágios, podem se reunir na Sombra, aguardando o momento em que serão levados à luz da consciência.

*

O conceito psicológico do arquétipo da Sombra é uma metáfora útil para entendermos vilões e antagonistas de nossas histórias, bem como compreender os aspectos não expressos, ignorados ou profundamente ocultos de nossos heróis.

ALIADO

"De lares quietos e jornadas simplórias
Além de mundos perdidos
Não há nada que valha os esforços da glória
Senão o riso e o amor dos amigos."
– "Ode Dedicatória", de Hilaire Belloc

*

Os heróis em jornada podem precisar de um companheiro de viagem, um ALIADO que possa cumprir uma variedade de funções necessárias, como companheiro, parceiro de treino, consciência ou alívio cômico. É útil ter alguém para realizar tarefas, levar mensagens ou reconhecer locais. É conveniente que o herói disponha de uma pessoa com quem possa conversar, revelar sentimentos humanos ou questões importantes da trama. Aliados executam muitas tarefas mundanas, mas também cumprem o importante papel de humanizar os heróis, acrescentando outras dimensões à personalidade ou os desafiando a serem mais abertos e equilibrados.

Desde o início da arte narrativa, os heróis recebem como parceiros figuras amigáveis que lutam ao seu lado, aconselham-nos e os alertam e, às vezes, até os contestam. Em uma das primeiras grandes histórias registradas, *A epopeia de Gilgamesh*, o rei-herói babilônio é ligado pelos deuses a um poderoso homem selvagem criado na floresta, Enkidu, que, num primeiro momento, desconfia dele e a ele se opõe, mas logo passa a respeitá-lo e se transforma num Aliado confiável. Hércules tinha um aliado valoroso em seu cocheiro Iolau, um campeão olímpico que cauterizou os pescoços da Hidra para impedir que as cabeças crescessem novamente depois de Hércules tê-las arrancado com seu bastão.

ALIADOS MÚLTIPLOS

Heróis em grandes jornadas épicas podem conseguir uma porção de Aliados e formar uma equipe de aventureiros, cada qual com uma habilidade diferente. Odisseu tem seus camaradas de embarcação e Jasão, seus argonautas. Nas ilhas britânicas, o rei Arthur, começando por seu irmão de criação *sir* Kay, atrai um pequeno exército de Aliados, os Cavaleiros da Távola Redonda. Na França, Carlo Magno reúne um bando semelhante de cavaleiros Aliados de todas as nações do império que recebem o nome de paladinos. Dorothy encontra uma série de Aliados em sua missão, a começar pelo seu Aliado canino, Totó.

GRANDES ALIADOS NA LITERATURA

Algumas grandes histórias foram tramadas a partir do relacionamento entre um herói e um Aliado. Dom Quixote e seu escudeiro relutante Sancho Pança formam um desses pares, representando dois extremos da sociedade e maneiras muito diversas de ver o mundo. Shakespeare sempre lança mão de Aliados, como o Bufão do rei Lear ou Falstaff, o companheiro revoltoso do príncipe Hal, para explorar seus heróis com maior profundidade, conferindo aos heróis camadas cômicas ou os desafiando a olhar mais fundo em sua alma. Sherlock Holmes e o doutor Watson são outro exemplo em que o intelecto incrível de Holmes é revelado para o leitor através dos olhos admirados de seu Aliado, Watson, o narrador dos contos.

INTRODUÇÃO AO MUNDO ESPECIAL

O dr. Watson ilustra a função útil dos Aliados de nos apresentar a um mundo estranho. Como Watson, eles podem levantar perguntas que gostaríamos de fazer. Quando o herói é calado ou nos momentos em que seria inoportuno e inverossímil para ele explicar coisas que são comuns ao herói, mas muito exóticas para nós, um Aliado pode fazer esse trabalho de esclarecer tudo conforme necessário. O Aliado às vezes é um "personagem espectador", alguém que vê o Mundo Especial da história como que pela primeira vez, da forma como veríamos se estivéssemos lá.

O romancista Patrick O'Brian usou esse mecanismo em sua épica série de livros sobre a Marinha britânica, Aubrey-Maturin. Seu herói, Jack Aubrey, é semelhante aos heróis de outros livros com ambientação marítima, como a série Horatio Hornblower, de C. S. Forester, mas os livros de O'Brian diferenciam-se pela introdução de um Aliado forte e de longa data do ousado capitão marítimo, o personagem de Stephen Maturin, médico, naturalista e agente secreto que permanece alheio às vicissitudes do mar, apesar das décadas navegando com o amigo. O'Brian traz um elemento de comédia muito forte com as tentativas desajeitadas de Stephen de entender o jargão do marinheiro, mas também dá um bom motivo para o exasperado Jack explicar detalhes de batalhas e navegações que nós, leitores, queremos entender.

ALIADOS DO FAROESTE: COMPARSA

Na rica tradição das séries cinematográficas hollywoodianas e televisivas dos faroestes, o Aliado é chamado de "comparsa", ou *sidekick*, uma gíria inglesa de batedores de carteira do início do século 19 para o bolso lateral das calças. Em outras palavras, um comparsa é alguém que se mantém tão perto quanto um bolso. Todos os heróis de faroeste televisivo tinham seu Aliado, desde Tonto, "fiel companheiro índio" do Cavaleiro Solitário, até Jingles, o "comparsa cômico" de Wild Bill Hickok, interpretado pelo ator Andy Devine, que também fez o papel de Aliado em muitos filmes de faroeste que remontam a *No tempo das diligências*. O Cisco Kid tem seu camarada cômico, Pancho; Zorro tem seu cúmplice silencioso, mas muito útil, Bernardo. Walter Brennan interpretou uma galeria de comparsas, apoiando de forma notável John Wayne em *Rio vermelho*. Nesse filme, ele vai além dos papéis costumeiros de Aliado, como alguém que traz alívio cômico e alguém para o herói conversar – aqui, também serve como uma consciência, resmungando todas as vezes que o personagem de John Wayne comete um erro moral e alegrando-se quando o filho adotivo de Wayne finalmente o enfrenta.

A JORNADA DO ESCRITOR

O relacionamento com o Aliado pode ser bastante complexo, às vezes se transformando em material dramático por si só. Um vasto corpo de histórias foi escrito e filmado sobre Wyatt Earp, o homem da lei virtuoso do faroeste, e seu Aliado rebelde, alcoólatra, doentio e muito perigoso Doc Holliday. Em algumas versões da lenda, como no ruidoso *Sem lei e sem alma*, do diretor John Sturges, os dois homens são quase idênticos, e, enquanto se juntam para combater a ameaça externa do bando de Clanton, também são dois símbolos de um grande debate na cultura norte-americana, entre o universo de rígida moral dos puritanos, representado por Wyatt Earp, o cumpridor das leis, e o lado rebelde mais selvagem, representado por Holliday, um jogador do velho Sul.

ALIADOS NÃO HUMANOS

Aliados não precisam ser humanos. Em algumas religiões do mundo, é atribuído a cada pessoa um espírito protetor, um comparsa ou Aliado para a vida inteira. Pode ser um anjo, o anjo da guarda que deve zelar pela pessoa e mantê-la no caminho correto, ou uma deidade menor de qualquer tipo. Os egípcios ensinam que Khnemu, o deus construtor com cabeça de carneiro, formou cada pessoa com argila em sua roda de oleiro e, ao mesmo tempo, fez um *ka* ou espírito protetor na sua forma exata. O *ka* acompanhava cada pessoa durante toda a vida e também na vida após a morte, contanto que o corpo da pessoa fosse preservado. Seu trabalho era encorajar a pessoa a levar uma vida boa e útil.

Os romanos também acreditavam que cada homem tinha um espírito guardião ou Aliado, seu *genius*, e que cada mulher tinha um *juno*. Originalmente, eles eram fantasmas dos distintos ancestrais da família, mas mais tarde tornaram-se deidades de guarda pessoais. Cada pessoa fazia oferendas a *genius* ou *juno* em seu aniversário, em troca de orientação e proteção, ou por um pouco de ideias extras. Não apenas os indivíduos, mas também famílias, lares, o Senado, cidades, províncias e todo o império podiam ter esses Aliados protetores sobrenaturais.

A peça e o filme *Harvey* mostram um homem que confia num amigo imaginário, uma espécie de Aliado psíquico que o ajuda a lidar com a realidade. O personagem de Woody Allen em *Sonhos de um sedutor* invoca o espírito da *persona* cinematográfica de Humphrey Bogart para orientá-lo nas sutilezas do amor. O filme *A felicidade não se compra* apresenta um homem desesperado sendo ajudado por um Aliado angelical.

ALIADOS ANIMAIS

Animais como Aliados são comuns na história da narrativa. Especialmente as deusas são acompanhadas por animais Aliados, como Atena e sua companheira coruja ou Artemis e o veado que sempre é visto correndo ao seu lado. O bufão dos contos populares europeus, Till Eulenspiegel, sempre foi associado a dois símbolos: uma coruja e um espelho. Seu nome em alemão, "Eulenspiegel", pode ser traduzido literalmente por "Espelho-Coruja", sugerindo que ele é sábio como uma coruja e que se ergue como um espelho para a hipocrisia da sociedade. A coruja tornou-se um Aliado relutante de Till na animação *Till Eulenspiegel*. Os heróis do faroeste sempre contam com o apoio de Aliados animais, como o elegante corcel Trigger e o cão Bullet, de Roy Roger.

ALIADOS DO ALÉM-TÚMULO

Contos populares antigos trazem Aliados até dentre os mortos. O nome da banda "The Grateful Dead" ("Os Mortos Gratos") teve suas origens num termo usado numa lenda para os mortos que ajudam os vivos em gratidão por terem feito algo para apaziguar sua alma, como pagar uma dívida para lhe dar um enterro decente. *The Helpful Ghost* ("O fantasma prestativo") é o título de um romance de Sheila Rosalind Allen no qual um fantasma resolve questões românticas numa casa antiga.

SERVIÇAIS PRESTATIVOS

Outra face de Aliado em contos populares é a do "serviçal prestativo", um personagem-tipo em contos românticos que ajuda o herói a alcançar seu objetivo ao levar cartas de amor e mensagens ou providenciar disfarces, esconderijos, rotas de fuga e álibis. Planchet, o resignado serviçal de D'Artagnan, é um dos serviçais prestativos em *Os três mosqueteiros*, e o mordomo de Dudley Moore, interpretado pelo grandioso John Gielgud, desempenha esse papel em *Arthur, o milionário sedutor*. O mordomo do Batman, Alfred, cumpre muitos papéis, e deve-se observar que a função de Aliado pode facilmente se sobrepor àquela do Mentor, pois Aliados às vezes tomam a função de guiar o herói em questões espirituais ou emocionais.

FUNÇÃO PSICOLÓGICA

O Aliado, tanto em sonhos como na ficção, pode representar as partes não expressas ou não utilizadas da personalidade que deverão ser acionadas para que façam seu trabalho. Nas histórias, os Aliados nos fazem recordar dessas partes não utilizadas e trazem à mente os verdadeiros amigos e relacionamentos que podem ser úteis para nós na jornada de nossa vida. Aliados são capazes de representar forças internas poderosas que poderão vir em nosso auxílio numa crise espiritual.

ALIADOS MODERNOS

Os Aliados destacam-se no mundo moderno das narrativas. Na ficção, eles sugerem caminhos alternativos para a resolução de problemas e ajudam a lapidar a personalidade dos heróis, permitindo que expressem medo, humor ou ignorância, qualidades por vezes inapropriadas para o herói. James Bond confia em sua leal Aliada, a srta. Moneypenny, e ocasionalmente precisa da ajuda de seu Aliado norte-americano, o agente da CIA Felix Leiter. Escritores de histórias em quadrinhos, com o intuito de expandir a atração de suas histórias para leitores mais jovens, não raro acrescentam jovens Aliados para seus super-heróis, como Robin, o ajudante do Batman. Simba, o leãozinho herói de *O rei leão*, tem seus Aliados cômicos, Timão e Pumba. Existe uma visão do futuro no universo de *Star Wars*, no qual máquinas, animais, alienígenas e espíritos podem atuar como aliados. Cada vez mais as inteligências artificiais e robôs serão vistos como Aliados naturais à medida que entramos em novas jornadas no espaço e em outros reinos desconhecidos.

PÍCARO

———✳︎———

"Isso não faz o menor sentido, mas eu também não faço."
– Patolino

*

O arquétipo do PÍCARO incorpora as energias da travessura e do desejo de mudança. Todos os personagens que são essencialmente palhaços ou comparsas cômicos expressam esse arquétipo. A forma especializada chamada Herói Picaresco é figura principal em muitos mitos e é muito popular no folclore e nos contos de fadas.

FUNÇÃO PSICOLÓGICA

Os Pícaros cumprem várias funções psicológicas importantes. Eles reduzem egos inflados e põem os pés dos heróis e do público no chão. Ao provocar gargalhadas sadias, ajudam-nos a perceber nossos laços comuns e apontam a tolice e a hipocrisia. Acima de tudo, trazem à tona a mudança e a transformação sadias, com frequência chamando atenção ao desequilíbrio ou ao absurdo de uma situação psicológica estagnada. São inimigos naturais do status quo. A energia do Pícaro pode se manifestar por meio de incidentes engraçados ou deslizes linguísticos que nos alertam sobre a necessidade de mudança. Quando nos levamos a sério demais, a porção Picaresca de nossa personalidade pode surgir para nos trazer de volta a perspectiva necessária.

FUNÇÃO DRAMÁTICA: ALÍVIO CÔMICO

Em obras dramáticas, os Pícaros cumprem todas essas funções psicológicas, mais a função dramática do ALÍVIO CÔMICO. Tensão, suspense e conflito não aliviados podem ser emocionalmente exaustivos, e mesmo no drama mais pesado o interesse do público é revivido por momentos descontraídos. Uma velha regra do drama enfatiza essa necessidade pelo bem do equilíbrio: FAÇA CHORAR MUITO; FAÇA RIR UM POUCO.

Os Pícaros podem ser serviçais ou Aliados trabalhando para o herói ou para a Sombra, ou podem ser agentes independentes com planos próprios deturpados.

Os Pícaros da mitologia trazem muitos exemplos das ações desse arquétipo. Um dos mais pitorescos é Loki, o deus nórdico da travessura e do engano. Sendo um Pícaro autêntico, atua como consultor e conselheiro para os outros deuses, mas também trama sua destruição, solapando o status quo. É fervoroso por natureza, e sua energia ágil e ilusória ajuda a aquecer a energia petrificada, congelada dos deuses, pondo-os em marcha e trazendo a mudança. Também oferece o tão necessário alívio cômico dentro dos mitos nórdicos, em geral bastante sombrios.

Loki às vezes é um coadjuvante cômico em histórias que contam com os deuses Odin e Thor como heróis. Em outras histórias, é uma espécie de herói, um HERÓI PICARESCO que sobrevive por sua esperteza frente aos deuses e gigantes fisicamente mais fortes. Por fim, ele se transforma num adversário mortal ou Sombra, liderando as hordas dos mortos numa guerra final contra os deuses.

HERÓI PICARESCO

Heróis Picarescos pululam como coelhos nos contos populares e de fadas. De fato, alguns dos Pícaros mais populares são coelhos heroicos, como o Quincas, a lebre das lendas africanas, os muitos heróis coelhos do sudeste asiático,

Pérsia, Índia etc. Essas histórias trazem o coelho indefeso, mas de pensamento rápido, contra inimigos maiores e mais perigosos: as figuras de Sombra dos contos populares, como lobos, caçadores, tigres e ursos. De alguma forma, os coelhinhos sempre conseguem enganar seu oponente faminto que, em geral, sofre dolorosamente ao lidar com um Herói Picaresco.

A versão moderna do coelho picaresco é, sem dúvida, o Pernalonga. Os animadores da Warner Brothers fazem uso das tramas dos contos populares para contrapor o Pernalonga e caçadores ou predadores que não têm chance alguma frente à sua ágil esperteza. Outros Pícaros de desenho animado desse tipo incluem o Patolino, o Ligeirinho, o Papa-léguas e o Piu-Piu, da Warner; O Pica-pau e o Picolino, de Walter Lantz; e Droopy, o cão onipresente que sempre engana o confuso Lobo, da MGM. Mickey Mouse também começou como um exemplo de Pícaro animal, mas amadureceu para se tornar um mestre de cerimônias sério e um porta-voz institucional.

Os índios norte-americanos têm uma predileção por Pícaros como o coiote e o corvo. Os deuses-palhaços dos Kachina, do sudoeste americano, são Pícaros de grande força e capacidade cômica.

De vez em quando, é engraçado virar a mesa e mostrar que os próprios Pícaros podem ser enganados. Ocasionalmente um Pícaro como a Lebre tentará tirar vantagem de um animal mais fraco e lento, como a dona Tartaruga. Em contos populares e fábulas, como "A lebre e a tartaruga", o mais lento passa a perna no mais rápido com a persistência tenaz ou ao cooperar com outros de sua espécie para enganar o animal mais veloz.

Os Pícaros gostam de causar problemas apenas para se divertir. Joseph Campbell relata uma história nigeriana em que o deus picaresco Exu caminha por uma estrada com um chapéu vermelho de um lado e azul do outro. Quando alguém comenta: "Quem era aquele passando com um chapéu vermelho?", acaba brigando com as pessoas do outro lado da estrada, que insistem que o chapéu era azul. O deus toma os louros dos problemas, dizendo: "Espalhar confusão é minha maior alegria".

Os Pícaros são quase sempre PERSONAGENS CATALISADORES, que afetam a vida dos outros, mas permanecem inalterados. Eddie Murphy em *Um tira da pesada* mostra a energia do Pícaro quando sacode o sistema estabelecido sem mudar muito de si.

Os heróis de comédia, de Charlie Chaplin e os Irmãos Marx até o elenco da série televisiva dos anos 1990 *In Living Color*, são Pícaros que subvertem a situação estabelecida e nos fazem rir de nós mesmos. Não é raro que heróis de outros gêneros tenham de vestir a máscara do Pícaro para enganar uma Sombra ou contornar um Guardião do Limiar.

*

Os arquétipos são uma linguagem infinitamente flexível de personagens. Eles apresentam uma maneira de entender que função um personagem está desempenhando num determinado momento da história. A familiaridade com os arquétipos pode ajudar a livrar os escritores dos estereótipos, conferindo aos personagens maior verdade e profundidade psicológicas.

Os arquétipos podem ser usados para construir personagens que sejam únicos e símbolos universais das qualidades que formam um ser humano completo, além de ajudar a tornar nossos personagens e histórias psicologicamente realistas e verdadeiros no que diz respeito à sabedoria ancestral dos mitos.

ALÉM DOS ARQUÉTIPOS

Embora os arquétipos possam ajudar você a entender as funções dos personagens nas histórias, é claro que há muito mais coisa envolvida em criar personagens verossímeis e fascinantes de assistir. A seguir, veja outros aspectos que contribuem para criar personagens bem trabalhados e realistas.

ELEMENTOS ESSENCIAIS

Quando criar um personagem, faça um checklist logo em seguida para ver se está considerando todos os ângulos possíveis a fim de torná-lo real e memorável.

MOTIVADO – Precisamos saber o que ele quer, o que deseja, o que o impele. Em um nível mais profundo, do que seu personagem precisa para ser completo ou se curar?

SIMPÁTICO – Precisamos sentir pena dele ou apreciar algo sobre sua atitude ou seu comportamento.

FERIDO – Ele traz cicatrizes de antigos ferimentos ou há uma sombra de culpa ou suspeita pairando sobre ele.

DEFEITOS – Tem alguns defeitos ou fraquezas, áreas onde falha ou comete erros. Isso o torna verossímil e humano.

IDENTIFICAÇÃO – Esses pequenos erros, junto com os desejos que motivam o personagem, nos ajudam a nos identificar com ele. Todos cometemos erros e sentimos solidariedade pelos heróis que fracassam. Sentimos que eles são como nós e que sentem o que sentimos.

VIRTUDES – Ele tem algumas qualidades especiais que são atrativas ou engraçadas.

ÚNICO – Cada personagem tem uma combinação única de qualidades. Dois personagens nunca são iguais.

MUDANÇA DE PERSONAGEM – A história cria pressão para o personagem mudar seu comportamento. O público gosta dessa pressão e do momento em que o personagem começa a mudar.

ARCO DE PERSONAGEM – Em uma história realista, os personagens mudam pouco a pouco. Eles provavelmente permanecem fiéis a suas naturezas essenciais, mas mudam um pouco seu modo de pensar ou de se comportar.

PROBLEMA INTERNO E EXTERNO – Todo personagem deve ter um problema externo para resolver, algo físico ou alheio. Também deve ter um problema interno, como se tornar um jogador de equipe melhor, perdoar alguém, aprender a ser mais responsável, abandonar um mau hábito etc.

COMÉDIAS DE TV – Os personagens não mudam muito em comédias. Se mudam, é por um curto período e, geralmente, retornam a seu antigo comportamento no final do episódio.

GRANDE REVERSÃO – O público gosta de ver um PERSONAGEM DURÃO mostrar um lado mais sensível. Também gosta quando um PERSONAGEM FRACO ou TEMEROSO mostra que tem, sim, coragem.

APRESENTAÇÃO DE PERSONAGENS – Dê uma entrada forte ao personagem. Diga ao público quem ele é ao mostrá-lo fazendo algo que expresse sua natureza essencial.

ESCOLHAS – As escolhas que um personagem faz o definem. Sabemos quem eles são pelas escolhas que fazem. (Pense em Daenerys Targaryen em *Game of Thrones*, revelando sua verdadeira natureza ao massacrar a população inocente de King's Landing.)

COMO REVELAR O PERSONAGEM – Por meio de AÇÃO, DIÁLOGO, FIGURINO, ADEREÇOS, LINGUAGEM CORPORAL, SEUS ARREDORES, O QUE AS PESSOAS DIZEM SOBRE ELE, mas principalmente pelo COMPORTAMENTO. Como ele reage em situações tensas ou embaraçosas? Como trata outras pessoas?

CATARSE – O público gosta de ver personagens que são levados a comportamentos extremos. Às vezes têm uma crise ou revelação emocional – choram, gritam, se empolgam ao extremo com alguma coisa. Esse tipo de revelação é chamado de catarse. O público pode experimentá-la também, graças à solidariedade que sentem pelos personagens.

ALGUMAS PERGUNTAS SOBRE PERSONAGENS

Seus personagens têm de ser reais para você antes que possam ser reais ao público. Conheça-os por meio de perguntas, imaginando uma entrevista com eles. Você pode até pedir aos personagens que descrevam uns aos outros. Pode ser muito revelador perguntar o que eles pensam de seus pares.

O que meu personagem quer? De que ele ou ela realmente precisa?

O que faz o personagem rir? Chorar?

Qual é o maior medo do personagem?

Qual é a única coisa que ele/ela não faria?

Quando seu personagem faz um pedido a uma estrela cadente, o que deseja?

Quando seu personagem sonha, sobre o que são os sonhos?

Qual é a maior ferida do seu personagem até esse momento?

Qual é a rotina matinal do personagem? Dorme tarde, acorda cedo?

Ele/Ela segue algum ritual antes de ir dormir?

O personagem tem alguma superstição?

Quem o seu personagem mais admira? Quem mais odeia? Em quem pode confiar? O que outros personagens pensam ou presumem sobre ele/ela?

Qual é a melhor qualidade dele/dela? E a pior? Quais são algumas outras qualidades que podem ser surpreendentes ou charmosas? Você precisa de ao menos três para fazer um personagem parecer realista e tridimensional.

Qual é o desejo secreto de seu personagem?

O que ele/ela está escondendo?

Qual é o "agon" dele/dela – a maior coisa com que sempre terá de lutar?

LIVRO DOIS

ESTÁGIOS DA JORNADA

ESTÁGIO UM:

O MUNDO COMUM

———— ✳ ————

"O começo é um momento muito delicado."
– *Duna*, roteiro de David Lynch,
baseado no romance homônimo de Frank Herbert

*

Em *O herói de mil faces*, Joseph Campbell descreve o início da típica Jornada do Herói. "Um herói vindo do mundo cotidiano se aventura numa região de prodígios sobrenaturais…" Neste capítulo, exploraremos esse "mundo cotidiano", o MUNDO COMUM, e veremos como ele molda o herói e põe em marcha as histórias dos dias de hoje.

A abertura de qualquer história, seja ela um mito, um conto de fadas, um roteiro, um romance, um conto ou uma história em quadrinhos, carrega um fardo em particular: deve prender o leitor ou espectador, definir o tom da história, sugerir para onde ela vai seguir e dar conta de muitas informações sem diminuir o ritmo. O início é, sem dúvida, um momento delicado.

ANTES DE COMEÇAR

Antes de começar uma história, o narrador precisa enfrentar escolhas criativas. Qual a primeira coisa que o público vivenciará? O título? A primeira linha do diálogo? A primeira imagem? Em que ponto da vida dos seus personagens a história vai começar? Precisa-se de um prólogo ou introdução, ou se vai saltar para o meio da ação? Os momentos da abertura são uma oportunidade poderosa para estabelecer o tom e criar uma impressão. Pode-se invocar um sentimento, uma imagem ou uma metáfora que dará ao público uma estrutura referencial para desfrutar melhor da obra. A ABORDAGEM MITOLÓGICA DA HISTÓRIA RESUME-SE A USAR METÁFORAS OU COMPARAÇÕES PARA TRANSMITIR SENTIMENTOS SOBRE A VIDA.

Max Reinhardt, grande diretor alemão de cinema e teatro, acreditava que é possível criar uma atmosfera no teatro bem antes de o público sentar-se ou a cortina subir. Um título cuidadosamente escolhido pode lançar uma metáfora que intrigue os espectadores e os sintonize com a experiência iminente. Uma boa promoção pode envolvê-los com imagens e slogans que funcionam como metáforas do mundo de sua história. Ao controlar a música e a iluminação quando o público entra no espaço e direcionar conscientemente esses detalhes, como atitudes e figurinos dos porteiros, uma atmosfera específica pode ser criada. Os espectadores serão colocados na situação mental ideal para a experiência que vão compartilhar, preparados para a comédia, romance, horror, drama ou o efeito que se deseje criar.

Os narradores orais iniciam suas histórias com frases ritualizadas ("Era uma vez") e gestos personalizados para atrair a atenção dos espectadores. Esses sinais podem dar dicas aos ouvintes sobre a atmosfera engraçada, triste ou irônica da história que escutarão.

Hoje em dia, muitos elementos surgem para criar essas primeiras impressões antes de o livro ou ingresso de cinema ser comprado: o título, a arte da capa do livro, a propaganda e os anúncios, pôsteres, trailers e assim por diante. A história é reduzida a alguns símbolos ou metáforas que começam a deixar o público na atmosfera certa para a jornada.

TÍTULO

Um título é uma pista importante para desvendar a natureza da história e a atitude do escritor. Um bom título pode se transformar numa metáfora multinível da condição do herói ou do seu mundo. O título O *poderoso chefão*, por exemplo, sugere que Don Corleone é o todo-poderoso para o seu pessoal. O design gráfico do logotipo do romance e do livro apresenta outra metáfora: a mão de um titereiro trabalhando com os fios de uma marionete que não se pode ver. Don Corleone seria o titereiro ou a marionete de uma força maior? Seríamos nós todos marionetes do Todo-Poderoso ou teríamos livre-arbítrio? O título metafórico e essas imagens permitem que se façam várias interpretações, além de ajudar a criar um design coerente para a história.

IMAGEM DE ABERTURA

A imagem de abertura pode ser uma ferramenta poderosa para criar atmosfera e sugerir aonde vai a história. É possível que ela seja uma metáfora visual que, numa única tomada ou cena, invoque o Mundo Especial do Segundo Ato e os conflitos e dualidades que serão enfrentados lá. Talvez sugira o tema ou alerte o público sobre as questões com que os personagens se depararão. A tomada de abertura de *Os imperdoáveis* mostra um homem diante de uma casa de fazenda, abrindo uma cova para sua esposa que acabara de morrer. Seu relacionamento com a esposa e a maneira como ela o transformara são os principais temas da história. A imagem de um homem abrindo uma cova diante da casa pode ser lida como uma metáfora adequada para a trama: o herói sai de casa e parte em uma jornada até a terra dos mortos, onde ele testemunha a morte, causa morte e também quase morre. Eastwood, o diretor, retorna ao mesmo cenário no fim do filme, usando a imagem para dar uma sensação de encerramento enquanto vemos o túmulo e sua volta para casa.

PRÓLOGO

Algumas histórias começam com um prólogo que precede a parte principal da história, às vezes antes da apresentação dos personagens principais e de seu mundo. O conto de fadas "Rapunzel" começa com uma cena antes do nascimento da heroína, e a *A Bela e a Fera,* da Disney, contém um prólogo ilustrado com vitrais, dando o histórico do encantamento da Fera. Os mitos surgem dentro de um contexto de história mítica que remonta à Criação, e os acontecimentos que levam à entrada do protagonista podem ter sido retratados antes.

A JORNADA DO ESCRITOR

Shakespeare e os gregos frequentemente incluem um prólogo em suas peças, falado por um narrador ou por um coro, para definir um tom e dar o contexto do drama. *Henrique V*, de Shakespeare, começa com uma passagem eloquente, entoada por um personagem do Coro que nos convida a usar as "forças da imaginação" para criar os reis, os cavalos e os exércitos da história. Ele pede: "Permita que desta história seja eu coro. À guisa de prólogo, peço vossa paciência / Para ouvir nossa peça com bondade e julgá-la com consciência".

Um prólogo pode cumprir várias funções úteis: oferecer uma parte essencial da história pregressa e pistas para a audiência sobre o tipo de filme ou história que virá, ou começar a história com impacto e só então deixar o público se acomodar em seus assentos. Em *Contatos imediatos do terceiro grau*, um prólogo mostra a descoberta de um esquadrão misterioso de aviões da Segunda Guerra Mundial, em perfeito estado de conservação, no deserto. Esse fato precede a apresentação do herói, Roy Neary, e seu mundo, e serve para intrigar o público com uma avalanche de charadas, trazendo um aperitivo das emoções e maravilhas que virão.

Em *O último Boy Scout: o jogo da vingança*, um prólogo mostra um jogador profissional de futebol americano que, pela pressão das drogas e do jogo, acaba enlouquecendo e atirando nos jogadores adversários em campo. A sequência precede a primeira aparição do herói e intriga ou "prende" o público. Sinaliza que será uma história de ação empolgante que envolve questões de vida e morte.

Esse prólogo e aquele de *Contatos imediatos* são um pouco perturbadores, porque indicam que os filmes abordarão eventos extraordinários que podem desafiar a plausibilidade da história. Em sociedades secretas, uma antiga regra iniciática é: A DESORIENTAÇÃO LEVA AO SUGESTIONAMENTO. Por isso os iniciados quase sempre são vendados e conduzidos no escuro, para que fiquem mais abertos psicologicamente à sugestão dos rituais realizados pelo grupo. Nas narrativas, tirar um pouco o chão do público e subverter suas percepções normais pode deixar a mente receptiva. Assim, ele começa a suspender sua descrença e se torna mais suscetível a entrar prontamente em um Mundo Especial de fantasia.

Alguns prólogos apresentam o vilão ou a ameaça da história antes de o herói aparecer. Em *Star Wars*, Luke Skywalker só é apresentado em seu mundo pacato depois da cena em que o maléfico Darth Vader surge raptando a Princesa Leia. Alguns filmes de detetive começam com um assassinato antes de o herói

126

ser mostrado no seu escritório. Esses prólogos assinalam para o público que o equilíbrio de uma sociedade foi perturbado. Uma cadeia de acontecimentos é posta em movimento, e o impulso que leva a história para a frente não pode ser interrompido até o erro ter sido corrigido e o equilíbrio, restaurado.

Um prólogo nem sempre é necessário ou desejável. AS NECESSIDADES DA HISTÓRIA SEMPRE DITARÃO A MELHOR ABORDAGEM DA ESTRUTURA. É possível querer começar, como em muitas histórias, apresentando o herói em seu ambiente normal: o "Mundo Comum".

O MUNDO COMUM

Como muitas histórias são jornadas que levam os heróis e o público a Mundos Especiais, elas têm início com o estabelecimento de um Mundo Comum como uma base de comparação. O Mundo Especial da história apenas será especial se pudermos vê-lo em contraste com o mundo normal de assuntos cotidianos do qual o herói é enviado. O Mundo Comum é o contexto, a base e o histórico do herói.

O Mundo Comum, em certo sentido, é o lugar de onde viemos por último. Na vida, passamos por uma sucessão de Mundos Especiais que lentamente se transformam em comuns quando nos acostumamos com eles. Esses mundos evoluem de território estranho para as bases familiares das quais nos lançaremos para o próximo Mundo Especial.

CONTRASTE

É uma boa ideia os escritores tornarem o Mundo Comum o mais diferente possível do Mundo Especial, para que o público e o herói vivenciem uma mudança drástica quando o limiar for finalmente cruzado. Em O *mágico de Oz*, o Mundo Comum é apresentado em preto e branco para fazer um contraste surpreendente com o Mundo Especial em Technicolor de Oz. No thriller *Voltar a morrer*, o Mundo Comum dos dias modernos é gravado em cores para contrastar com o pesadelo do Mundo Especial em preto e branco dos flashbacks dos anos de 1940. *Amigos, sempre amigos* contrasta o ambiente sombrio e opressivo da cidade com a arena mais vívida do Oeste, onde a maior parte da história acontece.

Comparado com o Mundo Especial, o Mundo Comum pode parecer tedioso e calmo, mas as sementes da aventura e do desafio em geral são encontradas lá. Os problemas e conflitos do herói já estão presentes no Mundo Comum, esperando serem deflagrados.

PRENÚNCIOS: UM MODELO DO MUNDO ESPECIAL

Escritores quase sempre usam a parte do Mundo Comum para criar um pequeno modelo do Mundo Especial, PRENUNCIANDO suas batalhas e dilemas morais. Em O *mágico de* Oz, Dorothy depara-se com a mal-humorada srta. Gulch e é salva do perigo por três ajudantes da fazenda. Essas primeiras cenas prenunciam as batalhas de Dorothy com a Bruxa e seu resgate pelo trio Homem de Lata, Leão Covarde e Espantalho.

Tudo por uma esmeralda começa com uma técnica de prenúncio inteligente. A primeira coisa que o público vê é uma fantasia elaborada de uma heroína nobre combatendo vilões sórdidos e, por fim, partindo num cavalo para os braços de um herói comicamente idealizado. A cena é um modelo do Mundo Especial que Joan Wilder encontrará no Segundo Ato. Descobre-se que a fantasia é a conclusão do romance água com açúcar que Joan Wilder está escrevendo em seu apartamento bagunçado em Nova York. A sequência de fantasia da abertura cumpre um objetivo duplo. Ela nos revela bastante sobre Joan Wilder e suas noções nada realistas de romance e também prenuncia problemas e situações que ela enfrentará no Mundo Especial do Segundo Ato, quando encontrar vilões reais e um homem aquém do ideal. O prenúncio pode ajudar a unificar uma história num esquema rítmico ou poético.

LEVANTANDO A QUESTÃO DRAMÁTICA

Outra importante função do Mundo Comum é sugerir a questão dramática da história. TODA BOA HISTÓRIA APRESENTA UMA SÉRIE DE QUESTÕES SOBRE O HERÓI. Irá ele alcançar o objetivo, superar suas falhas, aprender a lição que precisa? Algumas questões relacionam-se essencialmente à ação ou ao enredo. Dorothy conseguirá voltar para casa? E.T. poderá voltar ao seu planeta? O herói encontrará o ouro, vencerá o jogo, acabará com os vilões?

O MUNDO COMUM

Outras questões são dramáticas e têm a ver com as emoções e a personalidade do herói. O personagem de Patrick Swayze em *Ghost: do outro lado da vida* aprenderá a expressar o amor? Em *Uma linda mulher*, o tenso empresário Edward aprenderá com a prostituta Vivian a relaxar e aproveitar a vida? As questões de ação podem estimular a trama, mas as questões dramáticas prendem o público e envolvem-no com as emoções dos personagens.

PROBLEMAS INTERNOS E EXTERNOS

TODO HERÓI PRECISA DE UM PROBLEMA INTERNO E UM EXTERNO. Ao desenvolver contos de fadas para a Disney Feature Animation, muitas vezes descobrimos que os escritores, nas primeiras versões, dão aos heróis um bom problema externo: irá a princesa quebrar o encanto que transformou seu pai numa pedra? Poderá o herói subir no topo de uma montanha de vidro e conquistar a mão da princesa? Maria conseguirá resgatar João das garras da Bruxa? No entanto, muitas vezes os escritores se esquecem de dar aos personagens um problema interno convincente para ser resolvido.

Os personagens sem desafios internos parecem insípidos e não são envolventes, por mais heroicos que sejam seus atos. Eles precisam de um problema interno, uma falha de personalidade ou um dilema moral para resolver. Têm de aprender algo no decorrer da história: como se dar bem com outros, como confiar em si mesmos, como ver além das aparências. O público ama ver os personagens aprendendo, crescendo e lidando com os desafios exteriores e interiores da vida.

ENTRAR EM CENA

A maneira como o público verá pela primeira vez seu herói é outra condição importante que controlamos como narradores. O que ele está fazendo no primeiro momento em que o vemos, quando ele faz sua primeira ENTRADA? O que está vestindo, quem está ao seu lado e como reagem a ele? Qual sua atitude, emoção e objetivo nesse ponto exato da história? Ele entra sozinho ou se une a um grupo, ou já está em cena quando a história começa? Ele narra a história, ela é contada através dos olhos de outro personagem ou é vista pelo olhar objetivo da narrativa convencional?

A JORNADA DO ESCRITOR

Todo ator gosta de "fazer sua entrada", uma parte importante da construção do relacionamento do personagem com o público. Mesmo que já esteja em cena quando as luzes se acenderem, o ator com frequência fará uma entrada a partir desse ponto, causando uma primeira impressão no público com sua aparência e comportamento. Como escritores, podemos dar aos nossos heróis uma entrada ao pensarmos como o público irá vê-los pela primeira vez. O que estão fazendo, dizendo, sentindo? Qual seu contexto quando os conhecemos? Estão em paz ou perturbados? Estão em plena potência emocional ou refreiam-se para uma explosão expressiva mais tarde?

O mais importante é: o que o personagem está *fazendo* no momento da entrada? A primeira ação do personagem é uma oportunidade maravilhosa para revelar muito sobre sua atitude, seu estado emocional, histórico, pontos fortes e problemas. A primeira ação deve ser um modelo da atitude característica do herói e dos futuros problemas ou soluções que resultarão dela. O primeiro comportamento que virmos deverá ser marcante, definir e desvelar o personagem, a menos que a intenção seja enganar o público e esconder a verdadeira natureza dele.

Tom Sawyer faz uma entrada vívida em nossa imaginação porque Samuel Clemens, ou Mark Twain, descreveu um primeiro olhar revelador em seu garoto heroico do Missouri. Na primeira vez que vemos Tom, ele está fazendo algo marcante: transformando o trabalho maçante de caiar a cerca numa brincadeira mental maravilhosa. Tom é um malandro, mas um malandro adorado por suas vítimas. O personagem de Tom é revelado por todos os seus atos, mas de forma mais clara e definitiva em sua entrada, que retrata sua atitude diante da vida.

Atores que pisam num palco e escritores que apresentam um personagem também estão tentando *hipnotizar* o público ou produzir nele um estado de identificação e reconhecimento semelhante a um transe. Um dos poderes mágicos da escrita é a capacidade de seduzir cada membro do público ao projetar uma parte do seu ego no personagem que está na página, na tela ou no palco.

Como escritor, é possível construir uma atmosfera de expectativa ou conferir informações sobre um personagem importante fazendo outros personagens falarem dele antes que o próprio apareça. Porém, o mais importante e memorável será sua primeira ação ao entrar na história – a sua entrada.

APRESENTAÇÃO DO HERÓI AO PÚBLICO

Outra importante função do Mundo Comum é APRESENTAR o herói ao público. Como uma apresentação social, o Mundo Comum estabelece um laço entre as pessoas e enfatiza alguns interesses comuns para que o diálogo possa começar. De alguma forma, devemos reconhecer que o herói é nosso semelhante. Num sentido muito real, uma história nos convida a entrar na pele do herói, ver o mundo através de seus olhos. Como se fosse mágica, projetamos parte de nossa consciência para dentro do herói. E, para realizar essa mágica, é preciso estabelecer um forte laço de afinidade ou interesse comum entre o herói e o público.

Isso não significa que o herói deva sempre ser bom ou totalmente solidário. Ele não precisa nem ser agradável, mas é obrigatório que seja *relacionável*, uma palavra usada por executivos do cinema para descrever a capacidade de compaixão e compreensão que o público tem de ter para com um herói. Ainda que o herói seja dissimulado ou abominável, poderemos entender suas agruras e imaginar a nós mesmos nos comportando da mesma forma, se compartilhássemos do mesmo histórico, circunstâncias e motivação que ele.

IDENTIFICAÇÃO

As cenas de abertura devem criar uma IDENTIFICAÇÃO entre o público e o herói, uma sensação de que eles são iguais em alguns pontos.

Como realizar esse feito? Conferindo aos heróis objetivos, pulsões, desejos e necessidades universais. Podemos todos nos identificar com impulsos básicos como a necessidade de reconhecimento, afeição, aceitação e compreensão. O roteirista Waldo Salt, comentando o roteiro de *Perdidos na noite*, disse que seu herói, Joe Buck, era guiado pela necessidade humana universal de ser tocado. Embora Joe Buck tivesse um comportamento bastante vulgar, simpatizamos com sua necessidade, pois todos a vivenciamos em algum momento. A identificação com as necessidades universais estabelece um vínculo entre o público e o herói.

A FALTA DO HERÓI

Os heróis de contos de fadas têm um denominador comum, uma qualidade que os une para além das fronteiras culturais, geográficas e temporais.

A eles sempre FALTA alguma coisa, ou algo lhes é tirado. Não raro, simplesmente perderam um membro da família. A mãe ou o pai faleceu, ou um irmão ou irmã foi sequestrado. Os contos de fadas são uma busca pela completude e uma luta pela integralidade, e quase sempre é uma subtração nessa unidade familiar que põe a história em movimento. A necessidade de preencher o espaço vazio conduz a história na direção da perfeição final do "E viveram felizes para sempre".

Muitos filmes começam mostrando um herói ou uma família incompleta. Joan Wilder, em *Tudo por uma esmeralda*, e Roger Thornhill, em *Intriga internacional*, são incompletos, porque precisam de parceiros ideais para equilibrar a vida. A personagem de Fay Wray em *King Kong* é uma órfã e sabe apenas que "deve ter um tio em algum lugar".

Esses elementos perdidos ajudam a criar afinidade com o herói e fazem com que o público deseje a completude final. Ele abomina o vácuo criado pela peça faltante num personagem.

Outras histórias mostram o herói como alguém essencialmente completo até um amigo ou parente próximo ser sequestrado ou morto no Primeiro Ato, desencadeando uma história de resgate ou vingança. *Rastros de ódio*, de John Ford, começa com a notícia de que uma jovem foi sequestrada por índios, dando ensejo à saga clássica de busca e resgate.

Às vezes, a família do herói está completa, mas algo está faltando na personalidade do herói – uma qualidade, como a compaixão, a capacidade de perdoar ou a de expressar amor. O herói de *Ghost: do outro lado da vida* não consegue dizer "eu te amo" no início do filme. Apenas depois de fazer a travessia da vida para a morte é que ele descobre como pronunciar essas palavras mágicas.

Pode ser muito eficiente mostrar que um herói é incapaz de realizar uma tarefa simples no início da história. Em *Gente como a gente*, o jovem herói, Conrad, é incapaz de comer as torradas que sua mãe preparava para ele. Isso significa, em linguagem simbólica, que ele não se sente apto a ser amado e cuidado devido à culpa terrível que carrega pela morte acidental do irmão. Somente depois de empreender uma jornada emocional de herói e reviver e processar a morte através de uma terapia é que ele começa a aceitar o amor. No final da história, a namorada de Conrad se oferece para preparar um café da manhã para ele, e, dessa vez, ele descobre que está com apetite. Em linguagem simbólica, seu apetite pela vida voltou.

FALHAS TRÁGICAS

A teoria grega da tragédia, expressa há 24 séculos por Aristóteles, descreve uma falha comum em heróis trágicos. Esse tipo de herói pode ter muitas qualidades admiráveis, mas entre elas existe uma falha trágica, ou *hamartia,* que o faz enfrentar seu destino, seus companheiros ou os deuses. No final, ela o leva à destruição.

A falha trágica mais comum era uma espécie de arrogância chamada *húbris.* Os heróis trágicos são sempre pessoas superiores com poderes extraordinários, mas tendem a se ver como iguais ou melhores que os deuses. Ignoram alertas razoáveis ou desafiam os códigos morais locais, considerando-se acima das leis dos deuses e dos homens. Essa arrogância fatal inevitavelmente desperta uma força chamada Nêmese, originalmente a deusa da retribuição. Seu trabalho é reestabelecer o equilíbrio, em geral trazendo a destruição para o herói trágico.

Todo herói bem-acabado tem um traço dessa falha trágica, alguma fraqueza ou defeito que o torna totalmente humano e real. Heróis perfeitos e imaculados não são muito interessantes, e dificilmente causam empatia. Mesmo o Superman tem pontos fracos que o humanizam e causam afinidade: sua vulnerabilidade à kryptonita, sua incapacidade de enxergar através do chumbo e sua identidade secreta, que sempre corre o risco de ser revelada.

HERÓIS FERIDOS

Às vezes, um herói pode parecer bem-ajustado e controlado, mas esse controle mascara uma FERIDA psíquica profunda. A maioria de nós tem alguma dor ou ferimento antigo no qual não pensamos o tempo todo, mas que sempre traz uma vulnerabilidade em algum nível de percepção. Essas feridas de rejeição, traição ou decepção são ecos pessoais de uma dor universal que todos já sofremos: a dor da separação física e emocional entre criança e mãe. Num sentido mais amplo, todos carregamos a ferida da separação de Deus ou do ventre da existência – aquele lugar do qual nascemos e para o qual retornaremos após a morte. Como Adão e Eva expulsos do Éden, sempre somos separados de nossa fonte, isolados e machucados.

Para humanizar um herói ou qualquer personagem, atribua a ele uma ferida física, visível, ou um profundo ferimento emocional. O herói de *Máquina mortífera*, interpretado por Mel Gibson, causa simpatia porque perdeu a amada. O ferimento o torna irascível, suicida, imprevisível e interessante. Os ferimentos e cicatrizes do herói marcam as áreas em que ele é cauteloso, defensivo, fraco e vulnerável. Um herói pode ser mais forte em algumas áreas para defender as partes feridas.

O filme *O pescador de ilusões* é um estudo completo sobre dois homens e suas feridas psíquicas. A história é inspirada pela lenda arturiana do Santo Graal e do Rei Pescador, cuja ferida física simbolizava um ferimento espiritual. Trata-se de uma lenda sobre um rei que fora ferido na coxa e, por isso, ficou incapacitado de governar sua terra ou encontrar qualquer prazer na vida. Com seu reinado enfraquecido, a terra começou a morrer, e somente a poderosa mágica espiritual do Santo Graal poderia revivê-la. A busca dos Cavaleiros da Távola Redonda pelo Graal é a grande aventura para restaurar a saúde e a completude de um sistema que carregava ferimentos quase fatais. O psicólogo junguiano Robert A. Johnson analisa profundamente o significado do ferimento do Rei Pescador em *He: a chave do entendimento da psicologia masculina*.

O herói recusa um chamado do coração com consequências trágicas.

Outro herói ferido, quase trágico, é Tom Dunson, interpretado por John Wayne no clássico faroeste *Rio vermelho*. Dunson comete um erro moral terrível no início da carreira como vaqueiro ao escolher valorizar mais sua missão do que seu amor, seguindo a razão em vez do coração. Essa escolha resulta na morte de sua amada, e pelo resto da história ele carrega as cicatrizes psíquicas daquela ferida. Sua culpa reprimida o deixa cada vez mais ríspido, autocrático e crítico, e quase leva ele e seu filho adotivo à destruição antes de a ferida ser curada, quando ele permite que o amor volte à sua vida.

Os ferimentos do herói podem ser invisíveis. As pessoas gastam muita energia protegendo e escondendo esses pontos fracos e vulneráveis. Mas, em um personagem totalmente desenvolvido, eles estarão aparentes em áreas nas quais ele é sensível, defensivo ou um pouco confiante demais. O ferimento talvez nunca seja revelado abertamente ao público – pode ser um segredo entre o escritor e o personagem. Mas ajudará se for atribuído ao herói uma noção de história pessoal e realismo, pois todos levamos cicatrizes de humilhações, rejeições, decepções, abandonos e fracassos passados. Muitas histórias contam jornadas para curar um ferimento e restaurar uma parte faltante numa psique em pedaços.

ESTABELECIMENTO DO QUE ESTÁ EM JOGO

Para que os leitores e espectadores que serão envolvidos na aventura se importem com o herói, é preciso que saibam de antemão exatamente o que está em jogo. Em outras palavras: o que o herói pode ganhar ou perder na aventura? Quais serão as consequências para ele, a sociedade e o mundo se tiver êxito ou fracassar?

Mitos e contos de fadas são bons modelos para se estabelecer o que está em jogo. Com frequência eles apresentam uma condição ameaçadora que deixa as cartas do jogo bem claras. Talvez o herói precise passar numa série de testes ou terá sua cabeça cortada. O herói grego Perseu, retratado no filme *Fúria de Titãs*, precisa enfrentar muitos perigos – do contrário, sua princesa amada, Andrômeda, será devorada por um monstro marinho. Outros contos põem membros da família em risco, como o pai que é ameaçado em *A Bela e a Fera*. A heroína Bela tem uma motivação forte para se arriscar nas mãos da Fera. Seu pai padecerá e morrerá, a menos que ela ceda à Fera. O preço a pagar é alto e claro.

Os roteiros quase sempre falham porque o que está em jogo simplesmente não é valioso o bastante. Uma história em que o herói ficará apenas levemente envergonhado ou incomodado se falhar provavelmente terá como reação dos leitores um "e daí?". Faça de tudo para que os riscos sejam altos – vida e morte, muita grana ou a alma do herói.

HISTÓRIA PREGRESSA E EXPOSIÇÃO

O Mundo Comum é o lugar mais adequado para lidar com a exposição e com a história pregressa. HISTÓRIA PREGRESSA são todas as informações pertinentes sobre a trajetória e o histórico de um personagem – aquilo que o levou à situação do início da narrativa. EXPOSIÇÃO é a arte de revelar a história pregressa de forma graciosa e quaisquer outras informações relevantes sobre a trama: a classe social do herói, sua educação, hábitos e experiências, bem como as condições sociais prevalecentes e as forças opositoras que podem afetar o herói. A exposição é tudo o que o público precisa saber para entender o herói e a história. A história pregressa e a exposição estão entre as habilidades de escrita mais difíceis de se dominar. A exposição desajeitada tende a congelar a história. A exposição direta chama atenção para si mesma, como quando se apresenta a história pregressa no formato de uma narração ou de um personagem "explicador", que aparece apenas para contar ao público o que o autor quer que ele saiba. Em geral, é melhor deixar que o público entre na ação e descubra as coisas enquanto a história se desenrola.

O público sente-se mais envolvido se tiver de se esforçar um pouco para montar a história pregressa a partir de pistas visuais ou exposição escancarada durante uma explosão emocional ou no decorrer da história de um personagem. A história pregressa pode ser apresentada paulatinamente no decorrer da narrativa ou ser jogada a contragosto. Muito é revelado pelo que as pessoas NÃO fazem ou dizem.

Muitos dramas envolvem segredos revelados lenta e dolorosamente. Camada por camada, as defesas que protegem um segredo perturbador são arrancadas. Isso faz com que o público se envolva como numa história de detetives, um quebra-cabeça emocional.

TEMA

O Mundo Comum é o lugar certo para declarar o tema da história. Do que trata a história? Se for necessário reduzir sua essência em uma única palavra ou frase, qual seria ela? Que ideia ou qualidade única ela representa? Amor? Confiança? Traição? Vaidade? Preconceito? Cobiça? Loucura? Ambição? Amizade? O que o autor está tentando dizer? O tema é "O amor tudo consegue",

"Não se pode enganar um homem honesto", "Precisamos trabalhar juntos para sobreviver" ou "O dinheiro é a raiz de todo o mal"?

TEMA, uma palavra derivada do grego, tem um significado próximo de sua derivação latina, PREMISSA. As duas palavras significam "algo preestabelecido", algo definido a priori que ajuda a determinar o curso futuro. O tema de uma história é uma declaração ou hipótese subjacente sobre um aspecto da vida. Em geral, ele é apresentado no Primeiro Ato, no Mundo Comum. Talvez seja uma observação espontânea de um dos personagens, expressando uma crença que, a partir daí, é rigorosamente testada no curso da história. O tema real da obra pode não surgir ou ser anunciado até que você tenha trabalhado por um tempo na história; porém, mais cedo ou mais tarde, você precisará descobri-lo. Conhecer o tema é fundamental para fazer escolhas finais em diálogos, ações e cenários que transformam uma história num projeto coerente. Em uma boa história, tudo está, de alguma forma, relacionado ao tema, e o Mundo Comum é o lugar certo para se fazer a primeira declaração da ideia principal.

O MÁGICO DE OZ

Sempre volto a O mágico de Oz, pois esse é um filme clássico que a maioria das pessoas já viu e porque constitui uma Jornada do Herói bem típica, com estágios claramente definidos. Também tem um grau surpreendente de profundidade psicológica e pode ser lido não apenas como um conto de fadas de uma menininha tentando voltar para casa, mas também como a metáfora de uma personalidade tentando se completar.

Quando a história se desenvolve, a heroína Dorothy tem um problema externo claro. Seu cãozinho Totó escavou o canteiro da srta. Gulch, e Dorothy fica em maus lençóis. Ela tenta angariar de seus tios a solidariedade com seu problema, mas eles estão ocupados demais preparando-se para a tempestade vindoura. Como os heróis dos mitos e lendas anteriores a ela, Dorothy é inquieta, deslocada e não sabe para onde ir.

Dorothy também tem problemas internos claros. Não se encaixa mais, não se sente "em casa". Como os heróis incompletos dos contos de fadas, ela tem uma grande peça faltante em sua vida – seus pais faleceram. Ela não sabe ainda, mas está prestes a começar uma busca pela completude: não por meio de um casamento e o início de uma nova família ideal, mas do encontro com uma série de forças mágicas que representam partes de uma personalidade completa e perfeita.

Para prenunciar esses encontros, Dorothy depara-se com um pequeno modelo da aventura do Mundo Especial. Cansada, ela tenta equilibrar-se na cerca de um chiqueiro e cai. Três empregados da fazenda resgatam-na do perigo, prevendo os papéis que os mesmos atores terão no Mundo Especial. A cena diz, em linguagem simbólica, que Dorothy estava caminhando numa corda bamba entre lados conflitantes de sua personalidade, e que, mais cedo ou mais tarde, ela precisará de toda a ajuda que puder conseguir, de todas as partes de seu ser, para sobreviver à queda inevitável dentro do conflito.

*

Os heróis não precisam de uma lacuna, falha ou ferida óbvia. Eles podem simplesmente ser inquietos, agitados e estar fora de compasso com seu entorno ou cultura. Talvez estejam "empurrando com a barriga", tentando se ajustar a condições nocivas usando vários mecanismos ou muletas para lidar com os problemas, como dependências emocionais ou químicas. Podem ter se iludido acreditando que tudo está bem. Porém, em algum momento, novas forças entrarão na história para deixar claro que eles não podem mais marcar bobeira. Essa nova energia é o Chamado à Aventura.

PERGUNTAS SOBRE A JORNADA

1. Qual é o Mundo Comum de *Perdido em Marte*? *Cisne negro*? *Frozen*? *Sully: o herói do rio Hudson*? Assista ao filme, à peça ou leia a história de sua preferência. Como o autor apresenta o herói? Revela seu caráter? Apresenta a exposição? Sugere o tema? O autor usa uma imagem para prenunciar ou sugerir para onde vai a história?

2. Quando escreve, quão bem você conhece seu herói? Faça um resumo biográfico completo, especificando a história pessoal, a descrição física, a educação de que ele dispôs, o histórico familiar, a experiência profissional, os romances, as antipatias e os preconceitos, a preferência por alimentos, roupas, penteados, carros etc.

3. Construa uma linha do tempo, especificando o que o personagem

fazia e onde estava em cada estágio da vida. Descubra o que acontecia no mundo nesse período. Que ideias, acontecimentos e pessoas foram grandes influências para o seu personagem?

4. Em que aspectos o herói de sua história é incompleto? Seja detalhista sobre necessidades, desejos, objetivos, ferimentos, fantasias, vontades, falhas, peculiaridades, arrependimentos, defesas, fraquezas e neuroses do personagem. Que característica única poderia levar o herói à destruição ou derrocada? Que característica única poderia salvá-lo? Seu personagem tem problemas internos e externos? Tem uma necessidade humana universal? O que faz para conseguir satisfazer essa necessidade?

5. Faça uma lista de todos os pontos da história pregressa e da exposição que o público precisa saber para iniciar a história. Como eles podem ser revelados de forma indireta, visual, ao longo da história ou por meio de um conflito?

6. Diferentes culturas precisam de diferentes tipos de história? Homens e mulheres precisam de histórias diferentes? Qual é a diferença nas jornadas heroicas de homens e mulheres?

ESTÁGIO DOIS:

CHAMADO À AVENTURA

———— ✳ ————

*"É dinheiro, aventura e fama! É a maior emoção da vida!...
e uma longa viagem marítima que começa amanhã, às seis horas!"*
– *King Kong,* roteiro de James Creelman e Ruth Rose

*

O Mundo Comum da maioria dos heróis representa uma condição estática, mas instável. As sementes da mudança e do crescimento são plantadas, e é preciso apenas de uma pequena nova energia para fazê-las germinar. Essa nova energia, simbolizada de incontáveis maneiras em mitos e contos de fadas, é o que Joseph Campbell designou como CHAMADO À AVENTURA.

COLOQUE A HISTÓRIA EM MOVIMENTO

Várias teorias de roteiro nomeiam o Chamado à Aventura com outros termos, como incidente provocador ou iniciático, catalisador ou gatilho. Todas concordam que é necessário um acontecimento para colocar a história em movimento assim que o trabalho de apresentação do protagonista for realizado.

O Chamado à Aventura pode vir na forma de mensagem ou mensageiro. Pode ser um novo evento, como uma declaração de guerra, ou a chegada de um telegrama relatando que os bandidos acabaram de ser soltos da prisão e estarão na cidade no trem do meio-dia para exterminar o xerife. Apresentar um mandado ou ordem de prisão e expedir uma notificação são maneiras de mostrar Chamadas em histórias que apresentam processos jurídicos.

O Chamado pode ser simplesmente uma inquietação no íntimo do herói, um mensageiro do inconsciente trazendo a notícia de que é hora de mudar. Esses sinais às vezes vêm na forma de sonhos, fantasias ou visões. Roy Neary, em *Contatos imediatos do terceiro grau*, recebe o Chamado na forma de imagens apavorantes da Torre do Diabo que emergem de seu subconsciente. Sonhos proféticos ou perturbadores ajudam a preparar um novo estágio de crescimento ao nos trazer metáforas que refletem as mudanças emocionais e espirituais que estão por vir.

O herói pode apenas ficar cheio das coisas do jeito como elas estão. Uma situação desconfortável agrava-se até que a gota d'água o empurre para a aventura. Joe Buck, em *Perdidos na noite,* simplesmente ficou farto de lavar pratos num restaurante e sente o Chamado crescer dentro de si; então, ele parte para a aventura. Num sentido mais profundo, a necessidade humana universal o impulsiona, mas aquele último dia miserável no restaurante é necessário para dar o último empurrão.

SINCRONICIDADE

Uma série de acidentes ou coincidências pode ser a mensagem que convoca um herói para a aventura. Essa é a força misteriosa da SINCRONICIDADE, que C. G. Jung explorou em seus escritos. A ocorrência coincidente de palavras, ideias ou eventos pode adquirir sentido e atrair atenção para a necessidade de ação e mudança. Muitos thrillers, como *Pacto sinistro*, de Hitchcock, entram em movimento por algum acaso que tenha reunido duas pessoas, como se fosse pela mão do destino.

TENTAÇÃO

O Chamado à Aventura pode invocar o herói com uma TENTAÇÃO, como a sedução de um pôster exótico de viagem ou a visão de um amor em potencial. A tentação talvez seja o brilho do ouro, o rumor de um tesouro, o canto de sereia de uma ambição. Na lenda arturiana de Percival (ou Parsifal), o jovem herói inocente é convocado à aventura ao ver cinco magníficos cavaleiros de armadura partindo em alguma busca. Percival nunca tinha visto aquelas criaturas e ficou tentado a segui-las. Assim, é forçado a descobrir quem eram, sem perceber que seu destino era logo se transformar num deles.

ARAUTOS DA MUDANÇA

O Chamado à Aventura não raro é feito por um personagem na história que manifesta o arquétipo de Arauto. Um personagem que desempenhe a função de Arauto pode ser positivo, negativo ou neutro, mas sempre servirá para pôr a história em movimento quando apresentar ao herói um convite ou desafio para enfrentar o desconhecido. Em algumas histórias, o Arauto também faz as vezes de Mentor, um guia sábio que pensa no melhor para o herói. Em outras, o Arauto é um inimigo, que bate a luva do desafio no rosto do herói ou o atrai em direção ao perigo.

Inicialmente, os heróis têm problemas em distinguir entre um Inimigo ou um Aliado por trás da máscara do Arauto. Muitos heróis confundem um Chamado bem-intencionado do mentor com aquele de um inimigo, ou interpretam mal a aproximação de um vilão, considerando-a um convite amigável para uma aventura agradável. Em thrillers e filmes *noir*, os escritores podem deliberadamente obscurecer a realidade do Chamado. Figuras sombrias podem fazer ofertas ambíguas, e os heróis devem usar todas as habilidades para interpretá-las corretamente.

Com frequência, os heróis não percebem que existe algo de errado no Mundo Comum e não veem necessidade de mudança. Podem estar em negação, levando a vida apaticamente enquanto usam um arsenal de muletas, vícios e mecanismos de defesa. O trabalho do Arauto é acabar com todas essas escoras, anunciando que o mundo do herói é instável e que deve recobrar o equilíbrio sadio por meio da ação, com riscos assumidos, por meio de uma aventura.

RECONHECIMENTO

O estudioso de contos de fadas russo Vladimir Propp identificou uma fase inicial comum nas histórias, o chamado RECONHECIMENTO. Um vilão faz uma pesquisa do território do herói, às vezes perguntando na vizinhança se há crianças vivendo ali ou buscando informações sobre o herói. Essa coleta de informações pode ser um Chamado à Aventura, alertando o público e o herói de que algo está em curso e a luta está prestes a começar.

DESORIENTAÇÃO E DESCONFORTO

O Chamado à Aventura pode ser perturbador e desorientador para o herói. Os Arautos às vezes esgueiram-se até ele, surgindo com uma aparência para ganhar sua confiança e, em seguida, mudando de forma para entregar o Chamado. Alfred Hitchcock apresenta um exemplo potente desse recurso em *Interlúdio*. Aqui, a heroína é uma garota riquinha, interpretada por Ingrid Bergman, cujo pai foi sentenciado por ser espião nazista. O Chamado à Aventura vem de um Arauto na forma de Cary Grant, que interpreta um agente norte-americano que tenta recrutar sua ajuda para se infiltrar no círculo de espiões nazistas.

Primeiro, ele entra na vida da protagonista fingindo ser um playboy interessado apenas em bebidas, carros velozes e nela. Porém, após ela acidentalmente descobrir que o "playboy" é, na verdade, um agente, ele veste a máscara de Arauto para apresentar um Chamado à Aventura profundamente desafiador.

Ingrid acorda na cama, sentindo a ressaca da noite anterior. Grant, em pé na porta, ordena que ela tome uma bebida efervescente para acalmar o estômago. Não tem um gosto bom, mas ele a faz beber de qualquer forma. A bebida simboliza a nova energia da aventura, que tem gosto de veneno se comparado aos vícios com que a garota está acostumada, mas que, no fim das contas, será um bom remédio para ela.

Nessa cena, Grant se recosta no batente da porta – sua silhueta parece a de um anjo sombrio. Do ponto de vista de Ingrid, esse Arauto poderia ser um anjo ou um demônio. A possibilidade demoníaca é sugerida pelo nome, revelado pela primeira vez como "Devlin" (muito próximo da palavra inglesa *devil*, demônio). Quando ele entra na sala para entregar o Chamado à Aventura, Hitchcock o segue numa tomada com ponto de vista vertiginoso que reflete o estado de ressaca da heroína enquanto ela está na cama. Grant parece caminhar no teto. Na linguagem simbólica do filme, a tomada expressa a mudança de posição de playboy para Arauto e seu efeito desorientador sobre a heroína.

Grant entrega o chamado, uma convocação patriótica para que ela se infiltre no círculo de espiões nazistas. Quando apresenta o Chamado, Grant é, pela primeira vez, visto na posição vertical e sob plena iluminação, representando o efeito de sobriedade do Chamado sobre a personagem de Bergman.

Enquanto conversam, uma presilha de cabelo no formato de uma coroa desliza da cabeça de Ingrid, revelando que sua existência de conto de fadas como princesa iludida e viciada precisava acabar. Ao mesmo tempo, na trilha sonora, ouve-se o apito distante de um trem saindo da cidade, sugerindo o início de uma longa jornada. Nessa sequência, Hitchcock usou todos os elementos simbólicos à mão para sinalizar que um grande limiar de mudança está se aproximando. O Chamado à Aventura é desorientador e desagradável para a heroína, mas necessário para o seu crescimento.

CARÊNCIA OU NECESSIDADE

Um Chamado à Aventura pode vir na forma de perda ou subtração na vida do herói dentro do Mundo Comum. A aventura do filme *A guerra do fogo* começa a acontecer quando a última chama de uma tribo na Idade da Pedra, preservada num lampião feito de ossos, se apaga. Membros da tribo começam a morrer de frio e fome por sua perda. O herói recebe o Chamado à Aventura quando uma das mulheres põe o lampião diante dele, indicando, por meio de gestos e sem dizer uma palavra, que a perda poderá ser recuperada caso ele se lance numa aventura.

O Chamado pode ser o sequestro de alguém querido ou a perda de algo precioso, como a saúde, a segurança ou o amor.

SEM OPÇÕES

Em algumas histórias, o Chamado à Aventura pode surgir quando o herói fica sem opções. Os mecanismos para lidar com a situação não funcionam mais, outras pessoas começam a ficar fartas do herói ou então ele é colocado em problemas cada vez maiores até que a única saída seja saltar para dentro da aventura. Em *Mudança de hábito*, a personagem de Whoopi Goldberg testemunha um assassinato e é forçada a fugir e se disfarçar de freira. Suas opções são limitadas – fingir ser uma freira ou morrer. Outros heróis sequer têm essa escolha, sendo simplesmente compelidos a entrar na aventura ao tomar uma pancada na cabeça e acordar bem longe no meio do mar, quer queiram, quer não.

AVISOS PARA OS HERÓIS TRÁGICOS

Nem todos os Chamados à Aventura são convocações positivas para uma aventura excelente – eles também podem ser avisos perigosos do destino para heróis trágicos. Em *Júlio César*, de Shakespeare, um personagem grita o alerta: "Cuidado com os idos de março". Em *Moby Dick*, a tripulação é alertada por um velho louco de que a aventura se transformará num desastre.

MAIS QUE UM CHAMADO: À ESPERA DO CHAMADO

Como muitas histórias funcionam em mais de um nível, uma história pode ter mais de um Chamado à Aventura. Um épico extenso como *Rio vermelho* precisa de muitas cenas desse tipo. O personagem de John Wayne, Tom Dunson, recebe um Chamado do coração quando sua amada pede que ele fique com ela ou a leve em sua jornada. O próprio Dunson apresenta outro Chamado à aventura física quando convida seus vaqueiros a se juntarem a ele na primeira grande travessia de gado após a Guerra Civil.

Tudo por uma esmeralda apresenta um Chamado à Aventura complexo para sua heroína Joan Wilder, que recebe um telefonema da irmã sequestrada por bandidos na Colômbia. O simples Chamado de uma aventura real é definido pela necessidade de resgatar a irmã, mas outro Chamado é feito num nível mais profundo nessa cena. Joan abre um envelope que o marido da irmã enviou para ela e encontra um mapa para a mina do tesouro *El Corazón*, sugerindo que Joan também está sendo convocada para uma aventura do coração.

O MÁGICO DE OZ

A vaga sensação de inquietude cristaliza-se quando a srta. Gulch chega e, maldosa, leva Totó embora. Um conflito estabelece-se entre os dois lados que lutam para controlar a alma de Dorothy. Uma energia de Sombra opressiva tenta reprimir o lado intuitivo bondoso. Porém, o instintivo Totó escapa. Dorothy segue seus instintos, que estão apresentando um Chamado à Aventura, e foge de casa. Sente-se deixada de lado pela distância de sua tia Em, sua mãe de criação, que havia brigado com ela. Começa a reagir ao Chamado sob o céu que se enche com as nuvens da mudança.

*

O Chamado à Aventura é um processo seletivo. Uma situação instável surge numa sociedade e alguém se voluntaria ou é escolhido para assumir a responsabilidade. Heróis relutantes precisam ser chamados repetidamente durante as tentativas de se evitar a responsabilidade. Heróis mais dispostos respondem aos chamados íntimos e não precisam de estímulo externo. Eles se destacam para a aventura. Esses heróis entusiasmados são raros – a maioria dos heróis precisa ser incitada, seduzida, adulada, tentada ou forçada a entrar na aventura. Grande parte dos heróis causa boas brigas e nos diverte com seus esforços para escapar ao Chamado à Aventura. Essas lutas são trabalho do herói relutante ou, como Campbell chama esse estágio, a Recusa do Chamado.

PERGUNTAS SOBRE A JORNADA

1. Qual é o Chamado à Aventura em *Cidadão Kane*? *Matar ou morrer*? *Três anúncios para um crime*? *Podres de ricos*? Quem ou o que entrega o Chamado? Quais arquétipos são manifestados pelo emissário?

2. Quais Chamados à Aventura você já recebeu e como reagiu a eles? Alguma vez já entregou um Chamado à Aventura a alguém?

3. É possível haver uma história sem algum tipo de Chamado à Aventura? Você consegue pensar em histórias que não têm um Chamado?

4. Em suas histórias, faria diferença se o Chamado fosse deslocado para outro ponto do roteiro? Quanto tempo é possível atrasar o Chamado? Isso é desejável?

5. Qual o lugar ideal para o Chamado acontecer? Dá para prosseguir sem ele?

6. Você encontrou uma maneira interessante de apresentar o Chamado ou precisa subvertê-lo para não o tornar um clichê?

7. Talvez sua história exija uma sucessão de Chamados. Quem está sendo convocado para cada nível de aventura?

ESTÁGIO TRÊS:

RECUSA DO CHAMADO

———✳———

"Você não foi feita para isso, Joan, e sabe disso."
– *Tudo por uma esmeralda*, roteiro de Diane Thomas

*

Agora, o problema do herói é como responder ao Chamado à Aventura. Coloque-se na pele dele e verá que é uma passagem difícil. Pedem para que você diga "sim" ao desconhecido, a uma aventura que será empolgante, mas também perigosa e que pode até mesmo ameaçar sua vida. Não seria uma aventura real se não fosse assim. Você está no limiar do medo, e uma reação compreensível seria hesitar ou até mesmo recusar o Chamado, ao menos temporariamente.

Essa parada na estrada antes de a jornada realmente começar tem uma função dramática importante ao sinalizar para o público que a aventura é arriscada. Não é uma missão frívola, mas uma aposta cheia de perigo e com preço alto, na qual o herói pode perder uma fortuna ou a vida. A pausa para ponderar as consequências transforma o compromisso com a aventura numa escolha real na qual o herói, após esse período de hesitação ou recusa, tomará coragem para arriscar a vida frente à possibilidade de alcançar a meta. Ela também força o herói a examinar a missão com cautela e, talvez, redefinir seus objetivos.

ESQUIVA

No início, é natural que os heróis reajam tentando evitar a aventura. Até mesmo Cristo, no Jardim de Getsêmani, na noite da crucificação, pediu: "Pai, se queres, afasta de mim este cálice". Ele estava simplesmente verificando se havia alguma maneira de evitar o suplício. Essa viagem seria realmente necessária?

Mesmo o mais heroico dos heróis do cinema às vezes hesita, expressa relutância ou recusa de forma direta o Chamado. Rambo, Rocky e vários personagens de John Wayne viraram as costas para a aventura oferecida num primeiro momento. Uma justificativa comum para a Recusa é a experiência passada. Os heróis alegam ser veteranos de aventuras passadas que lhes ensinaram como são tolas essas incursões, que ninguém irá metê-los novamente no mesmo tipo de enrascada. O protesto continua até a Recusa do herói ser superada, seja por alguma motivação maior (como a morte ou o sequestro de um amigo ou parente) que aumenta os riscos, ou pelo gosto inato do herói por aventuras ou sensação de honra.

Detetives e amantes podem recusar o Chamado num primeiro momento, recorrendo a experiências que os deixaram mais tristes, mas mais sábios também. Há um charme no herói que supera a relutância, e, quanto mais ferrenha a Recusa, mais o público se diverte ao vê-la ser vencida.

DESCULPAS

Os heróis em geral recusam o Chamado ao apresentar uma longa lista de desculpas esfarrapadas. Numa tentativa óbvia de atrasar o enfrentamento do destino inevitável, eles dizem que *aceitariam* a aventura se não fosse por uma série urgente de compromissos. Esses são impedimentos temporários, em geral superados pela urgência da missão.

RECUSA PERSISTENTE LEVA À TRAGÉDIA

Uma Recusa do Chamado insistente pode ser desastrosa. Na Bíblia, a esposa de Ló é transformada num pilar de sal ao recusar o Chamado de Deus para deixar a casa em Sodoma e nunca olhar para trás. Olhar para trás, insistir no passado e negar a realidade são formas de Recusa.

A negação contínua de um Chamado superior é uma das marcas do herói trágico. No início de *Rio vermelho*, Tom Dunson recusa o Chamado para uma aventura do coração, e aí começa sua queda para a ruína quase certa. Continua a recusar os Chamados para abrir seu coração e entra no caminho do herói trágico. Somente quando finalmente aceita o Chamado no Terceiro Ato ele é redimido e poupado do destino do herói trágico.

CHAMADOS CONFLITANTES

Na verdade, Tom Dunson enfrenta dois Chamados à Aventura de uma vez. O Chamado à aventura amorosa vem de sua amada, mas ele responde ao Chamado do seu ego masculino, que lhe diz para partir sozinho no caminho do machão. Às vezes, os heróis precisam escolher entre Chamados conflitantes em diferentes níveis da aventura. A Recusa do Chamado é um tempo para articular as escolhas difíceis do herói.

RECUSAS POSITIVAS

A Recusa do Chamado em geral é um momento negativo no avanço do herói, um momento perigoso no qual a aventura pode se desencaminhar ou nunca decolar. No entanto, existem alguns casos especiais em que recusar o Chamado é um movimento sábio e positivo por parte do herói. Quando o Chamado é uma tentação para o mal ou convocações para o desastre, o herói inteligente o rejeitará. Os Três Porquinhos sabiamente recusam-se a abrir a porta frente aos argumentos poderosos do Lobo Mau. Em *A morte lhe cai bem*, o personagem de Bruce Willis recebe vários e fortes Chamados para tomar uma poção mágica de imortalidade. Apesar da abordagem sedutora de Isabella Rossellini, ele Recusa o Chamado e salva sua alma.

ARTISTA COMO HERÓI

Outro caso especial no qual a Recusa do Chamado pode ser positiva é aquela do artista como herói. Nós, escritores, poetas, pintores e músicos, enfrentamos Chamados difíceis, contraditórios. Precisamos ficar totalmente imersos no mundo para encontrar o material de nossa arte. Porém, às vezes também precisamos nos retirar do mundo, seguir sozinhos para fazer arte de fato. Como muitos heróis de histórias, recebemos Chamados conflitantes – um do mundo externo, outro do nosso íntimo –, e precisamos escolher ou assumir compromissos. Para aceitar o Chamado maior de nos expressar, nós, artistas, talvez tenhamos de Recusar o Chamado daquilo que Joseph Campbell chama de "carinhos sedutores do mundo".

Quando você estiver pronto para empreender uma grande aventura, o Mundo Comum o saberá de alguma forma e se prenderá a você. Cantará sua música mais doce e persistente, como as sereias que tentam atrair Odisseu e sua tripulação para as rochas. Incontáveis distrações procurarão tirá-lo da trilha quando você começar a trabalhar. Odisseu precisou tampar os ouvidos dos homens com cera para que eles não fossem atraídos para as rochas pelo canto fascinante das sereias.

No entanto, Odisseu primeiro fez seus homens o amarrarem ao mastro para que ele pudesse ouvir as sereias, mas não fosse capaz de levar o navio ao perigo. Os artistas, às vezes, passam a vida inteira como Odisseu, amarrados ao mastro, com todos os sentidos vivenciando de forma profunda a canção da vida, mas também atados voluntariamente à embarcação de sua arte. Recusam o Chamado poderoso do mundo para seguir o Chamado mais amplo da expressão artística.

HERÓIS VOLUNTÁRIOS

Enquanto muitos heróis expressam medo, relutância ou recusa nesse estágio, outros não hesitam ou não dão voz a qualquer medo. Trata-se dos HERÓIS VOLUNTÁRIOS, que aceitaram ou mesmo procuraram o Chamado à Aventura. Propp os chama de "buscadores", em oposição aos "heróis-vítimas". Contudo, o medo e a dúvida representados pela Recusa do Chamado encontrarão expressão mesmo nas histórias de heróis voluntários. Outros personagens manifestarão o medo, alertando o herói e o público daquilo que pode acontecer na estrada adiante.

Um herói voluntário como John Dunbar, de *Dança com lobos,* pode ter superado o medo da morte. Ele já havia buscado a morte na primeira sequência do filme, quando partiu numa cavalgada suicida na frente dos rifles dos rebeldes e milagrosamente foi poupado. Ele vai atrás da aventura do Oeste voluntariamente, sem recusa ou relutância. Porém, o perigo e a aridez da pradaria são apresentados ao público por meio do fardo de outros personagens que representam a Recusa do Chamado. Um é o oficial do exército, louco e patético, que entrega a Dunbar suas "ordens" rabiscadas, o que mostra um possível destino para Dunbar. A fronteira é tão estranha e desafiadora que consegue enlouquecer algumas pessoas. O oficial não conseguiu aceitar a realidade desse mundo, retirou-se à negação e à fantasia e recusou o Chamado da fronteira, dando um tiro em si mesmo.

O outro personagem que carrega a energia da Recusa é o carroceiro esfarrapado que escolta Dunbar até o posto abandonado. Ele não expressa nada além do medo dos índios e da pradaria, e quer que Dunbar Recuse o Chamado, abandone sua empresa e volte à civilização. O carroceiro termina sendo brutalmente assassinado pelos índios, revelando ao público outro possível destino para Dunbar. Embora não haja Recusa do herói, o perigo da aventura é reconhecido e dramatizado por outros personagens.

GUARDIÕES DO LIMIAR

Os heróis que superam o medo e embarcam numa aventura ainda podem ser testados por figuras poderosas que erguem a flâmula do medo e da dúvida, questionando o próprio mérito do herói de estar no jogo. São os Guardiões do Limiar, que bloqueiam os heróis antes mesmo que a aventura comece.

Em *Tudo por uma esmeralda*, Joan Wilder aceita o Chamado e fica totalmente comprometida com a aventura em nome de sua irmã, sequestrada na Colômbia. No entanto, o momento de medo, o estágio da Recusa, ainda é reconhecido de forma elaborada numa cena com sua agente, que veste a máscara temerosa de um Guardião do Limiar. Mulher durona e cáustica, ela enfatiza com veemência os perigos da aventura e tenta dissuadir Joan. Como uma bruxa jogando uma maldição, ela declara que Joan não é feita para a tarefa de ser uma heroína. Joan até concorda com ela, mas é motivada pelo risco que corre sua irmã. Então, compromete-se com a aventura. Embora a própria Joan não recuse o Chamado, o medo, a dúvida e o perigo ainda ficam claros para o público.

A agente de Joan demonstra como um personagem pode trocar de máscara para manifestar aspectos de mais de um arquétipo. Em primeiro lugar, ela aparece como uma Mentora e amiga de Joan, uma aliada em sua profissão e nas relações com os homens. Porém, essa Mentora transforma-se num Guardião do Limiar ferino, bloqueando o caminho para a aventura com avisos severos. É como a mãe superprotetora, que não permite que a filha aprenda por seus próprios erros. Sua função nesse momento é testar o compromisso com a aventura.

Essa personagem assume outra função importante, apresentando uma questão dramática para o público: Joan é realmente heroica o bastante para enfrentar e sobreviver à aventura? Essa dúvida é mais interessante do que saber que a heroína poderá enfrentar qualquer situação. As questões criam suspense emocional para o público, que observa o avanço do herói com a incerteza pairando no fundo da mente. A Recusa do Chamado com frequência serve para levantar essas dúvidas.

Não é incomum para um Mentor trocar de máscara e assumir a função de um Guardião do Limiar. Alguns Mentores guiam o herói para mais adiante na aventura; outros bloqueiam o caminho do herói numa aventura que a sociedade talvez não aprove – um caminho ilícito, imprudente ou perigoso. Esse Mentor/Guardião do Limiar incorpora de forma latente a sociedade ou a cultura, aconselhando o herói a não sair das fronteiras aceitáveis. Em *Um tira da pesada*, o chefe da polícia de Detroit fica no caminho do personagem de Eddie Murphy, ordenando que ele largue o caso, e traça uma linha que Murphy não deve cruzar. É claro que Murphy cruza essa linha imediatamente.

A PORTA SECRETA

É inevitável que heróis violem os limites estabelecidos pelos Mentores ou Guardiões do Limiar pelo que podemos chamar de Lei da Porta Secreta. Quando a Bela, em *A Bela e a Fera,* descobre que pode circular à vontade pelo castelo da Fera, exceto por uma porta que nunca deverá abrir, sabemos que ela será impelida a entrar no cômodo secreto em algum momento. Quando dizem a Pandora que não se pode abrir a caixa, ela não descansa até dar uma olhadinha lá dentro. Se for dito a Psique que ela jamais terá permissão para olhar para seu amante, Cupido, certamente ela encontrará uma maneira de olhá-lo. Essas

O MÁGICO DE OZ

Dorothy foge de casa e chega até a carroça do adivinho professor Marvel, um Velho Sábio, cuja função, naquela aparição, é bloquear a travessia do limiar de uma jornada perigosa. Nesse momento, Dorothy é uma heroína voluntária, e cabe ao professor explicar os riscos da estrada para o público. Com um pouco de mágica xamânica, ele a convence a voltar para casa. Por ora, ele a persuade a Recusar o Chamado.

Porém, na verdade, o professor Marvel está apresentando um Chamado maior para ir para casa, fazer as pazes com a energia feminina conflituosa, reintegrar-se ao amor de Tia Em e lidar com seus sentimentos em vez de escapar deles.

Embora Dorothy recue por ora, forças poderosas foram postas em movimento em sua vida. Ela descobre que aquele poder aterrador do tornado, um símbolo dos sentimentos que ela alimentara, levou seus entes queridos e aliados para o porão, fora do alcance. Ninguém consegue ouvi-la. Ela fica sozinha, exceto por Totó, sua intuição. Como muitos heróis, ela descobre que, uma vez iniciada a jornada, nunca será capaz de devolver as coisas a seu estado original. Por fim, a Recusa é inútil. Já havia derrubado algumas pontes atrás de si e agora precisará encarar as consequências de ter dado o primeiro passo na Estrada dos Heróis.

Dorothy refugia-se na casa vazia, o símbolo de sonho comum para uma estrutura de personalidade antiga. Mas as forças torvelinhantes da mudança, que ela mesma agitou, chegam arrebatando-a, e nenhuma estrutura pode protegê-la de seu poder incrível.

*

A Recusa pode ser um momento sutil, talvez apenas uma palavra ou duas de hesitação entre receber e aceitar um Chamado. (Com frequência, vários estágios da jornada podem ser combinados em uma única cena. Os folcloristas chamam isso de "condensação".) A Recusa pode ser um passo único perto do início da jornada, ou ser encontrada em cada ponto do caminho, dependendo da natureza do herói.

A Recusa do Chamado talvez seja uma oportunidade de redirecionar o foco da aventura. Uma aventura assumida de forma despreocupada ou para escapar de alguma consequência desagradável pode ser empurrada para uma aventura mais profunda do espírito.

Um herói hesita no limiar para vivenciar o medo, para deixar que o público conheça o tamanho descomunal dos desafios que seguirão. Porém, no fim das contas, o medo é superado ou deixado de lado, não raro com a ajuda de forças sábias, protetoras ou de presentes mágicos, representando a energia do próximo estágio: o Encontro com o Mentor.

PERGUNTAS SOBRE A JORNADA

1. Como o herói Recusa o Chamado em *Uma linda mulher*? *Whiplash: em busca da perfeição*? *Ford vs Ferrari*? *Rocketman*? A Recusa do Chamado ou a relutância é um estágio necessário para toda história? Para todo herói?

2. Quais os temores dos heróis de sua história? Quais são os medos falsos ou a paranoia? Quais são os medos reais? Como são expressos?

3. De que maneira eles recusam os Chamados à Aventura, e quais são as consequências da Recusa?

4. Se os protagonistas são heróis voluntários, existem personagens ou forças que deixam os perigos claros para a audiência?

5. Você recusou Chamados à Aventura? Sua vida seria diferente se os tivesse aceitado?

6. Você já aceitou Chamados à Aventura que desejaria ter recusado?

ESTÁGIO QUATRO:

ENCONTRO COM O MENTOR

———— ✳ ————

"Ela (Atena) assumiu a aparência de Mentor e
se parecia tanto com ele que ludibriou olhos e ouvidos..."
– *Odisseia,* de Homero

✳

Às vezes, não é má ideia recusar um Chamado até que se tenha tempo para se preparar para a "zona desconhecida" que está adiante. Na mitologia e no folclore, a preparação pode ser feita com a ajuda da figura sábia e protetora do MENTOR, cujos muitos serviços ao herói incluem proteção, orientação, ensino, teste, treinamento e entrega de presentes mágicos. No estudo dos contos populares russos, Vladimir Propp chama esse tipo de personagem de "doador" ou "provedor", pois sua função é precisamente fornecer ao herói algo que seja necessário para sua jornada. O Encontro com o Mentor é o estágio da Jornada em que o herói recebe os suprimentos, o conhecimento e a confiança indispensáveis para superar o medo e dar início à aventura.

HERÓIS E MENTORES

Filmes e histórias de todos os tipos elaboram constantemente o relacionamento entre os arquétipos do Herói e do Mentor.

Os filmes *A primavera de uma solteirona, O preço do desafio* e os da série *Karatê Kid* constituem histórias totalmente dedicadas ao processo de mentores ensinando pupilos. Incontáveis filmes, como *Rio vermelho, Gente como a gente, Star Wars* e *Tomates verdes fritos* revelam a força vital de Mentores em momentos cruciais na vida dos heróis.

FONTES DE SABEDORIA

Mesmo se não houver um personagem específico que cumpra as muitas funções do arquétipo do Mentor, os heróis quase sempre fazem contato com alguma fonte de conhecimento antes de se engajar na aventura. Essa fonte pode ser a experiência daqueles que se aventuraram antes ou a procura da sabedoria dentro de si, adquirida a um alto custo em aventuras anteriores. De qualquer forma, os heróis são safos e consultam o mapa da aventura, buscando registros, cartas e diários de bordo daquele território. É uma questão de prudência dos viajantes parar e verificar o mapa antes de entrar na Estrada dos Heróis, que é tão desafiadora e, não raro, desorientadora.

Para o narrador, o Encontro com o Mentor é um estágio rico em potencial de conflito, envolvimento, humor e tragédia. É baseado em um relacionamento emocional, em geral entre um herói e um Mentor ou conselheiro de qualquer tipo, e o público parece gostar de relações nas quais a sabedoria e a experiência são transmitidas de uma geração a outra. Todos já tiveram um relacionamento com um Mentor ou um modelo.

MENTORES FOLCLÓRICOS E MITOLÓGICOS

O folclore é cheio de descrições de heróis que encontram protetores mágicos que lhes entregam presentes e os guiam na jornada. Lemos sobre elfos que ajudam o sapateiro; animais que ajudam e protegem garotinhas em contos de fadas russos; os sete anões, que dão abrigo à Branca de Neve; e o Gato de Botas, o animal falante que ajuda seu pobre dono a conquistar um reino. Todas são projeções do arquétipo poderoso do Mentor, que auxilia e orienta o herói.

Heróis da mitologia buscam aconselhamento e ajuda com bruxas, magos, curandeiros, espíritos e deuses de seu mundo. Os heróis das histórias de Homero são guiados pelos deuses e deusas protetores, que lhes fornecem ajuda mágica. Alguns heróis são criados e treinados por seres mágicos que se inserem em algum ponto entre deuses e homens, como os centauros.

QUÍRON: UM PROTÓTIPO

Muitos heróis gregos tiveram o centauro Quíron como mentor, um protótipo para todos os Velhos e Velhas Sábios. Uma mistura estranha de homem e cavalo, Quíron foi pai de criação e treinador de todo um exército de heróis gregos, inclusive Hércules, Acteon, Aquiles, Peleu e Esculápio, o grande cirurgião da Antiguidade. Na figura de Quíron, os gregos criaram um arsenal das muitas de suas noções sobre o que significa ser um Mentor.

Via de regra, centauros são criaturas selvagens. Quíron era um tipo incomum e pacífico, mas ainda manteve algo de sua natureza equina selvagem. Como uma criatura metade homem, metade animal, ele está relacionado aos xamãs de muitas culturas, que dançam com a pele de animais para entrar em contato com o poder desses seres. Quíron é a energia e a intuição da natureza pura, pacificado e controlado para ser um professor. Como os xamãs, é a ponte entre seres humanos e os poderes maiores da natureza e do universo. Mentores nas histórias não raro mostram que eles estão conectados à natureza ou a alguma parte do mundo espiritual.

Como um Mentor, Quíron levou seus heróis em treinamento através dos limiares da virilidade ao ensiná-los pacientemente as habilidades de arco e flecha, poesia, cirurgia e outras. Porém, nem sempre era bem-recompensado por seus esforços. Seu pupilo Hércules, que tendia à violência, feriu-o com uma flecha mágica, o que fez Quíron implorar aos deuses a misericórdia da morte. Mas, no final, após um sacrifício realmente heroico em que resgatou Prometeu do mundo inferior ao tomar seu lugar, Quíron recebeu a maior distinção que os gregos poderiam ter lhe concedido: Zeus transformou-o numa constelação e num signo do zodíaco – sagitário, um centauro com arco e flecha a postos. Fica claro que os gregos tinham uma alta consideração por professores e Mentores.

O MENTOR EM SI

O termo Mentor vem do personagem homônimo da *Odisseia*. Mentor era o amigo leal de Odisseu, encarregado de criar Telêmaco, o filho do herói, enquanto o herói empreendia a longa jornada de retorno da Guerra de Troia. Mentor deu seu nome a todos os guias e treinadores, mas é Atena, a deusa da sabedoria, que trabalha nos bastidores para levar a energia do arquétipo do Mentor para dentro da história.

"A deusa de olhos faiscantes" tem predileção por Odisseu e interesse em levá-lo para casa em segurança. Ela também protege o filho dele, Telêmaco. Ao descobrir que a história do filho está estagnada, nas cenas de abertura (o Mundo Comum) da *Odisseia*, quando o lar é invadido por jovens e arrogantes pretendentes à mão de sua mãe, Atena decide botar a história em movimento e toma a forma humana. Uma função importante do arquétipo do Mentor é fazer a história se movimentar.

Primeiro, Atena assume a aparência de um guerreiro viajante chamado Mentes para apresentar a ele o desafio empolgante de enfrentar os pretendentes e buscar seu pai (Chamado à Aventura). Telêmaco aceita o desafio, mas os pretendentes riem dele, e ele fica tão desencorajado que deseja abandonar a missão (Recusa do Chamado). Mais uma vez a história parece atravancada, e Atena desfaz o obstáculo tomando a forma do professor de Telêmaco, Mentor. Com o disfarce, ela insufla um pouco de coragem nele e o ajuda a montar um navio e uma tripulação. Por isso, embora Mentor seja o nome dado aos conselheiros e guias sábios, é a deusa Atena quem realmente age aqui.

Atena é a energia plena, não diluída, do arquétipo. Se aparecesse em sua forma verdadeira, provavelmente ela arrancaria a pele do mais forte dos heróis. Os deuses em geral falam conosco através do filtro de outras pessoas que temporariamente ficam plenas do espírito divino. Um bom professor ou Mentor é um ENTUSIASMADO com o ensino. A parte maravilhosa é que esse sentimento pode ser comunicado aos alunos ou a um público.

Os nomes Mentes e Mentor, bem como o termo "mental", derivam do vocábulo grego *menos* – uma palavra incrivelmente flexível que pode significar intenção, força ou propósito, além de mente, espírito ou lembrança. Os Mentores nas histórias agem principalmente na mente do herói, mudando sua consciência ou redirecionando sua vontade. Ainda que os presentes físicos sejam dados, os Mentores também fortalecem a mente do herói para enfrentar a provação com confiança. *Menos* também significa coragem. Um bom Mentor deve incentivar o herói.

COMO EVITAR OS CLICHÊS DO MENTOR

O público tem uma familiaridade extrema com o arquétipo do Mentor. Os comportamentos, atitudes e funções de Velho Sábio ou Velha Sábia são bem conhecidos de outras milhares de histórias, e é fácil cair em clichês e estereótipos – como fadas madrinhas gentis e magos de barba branca com chapéus de mago Merlin. Para evitá-los e manter sua escrita vívida e surpreendente, desafie os arquétipos! Vire-os de cabeça para baixo, do avesso, e deixe-os de fora propositalmente para ver o que acontece. A ausência de um Mentor cria condições especiais e interessantes para um herói. No entanto, lembre-se da existência do arquétipo e da familiaridade do público com ela.

DESORIENTAÇÃO

O público não se importa em ser enganado sobre um Mentor (ou sobre qualquer personagem) vez ou outra. A vida real é cheia de surpresas a respeito de pessoas que acabam se revelando totalmente diferentes do que havíamos pensado num primeiro momento. A máscara do Mentor pode ser usada para levar um herói a entrar numa vida criminosa. É assim que Fagin recruta os garotinhos para serem trombadinhas em *Oliver Twist*. Ela também pode ser utilizada para envolver o herói numa aventura perigosa, em que ele trabalhará sem saber para os vilões. Em *Arabesque*, Gregory Peck é enganado por um falso Velho Sábio e levado a ajudar um círculo de espiões. É possível fazer o público pensar que estão vendo um Mentor convencional, gentil, prestativo, e em seguida revelar que o personagem na verdade é algo bem diferente. Use as expectativas e hipóteses do público para surpreendê-los.

CONFLITOS ENTRE MENTOR E HERÓI

O relacionamento entre Mentor e Herói pode sofrer viradas trágicas ou fatais se o herói for ingrato ou tender à violência. Apesar da reputação de Hércules de herói inigualável, ele tem uma tendência alarmante a fazer mal a seus Mentores. Além de Quíron, ferido dolorosamente, Hércules fica tão frustrado com as aulas de música que golpeia a cabeça de Lico, seu instrutor, com a primeira lira da história.

Às vezes, um Mentor torna-se vilão ou trai o herói. O filme *Escalado para morrer* mostra um Mentor com aparência benevolente (George Kennedy) que, surpreendentemente, vira-se contra o herói, seu pupilo (Clint Eastwood), e tenta matá-lo. O anão Regin, na mitologia nórdica, começa como Mentor de Sigurd, o Matador de Dragões, e é prestativo ao forjar novamente a espada quebrada. Mas, no fim das contas, o prestativo anão mostra-se um duas caras. Depois de o dragão ser morto, Regin trama matar Sigurd e apossar-se do tesouro.

Rumpelstiltskin inicialmente é um Mentor de conto de fadas que ajuda a heroína, tornando real a lorota que o pai conta de que ela consegue fiar palha e transformá-la em ouro. Porém, o preço que pede pelo presente é alto demais: ele exige o filho da heroína. Essas histórias ensinam que nem todos os Mentores são confiáveis e que é adequado questionar os motivos de um Mentor. É a única maneira de separar um conselho bom do ruim.

Os Mentores às vezes desapontam os heróis que os admiram durante o aprendizado. Em *A mulher faz o homem*, Jimmy Stewart descobre que seu Mentor e homem exemplar, o nobre Senador interpretado por Claude Rains, é tão cafajeste e covarde quanto o restante dos congressistas.

Mentores como os pais podem ter dificuldades para sair de cena. Um Mentor superprotetor pode levar a uma situação trágica. O personagem de Svengali do romance *Trilby* é um retrato arrepiante de um Mentor que fica tão obcecado por seu aluno que causa a ruína dos dois.

HISTÓRIAS IMPULSIONADAS PELO MENTOR

De vez em quando, uma história inteira é construída ao redor de um Mentor. *Adeus, Mr. Chips*, o romance e o filme, é uma história inteira erguida ao redor do tema ensino. O sr. Chips é o Mentor de milhares de garotos e o herói da história, com seu próprio grupo de Mentores.

O filme *Barbarossa* é um olhar sábio e divertido sobre um relacionamento de Mentor sustentado ao longo de toda a história. Seu enfoque é no treinamento de um garoto do interior (Gary Busey) por um lendário criminoso do Oeste (Willie Nelson). O aprendizado do rapaz é tão completo que, quando o filme acaba, ele está pronto para tomar o lugar de Barbarossa como um exuberante herói popular.

MENTOR COMO EVOLUÇÃO DO HERÓI

Mentores podem ser considerados heróis que adquiriram experiência suficiente para ensinar os outros. Já percorreram a Estrada dos Heróis uma ou mais vezes e adquiriram conhecimentos e habilidades que podem ser passados adiante. A progressão de imagens no baralho de tarô mostra como um herói se desenvolve para se tornar um Mentor. Um herói começa como um Bobo e, em vários estágios da aventura, passa pelos postos de mago, guerreiro, mensageiro, conquistador, amante, ladrão, governante, ermitão e assim por diante. Por fim, o herói se transforma num hierofante, um operador de milagres, um Mentor e guia de outros, cuja experiência vem de sobreviver a muitas rodadas da Jornada do Herói.

INFLUÊNCIA ESSENCIAL

Com muita frequência, ensinamentos, treinamento e testes são apenas estágios transitórios do avanço de um herói, partes de uma paisagem maior. Em muitos filmes e histórias, a Velha Sábia ou Velho Sábio é uma influência passageira sobre o herói. No entanto, a breve aparição do Mentor é essencial para fazer a história avançar além dos bloqueios de dúvida e medo. Os Mentores podem aparecer apenas duas ou três vezes numa história. Glinda, a Bruxa Boa, aparece somente três vezes em *O mágico de* Oz: 1) para dar a Dorothy os sapatinhos vermelhos e mostrar a estrada de tijolos amarelos a seguir; 2) para intervir cobrindo as papoulas soníferas com neve branca e pura; e 3) para realizar o desejo de Dorothy de voltar para casa, com a ajuda dos sapatinhos vermelhos mágicos. Nos três casos, sua função é desbloquear a história ao dar ajuda, aconselhamento ou equipamentos mágicos.

Mentores aparecem em variedade e frequência incríveis, porque são úteis para os narradores. Eles refletem a realidade de que todos temos de aprender lições de vida com alguém ou com algo. Seja na forma de uma pessoa, tradição ou código de ética, a energia do arquétipo figura em quase todas as histórias para fazer as coisas acontecerem por meio de presentes, motivação, orientação ou sabedoria.

O MÁGICO DE OZ

Dorothy, como muitos heróis, encontra uma série de Mentores de várias nuances. Aprende algo de quase todo mundo que encontra, e todos os personagens com quem aprende alguma coisa são Mentores em algum sentido.

O professor Marvel é o Mentor que a faz lembrar de que é amada e a manda numa missão em busca do "lar", um termo que significa muito mais do que a casa da fazenda no Kansas. Dorothy precisa aprender a se sentir em casa em sua própria alma, e voltar para enfrentar os problemas é um passo nessa direção. Porém, o tornado carrega-a para Oz, onde Dorothy encontra Glinda, a Bruxa Boa, uma nova Mentora para uma terra nova. Glinda a deixa a par das regras incomuns de Oz, entregando-lhe o presente mágico e os sapatinhos de rubi, e aponta o caminho da estrada de tijolos amarelos, a dourada Estrada dos Heróis. Ela representa um modelo feminino positivo para Dorothy que equilibra a negatividade da Bruxa Malvada.

As três figuras mágicas que Dorothy encontra no caminho, um homem de palha, um homem de lata e um leão falante, são aliados e Mentores que lhe ensinam lições sobre cérebro, coração e coragem. São modelos diferentes de energia masculina que ela precisa incorporar à edificação de sua personalidade.

O próprio Mago é um Mentor que lhe dá um novo Chamado à Aventura, a missão impossível de roubar a vassoura da bruxa. Ele desafia Dorothy a encarar seu maior medo – a hostil energia feminina da Bruxa.

O cãozinho Totó é um Mentor também, em certo sentido. Agindo totalmente por instinto, ele é a intuição da garota, guiando-a para mais fundo na aventura e de volta dela.

ENCONTRO COM O MENTOR

*

O conceito do arquétipo do Mentor tem muitas utilidades para o escritor. Além de oferecer uma força que pode impelir a história para a frente e oferecer ao herói a motivação ou os equipamentos necessários para a jornada, os Mentores têm a habilidade de trazer humor ou relacionamentos profundos, trágicos. Algumas histórias não precisam de um personagem especial exclusivamente dedicado a desempenhar as funções desses arquétipos, mas em algum momento, em quase qualquer história, as funções do Mentor de ajudar o herói são cumpridas por algum personagem ou força que use temporariamente a máscara do Mentor.

Quando o escritor se vê estagnado, ele pode procurar a ajuda dos Mentores, como faz o herói. Pode consultar professores de escrita, buscar inspiração na obra de grandes escritores ou se aprofundar nas fontes reais de inspiração no Eu, o lar das Musas. O melhor conselho de Mentor é muito simples: respire. Continue. Você está indo bem. Já tem o que precisa para cuidar de qualquer situação, em algum lugar dentro de você.

Os escritores deveriam ter em mente que são uma espécie de Mentores para seus leitores, xamãs que viajam para outros mundos e trazem de volta histórias para curar seu povo. Como os Mentores, eles ensinam com histórias e entregam sua experiência, paixão, observação e entusiasmo. Escritores, como xamãs e Mentores, apresentam metáforas pelas quais as pessoas guiam suas vidas – um presente dos mais valiosos e uma grande responsabilidade para o escritor.

Com frequência é a energia do arquétipo do Mentor que faz o herói vencer um medo e o leva até as margens da aventura, ao próximo estágio da Jornada do Herói, o Primeiro Limiar.

PERGUNTAS SOBRE A JORNADA

1. Quem ou o que é o Mentor em O *silêncio dos inocentes*? O *discurso do rei*? *Nasce uma estrela*? *Jogos vorazes*?

2. Pense em três longos seriados de TV. Existem Mentores neles? Que funções esses personagens têm?

3. Existe um personagem em sua história que seja um Mentor completo? Outros personagens vestem a máscara do Mentor em algum momento?

4. A história se beneficiaria se fosse desenvolvido um personagem Mentor, caso não haja?

5. Quais funções de Mentor podem ser encontradas ou desenvolvidas em sua história? Seu herói precisa de um Mentor?

6. Seu herói tem algum tipo de código de ética interno ou modelo de comportamento? Seu herói tem uma consciência? Se sim, como ela se manifesta?

7. *Indiana Jones e os Caçadores da Arca Perdida* e *Indiana Jones e o Templo da Perdição* retratam um herói que não tem Mentor aparente. Ele aprende coisas de pessoas pelo caminho, mas não há um personagem especial destinado à tarefa de ensiná-lo. O terceiro filme da série, *Indiana Jones e a Última Cruzada,* apresenta o personagem do pai de Indiana, interpretado por Sean Connery. Ele é um Mentor? Todos os pais são Mentores? Os seus pais são? Em suas histórias, qual é a atitude de seu herói perante a energia do Mentor?

ESTÁGIO CINCO:

A TRAVESSIA DO PRIMEIRO LIMIAR

———✳———

"Apenas siga a estrada de tijolos amarelos."
– O *mágico de* Oz, roteiro de Noel Langley,
Florence Ryerson e Edgar Allan Woolf

*

Agora o herói está no limiar do mundo da aventura, o Mundo Especial do Segundo Ato. O chamado foi ouvido, dúvidas e medos foram expressos e atenuados e todas as preparações obrigatórias foram feitas. Porém, o movimento real, a ação mais crucial do Primeiro Ato, ainda está pendente. A TRAVESSIA DO PRIMEIRO LIMIAR é um ato voluntário no qual o herói se compromete de todo o coração com a aventura.

APROXIMAÇÃO DO LIMIAR

Heróis em geral não aceitam simplesmente conselhos e presentes dos Mentores e, em seguida, partem para a aventura. Com frequência, seu compromisso final é trazido por alguma força externa que muda o curso ou a intensidade da história. É equivalente ao famoso "ponto de virada" da estrutura cinematográfica convencional de três atos. Um vilão pode matar, prejudicar, ameaçar ou sequestrar alguém próximo ao herói, acabando com qualquer hesitação. Intempéries podem forçar a navegação de um navio, ou o herói pode receber um prazo final para cumprir uma atribuição. Talvez o herói fique sem opções ou descubra que uma escolha difícil precisa ser feita. Alguns heróis são "forçados" a entrar na aventura ou empurrados da borda do abismo, sem escolha a não ser mergulhar na jornada. Em *Thelma e Louise*, o assassinato por impulso de um homem que estava atacando Thelma é a ação que empurra as mulheres para a Travessia do Primeiro Limiar e para ingressar num mundo novo de fugitivas da lei.

Um exemplo de acontecimento imposto por fatores externos é encontrado em *Intriga internacional*, de Hitchcock. O publicitário Roger Thornhill, confundido com um audacioso agente secreto, tentava de todas as formas evitar seu Chamado à Aventura ao longo do Primeiro Ato inteiro. Foi preciso que acontecesse um assassinato para levá-lo a se comprometer com a jornada. Um homem com quem ele conversa no prédio da ONU é morto na frente de testemunhas de forma que todos pensem ter sido Roger quem o matou. Agora ele é realmente um "fugitivo", escapando da polícia e de agentes inimigos que farão de tudo para matá-lo. O assassinato é um acontecimento externo que empurra a história pelo Primeiro Limiar até o Mundo Especial, onde os riscos são maiores.

Acontecimentos internos também podem desencadear a Travessia do Limiar. Heróis chegam a pontos decisivos nos quais suas almas estão em jogo, nos quais se confrontam com a questão: "Sigo levando a minha vida como sempre ou arrisco tudo num esforço de crescer e mudar?". Em *Gente como a gente*, a vida cada vez pior do jovem herói Conrad gradualmente o pressiona a fazer uma escolha, apesar de seus medos: ir a um terapeuta e explorar o trauma da morte do irmão.

Não raro, uma combinação de acontecimentos externos e escolhas internas impulsionará a história no Segundo Ato. Em *Um tira da pesada*, Axel Foley vê um amigo de infância ser brutalmente executado e fica motivado a encontrar o homem que contratou os assassinos. Porém, é necessário um momento de decisão à parte para ele superar a resistência e comprometer-se integralmente com a aventura. Numa cena breve em que seu chefe avisa que vai tirá-lo do caso, é possível vê-lo fazer a escolha interna de ignorar o aviso e entrar no Mundo Especial a qualquer custo.

GUARDIÕES DO LIMIAR

Quando acontece a aproximação do limiar, é possível que se encontrem seres que tentam bloquear o caminho. São os chamados Guardiões do Limiar, um arquétipo poderoso e útil. Eles podem surgir para interferir no avanço e testar o herói em qualquer momento da história, mas tendem a se reunir em entradas, portões e passagens estreitas de travessias de limiar. O capitão de polícia de Detroit, que proíbe com veemência Axel Foley de se envolver na investigação do assassinato, é uma dessas figuras.

Os Guardiões do Limiar são parte do treinamento de qualquer herói. No mito grego, Cérbero, o cão monstruoso de três cabeças, guarda a entrada para o mundo inferior, e muitos heróis precisaram pensar em maneiras de desviar de suas bocarras. O sombrio barqueiro Caronte, que guia as almas pelo rio Estige, é outro Guardião do Limiar que deve ser apaziguado com um presente ou uma esmola.

A tarefa dos heróis nesse momento é descobrir um modo de contornar ou passar por esses guardiões. Não raro, a ameaça é apenas uma ilusão, e a solução é simplesmente ignorá-la ou enfrentá-la com fé. Outros Guardiões do Limiar devem ser absorvidos, ou sua energia hostil precisa ser refletida de volta para eles. A artimanha pode ser perceber que aquilo que parece um obstáculo talvez seja, na verdade, o meio de ultrapassar o limiar. Guardiões do Limiar que parecem ser inimigos podem se transformar em aliados valiosos.

Às vezes, os guardiões do Primeiro Limiar precisam apenas ser reconhecidos. Eles ocupam um nicho difícil e não seria educado passar por seu território sem reconhecer seu poder e a importância de seu papel de guardar o portal. Enfrentá-los é um pouco como dar gorjeta ao porteiro ou pagar o bilheteiro num teatro.

A TRAVESSIA

Às vezes, esse passo significa apenas ter alcançado a fronteira dos dois mundos. Precisamos saltar com fé rumo ao desconhecido, do contrário a aventura nunca começará de verdade.

Inúmeros filmes ilustram a fronteira entre os dois mundos com o cruzamento de fronteiras físicas, como portas, portões, arcos, pontes, desertos, cânions, muralhas, encostas, oceanos ou rios. Em muitos faroestes, os limiares são claramente marcados com rios ou fronteiras. No filme aventuresco *Gunga Din*, os heróis precisam saltar de uma encosta alta para escapar de uma horda barulhenta de fiéis de uma seita ao fim do Primeiro Ato. Eles então se unem nesse salto ao desconhecido, pois a Travessia do Limiar significa sua vontade de explorar juntos o Mundo Especial do Segundo Ato.

Nos primórdios do cinema, a transição entre o Primeiro e o Segundo Ato com frequência era marcada por um breve *fade-out*, um escurecimento momentâneo da tela que indicava passagem de tempo ou movimento no espaço. O *fade-out* era o equivalente à descida da cortina no teatro, que servia para que os contrarregras pudessem mudar o cenário e os adereços a fim de criar novos locais ou mostrar o avanço no tempo.

Hoje em dia, é comum os editores fazerem um corte brusco do Primeiro Ato para o Segundo. Mesmo assim, o público ainda vivencia uma mudança visível da energia na Travessia do Limiar. Uma canção, trilha musical ou contraste visual drástico podem ajudar a sinalizar a transição. O ritmo da história pode acelerar. Entrar em um novo terreno ou estrutura pode mostrar a mudança dos mundos. Em *Uma equipe muito especial*, a Travessia é o momento em que as mulheres entram num estádio de beisebol da liga principal, um contraste acentuado com os campos do interior onde elas jogavam.

A Travessia do Limiar efetiva pode ser um momento único ou uma passagem estendida numa história. Em *Lawrence da Arábia*, as provações de T. E. Lawrence ao cruzar "a Bigorna do Sol", um trecho de deserto traiçoeiro, são uma elaboração desse estágio numa sequência substancial.

A Travessia demanda certa coragem do herói. Ele é como o Bobo no baralho do tarô: um pé na beirada do precipício, prestes a começar a queda livre na direção do desconhecido.

Essa coragem especial é chamada de SALTO DE FÉ. Como pular de um avião, o ato é irrevogável. Não há volta agora. O salto é feito com fé, a confiança de que aterrissaremos com segurança de alguma forma.

ATERRISSAGEM DURA

Os heróis nem sempre aterrissam com suavidade. Às vezes eles despencam no outro mundo, literal ou figurativamente. O salto de fé pode se transformar numa crise de fé quando as ilusões românticas sobre o Mundo Especial são estilhaçadas pelo primeiro contato com ele. Um herói machucado pode se levantar e perguntar: "Isso é tudo?". A travessia para o Mundo Especial pode ser exaustiva, frustrante ou desorientadora.

O MÁGICO DE OZ

Uma força natural tremenda ergue-se para arremessar Dorothy sobre o Primeiro Limiar. Ela está tentando chegar em casa, mas o tornado faz com que ela pegue um desvio para o Mundo Especial, onde aprenderá o que "casa" realmente significa. O sobrenome de Dorothy, Gale (em português, "temporal", "ventania"), é um jogo de palavras que a relaciona com a tempestade. Em linguagem simbólica, foram suas emoções agitadas que provocaram o tufão. Sua antiga ideia de lar, a casa, é destruída pelo tornado e carregada para uma terra muito distante, onde uma nova estrutura de personalidade poderá ser construída.

Quando passa pela zona de transição, Dorothy vê imagens familiares, mas em circunstâncias desconhecidas. Vacas voam pelo ar, homens remam um barco em meio à tempestade, e a srta. Gulch, de bicicleta, transforma-se na Bruxa Malvada. Dorothy não conta com ninguém além de Totó – que representa seus instintos.

A casa despenca com um estrondo. Dorothy emerge para encontrar um mundo assustadoramente diferente do Kansas, povoado por homens e mulheres pequeninos dos contos de fadas. Como por magia, uma Mentora aparece: Glinda flutua para dentro da cena numa bolha transparente. Ela ensina a Dorothy os estranhos costumes da nova terra e enfatiza que o baque da casa da garota matou uma bruxa má. A antiga personalidade de Dorothy é estilhaçada quando sua antiga noção de lar é desarraigada.

Glinda, então, entrega-lhe os presentes de Mentor: os sapatinhos de rubi e uma nova direção para a jornada. Para ir para casa, Dorothy primeiro precisa encontrar o Mago, ou seja, entrar em contato com seu Eu Superior. Glinda indica um caminho específico, a estrada de tijolos amarelos, e a envia para outro limiar, sabendo que ela precisará fazer amigos, enfrentar inimigos e ser testada antes de alcançar seu objetivo final.

*

O Primeiro Limiar é o ponto de virada no qual a aventura começa de verdade, no final do Primeiro Ato. De acordo com uma metáfora corporativa usada na Disney, a história é como um voo de avião e o Primeiro Ato é o processo de carga, abastecimento, taxiamento até a pista de decolagem. O Primeiro Limiar é o momento em que as rodas do trem de pouso saem do chão e o avião começa a voar. Se nunca se viajou de avião antes, pode levar um tempo para se ajustar no ar. Descreveremos esse processo de ajuste na próxima fase da Jornada do Herói: Provas, Aliados e Inimigos.

PERGUNTAS SOBRE A JORNADA

1. Qual é o Primeiro Limiar de *Dança com lobos*? *Coração valente*? *Doze anos de escravidão*? *Sniper americano*? Como o público sabe que estamos indo de um mundo para outro? Como a energia da história muda?

2. Seu Herói está disposto a entrar na aventura ou não? Como isso afeta a Travessia do Limiar?

3. Existem forças guardiãs no Limiar? Como elas dificultam o salto de fé do herói?

4. Como o herói lida com os Guardiões do Limiar? O que o herói aprende ao Atravessar o Limiar?

5. Quais foram os Limiares de sua vida? Como você os vivenciou? Você teve ciência de que estava cruzando um limiar para um Mundo Especial na época?

6. Ao fazer a Travessia do Limiar, a quais opções o herói está renunciando? Essas opções inexploradas voltam para assombrar o herói mais tarde?

ESTÁGIO SEIS:

PROVAS, ALIADOS E INIMIGOS

———✳———

"Olha, se você conseguiu três ou quatro bons camaradas, então conseguiu uma tribo inteira – não há nada mais forte que isso."
– Os jovens pistoleiros, roteiro de John Fusco

*

Agora o herói já entrou de cabeça no misterioso e empolgante Mundo Especial, que Joseph Campbell chamou de "uma paisagem onírica povoada por formas curiosamente fluidas e ambíguas, na qual se deve sobreviver a uma sucessão de provas". É uma experiência nova e, às vezes, assustadora para o herói. Não importa por quantas escolas ele já tenha passado, pois nesse mundo novo ele volta a ser calouro.

CONTRASTE

As primeiras impressões que o público tem do Mundo Especial devem apresentar um contraste drástico com o Mundo Comum. Pense na primeira olhada de Eddie Murphy para o Mundo Especial de Beverly Hills em *Um tira da pesada*, que traz um forte contraste com seu mundo anterior, Detroit. Mesmo que o herói permaneça fisicamente num só lugar a história inteira, existe movimento e mudança quando um novo território emocional é explorado. Um

Mundo Especial, ainda que figurativo, parece diferente, tem um ritmo diferente, prioridades e valores diversos e regras distintas. Nos filmes *O pai da noiva* e *Adivinhe quem vem para jantar*, embora não haja limiar físico, certamente há uma travessia para um Mundo Especial com novas condições.

Quando um submarino submerge, um trem de carga parte de St. Louis ou a espaçonave *Enterprise* deixa a Terra, as condições e regras de sobrevivência mudam. As coisas são, com frequência, mais perigosas, e o preço a se pagar pelos erros é maior.

PROVAS

A função mais importante desse período de ajuste no Mundo Especial são as PROVAS. Narradores usam essa fase para testar o herói e colocá-lo numa série de provas e desafios que servem para prepará-lo para as maiores provações que seguirão.

Joseph Campbell ilustra esse estágio com a história de Psique, que atravessa uma série de Provas, à moda dos contos de fadas, antes de recuperar seu amor perdido, Eros (Cupido). Essa história foi interpretada com sagacidade por Robert A. Johnson em seu livro *She: a chave do entendimento da psicologia feminina*. Psique recebe três tarefas, aparentemente impossíveis de se cumprir, da ciumenta mãe de Eros, Vênus, e passa nas Provas com a ajuda de seres com quem ela fora gentil durante seu caminho. Ela conquistou Aliados.

As Provas no início do Segundo Ato são geralmente obstáculos difíceis, mas não têm o caráter de vida e morte dos últimos eventos. Se a aventura fosse uma experiência de aprendizado universitário, o Primeiro Ato seria o vestibular e o estágio de Provas do Segundo Ato seria uma série de testes intermediários para afiar os conhecimentos do herói em áreas específicas e prepará-lo para os exames de meio de semestre e fim de ano que vêm por aí.

As Provas podem ser uma continuação do treinamento do Mentor. Muitos Mentores acompanham seus heróis até aqui na aventura, aconselhando-os para as grandes rodadas vindouras.

As Provas também podem ser incorporadas à arquitetura ou à paisagem do Mundo Especial. Esse mundo em geral é dominado por um vilão ou por uma Sombra, que terá o cuidado de cercá-lo com armadilhas, barricadas e postos de controle. É comum que os heróis caiam em armadilhas ou tropecem nos alarmes de segurança da Sombra. Como o herói vai lidar com essas armadilhas é parte das Provas.

ALIADOS E INIMIGOS

Outra função desse estágio é a criação de Aliados ou Inimigos. É natural para o herói chegar ao Mundo Especial e passar algum tempo descobrindo quem pode ser confiável para serviços especiais e quem não pode. Isso também é um tipo de Prova para avaliar se o herói é bom em julgar os personagens.

ALIADOS

Os heróis podem entrar no estágio das Provas buscando informações e sair com novos amigos ou Aliados. Em *Os brutos também amam*, uma parceria duvidosa entre o pistoleiro Shane (Alan Ladd) e o fazendeiro (Van Heflin) transforma-se numa sólida amizade com a provação compartilhada de uma grande briga no *saloon*. Quando John Dunbar em *Dança com lobos* atravessa o limiar para o Mundo Especial da fronteira, aos poucos ele faz alianças com Pássaro Esperneante (Graham Greene) e com o lobo que ele chama de Duas Meias.

COMPARSAS

Faroestes com frequência lançam mão do laço de longa data entre um herói e um COMPARSA, um Aliado que geralmente cavalga com o herói e o ajuda em suas aventuras. O Cavaleiro Solitário tem Tonto, Zorro tem o serviçal Bernardo, Cisco Kid tem Pancho. Essas duplas de herói e comparsa podem ser encontradas em mitos e na literatura: Sherlock Holmes e o dr. Watson, Dom Quixote e Sancho Pança, Príncipe Hal e Falstaff ou o herói sumério Gilgamesh e seu companheiro selvagem Enkidu.

Esses Aliados próximos podem oferecer alívio cômico e ajuda. COMPARSAS CÔMICOS, interpretados por atores como Walter Brennan, Gabby Hayes, Fuzzy Knight e Slim Pickens, trazem o humor que falta nos heróis fortes e sérios que eles acompanham. Essas figuras podem cruzar livremente as fronteiras entre o Mentor e o Pícaro, ora ajudando o herói e agindo como sua consciência, ora fazendo trapalhadas cômicas e causando confusão.

EQUIPES

O estágio de Provas também pode ser a oportunidade de se criar uma equipe. Muitas histórias trazem múltiplos heróis ou um herói apoiado por um time de personagens com habilidades ou qualidades especiais. As primeiras fases do Segundo Ato podem cobrir o recrutamento de uma equipe ou dar a chance de a equipe montar planos e ensaiar uma operação complexa. *Os doze condenados* e *Fugindo do inferno*, filmes de aventura passados na Segunda Guerra Mundial, mostram os heróis unindo-se numa equipe coerente antes de lidar com o principal evento da história. No estágio de provas, o herói pode precisar lutar contra rivais pelo controle do grupo. As forças e falhas dos membros da equipe são reveladas durante as Provas.

Em um romance, o estágio de Provas talvez seja a ocasião para um primeiro encontro ou alguma experiência compartilhada que comece a construir o relacionamento, como a partida de tênis entre Diane Keaton e Woody Allen em *Noivo neurótico, noiva nervosa*.

INIMIGOS

Heróis também podem fazer inimigos ferrenhos nesse estágio. Podem encontrar a Sombra ou seus serviçais. A aparição do herói no Mundo Especial talvez indique sua chegada à Sombra e desencadeie uma série de eventos ameaçadores. A sequência da cantina em *Star Wars* estabelece um conflito com o vilão Jabba, o Hutt, que culmina em *O Império contra-ataca*.

Inimigos incluem vilões ou antagonistas de histórias e seus subalternos. Esses personagens podem desempenhar funções de outros arquétipos, como a Sombra, o Pícaro, o Guardião do Limiar e, às vezes, o Arauto.

O RIVAL

Um tipo especial de Inimigo é o rival, o concorrente do herói no amor, nos esportes, nos negócios ou em algum outro empreendimento. O rival em geral não aparece para matar o herói, mas apenas tenta derrotá-lo na competição. No filme O *último dos moicanos*, o major Duncan Hayward é o rival do herói Nathaniel Poe, pois os dois desejam a mesma mulher, Cora Munro. O enredo de *Lua de mel a três* gira em torno de uma rivalidade semelhante entre o herói azarado (Nicolas Cage) e seu oponente jogador (James Caan).

NOVAS REGRAS

As novas regras do Mundo Especial devem ser aprendidas rapidamente pelos heróis e pelo público. Quando Dorothy entra no país de Oz, fica perplexa quando Glinda, a Bruxa Boa, pergunta: "Você é uma bruxa boa ou uma bruxa má?". No Mundo Comum de Dorothy, o Kansas, existem apenas bruxas más, mas no Mundo Especial de Oz as bruxas também podem ser boas e voar em bolhas rosadas, em vez de usar vassouras. Outra Prova do herói é a da rapidez com a qual ele conseguirá se ajustar às novas regras do Mundo Especial.

Nesse estágio, um filme de faroeste pode impor certas condições às pessoas que chegam a uma cidade ou a um bar. Em *Os imperdoáveis*, não é permitido usar armas no território do xerife. Essa restrição pode levar o herói a conflitos. Um herói pode entrar num bar para descobrir que a cidade é totalmente polarizada em duas facções: os vaqueiros *versus* os fazendeiros, os Earps *versus* os Clantons, os caçadores de recompensa *versus* o xerife, e assim por diante. Na panela de pressão de um *saloon*, as pessoas avaliam umas às outras e tomam partido para o confronto que se forma. A sequência da cantina em *Star Wars* remete às imagens que todos temos dos *saloons* de faroeste, lugares de reconhecimento, desafios, alianças e de aprendizado das novas regras.

FONTES D'ÁGUA

Por que tantos heróis passam por bares e *saloons* nesse momento da história? A resposta está na metáfora de caça da Jornada do Herói. Ao sair do Mundo Comum do vilarejo ou gruta, os caçadores em geral seguem direto para uma fonte d'água para procurar a caça. Predadores por vezes seguem os rastros na lama deixados por uma presa que foi até a fonte matar a sede. A fonte d'água é um lugar de congraçamento natural e um bom local para observar e obter informações. Não é por acaso que chamamos os *saloons* e bares da vizinhança de nossas "fontes d'água locais".

A travessia do Primeiro Limiar pode ter sido longa, solitária e árida. Bares são locais comuns para se recuperar, ficar a par das fofocas, fazer amigos e enfrentar Inimigos. Também permitem que observemos as pessoas sob pressão, quando o personagem real é revelado. A maneira como Shane se comporta numa briga de bar convence o fazendeiro a se tornar seu Aliado e enfrentar os vaqueiros brigões. Nos confrontos tensos de taverna em *Star Wars*, Luke Skywalker vê flashes do poder espiritual de Obi-Wan Kenobi e a mentalidade de "observe o Número Um" de Han Solo. O bar pode ser um microcosmo do Mundo Especial, um lugar pelo qual todos devem passar, mais cedo ou mais tarde, como o *saloon* em *Roy Bean: o homem da lei*. "Todo mundo vem ao Rick's Café" é o título da peça na qual *Casablanca* é baseado.

Nos bares se desenvolvem outras atividades, como música, flerte e jogos de apostas. Esse estágio de uma história, aconteça ou não num bar, é um bom ponto para uma sequência musical que anuncia o ambiente do Mundo Especial. Uma boate pode abrir portas para a apresentação de um interesse romântico, como na sensacional canção romântica de Jessica Rabbit em *Uma cilada para Roger Rabbit*. A música também pode expressar as dualidades do Mundo Especial. Nesse estágio em *Casablanca*, as polaridades são apresentadas de forma tocante em um duelo musical entre a apaixonada "Marselhesa", cantada por patriotas franceses, e o hino brutal "Deutschland über Alles", entoado pelos nazistas.

Nos postos avançados e solitários da aventura, os *saloons* e seus equivalentes podem ser os únicos lugares para a intriga sexual. Bares podem ser arena para flertes, romances ou prostituição. Um herói pode travar um relacionamento num bar para pegar informações e, por acaso, angariar um Aliado ou um amor.

Jogatinas e *saloons* andam de mãos dadas, e jogos de azar são um elemento comum do estágio de Provas. Os heróis podem querer consultar os oráculos para ver se a sorte estará a favor deles. Querem saber sobre a roda da fortuna e de que forma a sorte poderá ser atraída. Através de um jogo, as apostas podem ser aumentadas ou uma fortuna pode ser perdida. No épico hindu *Mahabharata*, uma rixa familiar cósmica é posta em movimento por um jogo de azar manipulado entre dois grupos de irmãos (no qual os malvados trapaceiam).

O MÁGICO DE OZ

É claro que nem todos os heróis vão a bares nesse estágio da jornada. Dorothy encontra Provas, Aliados e Inimigos na estrada de tijolos amarelos. Como Psique ou os heróis de muitos contos de fadas, ela é safa para saber que os pedidos de ajuda na estrada devem ser atendidos com o coração aberto. Ela ganha a lealdade do Espantalho ao desprendê-lo do poste e ajudá-lo a aprender a andar. Enquanto isso, fica sabendo que sua Inimiga, a Bruxa Malvada, a persegue em cada esquina e espera uma chance de atacar. A Bruxa influencia algumas macieiras mal-humoradas para que se tornem Inimigas de Dorothy e do Espantalho. O Espantalho prova seu valor para compor a equipe ao enganar as árvores: ele as provoca para que joguem maçãs, que ele e Dorothy recolhem para comer. Dorothy ganha a afeição de outro Aliado, o Homem de Lata, ao azeitar suas juntas e ouvir de forma solidária seu triste relato sobre como é não ter um coração. A Bruxa reaparece, mostrando sua inimizade por Dorothy e seus Aliados ao lançar uma bola de fogo neles.

Para proteger seu cão Totó, Dorothy enfrenta os rugidos do Leão Covarde, um Inimigo em potencial ou Guardião do Limiar, e termina fazendo dele um Aliado. As linhas de batalha estão claramente dispostas. Dorothy aprendeu as regras do Mundo Especial e passou por muitas Provas. Protegida pelos Aliados e alerta para os Inimigos declarados, ela está pronta para se aproximar da fonte de poder central no país de Oz.

*

A fase de Provas, Aliados e Inimigos nas histórias é útil para cenas de reconhecimento, nas quais os personagens se conhecem e o público fica sabendo mais sobre eles. Esse estágio também permite que o herói acumule poder e informações na preparação para o próximo: a Aproximação da Caverna Secreta.

PERGUNTAS SOBRE A JORNADA

1. Qual é a fase de Provas de *Os miseráveis*? *O hobbit*? *Jurassic Park*? *A forma da água*? Por que os heróis passam por um período de provas? Por que não vão direto ao acontecimento principal após entrar no Segundo Ato?

2. Como o Mundo Especial da sua história difere do Mundo Comum? Como é possível aumentar os contrastes?

3. De que maneira seu herói é Testado e quando ele faz Aliados ou Inimigos? Tenha em mente que não existe uma maneira "correta". As necessidades da história podem ditar quando as alianças são feitas.

4. Existem heróis solitários que não têm Aliados?

5. Seu herói é um personagem único ou um grupo, como um pelotão, uma tripulação, uma família ou gangue? Se é uma "peça de conjunto", como *Clube dos cinco* ou *O reencontro*, quando a equipe se torna um grupo coerente?

6. Como seu herói reage ao Mundo Especial com suas regras estranhas e pessoas desconhecidas?

ESTÁGIO SETE:

APROXIMAÇÃO DA CAVERNA SECRETA

LEÃO COVARDE: Só tem mais uma coisa que gostaria que vocês fizessem, amigos.
HOMEM DE LATA, ESPANTALHO: O que é?
LEÃO COVARDE: Me façam desistir!
– *O mágico de Oz*, roteiro de Noel Langley,
Florence Ryerson e Edgar Allan Woolf

*

Os heróis, após terem se adaptado ao Mundo Especial, agora prosseguem para buscar seu âmago. Passam para uma região entre a fronteira e o centro da Jornada do Herói. No caminho, encontram outra zona misteriosa com Guardiões do Limiar, ordens do dia e provas próprios. Essa é a fase da APROXIMAÇÃO DA CAVERNA SECRETA, onde logo encontrarão a surpresa e o terror supremos. É hora de fazer as preparações finais para a provação principal da aventura. Neste ponto, os heróis são como montanhistas, que ergueram um acampamento de base por meio dos esforços das Provas e estão prestes a fazer a investida final ao pico mais alto.

FUNÇÕES DA APROXIMAÇÃO

Nas narrativas modernas, certas funções especiais encaixam-se naturalmente nessa zona de APROXIMAÇÃO. Quando os heróis aproximam-se dos portais de uma cidadela dentro do Mundo Especial, podem parar para planejar, fazer o reconhecimento do inimigo, reorganizar ou refinar o grupo, fortificar-se e se armar, até dar a última gargalhada e fumar o último cigarro antes de adentrar a terra de ninguém. O aluno estuda para as provas semestrais. O caçador persegue a presa até seu esconderijo. Os aventureiros dão uns amassos numa cena de amor antes de lidar com o acontecimento central do filme.

NAMORO

A Aproximação pode ser uma arena para se fazer a corte de forma elaborada. Talvez um romance se desenvolva aqui, ligando o herói e a amada antes que eles encontrem a provação principal. Em *Intriga internacional*, Cary Grant conhece uma mulher linda (Eva Marie Saint) num trem enquanto escapa da polícia e dos espiões inimigos. Mal sabe ele que a mulher trabalha para espiões maléficos e foi destacada para atraí-lo a uma armadilha. No entanto, sua sedução sai pela culatra e ela se vê de fato apaixonada por ele. Mais tarde, graças a essa cena de união, ela se transforma numa Aliada.

APROXIMAÇÃO OUSADA

Alguns heróis têm a ousadia de ir até porta do castelo e exigir que o deixem entrar. Heróis confiantes, comprometidos, farão essa Aproximação. Axel Foley, em *Um tira da pesada*, invade a área do inimigo várias vezes na fase de Aproximação, ultrapassando os Guardiões do Limiar e ostentando sua intenção de perturbar o mundo do oponente. Cary Grant, em *Gunga Din*, marcha para dentro da Caverna Secreta dos antagonistas, uma seita de assassinos, cantando a plenos pulmões uma canção inglesa de bêbados. Sua Aproximação ousada não vem da arrogância pura: ele faz o espetáculo escandaloso a fim de ganhar tempo para que o amigo Gunga Din escape e convoque o exército britânico. De modo verdadeiramente heroico, o personagem de Grant sacrifica-se e desafia a morte em nome do grupo.

A Aproximação do personagem de Clint Eastwood em *Os imperdoáveis* é mais estúpida que arrogante. Ele cavalga para dentro da Caverna Secreta, a cidade, durante uma tempestade, e não consegue ver a placa de proibição de armas de fogo. Isso o leva a uma provação: uma surra do xerife (Gene Hackman), que quase o mata.

PREPARAÇÃO PARA A PROVAÇÃO

A Aproximação pode ser um tempo de maior reconhecimento e reunião de informações ou um período para vestir-se e se armar para a provação. Pistoleiros checam as armas; toureiros vestem cuidadosamente seus trajes brilhantes.

O MÁGICO DE OZ

O mágico de Oz tem uma fase de Aproximação tão bem-desenvolvida que a usaremos em todo este capítulo para esclarecer algumas das funções desse estágio.

OBSTÁCULOS

Ao conquistar alguns Aliados no estágio de Provas, Dorothy e seus amigos saem da floresta às margens de Oz e imediatamente veem a reluzente Cidade das Esmeraldas dos seus sonhos. Eles se aproximam com alegria, mas, antes que cheguem ao destino, enfrentam uma série de obstáculos e desafios que os unirão como um grupo e os prepararão para a luta de vida ou morte que virá.

ATENÇÃO COM AS ILUSÕES

Primeiro, o grupo cai no sono por causa de um campo de papoulas plantadas pela magia da Bruxa Malvada. Os heróis voltam à consciência graças a um cobertor de neve, cortesia de Glinda, a Bruxa Boa.

A mensagem para o herói aqui é clara: não se deixe seduzir por ilusões e perfumes, fique alerta e não caia no sono enquanto estiver em marcha.

GUARDIÕES DO LIMIAR

Dorothy e seus amigos chegam à Cidade e encontram o caminho bloqueado por um sentinela grosseiro, um Guardião do Limiar perfeito (que tem uma semelhança suspeita com o professor Marvel do Primeiro Ato). É uma figura satírica, uma imagem exagerada de um burocrata, cujo trabalho é impor regras estúpidas e sem sentido. Dorothy identifica-se como aquela que deixou cair uma casa na Bruxa Malvada do Leste, e tem os sapatinhos de rubi para provar. Tudo isso faz com que ela ganhe o respeito do sentinela, que os deixa entrar de pronto, dizendo: "Bem, aí a coisa muda de figura! É um cavalo de cor diferente!".

Mensagem: experiências anteriores à jornada podem ser o passaporte do herói para novas terras. Nada é por acaso, e cada desafio do passado nos fortalece e molda para o presente. Ganhamos respeito por ter chegado tão longe.

A sátira do absurdo burocrático nos lembra de que poucos heróis estarão isentos dos pedágios e rituais do Mundo Especial. Os heróis precisam pagar o preço da entrada ou encontrar uma maneira de burlar os obstáculos, como faz Dorothy.

OUTRO MUNDO ESPECIAL

Dorothy e companhia entram na fantástica Cidade, onde tudo é verde, exceto por um cavalo que puxa uma carruagem, o famoso Cavalo de Cor Diferente que muda de pelagem cada vez que se olha para ele. O cocheiro também se parece com o professor Marvel.

Mensagem: você entrou em outro pequeno Mundo Especial, com regras e valores diferentes. Poderá encontrar uma série de novidades, como caixinhas chinesas uma dentro da outra ou um conjunto de conchas que protegem alguma fonte central de poder. O cavalo multicor é um sinal de que mudanças rápidas estão a caminho. O detalhe de vários personagens que se parecem, ou o mesmo personagem assumindo vários papéis é um lembrete de que estamos num mundo de sonho governado pelas forças da comparação, associação e transformação. As mudanças proteicas do professor Marvel sugerem que uma mente única e poderosa está agindo em Oz, ou que o sonho de Dorothy, se de fato for um sonho, foi profundamente influenciado pela personalidade dele. Professor Marvel transformou-se em uma figura de *animus* para Dorothy: um foco para suas projeções sobre a energia masculina madura. Seu pai morreu ou está ausente, e as figuras masculinas ao redor da fazenda, Tio Henry e os três ajudantes da fazenda, são fracos. Ela busca uma imagem do que pode ser um pai e projeta a energia paternal do professor Marvel em toda figura de autoridade que vê. Se Glinda, a Bruxa Boa, for uma mãe postiça ou *anima* positiva para ela, essas variações do professor Marvel são pais postiços.

PREPARE-SE

Dorothy e seus amigos estão enfeitados, bem-cuidados e arrumados para seu encontro com o Mágico nos salões de beleza e lojas mecânicas da Cidade das Esmeraldas.

Mensagem: os heróis sabem que vão enfrentar uma grande provação e aproveitam para se preparar o máximo que podem, como guerreiros polindo e afiando as armas ou alunos fazendo os exercícios finais antes de uma prova importante.

AVISO

Nossos heróis, sentindo-se muito bem agora, saem cantando como o dia é alegre e contente na terra de Oz. Só então a Bruxa berra sobre a cidade, riscando o céu com sua vassoura: "Renda-se, Dorothy!". As pessoas afastam-se aterrorizadas, deixando nossos heróis sozinhos na porta do Mágico.

Mensagem: é bom para os heróis chegarem ao acontecimento principal em equilíbrio, com a confiança moderada pela humildade e pela consciência do perigo. Não importa o quanto as celebrações em Oz sejam histéricas – elas sempre parecem ser abafadas por uma aparição da Bruxa, uma estraga-prazeres de primeira. Ela causa uma perturbação profunda na psique de Dorothy, e arruinará todo momento prazeroso até ser enfrentada. O isolamento dos heróis é comum. Como Gary Cooper tentando arregimentar apoio do povo da cidadezinha em *Matar ou morrer*, os heróis podem ver os companheiros dos bons momentos desaparecerem quando as coisas ficam complicadas.

OUTRO LIMIAR

Nossos heróis batem na porta do Mágico e um sentinela mais rude, outra cópia do professor Marvel, põe a cabeça para fora. Suas ordens são: "Ninguém, de jeito nenhum, vai entrar para ver o Mágico". Apenas a informação de que ele está falando com a "Bruxa Dorothy" o convence a ir consultar o Mágico. Enquanto ele está fora, o Leão canta: "Se eu fosse o rei da floresta", o que expressa suas aspirações.

Mensagem: talvez seja necessário apresentar as credenciais de experiência repetidamente, em sucessivos estágios de autoridade. Quando atrasados por obstáculos, uma boa ideia para os heróis é se familiarizar com os camaradas de aventura e descobrir suas esperanças e sonhos.

APELO EMOCIONAL PARA UM GUARDIÃO

O sentinela volta para dizer que o Mágico os manda irem embora. Dorothy e seus companheiros ficam arrasados e lamentam. Agora, nunca terão seus desejos atendidos e Dorothy nunca voltará para casa. A história triste faz o sentinela chorar copiosamente, e ele os deixa entrar.

Mensagem: às vezes, quando o passaporte da experiência não mais funcionar para fazer com que se ultrapasse um portal, o apelo às emoções pode derrubar as defesas dos Guardiões do Limiar. Estabelecer um laço sentimental e humano pode ser a chave.

UM TESTE IMPOSSÍVEL

Nossos heróis cruzam ainda outro limiar quando são anunciados na sala do trono de Oz pelo sentinela, agora um amigo. Oz é uma das imagens mais terríveis já vistas num filme até então – a cabeça gigantesca de um velho raivoso, cercada por chamas e trovões. Ele pode realizar desejos, mas, como os reis dos contos de fadas, é mesquinho com seus poderes e impõe testes impossíveis na esperança de que você desista e o deixe em paz. Dorothy e os amigos recebem a tarefa aparentemente inalcançável de capturar a vassoura da Bruxa Malvada.

Mensagem: é tentador pensar que se pode simplesmente entrar no território estranho, pegar o prêmio e ir embora. A imagem incrível de Oz nos lembra de que os heróis estão desafiando um status quo poderoso, que pode não compartilhar de seus sonhos e objetivos. O status quo talvez viva segundo hábitos ou neuroses poderosos que devem ser vencidos antes de se enfrentar a provação principal. Oz, o professor Marvel em sua forma mais poderosa e assustadora, é uma figura de *animus* negativa, o lado obscuro da ideia de pai que Dorothy tem. Dorothy precisa lidar com seus sentimentos confusos sobre a energia masculina antes de poder confrontar sua natureza feminina mais profunda.

O status quo poderia ser alguém de uma geração mais velha, um governante que reluta em abrir mão do poder ou um pai ou mãe que não quer admitir que o filho cresceu. O Mágico, nesse momento, é como um pai incomodado, nervoso por ser interrompido e ter exigências impostas a ele pelos mais jovens. Essa força parental irritadiça deve ser apaziguada ou enfrentada de alguma forma antes que a aventura possa prosseguir. Precisamos passar nas provas para ganhar a chancela de forças parentais.

Às vezes, os pais apresentam condições impossíveis para dar amor e aceitação. Parece que nunca vamos conseguir agradá-los. Às vezes, as mesmas pessoas a quem se recorre naturalmente numa crise mandarão você embora, e, então, precisará enfrentar o grande momento sem ninguém ao lado.

TERRITÓRIO XAMÂNICO

Os heróis passam para a região tenebrosa que cerca o castelo da Bruxa Malvada. Aqui encontram mais Guardiões do Limiar, os servos sinistros da bruxa e os macacos voadores. Dorothy é sequestrada pelos macacos e seus companheiros levam uma surra e se espalham. O Homem de Lata fica amassado e o Espantalho é rasgado, membro a membro.

Mensagem: quando os heróis aproximam-se da Caverna Secreta, devem saber que estão no território do xamã, na linha entre a vida e a morte. O Espantalho esquartejado e espalhado pelos macacos lembra-se de visões e sonhos que sinalizam seu posto de xamã. Os candidatos a xamã não raro sonham que são desmembrados por espíritos celestiais e remontados na nova forma de um xamã. O fato de Dorothy ter sido levada pelos macacos representa o tipo de coisa que acontece aos xamãs quando viajam a outros mundos.

COMPLICAÇÕES

Os heróis aterrorizados tornam-se desmotivados e confusos após o ataque dos macacos. Os membros espalhados do Espantalho são reunidos pelo Homem de Lata e pelo Leão Covarde.

Os heróis podem enfrentar contratempos desanimadores nesse estágio de aproximação ao objetivo supremo. Esses reveses do acaso são chamados de *complicações dramáticas*. Embora possam parecer nos destruir, são apenas mais uma prova à nossa disposição de prosseguir. Eles também permitem que nos reconstruamos de forma mais eficaz para percorrer o terreno estranho.

APOSTAS MAIS ALTAS

Dorothy agora está presa no castelo. A Bruxa, espelhando a ação de sua sócia, a srta. Gulch, prende Totó num cesto e ameaça jogá-lo no rio caso Dorothy não lhe entregue os sapatinhos de rubi. Ela concorda em entregá-los, mas a Bruxa é afastada pelo encanto protetor de Glinda quando tenta pegar os sapatinhos. A Bruxa percebe que nunca terá os sapatos enquanto Dorothy estiver viva e coloca diante dela a ampulheta com a areia vermelha como sangue seco. Quando o último grão cair, Dorothy morrerá.

Mensagem: outra função do estágio de Aproximação é aumentar as apostas e fazer com que a equipe volte a se dedicar à missão. O público talvez precise se lembrar do "relógio que avança" ou da "bomba-relógio" da história. A urgência e a característica de vida ou morte da questão precisam ser enfatizadas.

Totó no cesto é um símbolo repetido de intuição reprimida pela *anima* negativa da Bruxa/srta. Gulch. O medo que Dorothy tem de seu lado intuitivo continua obstruindo sua criatividade e confiança, mas elas voltam a aparecer, como Totó.

Os sapatinhos de rubi são uma imagem onírica profunda, que representa tanto os meios de locomoção de Dorothy em Oz quanto sua identidade, sua integridade indestrutível. Os sapatos são um presente tranquilizador da Mentora, o reconhecimento de que ela é um ser único com uma essência que não será abalada por eventos externos. São como o fio de Ariadne na história de Teseu e o Minotauro, uma ligação com uma *anima* positiva, carinhosa, que a guia através dos mais sombrios dos labirintos.

APROXIMAÇÃO DA CAVERNA SECRETA

REORGANIZAÇÃO

Totó escapa do cesto, como no Primeiro Ato, corre para fora do castelo e junta forças com os três amigos, que ainda estão reconstituindo o Espantalho. Totó os leva para o castelo, onde ficam apavorados com a tarefa de tirar a indefesa Dorothy do local ameaçador e bem-protegido. A responsabilidade de avançar com a aventura recaiu sobre os três Aliados de Dorothy; esse local é tão terrível que não há sequer ajuda de magos e bruxas bondosos. Chegaram até ali como palhaços; agora, precisam ser heróis.

Mensagem: Totó age novamente como a intuição de Dorothy, sentindo que é o momento de convocar os Aliados e as lições aprendidas para resgatá-la da prisão. O estágio da Aproximação também é o momento de reorganizar o grupo: promover alguns membros, separar vivos, mortos e feridos, atribuir missões especiais e assim por diante. As máscaras arquetípicas precisam ser trocadas, pois os personagens devem desempenhar novas funções.

Com a liberdade de ação cerceada, Dorothy mudou as máscaras arquetípicas, trocando a de Heroína pela de Vítima, o arquétipo do desamparo. Os três companheiros também trocaram de máscaras, sendo promovidos de palhaços Pícaros ou Aliados para Heróis plenos que conduzirão a ação por algum tempo. O público talvez ache que as opiniões sobre os personagens estão sendo subvertidas, pois novas qualidades surpreendentes emergem sob a pressão da Aproximação.

A sensação de que os heróis precisam enfrentar algumas coisas sem a ajuda de espíritos protetores é uma reminiscência de muitos contos míticos de viagens ao mundo inferior. Heróis humanos com frequência precisam seguir sozinhos em missões para os deuses, como em viagens à terra dos mortos que até os deuses têm medo de percorrer. Podemos consultar médicos ou terapeutas, amigos ou conselheiros, mas existem alguns lugares aonde nossos Mentores não podem ir e onde estamos por nossa conta.

FORTES DEFESAS

Espantalho, Leão e Homem de Lata agora espreitam para observar o limiar da Caverna Secreta: a ponte levadiça do castelo da Bruxa Malvada, defendida por um exército inteiro de Guardiões do Limiar de aparência feroz que usam chapéus e luvas de pele de urso, grunhindo sua sombria canção de marcha.

Mensagem: os heróis podem esperar que o quartel-general do vilão seja defendido com uma ferocidade animal. O castelo em si, com seu portão de barras e ponte levadiça que remete a uma boca devoradora e sua língua, é um símbolo das fortificações elaboradas ao redor de uma neurose que tudo consome. As defesas ao redor da *anima* negativa da Bruxa fazem com que os guardas e o palácio do Mágico pareçam até convidativos.

QUEM É O HERÓI NESSE MOMENTO?

Os três heróis relutantes avaliam a situação. O Leão quer fugir, mas o Espantalho tem um plano que exige a liderança do Leão. Isso faz sentido, pois, dos três, é ele quem tem a aparência mais feroz, embora ainda deseje ser dissuadido.

Mensagem: a Aproximação é um bom momento para recalibrar a equipe, expressar dúvidas e dar incentivo. Os membros da equipe devem cuidar para que todos estejam de acordo com os objetivos e verificar que cada indivíduo esteja no posto adequado. Pode haver até disputas acirradas pelo domínio entre o grupo nesse estágio, como piratas ou ladrões que lutam pelo controle da aventura.

No entanto, aqui, os esforços do Leão Covarde para escapar à responsabilidade são cômicos e chamam a atenção para outra função da Aproximação: o alívio cômico. Pode ser a última oportunidade de relaxar e contar uma piada, pois as coisas vão ficar fatalmente sérias na fase da Provação Suprema.

ENTRANDO NA MENTE DO ADVERSÁRIO

Como parte da Aproximação, os três heróis tentam tramar um plano enquanto se aproximam do portão. Três vigilantes os atacam e, depois de uma luta na qual trajes voam pelo ar, nossos heróis emergem vestindo os uniformes e os chapéus de pele de urso dos inimigos. Sob esse disfarce, juntam-se ao pelotão de vigilantes em marcha e entram de uma vez no castelo.

Mensagem: aqui os heróis empregam o mecanismo de "entrar na pele" dos Guardiões do Limiar diante deles. Como os índios da planície que vestem túnicas de búfalo para aproximar-se da presa, os heróis literalmente vestem a pele dos adversários e se misturam a eles. Em Roma, faça como os romanos. Esse aspecto da Aproximação ensina que devemos entrar na mente daqueles que parecem estar no nosso caminho. Se entendermos ou nos identificarmos com eles, o trabalho de vencê-los ou absorver sua energia ficará muito mais fácil. Poderemos transformar seus ataques em oportunidades para assumir sua pele. Os heróis também podem se disfarçar para esconder suas reais intenções quando se aproximam da Caverna Secreta do adversário.

INVASÃO

Os três heróis agora descartam os disfarces e seguem para a câmara do castelo onde Dorothy está aprisionada. O Homem de Lata usa seu machado para arrombar a porta.

Mensagem: em algum momento, pode ser necessário usar a força para abrir o véu final até a Caverna Secreta. A resistência do herói e o medo talvez precisem ser vencidos por um ato voluntário violento.

SEM SAÍDA

Com Dorothy resgatada e os quatro unidos novamente, agora o grupo volta a atenção para a fuga. Porém, são bloqueados em todas as direções pelos guardas da bruxa.

Mensagem: não importa como os heróis tentarão escapar; mais cedo ou mais tarde as saídas serão fechadas e a questão de vida ou morte deverá ser enfrentada. Com Dorothy e seus companheiros "presos como ratos", a Aproximação da Caverna Secreta está completa.

*

A Aproximação engloba todas as preparações finais para a Provação Suprema. Não raro ela leva os heróis à fortaleza do adversário, uma central defendida onde cada lição e cada Aliado da jornada até então entram em cena. Novas percepções são testadas, e os obstáculos finais para alcançar o âmago são vencidos para que a Provação Suprema possa começar.

PERGUNTAS SOBRE A JORNADA

1. Campbell diz que nos mitos a travessia do Primeiro Limiar com frequência é seguida pela passagem do herói pelo "ventre da baleia". Ele cita histórias de várias culturas sobre heróis sendo engolidos por feras gigantescas. Em que sentido os heróis estão "no ventre da baleia" nos primeiros estágios do Segundo Ato de *Thelma e Louise*? *Os imperdoáveis*? *Meu nome é Dolemite*? *Como treinar o seu dragão*?

2. Campbell descreve várias ideias ou ações que cercam a provação principal de um mito: "O Encontro com a Deusa", "Mulher como Tentação", "Sintonia com o Pai". De que maneira essas ideias fazem parte da Aproximação da Caverna Secreta?

3. Em sua história, o que acontece entre o ingresso no Mundo Especial e a chegada até uma crise central nesse mundo? Que preparações especiais levaram à crise?

4. O conflito aumenta e os obstáculos ficam mais difíceis ou interessantes?

5. O herói quer recuar a essa altura ou está totalmente comprometido com a aventura nesse momento?

6. De que maneira o herói, ao enfrentar desafios externos, também encontra demônios e defesas internas?

7. Existe uma Caverna Secreta ou quartel-general físico do vilão do qual os heróis se aproximam? Ou existe algum equivalente emocional?

ESTÁGIO OITO:

A PROVAÇÃO

———✳———

> JAMES BOND: *O que você espera de mim, Goldfinger?*
> GOLDFINGER: *Ora, sr. Bond, espero que o senhor morra.*
> – 007 contra Goldfinger, roteiro de Richard Maibaum e Paul Dehn

*

Agora o herói está na câmara mais profunda da Caverna Secreta, encarando o maior desafio e um oponente mais terrível ainda. Esse é o verdadeiro âmago da questão, que Joseph Campbell chamou de PROVAÇÃO. É a fonte da forma heroica e a chave para o seu poder mágico.

MORTE E RENASCIMENTO

O simples segredo da Provação é este: OS HERÓIS PRECISAM MORRER PARA QUE POSSAM RENASCER. O movimento dramático com o qual o público mais se diverte é o de morte e renascimento. De alguma maneira, em toda história os heróis enfrentam a morte ou algo parecido: seus maiores medos, o fracasso de um empreendimento, o final de um relacionamento, a morte de uma antiga personalidade. A maior parte do tempo, eles magicamente sobrevivem a essa morte e renascem, literal ou simbolicamente, para enfrentar as consequências de ter enganado a morte. Eles passaram pelo teste principal do herói.

O E.T. de Spielberg morre diante dos nossos olhos, mas renasce através da magia alienígena e do amor do garoto. *Sir* Lancelot, com remorso por ter matado um cavaleiro galante, reza para ele voltar à vida. O personagem de Clint Eastwood em *Os imperdoáveis* é espancado cruelmente por um xerife sádico e fica à beira da morte, a ponto de imaginar que está vendo um anjo. Sherlock Holmes, aparentemente assassinado pelo professor Moriarty na queda nas Cataratas de Reichenbach, desafia a morte e retorna transformado e pronto para mais aventuras. O personagem de Patrick Swayze, assassinado em *Ghost: do outro lado da vida*, aprende a voltar do além para proteger sua esposa e finalmente expressar seu amor verdadeiro por ela.

MUDANÇA

Os heróis não fazem uma visitinha para a morte e voltam para casa. Eles voltam mudados, transformados. Ninguém passa por uma experiência de risco de morte sem ser alterado de algum jeito. Na essência de *A força do destino*, Richard Gere sobrevive a uma provação de morte e renascimento do ego nas mãos do instrutor carrasco Lou Gossett. Essa provação muda drasticamente o personagem de Gere, deixando-o mais sensível às necessidades alheias e mais consciente de que faz parte de um grupo.

Em *Um tira da pesada*, Axel Foley, com a arma do vilão apontada para a cabeça, parece certo de que vai morrer, mas é resgatado por Rosewood (Judge Reinhold), o detetive branco, atrapalhado e ingênuo. Depois desse resgate da morte, Foley começa a cooperar mais e se dispõe a submergir de seu ego gigantesco para integrar o grupo.

A CRISE, NÃO O CLÍMAX

A Provação é o principal ponto nevrálgico da narrativa. Muitos fios da história do herói levam a ela, e muitos fios de possibilidade e mudança conduzem dela para outro lado. Não se deve confundi-la com o clímax da Jornada do Herói – que é outro centro nervoso bem adiante, perto do fim da história (como o cérebro na base da cauda de um dinossauro). A Provação em geral é o evento central da história, ou o principal acontecimento do Segundo Ato. Vamos chamá-lo de

CRISE para diferenciá-lo do CLÍMAX (o grande momento do Terceiro Ato e o evento de coroação da história inteira).

Uma crise é definida pelo dicionário *Webster* como "o ponto em uma história ou peça teatral na qual forças hostis encontram-se no estado mais tenso de oposição". Também falamos de crise em uma doença: um ponto, talvez um pico alto de febre, depois do qual o paciente ou piora ou começa a se recuperar. A mensagem: às vezes, as coisas precisam piorar antes de melhorar. Uma crise de Provação, por mais assustadora que seja para o herói, é muitas vezes o único caminho para a recuperação ou a vitória.

LOCALIZAÇÃO DA PROVAÇÃO

A localização da crise ou Provação depende das necessidades da história e da preferência do narrador. O padrão mais comum é que o momento de morte e renascimento aconteça perto do meio da história, conforme mostrado no diagrama de Crise Central.

CRISE CENTRAL

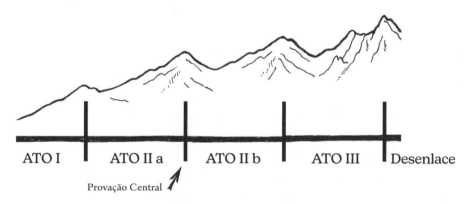

PONTOS ALTOS DRAMÁTICOS NUMA HISTÓRIA COM CRISE CENTRAL
(AS LINHAS VERTICAIS REPRESENTAM O PONTO ALTO DE CADA ATO)

Uma crise central possui a vantagem da simetria e deixa muito tempo para a elaboração de consequências que decorreram da provação. Observe que essa estrutura permite outro momento crítico ou ponto de virada no final do Segundo Ato.

CRISE POSTERGADA

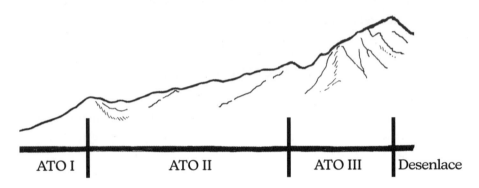

(Nenhuma Provação Central; em vez disso, um longo aumento de tensão até o fim do ato II)

PONTOS ALTOS DRAMÁTICOS NUMA HISTÓRIA COM CRISE POSTERGADA

Contudo, uma estrutura igualmente efetiva pode ser construída com uma crise postergada que chegue perto do final no Segundo Ato, após cerca de dois terços a três quartos da história já transcorridos.

A estrutura de crise postergada chega muito próximo do ideal do Áureo Meio-Termo, essa elegante proporção (aproximadamente de três para cinco) que parece produzir os resultados artísticos mais agradáveis. Uma crise postergada deixa mais espaço para a preparação e a Aproximação e permite um lento aumento de tensão até um grande momento no fim do Segundo Ato.

Aconteça a crise no centro da história ou mais perto do fim do Segundo Ato, podemos dizer com segurança que toda história precisa de um momento de crise que transmita a sensação da Provação de morte e renascimento.

PONTOS DE TENSÃO

O Segundo Ato é um longo período para o escritor e o público – cerca de uma hora, em média, num longa-metragem. É possível olhar para a estrutura de três atos como uma linha dramática estendida entre dois pontos principais de tensão, os intervalos entre atos. Como uma tenda de circo pendurada nos mastros, a estrutura está sujeita à gravidade – a diminuição da atenção do público no tempo decorrido entre esses picos de tensão. Uma história que não disponha de um momento central de tensão pode murchar como uma tenda de circo que precisa de um mastro de apoio extra no meio. O Segundo Ato é um trecho com duração de uma hora do seu filme ou aproximadamente cem páginas do seu romance. Ele necessita de algum tipo de estrutura para manter a tensão.

A crise no meio do caminho é um divisor de águas, uma divisão continental na Jornada do Herói, que indica que o viajante chegou à metade da viagem. As jornadas naturalmente organizam-se ao redor de um evento central: chegar ao topo da montanha, ao fundo da caverna, ao coração da floresta, ao interior mais profundo de um país estrangeiro ou ao lugar mais secreto de sua alma. Tudo na viagem conduz até esse momento, e tudo que resta depois dele é a volta para casa. Pode haver até aventuras maiores adiante – os momentos finais de uma viagem podem ser os mais empolgantes ou memoráveis –, mas toda jornada parece ter um centro: um fundo ou pico, algum lugar perto do meio.

As palavras "crise", "crítico" e "criticar" vêm de um termo grego que significa "separar". Uma crise é um acontecimento que separa as duas partes da história. Depois de cruzar essa zona, não raro na fronteira da morte, o herói renasce literal ou metaforicamente, e nada mais será igual.

TESTEMUNHA DO SACRIFÍCIO

A realidade de uma crise de morte e renascimento pode depender do ponto de vista. Uma testemunha muitas vezes é parte importante desse estágio, alguém que esteja por perto, veja o herói que *parece* morrer, momentaneamente lamenta a morte e se alegra quando o herói revive. Um pouco dos efeitos da morte e ressurreição em *Star Wars* depende da presença de testemunhas, como os dois robôs Aliados, R2-D2 e C-3PO. Numa sequência de Provação Suprema elaborada, eles estão ouvindo pelo intercomunicador o avanço dos heróis, Skywalker e companhia. Os robôs ficam horrorizados ao ouvir aqueles ruídos, como se os heróis estivessem sendo esmagados até a morte em um profundo compactador de lixo na Caverna Secreta da Estrela da Morte.

Essas testemunhas representam o público, que está se identificando com os heróis e sentindo a dor da morte com eles. Isso não significa que o público seja sádico e goste de ver os heróis morrerem, mas, de vez em quando, todos apreciamos sentir um pouco o gosto da morte. Seu amargor faz a vida assumir um sabor mais doce. Qualquer um que tenha sobrevivido a uma experiência de quase morte real, um quase acidente repentino de carro ou avião, sabe que por algum tempo depois do acontecimento as cores parecem mais nítidas, a família e os amigos mais importantes e o tempo mais precioso. A proximidade da morte torna a vida mais real.

UM GOSTO DE MORTE

As pessoas pagam um bom dinheiro para experimentar a morte. *Bungee jump*, *skydive* e as aterrorizantes montanhas-russas em parques de diversões dão às pessoas a sacudida que desperta o prazer pleno da vida. Filmes e histórias de aventura sempre são populares porque oferecem uma maneira menos arriscada de vivenciar a morte e o renascimento, através dos heróis com quem podemos nos identificar.

Mas espere um minuto: deixamos o pobre Luke Skywalker ser esmagado até a morte no coração, ou melhor, no estômago da Estrela da Morte. Ele está no ventre da baleia. As testemunhas robóticas ficam confusas ao ouvir os sons da morte do mestre. Estão aflitos, assim como o público, ao provar o gosto da morte. Toda a técnica engenhosa do cineasta é dedicada a fazer o público acreditar que seus heróis estão sendo esmagados até virar carne moída.

A PROVAÇÃO

Isso aqui não está me cheirando bem.

Mas os robôs se dão conta de que o que pareciam ser os gritos da morte na verdade eram berros de alívio e triunfo. Os robôs conseguiram desligar o compactador de lixo, e os heróis milagrosamente sobreviveram. A tristeza dos robôs e do público de repente, numa explosão, transforma-se em alegria.

A ELASTICIDADE DA EMOÇÃO

As emoções humanas, ao que parece, têm certas características elásticas, parecidas com bolas de basquete. Quando jogadas com força no chão, quicam alto de volta. Em quaisquer histórias, tentamos levantar o público, aumentar sua percepção, engrandecer suas emoções. A estrutura de uma história é como uma bomba que aumenta o envolvimento do público. A boa estrutura funciona elevando e derrubando a sorte do herói e, com elas, as emoções do público. Oprimir as emoções do público causa o mesmo efeito que manter uma bola de basquete sob a água: quando a pressão para baixo é eliminada, a bola voa para fora da água. Emoções oprimidas pela presença da morte podem ricochetear num instante para um estado mais elevado que antes, o que pode se tornar a base sobre a qual você construirá um nível ainda mais alto. A Provação é uma das "depressões" mais profundas numa história e, portanto, leva a um dos picos mais altos.

Num brinquedo de parque de diversões, somos jogados para lá e para cá na escuridão ou para o espaço até pensarmos que vamos morrer, mas de alguma forma saímos de lá felizes por termos sobrevivido. Uma história sem alguma pista dessa experiência perde seu cerne. Roteiristas muitas vezes têm muitos problemas com a extensão do Segundo Ato, que pode parecer monótono, episódico ou sem sentido. Talvez isso aconteça porque o tenham concebido como uma simples série de obstáculos até o objetivo final do herói, não como uma série dinâmica de acontecimentos que levam até o momento central de morte e renascimento e se extinguem a partir dele. Mesmo na comédia mais ridícula ou no romance mais água com açúcar, o Segundo Ato precisa de uma crise central de vida ou morte, um momento em que o herói vivencia a morte ou o máximo de perigo de sua aventura.

O HERÓI PARECE MORRER

O longo Segundo Ato de *Star Wars* não se esvazia com a seção da crise central em que as fronteiras da morte são exploradas à exaustão não em uma, mas numa série de provações. Em outro momento, na sequência do compactador de lixo gigante, Luke é puxado para o esgoto pelo tentáculo de um monstro invisível. Foi essa cena que realmente me fez entender o mecanismo da Provação.

Primeiro, o público e as testemunhas disponíveis (Han Solo, Princesa Leia e Chewbacca) veem algumas bolhas emergirem, um sinal de que Luke ainda está lutando, vivo e respirando. Até aí, tudo bem. Mas, em seguida, as bolhas param de subir. As testemunhas começam a reagir como se ele estivesse morto. Em alguns segundos, começamos a duvidar de que ele conseguirá emergir. Sabemos que George Lucas não vai matar seu herói no meio do filme; contudo, ainda assim, aventamos a possibilidade.

Lembro-me de ter visto a pré-estreia de *Star Wars* na Fox e ficar totalmente arrebatado pelos poucos segundos críticos desta cena. Investi um pouco de mim em Luke Skywalker e, quando ele pareceu estar morto, instantaneamente perdi minha referência na tela. Comecei a olhar de um personagem sobrevivente para o outro, imaginando com quem poderia me identificar naquele momento. Seguiria pelo resto da história como a mimada Princesa

Leia, o oportunista e egoísta Han Solo ou o wookie animalesco? Não me sentia confortável em nenhuma daquelas peles. Naqueles poucos segundos senti algo parecido com pânico. Para mim, o herói estava realmente no ventre da baleia, inacessível, morto de verdade. Com o herói morto, quem eu seria naquele filme? Qual era meu ponto de vista? Minhas emoções, como a bola de basquete mantida embaixo d'água, estavam oprimidas. Foi então que Luke Skywalker eclodiu para a superfície, melecado, porém vivo. Ele havia morrido diante dos nossos olhos, mas estava vivo novamente, renascido com a ajuda dos companheiros para ficar em pé. De repente, o público alegra-se. As emoções, tão oprimidas até aí, explodem. Experiências como essa são a chave da popularidade dos filmes da série *Star Wars*. Elas arremessam os heróis e o público até as raias da morte e os puxam de volta o tempo todo. O público paga por algo além dos excelentes efeitos especiais, dos diálogos engraçados e do sexo. Eles amam ver os heróis enganarem a morte. Na verdade, eles mesmos amam enganar a morte. Identificar-se com um herói que volta da morte é a forma dramática do *bungee jump*.

O HERÓI TESTEMUNHA A MORTE

Star Wars ainda não nos deu um gosto suficiente da morte. Antes de a seção da Provação acabar, Luke testemunha a morte física do seu Mentor, Obi-Wan, num duelo de sabres de luz com o vilão Darth Vader. Luke fica devastado e sente a morte com tanta intensidade quanto sentiria se fosse a dele. Porém, nesse mundo mítico, as fronteiras de vida e morte são deliberadamente difusas. O corpo de Obi-Wan desaparece, levantando a possibilidade de que talvez permaneça vivo em algum lugar para voltar quando necessário, como o rei Arthur e Merlin.

Para um xamã como Obi-Wan, a morte é um limiar conhecido que pode ser cruzado para lá e para cá com relativa facilidade. Obi-Wan vive dentro de Luke e do público através de seus ensinamentos. Apesar da morte física, ele é capaz de dar a Luke conselhos cruciais em momentos posteriores da história: "Confie na Força, Luke".

O HERÓI CAUSA A MORTE

O herói não precisa morrer para o momento da morte ter seu efeito. O herói pode ser testemunha da morte ou causar a morte. Em *Corpos ardentes*, o acontecimento central, a Provação de William Hurt, é o assassinato do marido de Kathleen Turner e o descarte do corpo. Porém, é a morte de Hurt também, lá no fundo da alma. Sua inocência morreu, vítima do seu desejo.

O ENFRENTAMENTO DA SOMBRA

De longe, o tipo mais comum de Provação é uma espécie de batalha ou confronto com uma força adversária, que pode ser um vilão mortífero, antagonista, oponente ou mesmo uma força da natureza. Uma ideia próxima para abranger todas as possibilidades é o arquétipo da Sombra. Um vilão pode ser um personagem externo, mas, num sentido mais profundo, o que todas essas palavras representam são as possibilidades negativas do próprio herói. Em outros termos, o maior adversário do herói é sua própria Sombra.

Como em todos os arquétipos, existem manifestações negativas e positivas da Sombra. Às vezes é necessário um lado escuro para polarizar um herói ou um sistema, oferecer algo que resista ao herói. A resistência pode ser uma grande fonte de força. Ironicamente, o que parece ser um vilão lutando para nossa morte talvez resulte em forças que, no fim das contas, trabalharão para o nosso bem.

DEMONIZAÇÃO

Em geral, a Sombra representa os medos e as qualidades desagradáveis e rejeitadas do herói: todas as coisas de que não gostamos em nós mesmos e tentamos projetar em outras pessoas. Essa forma de projeção é chamada DEMONIZAÇÃO. As pessoas em crise emocional às vezes projetam seus problemas numa área determinada em outra pessoa ou grupo, que se transforma no símbolo de tudo que elas odeiam ou temem em si mesmas. Na guerra e na propaganda, o inimigo se transforma num demônio desumano, a Sombra escura da imagem angelical e íntegra que tentamos manter para nós mesmos. O próprio demônio é a Sombra de Deus, uma projeção de todo o potencial negativo e rejeitado do Ser Supremo.

A PROVAÇÃO

Às vezes, precisamos dessa projeção e polarização para ver uma questão com clareza. Um sistema pode ficar em desequilíbrio prejudicial por um bom tempo se os conflitos não forem categorizados, polarizados e desafiados em algum tipo de confronto dramático. Em geral, a Sombra pode ser trazida à luz. As partes irreconhecíveis ou rejeitadas são reconhecidas e levadas à consciência, apesar de toda a luta para permanecer na escuridão. A aversão de Drácula à luz do sol é um símbolo do desejo da Sombra de permanecer inexplorada.

Os vilões podem ser vistos como a Sombra do herói na forma humana. Não importa o quanto sejam estranhos os valores do vilão, de alguma maneira eles são o reflexo obscuro dos desejos do herói, amplificados e distorcidos. Os maiores medos que vêm à tona.

MORTE DE UM VILÃO

Às vezes, o herói chega perto da morte na Provação, mas é o vilão quem morre. No entanto, o herói pode ter outras forças, outras Sombras com as quais lidar antes de a aventura terminar. A ação pode sair da arena física para um plano moral, espiritual ou emocional. Dorothy mata a Bruxa Malvada no Segundo Ato, mas enfrenta uma provação de espírito: a morte de suas esperanças de voltar para casa no Terceiro Ato.

A morte de um vilão não deve ser uma tarefa tão fácil para o herói. Numa cena de Provação em *Cortina rasgada*, de Hitchcock, o herói tenta matar um espião numa fazenda sem armas reais na mão. Hitchcock chama a atenção para o fato de que matar alguém pode ser muito mais difícil do que os filmes em geral fazem parecer. A morte de qualquer pessoa tem um custo emocional também, como o filme *Os imperdoáveis* repetidamente mostra. O caçador de recompensas mata, mas tem a consciência penosa de que seus alvos são homens como ele. A morte deve ser real, e não apenas uma mera conveniência do enredo.

O VILÃO ESCAPA

O herói pode ferir o vilão na Provação ou matar o lacaio do vilão. O vilão principal escapa para ser confrontado novamente no Terceiro Ato. Axel Foley tem um confronto de morte e renascimento com os asseclas do chefão criminoso no Segundo Ato de *Um tira da pesada*, mas o confronto final com a Sombra principal é postergado para o Terceiro Ato.

VILÕES SÃO HERÓIS DA PRÓPRIA HISTÓRIA

Tenha em mente que, embora alguns vilões ou Sombras orgulhem-se de serem maus, muitos não se acham tão ruins assim. Na opinião deles, estão certos, são os heróis da própria história. Um momento obscuro para o herói é brilhante para uma Sombra. O arco de suas histórias são imagens espelhadas: quando o herói está por cima, o vilão está por baixo. Depende do ponto de vista. Quando você estiver escrevendo um roteiro ou romance, deve conhecer bem seus personagens para poder contar a história do ponto de vista de qualquer um deles: heróis, vilões, comparsas, amantes, aliados, guardiões e coadjuvantes. Cada um é herói da própria história. É um bom exercício caminhar pela história ao menos uma vez na pele da Sombra.

COMO OS HERÓIS ENGANAM A MORTE

Nos mitos clássicos do herói, a Provação é estabelecida como o momento em que o herói deve morrer. Muitos chegaram a esse ponto antes e nenhum sobreviveu. A Aproximação de Perseu à Medusa é cheia de estátuas de heróis que foram transformados em pedra pelo olhar do monstro. O labirinto onde Teseu entra é atulhado de ossos daqueles que foram comidos pelo monstro lá dentro ou que morreram de fome tentando encontrar a saída.

Esses heróis míticos enfrentam a morte certa, mas sobrevivem onde os outros falharam, porque buscaram sabiamente auxílio sobrenatural nos primeiros estágios. Eles enganam a morte, em geral com a ajuda dos presentes do Mentor. Perseu usa o espelho mágico, presente de Atena, para se aproximar da Medusa e evitar seu olhar direto. Ele corta a cabeça do monstro com sua espada mágica e o impede de continuar agindo ao enfiá-la na bolsa mágica, outro presente da Mentora.

Na história de Teseu, o herói ganhou o amor de Ariadne, filha do tirano Minos de Creta, na fase da Aproximação. Quando Teseu precisa entrar nas profundezas incertas e mortais do Labirinto, recorre a Ariadne para ajudá-lo.

A princesa vai até o Mentor da história, o grande inventor e arquiteto Dédalo, quem projetou o Labirinto. Sua ajuda mágica é do tipo mais simples: um novelo. Ariadne segura numa ponta, enquanto Teseu adentra o Labirinto. Ele consegue encontrar o caminho de volta da casa da morte graças à sua conexão com ela – isto é, o amor, o fio que os une.

O FIO DE ARIADNE

O FIO DE ARIADNE é um símbolo potente da força do amor, da ligação quase telepática que une as pessoas em um relacionamento intenso. Às vezes, essa ligação pode inclusive nos puxar como uma conexão física. É muito próximo da "barra da saia" ou do "cordão umbilical" que une até filhos adultos e suas mães – fios invisíveis, mas com força de tensão maior que a do aço.

O Fio de Ariadne é um cabo elástico que liga o herói às pessoas queridas. Um herói pode se aventurar até as raias da loucura ou da morte, mas em geral é puxado de volta por esses laços. Minha mãe me diz que, quando eu era criança, passou por uma emergência médica que quase a matou. Seu espírito deixou o corpo e pairou pelo quarto, sentindo-se livre e pronto para partir, e apenas uma visão de minhas irmãs e eu a trouxe de volta à vida. Ela teve um motivo para continuar a viver, que era cuidar de nós.

A palavra em inglês antigo para novelo é *clew,* de onde vem a palavra *clue* (pista, indício). Uma pista é o fio que um buscador rastreia até sua outra ponta, procurando respostas ou ordem. A meada do fio que conecta um coração ao outro pode ser a pista vital que desvendará um mistério ou resolverá um conflito.

CRISE DO CORAÇÃO

A Provação pode ser uma crise do coração. Numa história romântica, pode ser um momento de maior intimidade, algo que todos desejamos e, ainda assim, tememos. Talvez morrer aqui signifique a atitude defensiva do herói. Em outra história, possivelmente seja um momento obscuro no romance, quando o herói vivencia uma traição ou a morte aparente do relacionamento.

Joseph Campbell descreve o que poderíamos chamar de ramificações românticas da Provação em dois capítulos de O *herói de mil faces* intitulados

"O Encontro com a Deusa" e "Mulher como Tentação". Como ele diz, "a aventura última (...) costuma ser representada como um casamento místico (...) a crise no nadir, no zênite ou no canto mais extremo da Terra, no ponto central do cosmos, no cosmos, no tabernáculo do templo ou nas trevas da câmara mais profunda do coração". Em histórias de amor, a crise pode ser uma cena de amor ou a separação de um ente querido. Lembre-se de que crise vem de uma palavra grega que significa "separar".

Em *Tudo por uma esmeralda*, a crise significa tanto uma Provação física quanto uma separação amorosa. Joan Wilder e seu companheiro-camaleão Jack Colton entram em uma Caverna Secreta de verdade, onde se apossam da esmeralda gigante, *El Corazón*. No entanto, esse processo todo foi muito tranquilo e, poucos momentos depois, eles passam por uma Provação Suprema real, quando o vagão em que estão é arremessado sobre uma catarata e eles despencam. Joan Wilder desaparece embaixo d'água por vários momentos. O público vê Jack Colton lutando para chegar às margens do fosso, e por poucos segundos somos levados a pensar que talvez Joan tenha morrido. Aqueles poucos segundos são suficientes para a magia da Provação Suprema funcionar. Joan reaparece, esfalfando-se para chegar a uma rocha em primeiro plano. Fica claro no diálogo que ela morreu e renasceu. Na margem oposta, Colton grita: "Pensei que você tinha se afogado". Joan reconhece: "E me afoguei mesmo".

Colton fica feliz pela sobrevivência física, mas agora o foco da crise de Joan muda para o plano emocional. O suspeito Colton está com a joia no lado oposto do rio enfurecido. Um teste real do amor deles se aproxima. Ele manterá a promessa de encontrá-la na próxima cidade ou simplesmente fugirá com *El Corazón* e partirá seu coração? E ela, conseguirá sobreviver à selva do Mundo Especial sem ele?

CASAMENTO MÍSTICO

Em histórias com profundidade emocional e psicológica, a Provação pode trazer um momento de casamento místico, um equilíbrio de forças internas opostas. Os aspectos de medo e morte da Provação podem assombrar o matrimônio: e se não der certo? E se a parte de mim com quem caminho até o altar se virar contra mim e me dominar? No entanto, apesar desses medos, os heróis podem reconhecer suas qualidades ocultas, mesmo suas Sombras, e juntar-se a elas em um casamento místico. No fim das contas, os heróis buscam um confronto com sua *anima*, sua alma, ou com as partes femininas ou intuitivas não reconhecidas de sua personalidade.

Mulheres talvez estejam em busca do *animus*, os poderes masculinos de razão e assertividade que a sociedade lhes ensina a ocultar. Podem estar tentando retomar o contato com uma pulsão criativa ou uma energia maternal que rejeitaram. Num momento de crise, uma heroína pode entrar em contato com todos os lados de sua personalidade à medida que seus "eus" forem sendo trazidos à tona, em massa, para lidar com suas questões de vida e morte.

EQUILÍBRIO

Em um Casamento Místico, os dois lados da personalidade são reconhecidos com o mesmo valor. Um herói assim, em contato com todas as ferramentas para ser humano, está num estado de equilíbrio, centrado, e não é desacomodado ou perturbado com facilidade. Campbell diz que o Casamento Místico "representa o domínio total da vida por parte de um herói", um casamento equilibrado entre o herói e a própria vida.

Portanto, a Provação pode ser uma crise na qual o herói se une em um Casamento Místico com o lado feminino ou masculino reprimido. Porém, pode haver um Rompimento Místico! Uma guerra aberta, mortal, pode ser declarada pelos lados feminino e masculino em duelo.

O AMOR QUE MATA

Campbell toca nesse conflito destrutivo no capítulo "A Mulher como Tentação", de sua obra *O herói de mil faces*. O título talvez seja enganoso – como em "O Encontro com a Deusa", a energia desse momento pode ser masculina ou feminina. Essa possibilidade de Provação leva o herói a uma junção de traição, abandono ou decepção. É uma crise de fé na arena do amor.

Todo arquétipo tem um lado brilhante, positivo, e um lado obscuro e negativo. O lado obscuro do amor é a máscara do ódio, da recriminação, da revolta e da rejeição. É a face de Medeia quando ela mata os próprios filhos, a máscara da própria Medusa às voltas com as serpentes venenosas da acusação e da culpa.

Uma crise pode surgir quando um amante-camaleão de repente mostra seu outro lado, deixando o herói sentindo-se amargamente traído e morto para a ideia de amor. Esse é um dos mecanismos favoritos de Hitchcock. Após uma cena de amor terno em *Intriga internacional*, o personagem de Cary Grant é entregue aos espiões por Eva Marie Saint. Grant entra na Provação intermediária do filme sentindo-se abandonado por ela. A possibilidade de amor verdadeiro que ela representava agora parece morta, e isso deixa sua Provação ainda mais solitária, quando ele é quase alvejado por um avião que espalha inseticida num milharal.

ANIMUS OU *ANIMA* NEGATIVO

Às vezes, na jornada de nossa vida, enfrentamos projeções negativas de *anima* ou *animus*. Pode ser uma pessoa que nos atrai, mas não é boa para nós, ou uma parte odiosa ou corrupta nossa que de repente se impõe, como o sr. Hyde que se apossa do dr. Jekyll. Esse confronto talvez seja uma Provação que ameace a vida em um relacionamento ou o desenvolvimento de uma pessoa. O herói de *Atração fatal* descobre que sua amante ocasional pode se transformar numa força letal se dispensada ou rejeitada. Um parceiro ideal pode se tornar um estrangulador, ou um pai amoroso pode virar um assassino, como no filme *O iluminado*. As madrastas e rainhas maléficas dos contos de fadas dos irmãos Grimm eram, em suas versões originais, mães cujo amor se tornou mortal.

O CAMINHO DA PSICOSE

Um dos usos mais perturbadores e subversivos da Provação Suprema está em *Psicose*, de Alfred Hitchcock. O público é levado a se identificar e simpatizar com Marion (Janet Leigh), embora ela seja uma fraudadora em fuga. Durante a primeira metade do Segundo Ato, não há mais ninguém para se identificar, exceto o gerente parvo do hotel, Norman Bates (Anthony Perkins), e ninguém do público quer se identificar com ele – um sujeito muito esquisito.

Num filme convencional, o herói sempre sobrevive à Provação e continua para ver o vilão derrotado no clímax. É inimaginável que uma estrela como Janet Leigh, uma heroína imortal das telas, seja sacrificada no ponto intermediário. Porém, Hitchcock faz o impensável e mata nossa heroína na metade da história. Essa é uma Provação que resulta no fim da heroína. Sem alívio, nem ressurreição, tampouco despedida para Marion.

O efeito é arrasador. Ficamos com a sensação estranha de ser um fantasma, flutuando ao redor da cena enquanto assistimos ao sangue de Marion descer pelo ralo. E agora, com quem nos identificaremos? Quem seremos? Logo fica claro: Hitchcock não nos dá nenhuma opção, a não ser Norman. Relutantes, entramos na mente de Norman, vemos a história através dos seus olhos e até começamos a torcer por ele como um novo herói. Primeiro, somos levados a pensar que Norman está encobrindo sua mãe maluca, mas descobrimos mais tarde que o próprio Norman era o assassino. Caminhamos por aí na pele de um psicopata. Apenas um mestre como Hitchcock pode levar a cabo tal desafio às regras sobre heróis, mortes e Provações.

FRENTE A FRENTE COM O MAIOR MEDO

A Provação pode ser definida como o momento em que o herói encara seu maior medo. Para a maioria das pessoas esse medo é a morte, mas em muitas histórias é apenas aquilo que o herói mais teme: encarar uma fobia, desafiar um rival ou se preparar para uma tempestade ou crise política. Indiana Jones inevitavelmente precisa enfrentar o que mais receia: serpentes.

Dos muitos medos enfrentados pelos heróis, o maior poder dramático parece vir do medo de se opor ao pai, à mãe ou a uma figura de autoridade. A cena familiar é o centro da maioria dos dramas sérios, e um confronto com uma figura paterna ou materna pode trazer uma forte Provação.

O ENFRENTAMENTO DO PAI OU DA MÃE

Em *Rio vermelho*, o personagem de Montgomery Clift, Matthew Garth, encara esse medo, na metade da história, quando tenta assumir o controle de uma boiada do seu pai de criação, Tom Dunson (John Wayne), que se transformou numa Sombra formidável. Dunson começou a história como herói e Mentor, mas trocou essas máscaras por aquela de um tirano na fase de Aproximação. Ele se torna um deus louco, ferido, bêbado e cruel: um pai abusivo com seus empregados, levando o dever às últimas consequências. Quando Matt desafia o Mentor e exemplo de vida, está encarando seu maior medo em uma Provação.

Dunson decreta que vai assumir o papel de deus e enforcar os homens que infringirem as leis do seu mundinho. Matt o enfrenta sob o risco de tomar um tiro. Dunson, o Senhor da Morte que se ergue do seu trono, saca a arma para matá-lo, mas os Aliados de Matt, adquiridos na fase das Provas, interferem e arrancam o revólver da mão de Dunson. O poder de Matt como herói é tão grande que ele não precisa erguer um dedo contra seu adversário. Sua vontade é forte o bastante para derrotar a morte. De fato, ele destrona o pai adotivo e se torna o rei da boiada, deixando seu pai de criação sem nada, exceto um cavalo e um cantil. Em histórias como essa, o enfrentamento do medo é descrito pela oposição da juventude à geração mais velha.

JUVENTUDE X VELHICE

Gerações mais antigas desafiadas pelas mais jovens é um drama atemporal, e a Provação Suprema do enfrentamento a um pai ou mãe austero é tão antiga quanto Adão e Eva, Édipo e Rei Lear. Esse conflito antiquíssimo apresenta uma grande força dramatúrgica. A peça *Num lago dourado* lida com o esforço frenético de uma filha para agradar o pai, e suas Provações consistem na filha enfrentando o pai e no pai vivenciando a própria mortalidade.

Esse drama geracional às vezes é interpretado em um palco mundial. Os alunos dissidentes chineses que assumiram a Praça da Paz Celestial e bloquearam tanques com o corpo desafiaram o status quo imposto por seus pais e avós.

Lutas de contos de fadas com lobos e bruxas podem ser maneiras de expressar conflitos com os pais. As bruxas são o aspecto obscuro da mãe; os lobos, ogros ou gigantes, o aspecto obscuro do pai. Dragões e outros monstros podem ser o lado Sombra de um pai ou de uma geração que se manteve tempo demais no poder. Campbell falava sobre o dragão como um símbolo ocidental do tirano que se apossou de um reino ou família até extrair toda a vida dele.

O conflito entre juventude e velhice pode se manifestar tanto como batalhas internas quanto externas, entre pais e filhos. O combate latente que se inflama na Provação pode ser uma luta interna entre a estrutura de personalidade antiga, confortável e bem-defendida e uma nova que é fraca, ainda em formação, mas ansiosa para nascer. Porém, o novo Eu não poderá nascer até que o antigo morra ou ao menos abra mais espaço no palco central.

Em raros casos, é possível que à Provação seja a oportunidade de curar feridas profundas entre um herói e um pai ou mãe. Campbell chama essa possibilidade de "Sintonia com o Pai". Às vezes um herói, ao sobreviver a uma Provação ou ousar desafiar a autoridade de uma figura parental, ganhará a aprovação de pai ou mãe, e os conflitos aparentes entre eles serão resolvidos.

A MORTE DO EGO

A Provação em mitos significa a morte do ego. Nesse momento, o herói é parte do cosmos, morto para a visão antiga e limitada das coisas e renascido para uma nova consciência de conexões. As antigas fronteiras do Eu são transcendidas ou aniquiladas. Em certo sentido, o herói transforma-se num deus com a capacidade divina de ultrapassar os limites normais da morte e enxergar a visão mais ampla da conectividade de todas as coisas. Os gregos chamavam este momento de APOTEOSE, um estágio acima do entusiasmo, em que se tem apenas o deus dentro de si. Em um estado de apoteose você *é* deus. Experimentar a morte permite que você se sente no trono de Deus por um instante.

O herói que enfrenta uma Provação move-se do centro do ego para o Eu, para a parte mais divina dele. Também pode haver um momento do Eu para o grupo, quando o herói aceita mais responsabilidade do que apenas cuidar de si. Um herói arrisca sua vida individual pelo bem da vida coletiva mais ampla e ganha o direito de ser chamado de "herói".

O MÁGICO DE OZ

Dorothy e seus amigos, presos pela Bruxa Malvada e por seu exército Guardião do Limiar, agora enfrentam sua Provação Suprema. A Bruxa está enfurecida por eles terem adentrado a Caverna Secreta e roubado seu maior tesouro, os sapatinhos de rubi. Ela ataca os quatro e ameaça matá-los, um a um, guardando Dorothy para o fim.

A ameaça de morte deixa claro o que está em jogo na cena. O público agora sabe que haverá uma batalha entre forças de vida e morte.

A Bruxa começa com o Espantalho. Ela acende a vassoura e a usa como tocha para atear fogo nele. A palha incendeia-se e parece que tudo está perdido. Cada criança da plateia acredita que o Espantalho está condenado e sente o horror da morte com ele.

Dorothy age por instinto e faz a única coisa que acredita poder salvar o amigo: agarra um balde d'água e atira-o sobre o Espantalho. Com isso o fogo se apaga, mas também molha a Bruxa inteira. Dorothy não tinha a intenção de matar a Bruxa, sequer se dá conta de que a água a faria derreter, mas a mata mesmo assim. A morte estava no recinto, e Dorothy simplesmente a desviou para outra vítima.

No entanto, a Bruxa não faz apenas "puf" e desaparece. Sua morte é demorada, agonizante e patética. "Ai, minha linda maldade! Que mundo, que mundo!" Quando tudo se acaba, sentimos pena da Bruxa e experimentamos o gosto real da morte.

*

Nossos heróis estiveram frente a frente com a morte e agora podem partir para contar essa história. Após um momento de estupefação, ficam eufóricos. Seguem para colher as consequências de desafiar a morte no próximo passo: a Recompensa, ou Empunhando a Espada.

PERGUNTAS SOBRE A JORNADA

1. Qual é a Provação em *Spartacus*? *Whiplash: em busca da perfeição*? *Psicose*? *John Wick*?

2. Qual é a Provação em sua história? Sua história tem realmente um vilão? Ou existe apenas um antagonista?

3. De que maneira o vilão ou antagonista é a Sombra do herói?

4. A força do vilão é canalizada através de parceiros ou lacaios? Quais funções especiais esses personagens desempenham?

5. O vilão também pode ser um Camaleão ou Pícaro? Quais outros arquétipos um vilão pode manifestar?

6. De qual maneira seu herói enfrenta a morte na Provação? Qual o maior medo de seu herói?

ESTÁGIO NOVE:

RECOMPENSA

———✳———

"Viemos, vimos e chutamos o traseiro dele."
– *Os caça-fantasmas,* roteiro de
Dan Aykroyd e Harold Ramis

*

Com o fim da crise da Provação, os heróis agora vivenciam as consequências de terem sobrevivido à morte. Com o dragão que morava na Caverna Secreta morto ou subjugado, eles empunham a espada da vitória e reclamam sua RECOMPENSA. O triunfo pode ser efêmero, mas por ora eles saboreiam seus prazeres.

Encontrar a morte é um grande evento e, certamente, trará consequências. Quase sempre haverá algum período em que o herói é reconhecido ou recompensado por ter sobrevivido à morte ou a uma grande provação. Muitas possibilidades são geradas ao se passar por uma crise, e a Recompensa, que vem após a Provação, tem muitas formas e objetivos.

CELEBRAÇÃO

Quando os caçadores sobrevivem à morte e derrubam sua caça, é natural que queiram celebrar. A energia foi exaurida na luta, e as necessidades precisam ser atendidas. Os heróis, nesse estágio, podem fazer o equivalente a uma festa ou churrasco em que cozinham e consomem um pouco dos frutos da vitória. Os heróis da *Odisseia* sempre ofereciam um sacrifício e preparavam uma refeição para dar graças e celebrar após sobreviver a alguma provação no mar. A força é necessária para voltar ao mundo superior, então é dado um tempo para descanso, recuperação e reabastecimento. Após a caça do búfalo (uma Provação Suprema e um resvalar com a morte), em *Dança com lobos*, Dunbar e a tribo celebram assando um búfalo. Nesse caso, sua Recompensa por salvar um jovem da morte é a maior aceitação pelos índios Lakota.

CENAS DE FOGUEIRA

Muitas histórias parecem ter cenas com fogueiras nessa fase, em que o herói e seus companheiros se reúnem em volta do fogo para analisar os eventos recentes. Também é uma oportunidade para contar piadas e se vangloriar. Há um alívio compreensível por se ter sobrevivido à morte. Caçadores e pescadores, pilotos e navegadores, soldados e exploradores – todos gostam de exagerar em seus feitos. No churrasco em *Dança com lobos*, Dunbar é forçado a recontar muitas vezes a história da caçada ao búfalo.

Pode haver conflitos ao redor da fogueira, brigas por espólios. Dunbar entra em uma discussão sobre seu chapéu, que um guerreiro Sioux pegara após Dunbar derrubá-lo durante a caça ao búfalo.

Uma cena de fogueira pode também ser uma oportunidade para reminiscências ou nostalgia. Depois de se ter cruzado o abismo da vida e da morte, nada será igual. Heróis às vezes voltam a se lembrar e a contar em voz alta o que os levou até aquele ponto. Um herói solitário pode relembrar os eventos ou pessoas que o influenciaram, ou falar sobre o código tácito segundo o qual ele leva a vida.

Essas cenas têm importantes funções para a plateia, pois permitem que tomemos fôlego após uma batalha ou provação empolgante. Os personagens podem recapitular a história até então, dando-nos a chance de analisar a história e ter um vislumbre de como eles a percebem. Em *Rio vermelho*, Matthew Garth resume o enredo para uma recém-chegada na história, Tess (Joanne Dru), numa cena de fogueira. Ele revela seus sentimentos sobre o pai de criação e dá ao público uma perspectiva sobre a história complexa e épica.

Se não há uma fogueira de verdade crepitando e tremulando enquanto o herói reflete sobre as lições da Provação, é impressionante como os cineastas instintivamente se voltam, com frequência, a outras fontes de iluminação nesse ponto da história. Às vezes ela assume a forma de um jantar à luz de velas ou uma cena íntima perto de uma lareira acesa, ou então um vislumbre fugaz de chamas enquanto cigarros são acesos por fósforos ou isqueiros. Talvez a chama seja uma expressão intuitiva da fagulha de iluminação dos personagens.

Um fenômeno parecido, astutamente observado pelo meu colega, romancista e professor de escrita James Scott Bell, é a persistência de "momentos espelhados" em filmes durante essa passagem, entre algum grande revés para o herói e a resolução final da história. Bell aponta que muitos filmes, como O *fugitivo*, retratam o herói ou heroína confrontando a sua imagem no espelho, refletindo sobre como a provação os mudou, provavelmente pensando algo como "O que eu me tornei?". Uma cena como essa às vezes marca um ponto de virada do qual o herói parte com determinação renovada de ter sucesso ou ao menos seguir em frente, apesar de dúvidas e autorrecriminações. Diz o ditado que espelhos não mentem e "olhar--se no espelho" significa examinar honestamente seu comportamento, caráter e responsabilidades para que possa avançar ao próximo estágio na vida sem ilusões.

Nesses momentos quietos de reflexão ou intimidade, conhecemos melhor os personagens. Um exemplo memorável é a cena de *Tubarão* em que o personagem de Robert Shaw, Quint, conta sobre as terríveis experiências na Segunda Guerra Mundial com tubarões no Pacífico. Os homens comparam as cicatrizes e cantam uma canção de bebedeiras. É uma cena de "reconhecimento", construída com a intimidade de quem sobreviveu a uma Provação em conjunto. Nos longas-metragens animados clássicos de Walt Disney, como *Pinóquio* ou *Peter Pan*, o ritmo em geral é frenético, mas Disney foi cuidadoso ao reduzi-lo de vez em quando e aproximar-se dos personagens em um momento emocionante. Essas passagens mais calmas e líricas são importantes para estabelecer uma conexão com a plateia.

CENAS DE AMOR

A sequência de uma Provação Suprema pode ser a oportunidade para uma cena de amor. Heróis não se transformam em heróis verdadeiros antes da crise;

até então, são apenas aprendizes. Não merecem ser amados até terem mostrado sua disposição ao sacrifício. Nesse momento, um verdadeiro herói merece uma cena de amor, ou um "casamento místico" de algum tipo. A cena de fogueira de *Rio vermelho* descrita anteriormente também é uma cena de amor bastante efetiva.

No thriller *Arabesque*, Gregory Peck e Sophia Loren, tendo sobrevivido juntos a uma Provação, são unidos em uma cena de amor. Ela é uma Camaleoa desconcertante que contou para ele uma série de mentiras, mas ele enxergou sua essência de bondade e agora acredita nela.

A valsa romântica em *A Bela e a Fera* é a Recompensa da Fera por ter sobrevivido a uma Provação com o povo do vilarejo, e a Recompensa da Bela por ter visto além da aparência monstruosa da Fera.

TOMANDO POSSE

Um dos aspectos essenciais desse passo é a posse pelo herói daquilo que ele viera procurar. Caçadores de tesouros pegam o ouro, espiões descobrem o segredo, piratas pilham o navio capturado, um herói inseguro conquista o amor-próprio, um escravo toma as rédeas do próprio destino. Uma transação foi feita – o herói arriscou a morte ou sacrificou a vida e, agora, recebe algo em troca. O deus nórdico Odin, em sua Provação Suprema, abre mão de um olho e fica pendurado na Árvore do Mundo por nove dias e nove noites. Sua Recompensa é o conhecimento de todas as coisas e a capacidade de ler as runas sagradas.

EMPUNHANDO A ESPADA

Também chamo essa unidade da jornada de EMPUNHANDO A ESPADA, porque não raro é um movimento ativo do herói que agressivamente toma posse do que procurava no Mundo Especial. Às vezes, uma recompensa como o amor é recebida. Porém, com mais frequência, o herói toma posse de um tesouro – ou o rouba, como James Bond, em *Moscou contra 007*, que afana o Lektor, um dispositivo de tradução soviético.

O momento de tomada de posse segue a crise de morte e renascimento em *King Kong*. Uma transformação ocorreu no macaco monstro durante a fase de

Aproximação. King Kong passa de raptor de Fay Wray para seu protetor, lutando com um tiranossauro no caminho até sua Caverna Secreta. No momento em que chega à Provação Suprema, defendendo-a numa batalha de morte com a serpente gigante, ele se torna um herói pleno. Agora ele toma a posse da Recompensa. Como qualquer bom herói, ele consegue a garota.

Em uma cena terna, mas erótica, ele a leva para fora até a "sacada" de sua caverna e a examina agachada na palma de sua enorme mão. Ele tira as roupas dela, peça por peça, farejando seu perfume com curiosidade. Ele a cutuca com o dedo. A cena de amor é interrompida por outra ameaça de dinossauro, mas esse definitivamente foi um momento de Recompensa, a compensação por ter enfrentado a morte durante a crise.

A ideia de um herói empunhando a espada vem de memórias de histórias nas quais os heróis combatem dragões e tomam seu tesouro. Entre os tesouros, pode haver uma espada mágica – talvez a espada do pai do herói, quebrada ou roubada pelo dragão em batalhas anteriores. A imagem da espada, conforme retratada no naipe de espadas do baralho de tarô, é um símbolo da vontade do herói, forjada em fogo e temperada com sangue, quebrada e restaurada, martelada e dobrada, endurecida, afiada e concentrada num ponto, como os sabres de luz de *Star Wars*.

No entanto, uma espada é apenas uma das muitas imagens para o que é empunhado pelos heróis nessa etapa. O termo de Campbell para isso é "A Bênção Última". Outra dessas imagens é o Santo Graal, um símbolo antigo e misterioso para todas as coisas inatingíveis da alma, que os cavaleiros e heróis buscam. Uma rosa ou joia pode ser o tesouro em outras histórias. O astuto Rei Macaco das lendas chinesas busca os sutras (máximas sagradas) budistas sagrados que foram levados para o Tibete.

ELIXIR ROUBADO

De fato, alguns heróis "compram" seu tesouro, pagando-o com a vida ou com a disposição de colocá-la em risco. Outros heróis, por sua vez, roubam o objeto mágico no meio da história. O prêmio nem sempre é entregue, ainda que tenha sido pago ou que seja merecido. Então, ele deve ser tomado. Campbell chama esse motivo de "elixir roubado".

Elixir significa um meio ou veículo para cura. Pode ser um líquido doce e inócuo ou pó ao qual outro remédio é adicionado. Administrado individualmente ou misturado a outros produtos químicos indefesos, talvez ainda funcione como placebo. Estudos demonstraram que algumas pessoas melhoram consumindo um placebo, substância sem valor medicinal, mesmo quando sabem se tratar apenas de uma pílula de açúcar – o que comprova o poder da sugestão.

O elixir também pode ser um remédio que cura todas as doenças, uma substância mágica que restaura a vida. Na alquimia, o elixir é um dos estágios da pedra filosofal, que pode transmutar metais, criar vida e transcender a morte. Essa habilidade de superar as forças da morte é o verdadeiro Elixir que a maioria dos heróis busca.

Não raro, o herói precisa roubar o Elixir, afinal o segredo da vida e da morte é muito valioso para ser entregue com facilidade. Os heróis podem se transformar em Pícaros ou ladrões para escapar com o tesouro, como fez Prometeu ao roubar o fogo dos deuses para a humanidade, ou Adão e Eva que experimentaram, escondidos, a maçã. Esse roubo pode inebriar o herói por um tempo, mas sempre há um preço caro a se pagar depois.

INICIAÇÃO

Os heróis emergem de suas Provações para serem reconhecidos como especiais e diferentes, como os poucos que enganaram a morte. Os Imortais da Grécia Antiga faziam parte de um clube muito exclusivo. Apenas os deuses ou um número reduzido de seres humanos sortudos ficavam isentos da morte. E apenas os seres humanos que haviam feito algo notável ou agradável aos deuses recebiam a permissão de Zeus para entrar no clube. Entre eles estavam Hércules, Andrômeda e Esculápio.

Promoções no campo de batalha e títulos de cavaleiro são maneiras de reconhecer os que passaram por uma provação e entraram num grupo menor de sobreviventes especiais. O nome geral que Joseph Campbell deu para o que chamamos de Segundo Ato é "Iniciação", um novo início num novo posto. O herói, após enfrentar a morte, torna-se de fato uma nova criatura. Uma mulher que passou pelo território ameaçador do parto pertence a uma ordem diferente de seres. Ela foi iniciada na companhia da maternidade, uma espécie de associação feminina.

A iniciação em sociedades secretas, associações femininas ou fraternidades significa que você conquistou o privilégio de conhecer certos segredos e precisa jurar nunca os revelar. Também deve passar em testes para provar seu valor. Pode ter de enfrentar uma Provação ritual de morte e renascimento e receber um novo nome e posto, símbolos de que você é um novo ser.

NOVAS PERCEPÇÕES

Heróis podem descobrir que sobreviver à morte traz novos poderes ou melhores percepções. No capítulo anterior, falamos sobre a capacidade da morte de aguçar as percepções da vida, o que é lindamente retratado na história de Sigurd, o matador de dragões. A Provação Suprema de Sigurd é assassinar um dragão chamado Fafnir. Por acidente, uma gota do sangue do dragão cai na língua de Sigurd. Ele realmente experimenta a morte, e por isso consegue novos poderes de percepção. Assim, consegue entender o idioma dos pássaros e ouve dois deles alertando que seu Mentor, o anão Regin, planeja matá-lo. Ele é salvo de um segundo perigo mortal através do seu poder recém-descoberto: a Recompensa por ter sobrevivido à morte. Novos conhecimentos podem ser a espada que o herói empunha.

A VISÃO ALÉM DA ILUSÃO

Um herói pode ter um insight novo ou compreender um mistério como sua Recompensa. Pode ver através do engano. Se estiver lidando com um parceiro camaleão, poderá enxergar através dos disfarces e perceber a realidade pela primeira vez. Empunhar a Espada talvez seja um momento de clareza.

CLARIVIDÊNCIA

Após transcender a morte, é possível que um herói se torne clarividente ou telepático, compartilhando do poder dos deuses imortais. Clarividente significa simplesmente "aquele que vê claramente". Um herói que enfrentou a morte tem mais ciência da ligação das coisas, fica mais intuitivo. Em *Arabesque*, após a cena de amor entre Gregory Peck e Sophia Loren, os amantes tentam solucionar um código secreto em hieróglifos antigos. De repente, Peck percebe, com a capacidade perceptiva recém-descoberta, que os espiões não estão atrás do código, mas de um ponto de microfilme no pedaço de papel. Sobreviver à morte lhe dera novos poderes de visão. A percepção é tão empolgante que impulsiona o filme para o Terceiro Ato.

AUTOPERCEPÇÃO

O insight pode ser de um tipo mais profundo. Às vezes, os heróis vivenciam uma AUTOPERCEPÇÃO profunda após enganar a morte: finalmente veem quem realmente são e como se encaixam no esquema das coisas e percebem como e quando foram tolos ou teimosos. Cai a venda dos olhos e a ilusão da vida é substituída pela clareza e pela verdade. Talvez esse insight não dure muito tempo, mas por um momento os heróis se enxergam claramente.

EPIFANIA

Também é possível que outras pessoas enxerguem o herói mais claramente, percebendo em seu comportamento alterado sinais de que ele renasceu e de que agora compartilha da imortalidade dos deuses. Algumas vezes, isso é chamado de um momento de EPIFANIA: uma percepção abrupta da divindade. A Festa da Epifania, realizada na Igreja Católica em 6 de janeiro, celebra o momento em que os reis Magos, três Velhos Sábios, são os primeiros a perceber a divindade do Cristo recém-nascido. Uma das Recompensas por ter sobrevivido à morte é que os outros podem ver que os heróis mudaram. Jovens que voltam da guerra ou de uma provação, como um treinamento básico, parecem diferentes – mais maduros, autoconfiantes e sérios, dignos de um pouco mais de respeito. Há uma cadeia de experiência divina: o entusiasmo, ser visitado por um deus, a apoteose, transformar-se num deus e a epifania, ser reconhecido como deus.

Os próprios heróis podem experimentar uma epifania. Um herói pode perceber, de repente, após um momento de Provação Suprema, que é filho de um deus ou rei, um escolhido com poderes especiais. Epifania é o momento em que se percebe como ser divino e sagrado, conectado a todas as coisas.

James Joyce expandiu o significado da palavra *epifania*, usando-a para representar uma repentina percepção da essência de algo, a visão do âmago de uma pessoa, ideia ou coisa. Heróis às vezes vivenciam uma compreensão repentina da natureza das coisas após passar por uma Provação. Sobreviver à morte dá sentido à vida e aguça percepções.

DISTORÇÕES

Em outras histórias, a conquista da morte pode levar a algumas distorções de percepção. Os heróis podem sofrer de inchaço do ego. Em outras palavras, ficam com a cabeça inchada. Talvez fiquem convencidos ou arrogantes. Talvez abusem do poder e do privilégio de ser um herói renascido. Sua autoestima às vezes cresce demais e distorce sua percepção real de valor.

Heróis podem ser corrompidos pela morte ou pelo mal que precisam combater. Soldados que lutam para preservar a civilização podem descambar para o barbarismo da guerra. Policiais ou detetives que combatem criminosos não raro ultrapassam limites e utilizam-se de meios ilegais ou imorais, mostrando-se piores que os criminosos. Heróis podem entrar no mundo mental de seus oponentes e ficar presos lá, como o detetive em *O caçador de assassinos*, que arrisca a alma para entrar na mente deturpada de um assassino em série.

Derramamento de sangue e assassinato são forças poderosas que podem inebriar ou envenenar um herói. Peter O'Toole, como Lawrence da Arábia, nos mostra um homem que, após a Provação da batalha em Aqaba, fica horrorizado ao descobrir que ama matar.

Outro erro que os heróis estão passíveis de cometer nesse ponto é simplesmente subestimar o significado da Provação Suprema. Alguém atingido pelo martelo da mudança pode negar que tenha acontecido qualquer coisa. A negação após um encontro com a morte é um dos estágios naturais do luto e da recuperação descritos pela dra. Elisabeth Kubler-Ross. A raiva, outro. Os heróis podem simplesmente se enraivecer após a Provação, expressando ressentimento justificável por terem sido obrigados a enfrentar a morte.

Os heróis também podem superestimar sua importância ou proeza após um duelo com a morte, descobrindo em seguida que tiveram somente sorte de principiante e que haverá outros encontros com o perigo para lhes ensinar seus limites.

O MÁGICO DE OZ

A sequência imediata à Provação em O mágico de Oz é um ato de Empunhar, mas não a espada: Dorothy toma posse da vassoura queimada da Bruxa Malvada. Na verdade, ela é educada demais para simplesmente tomá-la; assim, delicadamente pede para que os guardas temerosos que agora caíram de joelhos mostrem sua lealdade a ela. Dorothy tinha bons motivos para temer que eles se rebelassem após a morte da Bruxa. Porém, os guardas ficam felizes de verdade com a morte da Bruxa, pois agora estão livres de sua escravidão terrível. Outra Recompensa de sobreviver à morte é que os Guardiões do Limiar podem ser totalmente atraídos para o lado da heroína. Os guardas ficam contentes em lhe entregar a vassoura.

Dorothy e seus companheiros voltam rapidamente à sala do trono do Mágico, onde ela deixa a vassoura diante da Cabeça feroz e flutuante. Ela cumpriu sua parte no trato com o Mágico e concluiu a tarefa aparentemente impossível. Agora, ela e os amigos reclamam sua Recompensa de heróis.

Porém, para surpresa deles, o Mágico recusa-se a cumprir sua parte. Fica furioso e briguento. É como uma estrutura de personalidade antiga ou um pai ou mãe que sabe que deve aceitar o amadurecimento dos filhos, mas reluta em ceder, causando a última discussão.

É então que o cãozinho Totó cumpre seu objetivo na história. Sua curiosidade e intuição animal meteram Dorothy em confusões, quando ele cavoucou o canteiro de flores da srta. Gulch. Agora, elas são instrumento de salvação. Quando Totó fareja a parte de trás do trono, descobre um homenzinho manso atrás de uma cortina controlando a monstruosa ilusão de Oz, o grande e poderoso. Esse homem, não a cabeça berrante, é o verdadeiro Mágico de Oz.

É uma típica percepção pós-Provação ou momento de insight. Os heróis veem, através dos olhos do curioso e intuitivo Totó, que por trás da ilusão da organização mais poderosa há um ser humano com emoções que podem ser compreendidas. (Essa cena sempre pareceu para mim uma metáfora de Hollywood, que tenta com todas as forças ser assustadora e espantosa, mas que é feita de pessoas comuns com medos e fraquezas.)

Primeiro, o Mágico confessa que não conseguirá ajudá-los, mas com incentivo ele apresenta os Elixires aos ajudantes de Dorothy: um diploma para o Espantalho, uma medalha de coragem para o Leão e um coração de corda para o Homem de Lata. Há um tom de sátira nessa cena, que parece dizer: esses elixires são placebos, símbolos absurdos que homens podem dar uns aos outros. Muitas pessoas com títulos, medalhas ou certificados não fizeram nada para merecê-los. Aqueles que não sobreviveram à morte podem tomar o Elixir o dia todo, porém isso não os ajudará. O Elixir verdadeiro, aquele que tudo cura, é o alcance de uma mudança interna, entretanto a cena reconhece que também é importante obter reconhecimento alheio. Considerado um pai substituto para muitos deles, o Mágico lhes concede a última bênção de uma aprovação paterna, uma Recompensa que poucos conseguem. Coração, cérebro e coragem estão dentro deles e sempre estiveram, mas os objetos servirão como um lembrete disso.

Agora, o Mágico se volta para Dorothy e diz, com tristeza, que não há nada que possa fazer por ela. Ele mesmo fora soprado de um parque de diversões em Nebraska até Oz dentro de um balão e não tem ideia de como voltar para casa. Apenas Dorothy poderá conceder-se a autoaceitação para "se sentir em casa", ou seja, estar feliz consigo mesma onde quer que esteja. Porém, ele concorda em tentar ajudá-la e ordena que os cidadãos de Oz construam um grande balão de ar quente. Os heróis conquistaram tudo, exceto o prêmio ilusório do Lar, que deve ser buscado no Terceiro Ato.

*

Enfrentar a morte traz consequências que mudam a vida, e os heróis as vivenciam ao Empunhar a Espada. No entanto, depois de receber a Recompensa, os heróis precisam voltar à missão. Há mais Provações adiante, e é hora de levantar acampamento e enfrentá-las no próximo estágio da Jornada do Herói: o Caminho de Volta.

PERGUNTAS SOBRE A JORNADA

1. Qual é o equivalente moderno de uma cena de fogueira em *Pantera Negra*? *Os incríveis*? *As aventuras de Pi*? *Django livre*?

2. O que os heróis dessas histórias aprendem ao encarar a morte, causá-la ou vivenciá-la?

3. De que os heróis dessas histórias tomam posse após enfrentar a morte ou seus maiores medos? Qual é a sequência, a consequência do

acontecimento principal do Segundo Ato? Seus heróis absorveram qualidades negativas da Sombra ou de um vilão?

4. Sua história muda de direção? Há um novo objetivo ou missão revelada na fase da Recompensa?

5. Na sequência da Provação de sua história existe uma oportunidade para uma cena de amor?

6. Os heróis percebem que mudaram? Há uma autoanálise ou percepção de uma consciência mais ampla? Eles aprenderam a lidar com suas falhas internas?

ESTÁGIO DEZ:

O CAMINHO DE VOLTA

———✳———

"Fácil é descer ao Mundo Inferior, mas retraçar seus passos e escapar para o ar livre – essa é a tarefa, esse é o trabalho mais difícil."
– A Sibila para Eneias, na *Eneida*, de Virgílio

*

Assim que as lições e as Recompensas da grande Provação foram celebradas e absorvidas, os heróis enfrentam uma escolha: permanecer no Mundo Especial ou iniciar a jornada de volta para o Mundo Comum. Embora o Mundo Especial possa ter seus encantos, poucos heróis escolhem ficar. A maioria pega o CAMINHO DE VOLTA, retornando ao ponto inicial ou continuando a jornada para um local totalmente novo ou destino final.

Esse é o momento em que a energia da história, que pode ter arrefecido um pouco nos momentos tranquilos de Empunhar a Espada, agora volta a se movimentar. Se olharmos para a Jornada do Herói como um círculo que inicia no alto, ainda estamos lá embaixo, no porão, e serão necessários alguns empurrões para nos levar de volta à luz.

Em termos psicológicos, esse estágio representa a decisão do herói de voltar ao Mundo Comum e implementar as lições aprendidas no Mundo Especial, o que está longe de ser fácil. O herói tem motivos para temer que a sabedoria e a magia da Provação possam evaporar à luz implacável do dia comum. Talvez ninguém acredite na fuga milagrosa da morte empreendida pelo herói. As aventuras podem ser racionalizadas pelos céticos. Porém, a maioria dos heróis decide tentar. Como os bodisatvas da crença budista, eles viram o plano eterno, mas retornam ao mundo dos vivos para contar aos outros e partilhar do elixir que conquistaram.

MOTIVAÇÃO

O Caminho de Volta marca um período no qual os heróis voltam a se dedicar à aventura. Um patamar de conforto foi alcançado, e os heróis precisam ser forçados a sair desse patamar, seja por uma decisão íntima, seja por uma força externa.

A decisão interna pode ser representada por uma cena de um comandante cansado discursando para tropas desanimadas após uma batalha, ou um pai ou mãe reunindo a família após uma morte ou tragédia. Uma força externa pode ser o disparo de um alarme, um relógio avançando ou a nova ameaça de um vilão. Os heróis podem ser lembrados do objetivo principal da aventura.

O Caminho de Volta é um ponto de virada, outra travessia de limiar que marca a passagem do Segundo para o Terceiro Ato. Como a travessia do Primeiro Limiar, pode causar uma mudança no objetivo da história. Uma história sobre alcançar alguns objetivos transforma-se numa história de fuga; o enfoque em perigo físico muda para os riscos emocionais. O propulsor que impulsiona a história para fora das profundezas do Mundo Especial pode ser um novo acontecimento ou informação que drasticamente redireciona a história. De fato, o Caminho de Volta produz o Terceiro Ato. Esse talvez seja outro momento de crise que colocará o herói num caminho novo e final de provações.

O combustível pode ser o medo de retaliação ou perseguição. Não raro, heróis são motivados a pegar o Caminho de Volta quando as forças que eles desafiaram na Provação agora se reagrupam e os atacam. Se o elixir foi roubado das forças centrais e não entregue voluntariamente, poderá haver repercussões perigosas.

RETALIAÇÃO

Uma lição importante das artes marciais é FINALIZE COM SEU OPONENTE. Os heróis frequentemente aprendem que vilões ou Sombras que não foram totalmente derrotados na crise poderão se reerguer ainda mais fortes que antes. O ogro ou vilão que o herói enfrentou na Provação pode se recompor e empreender um contra-ataque. Um pai que foi desafiado pela dominação na família pode superar o choque inicial e desencadear uma retaliação devastadora. Um oponente de artes marciais tirado do prumo pode recuperar seu eixo e fazer um ataque surpresa. No incidente da Praça da Paz Celestial, o governo chinês se recompôs somente após vários dias de confusão – e reagiu de forma esmagadora, enxotando da praça os estudantes e sua Deusa da Liberdade.

Um dos exemplos mais intensos desse movimento retaliatório em filmes está em *Rio vermelho*, quando Tom Dunson é derrubado do trono por seu filho de criação, Matthew Garth, em uma Provação Suprema central. No estágio da Recompensa, enquanto Matt e seus homens estão celebrando na vila onde venderam o gado, Dunson está ocupado recrutando um pequeno exército de pistoleiros. Na fase do Caminho de Volta, ele vai atrás de Matt com a força de um trem em disparada e a intenção declarada de matar seu filho adotivo. O que era uma história de superação de obstáculos ao tocar uma boiada se transforma numa história de um pai perseguindo o filho para se vingar.

A força peculiar dessa passagem é conduzida na postura física de John Wayne. Ele se arrasta para o confronto com Montgomery Clift como um zumbi, com a energia inabalável de uma máquina, espantando o gado do caminho e se esquivando da bala lançada por um coadjuvante que tenta desviá-lo de seu objetivo. Ele é a imagem viva da energia parental furiosa que poderá ser despertada ao se desafiar uma Sombra.

O significado psicológico desses contra-ataques é que as neuroses, as falhas, os hábitos, os desejos ou os vícios que contestamos talvez se retraiam por um tempo, mas podem ressurgir em uma defesa desesperada ou num ataque insano antes de serem derrotados para sempre. As neuroses têm uma força vital poderosa própria e contra-atacam quando ameaçadas. Viciados que fizeram um primeiro esforço de recuperação podem ter uma recaída com uma vingança do vício, que luta para continuar vivo. É possível que a retaliação também assuma outras formas. Se você estiver caçando um urso ou matando dragões, poderá descobrir que o monstro que você matou na Provação tem um parceiro que virá à sua caça. Um capanga do vilão pode sobreviver para persegui-lo, ou talvez você se dê conta de que matou apenas um lacaio na Provação, e que há alguém maior que o Chefão que deseja vingança pela perda do serviçal.

Uma força vingadora pode dar um golpe muito intenso no destino do herói, ferindo-o ou matando um dos seus companheiros. Aqui, os Amigos Descartáveis são muito úteis. O vilão também pode roubar o elixir de volta ou sequestrar um dos amigos do herói como retaliação, o que provavelmente levará a um resgate, uma perseguição ou a ambos.

CENAS DE PERSEGUIÇÃO

Em muitos casos, os heróis saem do Mundo Especial apenas para salvar sua vida. As perseguições podem ocorrer em qualquer parte da história, mas o fim do Segundo Ato é um dos lugares mais populares. Perseguições são úteis para reativar a energia da história. O público pode ficar um pouco sonolento nesse ponto e será preciso acordá-lo com alguma ação ou conflito. No teatro, esse estágio é chamado de "golpe teatral", um momento em que se deseja aumentar o ritmo e tomar um impulso para a finalização.

As perseguições são um dos elementos favoritos dos filmes e figuram com destaque também na literatura, arte e mitologia. A perseguição mais famosa na mitologia clássica é a de Apolo à tímida ninfa Dafne, que implora ao seu pai, um deus dos rios, para transformá-la num pé de louro. A transformação, não raro, é um aspecto importante de perseguições e fugas. Heróis modernos podem simplesmente se disfarçar para fugir de uma situação difícil. Num drama psicológico, um herói pode ter de escapar de uma perseguição do demônio interno ao mudar de comportamento ou passar por uma transformação interna.

A FUGA MÁGICA

Os contos de fadas quase sempre incluem uma perseguição que envolve uma transformação estranha de objetos, conhecida como o tema da FUGA MÁGICA. Numa história comum, a garotinha escapa das garras de uma bruxa com a ajuda de presentes de animais com quem ela havia sido boazinha. A garota joga os presentes um a um no caminho da bruxa e eles se transformam magicamente em barreiras que deixam a vilã para trás. Um pente se transforma numa floresta densa que a bruxa terá de devorar para seguir em frente, atrasando-a. Uma echarpe transforma-se num rio largo cuja água ela precisará beber.

Joseph Campbell dá vários exemplos de fugas mágicas e sugere que o tema representa as tentativas de o herói impedir as forças vingadoras de qualquer maneira, deixando para trás "interpretações, princípios, símbolos, racionalizações e todas as coisas de cunho protetor (que) retardam e absorvem" suas forças.

O que o herói abandona numa perseguição também pode representar um sacrifício, deixando para trás algo de valor. A garotinha dos contos de fadas pode achar difícil se livrar da linda echarpe ou do pente dado pelos animais.

Os heróis das aventuras cinematográficas às vezes precisam decidir o que é realmente importante e jogam o dinheiro pela janela para atrapalhar seus perseguidores e salvar a própria vida. Campbell menciona o exemplo extremo de Medeia: ao escapar do pai com Jasão, ela fez o companheiro esquartejar o próprio irmão e atirar os pedaços no mar para atrasar a perseguição.

VARIAÇÕES DE PERSEGUIÇÃO: CAÇA POR ADMIRADORES

É muito comum que os outros heróis sejam perseguidos por vilões, mas existem outras possibilidades. Uma variação incomum da perseguição é que ela se dê por admiradores – por exemplo, em *Os brutos também amam*, no início do Terceiro Ato. Shane recolheu-se na fazenda, tentando ficar longe da vida de pistoleiro, mas agora a brutalidade dos vilões na cidade o atrai de volta. Ele diz ao garoto ajudante da fazenda (Brandon De Wilde) para ficar para trás, mas o garoto o segue a distância. Atrás do garoto vem seu cão, que também recebera ordens para permanecer em casa. Fica claro que o garoto é tão fiel a Shane quanto o cão a ele. É a cena de perseguição com uma diferença: em vez de um herói fugindo de um vilão, o herói é perseguido por alguém que o admira.

A FUGA DO VILÃO

Outra variação dessa cena é a perseguição de um vilão em fuga. Uma Sombra capturada e controlada na Provação escapa nesse estágio e torna-se ainda mais perigosa que antes. Hannibal "Canibal" Lecter de *O silêncio dos inocentes*, sentindo-se traído pela agente do FBI Clarice, foge e começa a matar novamente. King Kong, levado a Nova York para ser exibido acorrentado, escapa e parte para o tumulto. Inúmeros filmes e faroestes televisivos trazem um vilão tentando escapar, sendo perseguido a cavalo e enfim derrubado pelo herói antes da luta ou do duelo final. Essas cenas eram comuns nas séries e nos programas de TV de Roy Rogers ou do Cavaleiro Solitário.

Conforme mencionado, os vilões podem pegar o tesouro de volta do herói ou sequestrar um dos membros da equipe, o que possivelmente levará à perseguição pelo herói e a um resgate ou recuperação.

REVÉS

Outro desvio do Caminho de Volta pode ser um revés repentino e catastrófico na boa sorte do herói. As coisas estão indo bem para ele após ter sobrevivido à Provação, mas agora a realidade entrará novamente em ação. Já com a praia à vista, o barco pode começar a fazer água. Por um momento, após grande risco, esforço e sacrifício, poderá parecer que tudo está perdido.

É possível que esse ponto da história, o clímax do Segundo Ato, seja a Crise Postergada que comentamos anteriormente: um momento de grande tensão que deverá colocar a narrativa no caminho final para a resolução no Terceiro Ato.

O Caminho de Volta no fim do Segundo Ato pode ser uma cena breve ou uma sequência elaborada de acontecimentos. Quase toda história precisa de um momento para identificar a decisão do herói de encerrar e lhe dar a motivação necessária para voltar ao lar com o elixir, apesar das tentações do Mundo Especial e das provações que ainda vêm pela frente.

O MÁGICO DE OZ

O Mágico preparou um balão de ar quente com a esperança de levar Dorothy pelo Caminho de Volta até o Kansas. O povo de Oz reúne-se para vê-los decolar com uma bandinha de metais. No entanto, nada é tão fácil assim. Totó, ao ver um gato nos braços de uma mulher na multidão, corre atrás dele, e Dorothy parte atrás de seu cão. Na confusão, o balão começa a subir com o Mágico a bordo, e Dorothy é deixada para trás, aparentemente presa no Mundo Especial. Muitos heróis tentaram voltar usando meios familiares – antigas muletas e dependências, mas acham os antigos caminhos artificiais e difíceis de controlar, como o balão de ar quente do Mágico. Dorothy, guiada por seus instintos (o cão), no fundo sabe que aquele não é caminho para ela. Ainda assim, está pronta para tomar o Caminho de Volta e continua esperando a bifurcação certa do caminho.

*

Os heróis reúnem o que aprenderam, ganharam, roubaram ou receberam no Mundo Especial. Estabelecem para si mesmos um novo objetivo, escapar, encontrar mais aventuras ou voltar para casa. Porém, antes que qualquer desses objetivos seja alcançado, há outro teste pelo qual passar: a prova final da jornada, a Ressurreição.

PERGUNTAS SOBRE A JORNADA

1. Qual o Caminho de Volta em O *exterminador do futuro 2*? *O lado bom da vida*? *Malévola*? *Ilha de cachorros*? Do ponto de vista do escritor, quais são as vantagens e desvantagens de heróis serem jogados para fora ou enxotados do Mundo Especial? Ou de saírem voluntariamente?

2. O que você aprendeu ou ganhou ao enfrentar a morte, a derrota ou o perigo? Sentiu heroísmo de sua parte? Como é possível aplicar seus sentimentos à escrita, às reações de seus personagens?

3. Como seus heróis voltam a se dedicar à jornada?

4. Qual é o Caminho de Volta em sua história? É um retorno ao ponto de partida? O estabelecimento de um novo destino? O ajuste a uma nova vida no Mundo Especial?

5. Descubra os pontos de virada do Segundo Ato/Terceiro Ato em três longas-metragens atuais. Esses momentos são únicos ou são sequências estendidas?

6. Existe um elemento de perseguição ou aceleração nessas partes? E na seção Caminho de Volta de sua história?

ESTÁGIO ONZE:

A RESSURREIÇÃO

"O que posso fazer, meu velho? Estou morto, não estou?"
– *O terceiro homem,* de Graham Greene

*

Temos agora uma das passagens mais complicadas e desafiadoras para o herói e para o escritor. Para uma história ser completa, o público precisa vivenciar um momento adicional de morte e renascimento, semelhante à Provação Suprema, mas com uma diferença sutil. Esse é o CLÍMAX (não a crise), o último e mais perigoso encontro com a morte. Os heróis devem passar pela purgação e purificação finais antes de voltar ao Mundo Comum. Mais uma vez, devem sofrer transformações. O truque para escritores é mostrar a mudança em seus personagens através do comportamento ou da aparência, e não apenas falando sobre essa mudança. É necessário que os escritores encontrem maneiras de demonstrar que seus heróis passaram pela RESSURREIÇÃO.

UMA NOVA PERSONALIDADE

Um novo "eu" precisa ser criado para um novo mundo. Assim como os heróis precisaram livrar-se do seu antigo eu para entrar no Mundo Especial, agora precisam se livrar da personalidade da jornada e formar uma nova que seja adequada para o retorno ao Mundo Comum. Ela deve refletir as melhores partes do antigo eu e as lições aprendidas ao longo do caminho. No faroeste *Barbarossa*, o personagem do jovem ajudante de fazenda de Gary Busey passa por uma provação final, da qual ele renasce como o novo Barbarossa, tendo incorporado ao longo do caminho as lições do Mentor, Willie Nelson. John Wayne emerge da provação da morte em *Sangue de herói* e incorpora um pouco dos trajes e da atitude do antagonista, Henry Fonda.

LIMPEZA

Uma função da Ressurreição é a de limpar o cheiro da morte dos heróis, mas ao mesmo tempo ajudá-los a reter as lições da provação. A falta de cerimônias públicas e acompanhamento para os veteranos da Guerra do Vietnã podem ter contribuído para os problemas terríveis que esses soldados tiveram para se reintegrar à sociedade. As sociedades conhecidas como primitivas parecem mais bem preparadas para lidar com o retorno dos heróis, pois dispõem de rituais para purgar o sangue e a morte dos caçadores e guerreiros a fim de que voltem como membros pacíficos da sociedade.

Os caçadores que retornam podem ter de ficar de quarentena por um período, longe da tribo. Para reintegrar os caçadores e guerreiros à tribo, os xamãs usam rituais que imitam os efeitos da morte ou até mesmo levam os participantes às portas da morte. Os caçadores ou guerreiros podem ser enterrados vivos por um tempo ou confinados em uma caverna ou cabana de purificação para simbolicamente crescer no ventre da Terra. Em seguida, são erguidos (ressuscitados) e recebidos como membros recém-nascidos da tribo.

A arquitetura sagrada tem o intuito de criar essa sensação de Ressurreição ao confinar os adoradores em um salão estreito e escuro ou túnel, como um canal de nascimento, antes de levá-los para uma área aberta e bem iluminada, com a correspondente elevação do alívio. O batismo por imersão num rio é um ritual feito para dar a sensação da Ressurreição, limpando o pecador e retirando-o da morte simbólica por afogamento.

DUAS GRANDES PROVAÇÕES

Por que tantas histórias parecem ter dois clímaces ou provações de morte e renascimento, um próximo ao meio e outro pouco antes do fim da história? A metáfora do semestre escolar sugere o motivo. A crise central ou Provação Suprema é como uma prova de meio de semestre; a Ressurreição é o exame final. Os heróis precisam ser testados uma última vez para garantir que retiveram o aprendizado da Provação Suprema do Segundo Ato.

Aprender uma lição num Mundo Especial é uma coisa; levar o conhecimento para casa como sabedoria aplicada é bem diferente. Estudantes podem se preparar às pressas para uma prova, mas o estágio da Ressurreição representa uma prova de campo das novas habilidades de um herói no mundo real. É um lembrete da morte e um teste de aprendizado para o herói. O herói foi sincero sobre a mudança? Vai retroceder, falhar e ser derrotado pelas neuroses ou por uma Sombra no último instante? As previsões funestas feitas sobre a heroína Joan Wilder no Primeiro Ato de *Tudo por uma esmeralda* ("Você não foi feita para isso, Joan, e sabe disso") provarão ser verdadeiras?

PROVAÇÃO FÍSICA

Num nível mais simples, a Ressurreição pode representar apenas um herói enfrentando a morte pela última vez numa provação, batalha ou confronto. Com frequência essa é a confrontação final e decisiva com o vilão ou a Sombra.

No entanto, a diferença entre esse encontro com a morte e os anteriores é que o perigo em geral vem na maior escala da história inteira. A ameaça não é feita somente ao herói, mas ao mundo inteiro. Em outras palavras, as apostas são as mais altas.

Os filmes de James Bond não raro têm seus clímaces com 007 combatendo os vilões e, em seguida, correndo contra o tempo e o impossível para desarmar algum dispositivo do Juízo Final, como a bomba atômica no clímax de *007 contra Goldfinger*. Milhões de vidas estão em jogo. O herói, o público e o mundo são levados direto para as margens da morte mais uma vez antes que Bond (ou seu Aliado, Felix Leiter) consiga puxar o fio correto e salvar a todos nós da destruição.

O HERÓI ATIVO

Parece óbvio que o herói deva ser aquele pronto para agir nesse momento de clímax. Porém, muitos escritores cometem o erro de fazer com que o herói seja resgatado da morte por uma intervenção oportuna de um Aliado – o equivalente da cavalaria chegando para salvar o dia. Os heróis podem receber ajuda surpresa, mas, para eles, é melhor serem aqueles que praticam o ato decisivo e desferem o golpe mortal no medo ou na Sombra. O importante é, acima de tudo, ser ativo e não passivo nesse momento.

CONFRONTOS

Em faroestes, policiais e muitos filmes de ação, a Ressurreição manifesta-se por meio da maior batalha da história: o CONFRONTO ou tiroteio. Um confronto envolve o herói e os vilões em uma disputa final com os maiores riscos possíveis, a vida e a morte. É o duelo clássico dos pistoleiros ou a última batalha acrobática dos filmes de caratê. É possível que seja até um confronto judicial ou um "tiroteio" emocional em um drama familiar.

O confronto é uma forma dramática distinta, com regras e convenções próprias. Os clímaces operísticos dos *"westerns spaghetti"* de Sergio Leone exageram nos elementos do confronto convencional: a música dramática, as forças opostas marchando frente a frente em um tipo de arena (a rua principal da vila, um curral, um cemitério, o esconderijo do vilão), os *close-ups* nas armas, mãos e olhos a postos para o momento decisivo, a sensação de que o tempo para. Os duelos de pistoleiros são quase obrigatórios em faroestes, de *No tempo das diligências* a *Matar ou morrer* até *Paixão dos fortes*. O evento que deu origem ao filme *Sem lei e sem alma*, o duelo em O.K. Corral, em 1881, foi um tiroteio brutal que se tornou parte do mito do oeste norte-americano e incentivou mais versões cinematográficas que qualquer outro.

Duelos de morte formam os clímaces de filmes de aventura como *Robin Hood: o príncipe dos ladrões*, *O gavião do mar*, *Scaramouche* e *O gavião e a flecha*. Do mesmo modo, cavaleiros que lutam até a morte são vistos em *Ivanhoé: o vingador do rei*, em *Excalibur* e em *Os Cavaleiros da Távola Redonda*. Duelos ou tiroteios não ficam completos a menos que o herói seja levado sem escalas para perto da morte. O herói precisa claramente lutar pela vida. A qualidade divertida das escaramuças anteriores já desapareceu a essa altura. Ele pode ser ferido ou escorregar e perder o equilíbrio. Deve realmente parecer estar à beira da morte, como na Provação Suprema.

MORTE E RENASCIMENTO DE HERÓIS TRÁGICOS

Como convenção, os heróis sobrevivem ao seu resvalar na morte e são ressuscitados. Com frequência, os vilões são aqueles que morrem ou são derrotados, mas alguns heróis trágicos morrem de verdade nesse momento, como os heróis condenados de O *intrépido general Custer*, O *canhoneiro do Yang-Tsé*, *A carga da brigada ligeira* ou *Tempo de glória*. O personagem de Robert Shaw, Quint, morre nesse estágio em *Tubarão*. No entanto, todos esses heróis trágicos e condenados ressuscitam no sentido de que, em geral, permanecem na lembrança dos sobreviventes, aqueles por quem deram a vida. O público sobrevive e lembra-se das lições que o herói trágico lhe ensinou.

Em *Butch Cassidy*, os heróis são encurralados numa cabana, estão cercados e em menor número. Correm para enfrentar a morte num clímax que é postergado para os segundos finais do filme. São grandes as chances de que morram em uma saraivada de balas, mas caem lutando e recebem a imortalidade com uma cena final congelada, que lhes permite continuar vivos em nossa lembrança. Em *Meu ódio será sua herança*, os heróis são mortos de forma elaborada, mas sua energia permanece viva em uma arma levada por outro aventureiro, que sabemos ser o perpetuador daquele estilo selvagem.

ESCOLHA

Outra possibilidade de um momento de Ressurreição talvez seja uma escolha de clímax entre as opções que indicam se o herói aprendeu ou não a lição da mudança. Uma escolha difícil testa os valores de um herói: ele escolherá de acordo com seus caminhos antigos e falhos ou a escolha refletirá a nova pessoa que ele se tornou? Em *A testemunha*, o policial John Book chega ao confronto final com seu maior inimigo, um oficial de polícia cafajeste. O povo amish acompanha para ver se Book seguirá o código violento do seu Mundo Comum ou o pacifismo que ele aprendeu no Mundo Especial. Ele faz uma escolha clara de não entrar no tiroteio esperado. Em vez disso, abaixa a arma, deixando o vilão armado, e fica com os amish silenciosos. Como eles, é uma testemunha. O vilão não consegue atirar, pois há muitas testemunhas. O antigo John Book teria entrado num tiroteio com seu oponente, mas o novo homem escolhe não fazê-lo. Esse é o teste que prova que ele aprendeu sua lição e é um novo homem, ressuscitado.

ESCOLHA ROMÂNTICA

A escolha da Ressurreição pode ser na arena do amor. Histórias como *A primeira noite de um homem* ou *Aconteceu naquela noite* levam os heróis ao altar durante o clímax, quando uma escolha de cônjuges deve ser feita. *A escolha de Sofia* é sobre a opção impossível de uma mãe a quem os nazistas obrigam a escolher qual dos dois filhos ela prefere que morra.

CLÍMAX

A Ressurreição em geral marca o clímax do drama. CLÍMAX é uma palavra grega que significa "escada". Para nós, narradores, passou a significar um momento explosivo, o pico mais alto da energia ou o último grande evento em uma obra. Pode ser o confronto físico ou a batalha final, mas também se expressar como uma escolha difícil, o clímax sexual, um *crescendo* musical ou um confronto altamente emocional e decisivo.

O CLÍMAX SILENCIOSO

O clímax não precisa ser o momento mais explosivo, dramático, ruidoso ou perigoso da história. Existe também um CLÍMAX SILENCIOSO, uma onda de emoção que se ergue com suavidade. Um clímax silencioso pode dar a sensação de que todos os conflitos foram resolvidos harmoniosamente, e todas as tensões convertidas em sentimentos de prazer e paz. Depois de o herói ter vivenciado a morte de alguém querido, possivelmente haja um clímax silencioso de aceitação e compreensão. Os nós de tensão criados no corpo da história são desfeitos, talvez após a puxadinha suave de uma percepção final.

A RESSURREIÇÃO

CLÍMACES SUCESSIVOS

As histórias podem precisar de mais de um clímax ou de uma série de CLÍMACES SUCESSIVOS. Tramas secundárias individuais talvez exijam clímaces separados. O estágio da Ressurreição é outro ponto nevrálgico da história, um posto de verificação através do qual todos os fios da história têm de passar. Renascimento e limpeza podem ter de ser vividos em mais de um nível.

O herói pode experienciar um clímax em diferentes níveis de consciência e sucessivamente, como mente, corpo e emoção. Um herói talvez passe por um clímax de mudança mental ou decisão que desencadeie um clímax físico ou confronto no mundo material. Tudo isso poderá ser seguido por um clímax emocional ou espiritual quando o comportamento e os sentimentos do herói mudarem.

Gunga Din combina clímaces físicos e emocionais efetivos e sucessivos. Cary Grant e seus dois colegas sargentos ingleses foram gravemente feridos, deixando o aguadeiro Gunga Din, palhaço no passado, atuar como herói e alertar o exército britânico sobre uma emboscada. Embora também ferido, Gunga Din escala uma torre dourada até o topo para soprar uma corneta de alerta. O exército é avisado e muitas vidas são salvas numa cena de ação que é o clímax físico da história, mas o próprio Din é alvejado na torre e cai para encontrar a morte. Contudo, sua morte não é em vão. Ele é reconhecido como herói por seus camaradas e ressuscitado. Em um clímax emocional final, o coronel lê um poema que Rudyard Kipling escreveu em honra a Din. Sobreposto à cena está o espírito de Din, vestido com um uniforme de exército completo e sorrindo enquanto bate continência, ressuscitado e transformado.

Claro, uma história bem-feita pode trazer todos os níveis – mente, corpo e espírito – ao clímax no mesmo momento. Quando um herói pratica uma ação decisiva, o mundo inteiro pode ser mudado de uma vez.

CATARSE

Um clímax deve proporcionar a sensação de CATARSE. Essa palavra grega na verdade significa "vomitar" ou "purgar", mas a usamos para representar uma liberação emocional purificadora ou uma reviravolta emocional. O drama grego foi construído com a intenção de desencadear um "vômito" de emoções no público, um expurgo dos venenos do cotidiano. Como tomavam purgantes para esvaziar e limpar os sistemas digestivos periodicamente, os gregos iam ao teatro regularmente durante o ano para se livrar dos sentimentos ruins. Gargalhadas, lágrimas e arrepios de terror são gatilhos que trazem essa limpeza sã, essa catarse.

Na psicanálise, a catarse é uma técnica para aliviar ansiedade e depressão ao trazer à tona o material inconsciente. O mesmo se dá também, em certo sentido, com a arte da narrativa. O clímax que você tenta desencadear em seu herói e no público é o momento em que estão mais conscientes, quando alcançaram o ponto mais alto na escada da percepção. Você tenta aumentar a consciência do herói e do público participante. Uma catarse pode levar a uma expansão repentina da consciência, uma experiência máxima da consciência mais elevada.

Uma catarse pode ser combinada com um confronto físico simples para um efeito emocional satisfatório. Em *Rio vermelho*, Tom Dunson e Matthew Garth encontram-se para uma luta explosiva até a morte. Primeiro, Garth não lutará. Está determinado a não aceitar a provocação e não abandonar seus princípios. Dunson o provoca até que Garth é forçado a reagir para salvar a própria vida. Começam uma luta titânica e fica muito claro que um deles ou ambos vão morrer. Eles se enfrentam numa carroça cheia de utensílios domésticos – panos, potes e panelas – e a destroem, sugerindo a morte da esperança de construção de um lar, família ou sociedade na fronteira.

Porém, uma nova energia entra em cena: Tess, a mulher independente que se apaixona por Matthew Garth. Ela interrompe a luta com um tiro para chamar a atenção dos dois. Num clímax emocional – uma catarse genuína –, ela começa a expelir todos os sentimentos sobre os homens e os convence de que aquela luta é estúpida, pois na verdade eles se gostam. Ela transformou um confronto físico mortal numa catarse emocional, um momento de percepção máxima.

A RESSURREIÇÃO

Um confronto de Ressurreição é resolvido por uma catarse emocional.

A catarse funciona melhor através da expressão física de emoções, como gargalhadas e choro. Histórias sentimentais podem levar o público a uma catarse de lágrimas ao empurrar suas emoções até o clímax. A morte de um personagem amado, como o sr. Chips ou a jovem condenada em *Love Story: uma história de amor*, pode ser o momento de clímax. Esses personagens são inevitavelmente "ressuscitados" no coração e na lembrança daqueles que os amaram.

A gargalhada é um dos canais mais fortes da catarse. Uma comédia deve culminar com uma piada ou uma série de piadas que criam praticamente uma explosão de gargalhadas, brincadeiras que aliviam a tensão, purgam emoções azedas e nos permitem compartilhar uma experiência. Os clássicos curtas de animação da Warner Bros. e da Disney são construídos para alcançar um clímax de gargalhada, um *crescendo* de absurdos em apenas seis minutos. Longas-metragens de comédia precisam ser cuidadosamente estruturados para formar um clímax de gargalhadas que libera todas as emoções contidas do público.

ARCO DE PERSONAGEM

Uma catarse é o clímax lógico de um ARCO DE PERSONAGEM do herói. Esse é um termo usado para descrever os estágios graduais de mudança em um personagem: as fases e os pontos de virada de crescimento. Uma falha comum em histórias é que os escritores de fato fazem os heróis crescerem ou mudarem, mas de forma abrupta, numa única tacada, em virtude de um único incidente. Se alguém os critica ou se eles percebem a falha, imediatamente a corrigem. Alguns se convertem do dia para a noite por conta de algum choque ou são totalmente mudados de uma vez. Isso pode ocorrer ocasionalmente, mas o mais comum é que as pessoas se transformem aos poucos, crescendo em estágios graduais da intolerância para a tolerância, da covardia para a coragem, do ódio para o amor. Aqui está um arco de personagem típico, comparado com o modelo da Jornada do Herói.

ARCO DE PERSONAGEM	JORNADA DO HERÓI
1) Percepção limitada de um problema	Mundo Comum
2) Percepção aumentada	Chamado à Aventura
3) Relutância para mudar	Recusa
4) Superação da relutância	Encontro com o Mentor
5) Compromisso com a mudança	Travessia do Limiar
6) Vivência da primeira mudança	Provas, Aliados e Inimigos
7) Preparação para a grande mudança	Aproximação da Caverna Secreta
8) Tentativa da grande mudança	Provação
9) Consequências da tentativa (melhorias e reveses)	Recompensa (Empunhando a Espada)
10) Volta da dedicação à mudança	O Caminho de Volta
11) Tentativa final na grande mudança	Ressurreição
12) Domínio final do problema	Retorno com o Elixir

A RESSURREIÇÃO

Os estágios da Jornada do Herói são um bom guia para os passos necessários na criação de um arco de personagem realista.

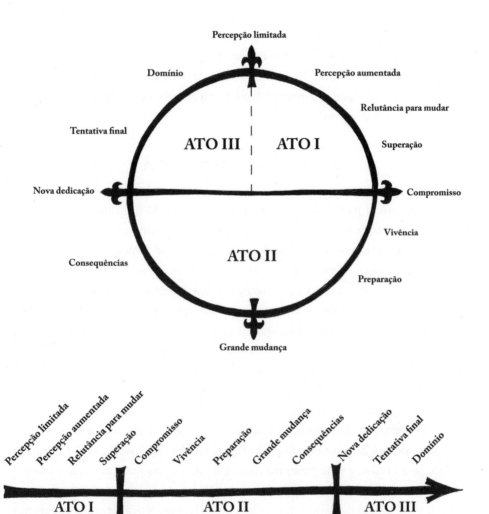

ÚLTIMA CHANCE

A Ressurreição é a tentativa final do herói de fazer uma mudança radical de atitude ou comportamento. Um herói pode retroceder nesse ponto, fazendo aqueles que o rodeiam pensar que ele os vai decepcionar. A esperança para aquele personagem morre temporariamente, mas pode ser ressuscitada caso ele mude de ideia. O solitário egoísta Han Solo, em *Star Wars*, vira as costas para a tentativa final de detonar a Estrela da Morte, mas aparece no último minuto, mostrando que finalmente mudou e que agora está disposto a arriscar a vida por uma boa causa.

CUIDADO POR ONDE ANDA

A Ressurreição pode ser um potencial passo em falso para um herói em retorno que esteja passando por uma ponte estreita de um mundo para o outro. Hitchcock com frequência usa as alturas nesse momento da história para representar a falha potencial ao se voltar do Mundo Especial com vida. Em *Intriga internacional*, os personagens de Cary Grant e Eva Marie Saint acabam pendurados nas cabeças de pedra esculpidas no monte Rushmore, mantendo o público em suspense sobre seu destino até o último momento. Os clímaces de *Um corpo que cai*, *Sabotador* e *Ladrão de casaca* levam os heróis a lugares altos para uma luta final entre a vida e a morte.

Às vezes, um grande drama surge de heróis que desistem de tudo no último momento antes de alcançar seu objetivo. Os heróis de *A guerra do fogo* voltam ao povoado com o elixir das chamas, mas, no limiar do seu mundo, o fogo se extingue, derrubado por acidente na água. Essa morte aparente de todas as esperanças é o teste final do herói, o líder da missão. Ele tranquiliza o povo, pois conhece o segredo do fogo; ele viu a tribo mais avançada usando um graveto especial para fazer fogo em sua Provação. Contudo, quando tenta imitar a técnica, ele descobre que esqueceu o truque. Novamente, a esperança parece morta.

Porém, justamente sua "esposa", uma mulher que ele conhecera na aventura e membro da tribo mais avançada, destaca-se e faz uma tentativa. Os homens não ficam muito felizes em ser expostos por uma mulher – estrangeira, ainda por cima. No entanto, apenas ela conhece o segredo (cuspir nas mãos antes de usar o graveto de fogo). Ela consegue, o fogo se acende e a possibilidade de vida volta à tribo. De fato, a tribo toda passou por um teste final ao aprender que o conhecimento combinado de homens e mulheres é necessário para sobreviver. Um tropeço no limiar final levou à Ressurreição e à iluminação.

O passo em falso de um herói talvez não seja um evento físico, mas um tropeço moral ou emocional no limiar do retorno. Em *Interlúdio*, existem testes físicos e emocionais nos momentos finais. Alicia Huberman (Ingrid Bergman) está em grande perigo físico por ter sido envenenada pelos nazistas, enquanto Devlin (Cary Grant) corre o risco de perder sua alma se não a resgatar das garras do inimigo, com quem ela está por causa de sua dedicação ao dever.

O FALSO PRETENDENTE

Um momento de Ressurreição comum em contos de fadas envolve uma ameaça de último minuto ao herói que tenha avançado numa missão para cumprir tarefas impossíveis. Quando ele reivindica seu direito à mão da princesa ou ao reino, um impostor ou FALSO PRETENDENTE de repente se apresenta para questionar as credenciais do herói ou reivindicar que foi ele, não o herói, quem alcançou o impossível. Por um momento, parece que as esperanças do herói estão acabadas. Para renascer, o herói precisa provar que ele é o verdadeiro pretendente, talvez mostrando as orelhas e a cauda do dragão que matou, talvez superando o impostor (a Sombra) numa disputa.

PROVA

Apresentar a prova é uma função primordial do estágio da Ressurreição. Crianças gostam de trazer recordações das férias de verão, parcialmente para se lembrar da viagem, mas também para provar às outras crianças que realmente visitaram lugares exóticos. Ser desacreditado é um problema constante de quem viaja a outros mundos.

Um tema comum dos contos de fadas é que a prova trazida da volta do mundo mágico tende a evaporar. Um saco cheio de moedas de ouro recebido das fadas será aberto no Mundo Comum e se descobrirá que ele não contém nada além de folhas úmidas, levando as outras pessoas a acreditar que o viajante era apenas um bêbado dormindo na floresta. Ainda assim, o viajante sabe que a experiência foi real. Esse tema significa que as experiências espirituais e emocionais em um mundo especial são difíceis de explicar aos outros. Eles precisariam ir até lá também. As experiências no Mundo Especial podem evaporar se não a tivermos transformado realmente em parte de nosso cotidiano. O verdadeiro tesouro da viagem não são os suvenires, mas a mudança interior e o aprendizado duradouro.

SACRIFÍCIO

A Ressurreição com frequência pede um SACRIFÍCIO do herói. É necessário abrir mão de algo, como um velho hábito ou crença. Algo deve ser devolvido, como a libação que os gregos costumavam derramar aos deuses antes de beber. Algo deve ser compartilhado para o bem do grupo.

Em *Exterminador do futuro 2*, o vilão camaleão é destruído em um clímax físico, mas a história conduz o público a um clímax emocional maior, quando o robô herói, o Exterminador (Arnold Schwarzenegger), precisa se sacrificar para impedir que ele mesmo cause a violência futura. Em outro sentido, o garoto John Connor é o herói nesse ponto e deve sacrificar parte de si, seu Mentor/figura paterna, ao permitir que o Exterminador salte para a morte. Um clímax de autossacrifício semelhante é encontrado em *Alien 3*, quando Ripley (Sigourney Weaver), ciente de que tem um monstro crescendo dentro de si, entrega-se à destruição pelo bem do grupo. O clássico sacrifício na literatura é descoberto em *Um conto de duas cidades*, de Charles Dickens, no qual um homem entrega a vida à guilhotina para salvar a vida de outro.

O SACRIFÍCIO é uma palavra latina que significa "tornar sagrado". Não raro, os heróis devem santificar uma história ao fazer um sacrifício, talvez ao desistir ou devolver algo de si mesmos. Às vezes, o sacrifício é a morte de membros do grupo. Luke Skywalker, no clímax de *Star Wars*, vê muitos de seus camaradas mortos no esforço de destruir a Estrela da Morte. Luke também desiste de parte de sua personalidade: sua dependência das máquinas. Com a voz de Obi-Wan na cabeça, ele decide "confiar na Força" e aprende a ter fé no instinto humano, não nas máquinas.

Luke passa por outro sacrifício pessoal no clímax do segundo filme da série, *O Império contra-ataca*. Nesse episódio, ele escapa do Imperador e perde a mão na fuga. Como recompensa, ganha um novo controle sobre a Força no último filme da trilogia, *O retorno de Jedi*.

INCORPORAÇÃO

A Ressurreição é a oportunidade de o herói mostrar que absorveu, ou incorporou, cada lição de cada personagem. Incorporação significa que ele literalmente transformou as lições da estrada numa parte de seu corpo. Um clímax ideal testaria tudo o que ele aprendeu e permitiria que ele mostrasse ter absorvido o Mentor, o Camaleão, a Sombra, os Guardiões e os Aliados ao longo do caminho. No momento em que os heróis de *Amigos, sempre amigos* resistem ao seu clímax, também conseguem aplicar o que aprenderam de uma variedade de Mentores e antagonistas.

MUDANÇA

O maior objetivo dramático da Ressurreição é dar um sinal externo de que o herói realmente mudou. Deve-se provar que o antigo Eu está completamente morto, e o novo Eu, imune a tentações e vícios que aprisionam a antiga forma.

O truque para os escritores é fazer a mudança visível em aparência e ação. Não é suficiente convencer as pessoas ao redor do herói de sua mudança; não é suficiente que ele fale sobre a mudança. O público precisa ser capaz de ver a mudança em trajes, comportamento, atitude e ações.

Tudo por uma esmeralda tem uma noção bem desenvolvida de Ressurreição que se percebe no visual. No clímax de ação do filme, Joan Wilder e Jack Colton unem-se para derrotar os vilões, resgatar a irmã dela e reclamar o tesouro. Porém, Jack afasta-se imediatamente, pondo o enredo romântico de Joan em risco. A perfeição de homem estava ao seu alcance, mas lhe é tirada no último minuto. Jack lhe dá um beijo de adeus e diz que ela sempre tivera o necessário para ser uma heroína, mas que, no fim das contas, ele prefere seguir o dinheiro ao coração. Colton vai atrás da esmeralda que foi engolida por um crocodilo. Ele pula de uma muralha alta e mergulha na água, deixando Joan romanticamente enlutada e insatisfeita. O enredo de ação terminou em triunfo, mas o emocional parece uma tragédia. De fato, a esperança de inteireza emocional de Joan está morta.

A cena de Joan olhando sobre o parapeito dissolve-se lentamente para apresentar uma tomada dela, no seu Eu ressuscitado em um escritório em Nova York, poucos meses depois. Sua agente está lendo o último manuscrito de Joan, baseado em suas aventuras da vida real. Fica óbvio em cada escolha de imagem que Joan Wilder mudou, que de alguma forma chegou ao fundo do poço e renasceu emocionalmente. O manuscrito levou a agente insensível às lágrimas. Ela afirma que, de longe, é o melhor livro de Joan e observa que ele foi concluído muito rápido. As Provações do Mundo Especial tornaram Joan uma escritora melhor, e ela parece melhor também, mais segura e confiante do que antes.

No fim da cena, Joan enfrenta um teste emocional derradeiro. A agente menciona a conclusão do livro que, diferente da vida real de Joan, termina com o herói e a heroína juntos. Ela se inclina e, de sua maneira contundente, chama Joan de "uma romântica sem esperanças", totalmente incorrigível.

Joan poderia ter desmoronado nesse ponto, talvez lamentado sobre a triste realidade de não ter conseguido seu homem. Ou poderia ter concordado com a afirmação da agente, de que é incorrigível. A antiga Joan poderia ter desmontado. Mas não. Joan passa no teste emocional com a sua resposta. Ela discorda gentilmente, mas com firmeza, dizendo: "Não, sou uma romântica esperançosa". Seu olhar nos diz que ela ainda sofre, mas que está realmente bem. Aprendeu a se amar independentemente de ter um homem que a ama, e conquistou a autoconfiança que lhe faltava antes. Mais tarde, na rua, ela é capaz de afastar homens que a teriam intimidado antes. Ela passou por uma Ressurreição. Mudou em aparência e ação, de maneira que conseguimos ver na tela e sentir no coração.

O MÁGICO DE OZ

O mágico de Oz não é tão visual quanto Tudo por uma esmeralda em sua descrição da transformação do herói, mas, ainda assim, há o renascimento e o aprendizado, que se expressam em palavras. A Ressurreição de Dorothy é a recuperação da morte aparente de sua esperança quando o Mágico acidentalmente decola no balão. Quando parece que Dorothy nunca alcançará seu objetivo de voltar para casa, há outra aparição da Bruxa Boa, representando a anima posi-

A RESSURREIÇÃO

tiva que nos conecta ao lar e à família. Ela diz a Dorothy que a menina tinha o poder de voltar para casa desde o início, e que não a avisara porque "você nunca teria acreditado em mim. Precisava descobrir sozinha".

O homem de lata pergunta sem rodeios: "O que você aprendeu, Dorothy?", ao que a garota responde ter aprendido a buscar seu "desejo do coração" em seu "próprio quintal". Como Joan Wilder, Dorothy aprendeu que a felicidade e a completude estão dentro dela, mas essa expressão verbal de mudança não é tão eficaz quanto as mudanças visuais e comportamentais que é possível ver na tela durante a cena de Ressurreição de Tudo por uma esmeralda. Mesmo assim, Dorothy aprendeu algo e agora pode cruzar o último limiar de todos.

*

A Ressurreição é o exame final do herói, sua chance de mostrar o que aprendeu. Os heróis são totalmente purgados pelo sacrifício final ou pela experiência mais profunda dos mistérios da vida e da morte. Alguns não passam por esse ponto perigoso, mas aqueles que sobrevivem avançam para fechar o círculo da Jornada do Herói através do Retorno com o Elixir.

PERGUNTAS SOBRE A JORNADA

1. Qual é a Ressurreição em *King Kong? E o vento levou? Lincoln? Millennium: os homens que não amavam as mulheres?*

2. Quais características negativas seu herói adquiriu ao longo do caminho? Quais falhas estavam lá desde o início e ainda precisam ser corrigidas? Quais você precisa preservar não corrigidas? Quais são as partes necessárias de sua natureza de herói?

3. Por qual provação final de morte e renascimento seu herói precisa passar? Qual aspecto de seu herói é ressuscitado?

4. Existe a necessidade de um confronto físico em sua história? Seu herói é ativo no momento crucial?

5. Examine o arco de personagem de seu herói. Ele representa um crescimento realista de mudanças graduais? A mudança final em seu personagem é visível em suas ações ou aparência?

6. Quem aprende algo em uma tragédia na qual o herói morre ou não tenha aprendido suas lições?

ESTÁGIO DOZE:

RETORNO COM O ELIXIR

───✳───

"Não, tia Em, era um lugar vivo, de verdade. E eu lembro que havia coisas que não eram muito boas. Mas a maioria era linda. Ao mesmo tempo, tudo que eu dizia para todo mundo era 'Quero voltar para casa'."
– O mágico de Oz, roteiro de Noel Langley,
Florence Ryerson e Edgar Allan Woolf

*

Depois de terem sobrevivido a todas as provações e à morte, os heróis voltam ao ponto de partida, vão para casa ou continuam a jornada. Porém, sempre prosseguem com a sensação de que estão começando uma vida nova, uma que será diferente para sempre por causa do caminho que acabaram de percorrer. Se são heróis verdadeiros, RETORNAM COM O ELIXIR do Mundo Especial, trazem algo para dividir com os outros ou algo com o poder de curar a terra ferida.

RETORNO

A guerra do fogo tem uma sequência de Retorno maravilhosa, que mostra como a arte narrativa provavelmente começou, com caçadores-coletores brigando para relatar suas aventuras no mundo exterior. Os heróis do filme aproveitam os frutos da missão para fazer um churrasco ao redor da fogueira.

O Pícaro da turma de caça agora se transforma no contador de histórias, representando a aventura a partir da fase de Provas, com efeitos sonoros e uma imitação engraçada de um mamute Guardião do Limiar que encontraram na jornada. Um caçador ferido ri enquanto suas feridas são tratadas: na linguagem do filme, uma declaração do poder curativo das histórias. Retornar com o Elixir significa implementar a mudança no cotidiano e usar as lições da aventura para curar os ferimentos.

DENOUEMENT

Outro nome para o Retorno é *denouement*, uma palavra francesa que significa "desate" ou "desenlace" (*noue* significa nó). Uma história é como um tecido no qual a vida dos personagens é entrelaçada num desenho coerente. As tramas do enredo são amarradas para criar conflito e tensão e, em geral, é bom liberar a tensão e resolver os conflitos desatando esses nós. Também falamos em "amarrar as pontas soltas" de uma história no *denouement*. Seja para atar ou desatar, esses termos enfatizam a ideia de que a história é uma tessitura e que é preciso finalizá-la corretamente ou ela parecerá emaranhada ou esfarrapada. Por isso é importante lidar no Retorno com as tramas secundárias e todas as questões e problemas que foram levantados na história. Tudo bem se novas questões forem apresentadas no Retorno – na verdade, isso pode ser bastante desejável –, mas todas as questões antigas devem ser tratadas ou ao menos retomadas. Em geral, os escritores esforçam-se para criar uma sensação de fechamento do círculo em todas as tramas e temas.

DUAS FORMAS DE HISTÓRIA

Existem dois caminhos para se finalizar a Jornada do Herói. O mais convencional, preferido na cultura ocidental e nos filmes norte-americanos em especial, é a forma CIRCULAR, em que há uma noção de fechamento e completude. A outra forma, mais popular na Ásia e nos filmes europeus e australianos, é a abordagem do FINAL ABERTO, em que há a sensação de que existem questões não respondidas, ambiguidades e conflitos não resolvidos. Os heróis podem ter mais consciência nas duas formas, mas na de final aberto os problemas talvez não sejam amarrados de maneira tão satisfatória.

A FORMA CIRCULAR

O desenho de história mais popular parece ser a CIRCULAR, ou FORMA FE-CHADA, em que a narrativa retorna ao seu ponto de partida. Nessa estrutura, é possível levar o herói literalmente de volta ao início do círculo, para o local ou mundo no qual ele começou a jornada. Talvez o Retorno seja circular de um modo visual ou metafórico, com a repetição da imagem inicial ou a repetição de um diálogo ou situação do Primeiro Ato. É uma maneira de amarrar as pontas soltas e deixar uma sensação de completude na história. A imagem ou as frases podem ter adquirido um novo significado, agora que o herói concluiu a jornada. A declaração original do tema pode ser reavaliada no Retorno. Muitas composições musicais voltam a um tema inicial para refraseá-lo no final.

Fazer seu herói retornar ao ponto de partida ou se lembrar de como ele começou permite que haja uma comparação para a plateia. Esse recurso dá uma medida da distância percorrida pelo herói, de como ele mudou e como seu mundo antigo parece diferente agora. Para proporcionar essa sensação circular de conclusão e comparação, os escritores às vezes colocarão seus heróis para passar, no Retorno, por experiências que eram difíceis ou impossíveis para eles no início; assim, o público pode ver como eles mudaram. Em *Ghost: do outro lado da vida*, o herói era incapaz de dizer "eu te amo" no Mundo Comum. Mas, no Retorno, tendo morrido e enfrentado muitos testes na terra dos mortos, ele se vê capaz de dizer essas palavras tão importantes para que sua esposa, ainda viva, possa ouvi-las.

Em *Gente como a gente*, o jovem herói Conrad fica tão deprimido em seu Mundo Comum que não consegue comer o café da manhã que sua mãe faz para ele. No Retorno, após ter passado por várias provações de morte e renascimento, ele vai pedir desculpas à namorada por agir como um idiota. Nesse momento, ela pede que ele entre para tomar o café da manhã e, dessa vez, ele tem apetite. Sua capacidade de comer é um sinal externo de sua mudança interna. Essa mudança real no comportamento é mais eficaz dramaticamente do que Conrad apenas dizer que se sente diferente, ou alguém perceber que ele cresceu e comentá-lo, porque comunica a mudança em um nível simbólico e afeta o público de forma indireta, mas mais poderosa do que uma declaração direta. De forma sutil, dá uma demonstração de que uma fase da vida passou, de que um círculo foi fechado e de que uma nova fase está prestes a começar.

ENCONTRO DA PERFEIÇÃO

Os "finais felizes" dos filmes hollywoodianos conectam essas histórias com o mundo dos contos de fadas, que com frequência versam sobre o encontro da perfeição, simbolizado pela declaração "e eles viveram felizes para sempre". Contos de fadas reequilibram a família despedaçada, tornando-a novamente completa.

Os casamentos são uma maneira popular de terminar histórias. O matrimônio é um reinício, o fim de uma vida antiga de solteiro e o começo de uma nova vida como parte de uma nova unidade. Recomeços são perfeitos e intactos em sua forma ideal.

Começar um novo relacionamento é outra maneira de mostrar um reinício no fim de uma história. Em *Casablanca*, Humphrey Bogart faz um sacrifício de Ressurreição complexo, abrindo mão da chance de ficar com a mulher que ama. Sua recompensa, o Elixir que ele traz da experiência, é a nova relação com Claude Rains. Como ele diz, em uma das mais famosas frases da história do cinema, "Louie, acho que é o começo de uma bela amizade".

A FORMA DE FINAL ABERTO

Os narradores pensaram em muitas maneiras de criar sentimentos circulares de completude ou encerramento, basicamente ao tratar de todas as questões dramáticas levantadas no Primeiro Ato. No entanto, às vezes algumas pontas soltas são desejáveis. Alguns narradores preferem um Retorno de FINAL ABERTO. Desse ponto de vista, a narrativa continua depois que a história termina, permanecendo na mente e no coração do público, nas conversas e até nas discussões das pessoas em cafés após ver um filme ou ler um livro.

Os escritores da vertente de final aberto preferem deixar as conclusões morais para o leitor ou espectador. Algumas perguntas não têm resposta, algumas têm muitas. Algumas histórias terminam sem responder questões ou resolver charadas, mas apresentam novas perguntas que ressoam na mente do público muito tempo depois que a história termina.

Os filmes hollywoodianos sempre são criticados pelos imutáveis finais de contos de fadas, nos quais todos os problemas são resolvidos e os pressupostos culturais do público não são abalados. Em contraste, a abordagem de final aberto encara o mundo como um lugar ambíguo, imperfeito. Para histórias mais sofisticadas com um teor mais duro ou realista, a forma de final aberto talvez seja mais adequada.

FUNÇÕES DO RETORNO

Como os outros estágios da jornada, o Retorno com o Elixir pode desempenhar muitas funções, mas há um quê especial neste último elemento da jornada. De certo modo, o Retorno é semelhante à Recompensa. Ambos seguem um momento de morte e renascimento e os dois descrevem consequências de se sobreviver à morte. Algumas funções de Empunhar a Espada também podem aparecer no Retorno, como tomada de posse, celebração, o casamento místico, cenas de fogueira, autopercepção, vingança ou retaliação. Mas o Retorno é a última chance de tocar as emoções do público. Deve terminar sua história de forma que satisfaça ou provoque o espectador, conforme sua pretensão. Tem um peso especial por sua posição única de final de obra, e também é um lugar de armadilhas para escritores e seus heróis.

SURPRESA

Um Retorno pode ficar insosso se tudo for resolvido com muita tranquilidade ou conforme o esperado. Um bom Retorno deve desatar os fios do enredo com certa dose de surpresa, e ser feito com um sabor do inesperado, uma revelação repentina. Os gregos e romanos quase sempre traziam uma cena de "reconhecimento" no final de suas peças e romances. Dois jovens, criados como pastores, descobrem que são um príncipe e uma princesa, prometidos muito tempo atrás, para surpresa de todos. No lado trágico, Édipo descobre que o homem que matou na Provação era seu pai e a mulher com quem se uniu em casamento místico era sua mãe. Aqui o reconhecimento não causa alegria, mas horror.

O Retorno pode ter um desvio. É outro caso de desorientação: você leva o público a acreditar numa coisa e revela, no último momento, uma realidade bem diferente. O filme *Sem saída* lança uma percepção totalmente diversa do herói nos últimos dez segundos do filme. *Instinto selvagem* faz com que suspeitemos, nos primeiros dois atos, de que a personagem de Sharon Stone é a assassina; no clímax, somos convencidos de que ela é inocente; e, no encerramento, somos novamente lançados na dúvida com a cena final.

Em geral, há um tom irônico ou cínico nesses Retornos, como se quisessem dizer: "Ah, enganei vocês!". Você se vê pensando ingenuamente que os seres humanos são decentes ou que o bem vence o mal. Uma versão menos sardônica de um Retorno com virada pode ser encontrada na obra de escritores como O. Henry, que às vezes usava o desvio para mostrar o lado positivo da natureza humana, como no conto "O presente dos Magos". Um jovem casal pobre faz sacrifícios para surpreender com os presentes de Natal. Eis que a mulher descobre que o marido vendeu seu relógio valioso para lhe comprar uma presilha para seus cabelos longos e lindos. A mulher, por sua vez, cortou os cabelos e vendeu os belos cachos para comprar uma corrente para o relógio querido dele. Os presentes e sacrifícios anulam-se, mas ainda resta ao casal o tesouro do amor.

RECOMPENSA E PUNIÇÃO

Uma função especializada do Retorno é distribuir as recompensas e as punições finais. É parte da restauração do equilíbrio para o mundo da história, conferindo-lhe uma noção de completude. É como pegar as notas depois dos exames finais. Os vilões podem receber seu destino final por seus feitos maléficos e não devem se livrar tão facilmente. O público odeia quando isso acontece. A punição deve ser justa para o crime e conter a qualidade da JUSTIÇA POÉTICA. Em outras palavras, a maneira como o vilão morre ou obtém sua punição justa precisa ter relação direta com seus pecados.

Os heróis também devem receber o que lhes é de direito. Muitos filmes dão aos heróis recompensas que eles não mereceram de fato. A recompensa deve ser proporcional ao sacrifício que fizeram. Ninguém recebe a imortalidade por ser legal. Inclusive, se os heróis não aprenderam uma lição, podem ser penalizados no Retorno.

É claro que, se seu ponto de vista dramático é de que a vida não é justa e você sente que a justiça é algo raro neste mundo, isso se refletirá na maneira como recompensas e punições serão distribuídas no Retorno.

O ELIXIR

A chave verdadeira para o estágio final da Jornada do Herói é o ELIXIR. O que o herói traz de volta consigo do Mundo Especial para compartilhar no Retorno? Seja partilhado dentro da comunidade ou com o público, trazer de volta o Elixir é o teste final do herói. Isso prova que ele esteve lá, serve de exemplo para outros e mostra, acima de tudo, que a morte pode ser vencida. O Elixir pode até ter o poder de restaurar a vida no Mundo Comum.

Como tudo o mais na Jornada do Herói, retornar com o Elixir pode ser literal ou metafórico. O Elixir talvez seja uma substância ou remédio verdadeiro trazido de volta para salvar uma comunidade ameaçada (o que acontece em vários enredos da série *Star Trek* e com o objeto de busca em O *curandeiro da selva*).

Pode ser um tesouro real arrancado do Mundo Especial e dividido no grupo de aventureiros. De forma mais figurada, pode ser qualquer uma das coisas que levam as pessoas a empreender uma aventura: dinheiro, fama, poder, amor, paz, felicidade, sucesso, saúde, conhecimento ou uma boa história para contar. Os melhores Elixires são aqueles que trazem maior consciência ao herói e ao público. Em O *tesouro de Sierra Madre*, descobre-se que o tesouro físico em ouro não passa de pó inútil e que o Elixir verdadeiro é a sabedoria para viver uma vida longa e pacífica.

Nas histórias do rei Arthur, o Graal é o Elixir que, uma vez partilhado, cura a terra ferida. O Rei Pescador pode descansar novamente. Se Percival e os cavaleiros mantivessem o Graal para si, não haveria cura.

Se um viajante não trouxer de volta algo para compartilhar, não é um herói, mas um canalha, egoísta e não esclarecido. Ele não aprendeu a lição. Não cresceu. Voltar com o Elixir é o último teste do herói, que mostra se ele é maduro o bastante para compartilhar os frutos de sua busca.

O ELIXIR DO AMOR

Amor, claro, é um dos Elixires mais poderosos e populares. Pode ser uma recompensa que o herói não conquista até passar o sacrifício final. Em *Tudo por uma esmeralda*, Joan Wilder desistiu de suas antigas fantasias sobre homens e deu adeus à sua personalidade antiga e insegura. Sua recompensa é inesperada

– Jack Colton vai atrás dela, milagrosamente, transportando um barco à vela romântico até sua vizinhança nova-iorquina para levá-la embora. Ele transmutou o Elixir que buscava – a esmeralda preciosa – em outra forma, em amor. Joan recebe sua recompensa romântica, mas a mereceu ao aprender que podia viver sem ela.

O MUNDO MUDOU

Outro aspecto do Elixir é que a sabedoria que os heróis trazem de volta consigo pode ser tão poderosa que força uma mudança não apenas neles, mas também naqueles ao seu redor. O mundo inteiro é alterado, e as consequências, disseminadas. Há uma bela imagem para isso em *Excalibur*. Quando Percival traz o Graal de volta ao aflito Arthur, o rei revive e sai em cavalgada com seus cavaleiros novamente. Ficam tão cheios da nova vida que as flores se abrem com sua passagem. São um Elixir vivo, cuja simples presença renova a natureza.

O ELIXIR DA RESPONSABILIDADE

Um Elixir comum e poderoso surge quando os heróis assumem uma responsabilidade maior no Retorno, abrindo mão de sua situação solitária e assumindo uma posição de liderança ou utilidade dentro de um grupo. Famílias e relacionamentos começam, cidades são fundadas. A essência do herói move-se do ego para o Eu, e às vezes expande-se para incluir o grupo. O Mad Max de George Miller, o herói solitário de *Mad Max: a caçada continua* e *Mad Max: além da Cúpula do Trovão*, abandona sua solidão para se tornar o Mentor e o pai de criação de uma raça de crianças órfãs. O Elixir é sua habilidade de sobreviver e suas lembranças do mundo antigo antes do apocalipse, que ele repassa aos órfãos.

O ELIXIR DA TRAGÉDIA

No gênero trágico, os heróis morrem ou são derrotados, derrubados por seus defeitos trágicos. Ainda assim, há aprendizado, e um Elixir é trazido da experiência. Quem aprende? O público, pois ele vê os erros do herói trágico e as consequências do erro. Aprendem, se forem sábios, quais equívocos evitar, e esse é o Elixir que levam da experiência.

MAIS TRISTE, PORÉM MAIS SÁBIO

Às vezes, o Elixir pode fazer com que os heróis deem uma olhada tristonha para trás, para os passos errados do caminho. Uma sensação de desfecho é criada por um herói que reconhece que está MAIS TRISTE, PORÉM MAIS SÁBIO, por ter passado pela experiência. O Elixir que ele carrega é um remédio amargo, mas pode impedir que ele cometa o mesmo erro, e sua dor serve como um alerta razoável para o público não escolher esse caminho. Os heróis de *Negócio arriscado* e *Homens brancos não sabem enterrar* percorreram uma estrada de aprendizado que misturou dor e prazer. No fim das contas, eles perdem o prêmio do amor, precisam retornar sem a mulher dos sonhos e têm de se consolar com o Elixir da experiência. Essas histórias criam um sentimento de que a conta está fechada e que os heróis, agora, recebem o saldo final.

MAIS TRISTE, PORÉM NÃO MAIS SÁBIO

Um herói "mais triste, porém mais sábio" reconhece que é um tolo, o que é o primeiro passo para a recuperação. Os piores tipos de tolo são aquele que não entende que é tolo, aquele que nunca vê o erro ou aquele que enfrenta os problemas, mas não aprende realmente uma lição. Mesmo após resistir a provações terríveis, ele recua para o mesmo comportamento que o levou ao problema em primeiro lugar. Ele fica MAIS TRISTE, PORÉM NÃO MAIS SÁBIO. É outro tipo de desfecho circular.

Nesse estilo de Retorno, um personagem malandro ou tolo parece ter crescido e mudado. Talvez ele seja um palhaço ou um Pícaro, como Bob Hope nos filmes da dupla Crosby-Hope ou Eddie Murphy em *48 horas* ou *Trocando as bolas*, que jura ter aprendido a lição, mas, no final, deixa o Elixir cair e volta ao erro original. Ele voltará à sua atitude original e irreprimível, fechando o círculo e condenando-se a repetir a aventura.

Pois essa é a pena por não voltar com o Elixir: O HERÓI, OU QUALQUER PESSOA, FICA CONDENADO A REPETIR AS PROVAÇÕES ATÉ A LIÇÃO SER APRENDIDA OU O ELIXIR SER LEVADO PARA CASA E COMPARTILHADO.

EPÍLOGO

Da mesma forma que algumas histórias podem ter um prólogo que precede a ação principal, também pode haver a necessidade de um EPÍLOGO que siga o corpo da história. Um epílogo, ou um pós-escrito em raras ocasiões, presta-se a concluir a narrativa, projetando um tempo futuro para mostrar como ficaram os personagens. *Laços de ternura* tem um epílogo que mostra os personagens um ano após a história principal ter terminado. O sentimento comunicado é de que, embora haja tristeza e morte, a vida continua. Em *Olha quem está falando*, o epílogo exibe o nascimento da irmãzinha do bebê herói, nove meses depois de o enredo principal ter sido resolvido. As histórias que mostram um grupo de personagens em um período crítico ou de formação, como *Loucuras de verão* e filmes de guerra como *Tempo de glória* ou *Os doze condenados*, podem terminar com um segmento curto que conta como os personagens morreram, progrediram na vida ou foram lembrados. *Uma equipe muito especial* possui um epílogo extenso no qual uma jogadora idosa, lembrando-se da carreira em flashback do corpo da história do filme, visita o Hall da Fama do Beisebol e vê muitas de suas colegas de time. O destino das jogadoras é revelado e as mulheres ainda vivas, agora aos sessenta anos, disputam uma partida para mostrar que ainda sabem jogar. Seu espírito é o Elixir que revive o herói e o público.

Esses são alguns dos objetivos e funções do Retorno. Porém, há também ciladas a se evitar no Retorno com o Elixir.

ARMADILHAS DO RETORNO

É fácil pôr tudo a perder no Retorno. Muitas histórias desmoronam nos momentos finais, se o Retorno for muito abrupto, prolongado, confuso, sem graça ou insatisfatório. O humor ou cadeia de pensamento que o autor criou simplesmente evapora e o esforço todo é desperdiçado. O Retorno também pode ser ambíguo. Muita gente não entendeu a virada final de *Instinto selvagem*, pois não se resolveu a incerteza sobre a culpa da mulher, e alguns espectadores ficaram insatisfeitos com o final ambíguo da série *Os Sopranos*.

TRAMAS SECUNDÁRIAS NÃO RESOLVIDAS

Outra armadilha é que os escritores não reúnem todos os elementos no Retorno. É comum que os escritores de hoje deixem soltos os fios das tramas secundárias. Talvez, na pressa de concluir a história e lidar com os personagens principais, o destino dos coadjuvantes e das ideias secundárias seja esquecido, embora possa ser extremamente interessante para o público. Filmes mais antigos costumam ser mais completos e satisfatórios, pois os criadores tinham tempo para trabalhar cada trama secundária. Os atores podiam contar que atuariam um pouco no início, no meio e no fim. Uma regra preciosa: TRAMAS SECUNDÁRIAS DEVEM TER AO MENOS TRÊS "APARIÇÕES" OU CENAS DISTRIBUÍDAS EM TODA A HISTÓRIA, UMA EM CADA ATO. Todas as tramas secundárias devem ser reconhecidas ou resolvidas no Retorno. Cada personagem deve terminar com alguma variedade de Elixir ou aprendizado.

FINAIS DEMAIS

Por outro lado, o Retorno não deve parecer forçado ou repetitivo. Outra boa regra de ouro para a fase do Retorno é o sistema MENOS É MAIS. Muitas histórias fracassam porque têm finais demais. O público sente que a história acabou, mas o escritor, talvez por não conseguir escolher o final certo, apresenta vários. Isso costuma frustrar o público, dissipando a energia que o escritor criou. As pessoas querem saber que a história terminou em definitivo para que possa rapidamente se levantar e sair do cinema ou fechar o livro com uma carga poderosa de emoção. Um filme excessivamente ambicioso como *Lorde Jim*, ao tentar dar conta do denso romance em que foi inspirado, pode exaurir o público com clímax e finais que parecem eternos.

Um exemplo extremo de que menos é mais talvez seja a luta de caratê que forma o clímax de *Karatê Kid*. Quando o último chute é dado e o herói vence, os créditos sobem imediatamente em uma explosão da música tema final. Quase não há *denouement*. Sabemos que o rapaz está carregando o Elixir das lições bem aprendidas em seu treinamento.

FINAIS ABRUPTOS

Um Retorno pode parecer muito abrupto, dando a sensação de que o escritor desistiu cedo demais após o clímax. Uma história tende a parecer incompleta, a menos que certo espaço emocional seja dedicado ao adeus dos personagens e a algumas conclusões. Um Retorno abrupto é como alguém que desliga o telefone sem dizer tchau, ou um piloto saltar de paraquedas sem fazer o avião aterrissar.

ENFOQUE

Um Retorno pode ficar fora de enfoque, se as questões dramáticas levantadas no Primeiro Ato e testadas no Segundo Ato não forem respondidas nesse momento. Para começar, talvez os escritores não tenham feito as perguntas corretas. Sem perceber, um escritor pode ter mudado o tema. Um conto que começa como uma história de amor pode ter se transformado numa exposição da corrupção governamental. A história não parecerá enfocada a menos que o círculo seja fechado com o Retorno aos temas originais.

PONTUAÇÃO

A função final do Retorno é concluir a história de uma vez por todas. A narrativa deve terminar com o equivalente emocional de uma pontuação. Uma história, como uma frase, pode terminar apenas de quatro maneiras: com um ponto final, uma exclamação, uma interrogação ou reticências.

As necessidades de suas histórias e sua atitude podem ditar o encerramento com a sensação de ponto final, uma imagem ou diálogo direto que faça uma declaração como "A vida continua", "O amor tudo pode", "O bem vence o mal", "A vida é assim mesmo", ou "Não há lugar como o lar".

Um final pode dar o efeito de uma exclamação se a intenção da obra for provocar ação ou criar alarme. Ficções científicas e filmes de terror podem terminar com observações do tipo "Não estamos sozinhos!" e "Arrependa-se ou pereça!". Histórias de consciência social podem terminar com um tom apaixonado de "Nunca mais!", "Levante-se e quebre as correntes da opressão!" ou "Algo precisa ser feito!".

Em uma abordagem mais aberta quanto à estrutura, é possível que se queira concluir com o efeito de uma interrogação, provocando a sensação de que as incertezas permanecem. A imagem final pode levantar uma questão como "O herói retornará com o Elixir ou será esquecido?". Uma história de final aberto pode também ser finalizada com a sensação de reticências. Questões veladas podem pairar no ar, ou conflitos podem permanecer não resolvidos com finais que sugerem dúvida ou ambiguidade: "O herói não consegue decidir entre duas mulheres, portanto...", "Amor e arte são irreconciliáveis, então...", "A vida continua... e continua... continua..." ou "Ela provou que não é uma assassina, mas...".

De uma forma ou de outra, o final de uma história deve anunciar que ela acabou – como a assinatura dos desenhos da Warner Bros., "Isso é tudo, pessoal". Narradores orais, além de usar fórmulas como "... e viveram felizes para sempre", às vezes terminarão os contos populares com uma declaração ritual como "Entrou por uma porta, saiu pela outra, e quem quiser que conte outra". Às vezes, uma imagem final, como o herói cavalgando para longe ao pôr-do-sol, pode resumir o tema da história numa metáfora visual e deixar o público ciente de que ela foi concluída. A imagem final de *Os imperdoáveis*, uma tomada do personagem de Clint Eastwood afastando-se do túmulo da esposa e voltando para casa, sinaliza o final da jornada e resume o tema da história.

Essas são apenas algumas características do Retorno com o Elixir. Como chegamos ao fim do círculo, vamos deixar um pouco de espaço para o desconhecido, o inesperado, o inexplorado.

O MÁGICO DE OZ

O Retorno de Dorothy começa com o adeus aos Aliados e o reconhecimento dos Elixires do amor, da coragem e do bom senso que deles ela recebeu. Em seguida, batendo os calcanhares e entoando "Não há lugar como o lar", ela deseja voltar ao Kansas, onde tudo começou.

De volta ao Mundo Comum, de volta ao preto e branco, Dorothy acorda na cama com uma compressa na testa. O Retorno é ambíguo: a viagem a Oz foi "real" ou um sonho de uma garota que bateu a cabeça? Para a história, no entanto, isso não importa; a jornada foi real para Dorothy.

Ela reconhece as pessoas ao seu redor como personagens de Oz. Porém, as percepções que tem acerca deles mudaram como resultado das experiências no Mundo Especial. Ela se lembra de que algumas foram terríveis, algumas belas, mas se concentra naquilo que aprendeu: não há lugar como o lar.

A declaração de Dorothy de que nunca mais abandonará a casa novamente não deve ser entendida ao pé da letra. Sua referência não diz respeito à casinha no Kansas, mas à sua alma. Ela é uma pessoa totalmente integrada, de posse de suas melhores qualidades e com controle das piores, e em contato com as formas positivas de energia masculina e feminina dentro dela. Ela incorporou cada lição que aprendeu de cada ser ao longo do caminho. Finalmente está feliz na própria pele e se sentirá em casa onde quer que esteja. O Elixir que ela traz de volta é essa nova ideia de lar, um novo conceito de Eu.

*

E assim termina a Jornada do Herói, ou ao menos repousa por um tempo, pois a jornada da vida e a aventura da história nunca terminam de verdade. O herói e o público trazem de volta o Elixir da aventura atual, mas a busca de integrar as lições continua. Cada um de nós deve dizer o que é o Elixir – sabedoria, experiência, dinheiro, amor, fama ou a empolgação de toda uma vida. Porém, uma boa história, como uma boa jornada, nos deixa com um Elixir que nos muda, nos torna mais conscientes, mais vivos, mais humanos, mais inteiros, mais partes de tudo que está aí. O círculo da Jornada do Herói está completo.

PERGUNTAS SOBRE A JORNADA

1. Qual é o Elixir de *Corra!*? *Birdman ou (A inesperada virtude da ignorância)*? *Parasita*? *História de um casamento*?

2. Qual é o Elixir que seu herói trará de volta da experiência? Ele o mantém para si ou o compartilha?

3. Sua história prossegue por muito tempo depois do acontecimento principal ou clímax? Qual seria o efeito de simplesmente terminá-la após o clímax? Quanto de desenlace é necessário para satisfazer o público?

4. De que maneira o herói assumiu mais responsabilidade no curso da história? O Retorno é o ponto em que ele assume a maior responsabilidade?

5. Quem é o herói da história agora? Sua história mudou os heróis ou outros personagens tornaram-se heróis? Quem se revelou uma decepção? Existem surpresas no resultado final?

6. Compensa contar sua história? O suficiente foi aprendido para fazê-la valer a pena?

7. Onde você está na sua Jornada do Herói? Qual Elixir você espera trazer consigo?

EPÍLOGO

RECAPITULAÇÃO DA JORNADA

———※———

"Eu me diverti um bocado e aproveitei cada minuto."
– Errol Flynn

*

Agora que chegamos ao fim do Caminho dos Heróis, pode ser útil examinar como esse modelo funciona em algumas histórias cinematográficas importantes. Escolhi *Titanic*, *Pulp Fiction*, *O rei leão* e *A forma da água* como filmes que fizeram um uso criativo e divertido dos arquétipos e estruturas da Jornada do Herói. Também quero comentar a saga *Star Wars*, que teve um papel muito importante no desenvolvimento da ideia de Jornada do Herói.

Analisar esses filmes e identificar a Jornada do Herói neles foi um exercício recompensador, revelando algumas falhas nas histórias, mas também níveis surpreendentes de significado e conexão poética. Recomendo vivamente que você tente fazê-lo com um filme, romance ou história preferido. Esse material traz uma grande recompensa quando aplicado a uma história ou situação de vida. No entanto, antes de apresentar esses exemplos, vejamos alguns alertas e instruções.

CAVEAT, SCRIPTOR

Primeiro, *Caveat, Scriptor!* (Cuidado, escritor!): O MODELO DE JORNADA DO HERÓI É UMA DIRETRIZ, não é uma receita ou fórmula matemática a ser aplicada com rigidez a cada história. Para ser eficaz, uma história não precisa seguir esta ou aquela escola, paradigma ou método de análise.

A medida principal do sucesso ou excelência de uma história não é seu cumprimento de padrões estabelecidos, mas sua popularidade e seu efeito duradouros no público. Forçar uma história para que ela obedeça a um modelo estrutural é o mesmo que pôr os carros diante dos bois.

É possível escrever boas histórias que não apresentam todas as características da Jornada do Herói; de fato, é até melhor que não apresentem. As pessoas amam ver convenções familiares e expectativas desafiadas com criatividade. Uma história pode romper com todas as "regras" e, ainda assim, tocar emoções humanas universais.

A FORMA SEGUE A FUNÇÃO

LEMBRE-SE: AS NECESSIDADES DA HISTÓRIA DITAM SUA ESTRUTURA. A forma segue a função. Suas crenças e prioridades, junto dos personagens, temas, estilo, tom e ambientação que você tenta apresentar, determinarão a forma e o projeto do enredo. A estrutura também será influenciada pelo público, pelo tempo e pelo espaço em que a história é contada.

As formas das histórias mudam com as necessidades do público. Novos tipos de histórias com ritmos diferentes continuarão a ser criados. A amplitude de atenção do público mundial é menor atualmente e sua sofisticação é maior do que antes. Os escritores podem criar histórias de ritmo mais rápido e supor que o público será capaz de lidar com viradas e atalhos em estruturas conhecidas.

Novos termos são criados todos os dias e novas observações sobre as histórias são feitas todas as vezes que uma delas é escrita. A Jornada do Herói é apenas um guia, um ponto de partida para modelar a linguagem de sua história e suas regras fundamentais.

ESCOLHA SUA METÁFORA

O padrão da Jornada do Herói é apenas uma metáfora para o que acontece numa história ou na vida. Usei a caça, as aulas na faculdade e a reação sexual humana como metáforas para ajudar a explicar o padrão que vejo na história, mas elas estão longe de ser as únicas possibilidades. Trabalhe uma metáfora diferente ou várias delas, se isso ajudá-lo a entender melhor a arte narrativa. Talvez você ache útil comparar uma história a um jogo de beisebol, a nove tempos de ataque em vez de doze estágios, e termos como "sétimo *inning*" em vez de Empunhar a Espada. Talvez você decida que o processo de navegar um barco, assar um pão, descer um rio fazendo *rafting*, dirigir um carro ou esculpir uma estátua seja uma comparação mais significativa para contar uma história. Às vezes, uma combinação de metáforas é necessária para iluminar diferentes facetas da jornada humana.

Os estágios, termos e ideias da Jornada do Herói podem ser usados como um modelo de projeto para histórias ou como um meio de solucionar os problemas de uma história, contanto que essas diretrizes não sejam seguidas de forma muito rígida. Provavelmente é melhor se familiarizar com as ideias da Jornada do Herói e depois esquecê-las quando se senta para escrever. Se você se perder, consulte a metáfora como se visse um mapa da jornada. Porém, não confunda o mapa com a jornada. Você não dirige com um mapa grudado no para-brisa; você o consulta antes de ligar o carro ou quando está desorientado. A felicidade de uma jornada não é ler ou seguir um mapa, mas explorar os locais desconhecidos e perder-se do mapa de vez em quando. Apenas se perdendo criativamente, além das fronteiras da tradição, que novas descobertas poderão ser feitas.

MODELO DE PROJETO

Talvez você queira experimentar a Jornada do Herói como um esboço para criar uma nova história ou consertar alguma em andamento. Na Disney Animation, usávamos o modelo da Jornada do Herói para restringir as tramas, apontar os problemas e projetar estruturas. Centenas de escritores me disseram que planejaram suas peças, romances ou episódios de *sitcom* usando a Jornada do Herói e a orientação da mitologia.

Algumas pessoas começaram a estruturar um filme ou romance ao escrever os doze estágios da jornada em doze cartões de fichamento. Se você já souber algumas das principais cenas e pontos de virada, escreva-as onde achar que se encaixam nos doze estágios. Dessa maneira, você começará a mapear sua história ao preencher as lacunas de conhecimento dos personagens e o que acontecerá com eles. Use as ideias da Jornada do Herói para questionar seus personagens: o que os Mundos Comum e Especial representam para essas pessoas? Qual é o Chamado à Aventura do meu herói? Como é o medo expresso na Recusa? Ela é superada no Encontro com o Mentor? Qual é o Primeiro Limiar que meu herói precisa cruzar? E assim por diante. Logo as lacunas se preencherão e você poderá avançar no mapeamento da Jornada do Herói para todos os personagens e tramas secundárias até o projeto completo ter sido trabalhado.

Talvez você ache que uma cena se encaixará com a função de um dos estágios, mas parece ser o momento "errado" segundo o modelo da Jornada do Herói. Em sua história, pode ser necessário um Mentor para apresentar uma Chamada e a Recusa no Segundo Ato ou no Terceiro, em vez de no Primeiro Ato, como a Jornada do Herói indica. Não se preocupe com isso: ponha a cena onde quer que pareça correta para você. O modelo mostra apenas o lugar mais provável para um evento ocorrer.

QUALQUER ELEMENTO DA JORNADA DO HERÓI PODE APARECER EM QUALQUER MOMENTO DA HISTÓRIA. *Dança com lobos* começa com a Provação ou Ressurreição do herói que estamos acostumados a ver no ponto intermediário ou no fim de uma Jornada do Herói e, ainda assim, a história funciona. Todas as histórias são compostas de elementos da Jornada do Herói, mas as unidades podem ser arranjadas em quase qualquer ordem para atender às necessidades de sua história.

Por isso você usará cartões de fichamento em vez de escrever os estágios numa única folha de papel. Você poderá mover os cartões para situar cenas conforme necessário, e poderá adicionar mais cartões caso um movimento como o Chamado ou a Recusa tiver de ser repetido várias vezes (como foi o caso de *Titanic*).

Talvez você ache que, ao visualizar sua história, pensará em algumas cenas que não parecem se encaixar em nenhum estágio específico da jornada. Talvez você invente uma terminologia ou metáforas próprias para cobrir essa categoria de cenas, bem como para personalizar a terminologia da Jornada do Herói e adequá-la à sua imagem do universo.

DEMONSTRAÇÃO DA IDEIA

Agora, vamos analisar quatro filmes muito diferentes para demonstrar como os temas da Jornada do Herói continuam sendo recriados com novas combinações de antigos padrões.

AFOGANDO-SE NO AMOR

Análise da Jornada do Herói em Titanic, *de James Cameron*

Quando o grande transatlântico *Titanic*, em sua viagem inaugural de Liverpool a Nova York, bateu contra um *iceberg* e afundou na noite de 14 de abril de 1912, uma história de impacto emocional extraordinário começou a se formar. Reportagens aturdidas pipocaram ao redor do mundo, contando as mais de mil e quinhentas pessoas perdidas, mais da metade das almas a bordo do supostamente "inafundável" transatlântico de luxo. Em seguida, vieram as histórias individuais de covardia e coragem, egoísmo arrogante e abnegação nobre. As tramas foram reunidas em um grande épico que, com seus elementos poderosos de terror, tragédia e morte, foi recontado por sucessivas gerações na forma de livros, artigos, documentários, longas-metragens, peças e até mesmo um musical ou dois. O desastre do *Titanic* incorporou-se à cultura popular ocidental, tornando-se assunto de fascinação contínua como as pirâmides, óvnis ou o romance arturiano.

Então, após 85 anos de histórias sobre o *Titanic*, uma coalizão incomum de dois estúdios hollywoodianos, Paramount e 20th Century Fox, trouxeram ao público outra versão – o *Titanic* de James Cameron. Ele não apenas superou todos os outros filmes relacionados ao *Titanic* em valores de produção e opulência como também foi o filme mais caro jamais feito até então, custando mais de duzentos milhões de dólares para ser produzido e muitos milhões mais em publicidade e distribuição. A visão do diretor e roteirista James Cameron,

A JORNADA DO ESCRITOR

exigindo os recursos financeiros combinados de dois estúdios, era tão colossal que muitos observadores previram o mesmo destino do navio para o filme. Esse novo filme certamente afundaria, talvez levando os estúdios e seus principais executivos com ele. Não importava sua popularidade, não importava quanto os efeitos especiais fossem fantasticamente bem executados – era bem improvável que uma produção com tal vulto arrogante conseguisse recuperar seus custos.

No fim das contas, disseram os críticos especializados na análise de filmes antes da produção, havia muitos pontos contra ele. Primeiro, todo mundo sabe como a história termina. Eles dançam, batem no iceberg e morrem. Faltaria o elemento vital de surpresa: não saber o que vem em seguida.

Segundo, era um filme de época que tinha como cenário o período obscuro anterior à Primeira Guerra Mundial, e todos sabem que filmes de época são caros e não raro impopulares, porque não são "relevantes" para o público moderno. Terceiro, a estrutura do roteiro era considerada tão falha quanto o projeto do *Titanic*, forçando o público a suportar uma hora e meia de melodrama, o tempo de um filme normal, antes de o iceberg surgir e a ação começar. Apresentava um final trágico, que em geral significa a morte nas bilheterias. Com mais de três horas, tinha quase duas vezes o tamanho de um longa-metragem ideal do ponto de vista dos donos de cinema, que teriam de programar menos exibições por dia. E, finalmente, trazia atores que não eram considerados grandes estrelas na época.

Os executivos da 20th Century Fox, que haviam investido a maior parte do dinheiro em troca dos direitos de distribuição internacional, tinham motivos especiais para se preocupar. A história do *Titanic* era conhecida nos EUA e no Reino Unido, mas não na Ásia e em outros mercados estrangeiros. O público internacional vital seria atraído por um drama de época sobre um acidente de navio ocorrido tanto tempo atrás?

Bem, ele foi atraído, em números sem precedentes e repetidamente. Para surpresa de todos, inclusive dos cineastas, o público ao redor do mundo abraçou o *Titanic* numa escala tão gigantesca quanto o próprio navio. Seus custos fabulosos foram recuperados em dois meses, garantindo que a Fox e a Paramount amealhassem lucros imensos. Permaneceu como número 1 de bilheteria ao redor do mundo por mais de 16 semanas. Deu um banho no Oscar, com 14 indicações e 11 premiações, inclusive de melhor filme e melhor direção, provocando outro impulso nas receitas. Sua trilha sonora ficou em primeiro lugar das paradas por quatro meses.

A febre do *Titanic* foi muito além das plateias do filme e de suas músicas. Vivemos numa sociedade coletora, em que o desejo ancestral de manter pequenos pedaços da história pode ser nutrido em uma escala fantástica. Com a mesma motivação que fazia o povo do neolítico esculpir modelos em osso de sua deusa ou totem animal preferido, o público cinematográfico contemporâneo quis ter uma parte da experiência do *Titanic*.

Foram vendidos modelos do navio, livros sobre o filme, filmes sobre o filme e partes do cenário do filme, como botes salva-vidas, cadeiras de convés e louças oferecidas em catálogos luxuosos. Alguns chegaram ao ponto de se registrar para um caro passeio no fundo do mar em um submarino *high-tech* para visitar os destroços verdadeiros do grande navio e o sombrio túmulo de seus passageiros.

Enquanto o filme continuava a ser o número 1 de bilheteria por quatro meses, as pessoas começaram a se perguntar o que estava acontecendo. O que abastecia aquela reação incomum a um simples filme?

EVENTOS CINEMATOGRÁFIOS DE PESO

Certos filmes, por conta do sucesso surpreendente de bilheteria ou conteúdo memorável, tornam-se monumentos permanentes na paisagem cultural. *Titanic*, como *Star Wars*, *Sem destino*, *Contatos imediatos* e *Pulp Fiction*, tornou-se um monumento. Filmes desse tipo são eventos de peso, rompem velhos cascos e fronteiras e levam o conceito de cinema a um nível totalmente novo. Esses filmes de peso capturam algo que ressoam em muitas, muitas pessoas. Precisam expressar uma emoção quase universal ou satisfazer um desejo amplamente compartilhado. A qual desejo universal *Titanic* atendia?

Naturalmente, fico tentado a pensar que o filme fez sucesso porque satisfaz o desejo universal por sentido, e faz isso através do uso intenso de temas e conceitos da Jornada do Herói. Como disse James Cameron em uma carta ao *Los Angeles Times*, de 28 de março de 1998, *Titanic* "intencionalmente incorpora ideias universais da experiência e da emoção humanas que são atemporais – e familiares, pois refletem nossa tessitura emocional básica. Ao lidar com os arquétipos, o filme toca pessoas de todas as culturas e todas as idades".

Esses padrões arquetípicos transformam um evento caótico como o afundamento de um transatlântico num projeto coerente que levanta questões e apresenta opiniões sobre como a vida deveria ser vivida.

Como uma história de escala épica, *Titanic* se dá ao luxo de ter um ritmo de narrativa vagaroso, usando o tempo necessário para configurar um mecanismo de enquadramento elaborado que tem em si uma estrutura de Jornada do Herói completa. Em seu enredo, paralelo à história central dos passageiros do *Titanic*, ao menos duas Jornadas do Herói se desenvolvem: uma sobre o aventureiro cientista buscando um tesouro real e a outra de uma senhora que volta à cena de um grande desastre para reviver sua grande paixão. Uma possível terceira Jornada do Herói seria a do público, que viaja para dentro do mundo de *Titanic* para aprender as lições do navio morto.

Como muitos filmes, *Titanic* é "amparado" por uma história externa que acontece nos dias de hoje e desempenha várias funções de história importantes. Primeiro, ao usar gravações verdadeiras de um documentário sobre os destroços do *Titanic* no fundo do mar, ele nos lembra de que é mais do que uma história inventada – é a dramatização de um evento real. Os restos da embarcação e as relíquias fúnebres e horríveis dos passageiros trazem à tona um dos elementos mais importantes na produção: que isso poderia acontecer, aconteceu e acontece com pessoas iguais a nós.

Segundo, ao apresentar a personagem da Senhora Rose, o dispositivo de amparo conecta a história de outro tempo com os nossos dias e nos recorda que o desastre do *Titanic* não é tão antigo assim, pois aconteceu dentro do período de uma vida humana. A Senhora Rose dramatiza o fato de que há muitas pessoas vivas hoje que se lembram do *Titanic*, e poucas que realmente sobreviveram a ele.

Terceiro, o enquadramento cria o mistério – quem é essa idosa que alega ser uma sobrevivente do *Titanic*, e o que aconteceu com a joia que o explorador está tão ávido para encontrar? Rose encontrou o amor e seu amante sobreviveu? Esses questionamentos são ganchos que prendem a atenção da plateia e criam suspense, embora saibamos o resultado final da história do navio.

Titanic começa nos apresentando a um HERÓI dessa mini-história, a figura bem contemporânea de Brock Lovett, o cientista/empresário/explorador que não consegue decidir como se mostrar ao público pela primeira vez. Seu

RECAPITULAÇÃO DA JORNADA

MUNDO COMUM é o de um *showman* tentando arrecadar dinheiro para suas caras aventuras científicas. Seu PROBLEMA EXTERNO é tentar encontrar um tesouro, um diamante que pensava ter sido perdido no *Titanic*; seu PROBLEMA INTERNO é tentar encontrar uma voz autêntica e um sistema de valores melhor.

A figura do cientista-explorador é tão comum que se transformou num arquétipo, expresso na criação de *sir* Arthur Conan Doyle, o professor Challenger; em Allan Quartermain, de *As minas do rei Salomão*; no empresário-explorador Carl Denning, de *King Kong;* e, finalmente, no contemporâneo Indiana Jones. Esses personagens ficcionais são reflexos de arqueólogos e pesquisadores aventureiros reais, como Howard Carter, Heinrich Schliemann, Roy Chapman Andrews e Jacques Cousteau. Robert Ballard, o empresário-aventureiro-cientista que realmente encontrou os destroços do *Titanic*, é um modelo para Lovett no filme e de fato atravessou sua Jornada do Herói ao escolher como considerar o navio. Em primeiro lugar, ele chegou como uma espécie de conquistador científico, mas aos poucos foi tocado profundamente pela tragédia humana e decidiu que o local dos destroços era um lugar sagrado que deveria ser deixado em paz, servindo como um memorial para aqueles que morreram no navio.

Nesse fio da trama, o jovem cientista segue uma diretriz principal: encontrar o tesouro. Porém, através da magia da história da senhora, uma narrativa que ocupa o corpo do filme, o explorador transforma-se de um capitalista movido pelo dinheiro a um verdadeiro explorador do coração, que chega a entender que existem tesouros mais importantes na vida do que joias e dinheiro.

O OBJETO DA BUSCA

Qual Santo Graal Lovett está buscando nessa missão? É um diamante chamado "O Coração do Oceano", um nome que relaciona o tema do amor ao cenário do filme. A joia é um autêntico MacGuffin, um objeto que faz o filme prosseguir, algo pequeno e concreto para concentrar a atenção do público e simbolizar as esperanças e aspirações dos personagens. O diamante é um símbolo de perfeição, do poder imortal e eterno dos deuses. Suas facetas, com precisão matemática, são a prova física do grande projeto, das mãos e mente criativas dos deuses. Como os deuses, certas substâncias, como ouro, prata e pedras preciosas, parecem imortais. Enquanto carne e osso, folha e árvore e até mesmo cobre e aço se deterioram, as joias permanecem intocadas, inalteradas. Milagrosamente sobrevivem ao poder esmagador do fundo do mar em perfeitas condições. Joias e metais preciosos sempre foram usados, ao lado de incenso, perfumes, belas flores e música divina, para conectar as apresentações religiosas e dramáticas ao mundo dos deuses. São pedacinhos do céu, ilhas de perfeição num mundo imperfeito, "portas de percepção" que concedem um vislumbre do Paraíso. "O Coração do Oceano" é um símbolo das noções idealizadas de amor e honra que o filme homenageia.

Lovett esquadrinha o barco com seu robô de controle remoto, mas não encontra o pedaço de céu que está buscando – pelo menos, não da maneira como previu. Quando abre o cofre que recuperou, ele encontra uma polpa apodrecida que, no passado, fora dinheiro, e um desenho milagrosamente preservado de uma bela jovem nua, usando apenas o diamante que ele procura. Lovett aparece numa transmissão da CNN que é um CHAMADO ouvido pela Senhora Rose e por sua neta, Lizzy Calvert.

O MUNDO COMUM da Senhora Rose é o de uma artista mais velha, mas ativa, que vive em Ojai, Califórnia. Ela é uma HEROÍNA no próprio drama, levando sua longa vida a um clímax e a uma conclusão, mas também atua como MENTORA para Lovett e o público, guiando-nos através do mundo especial do *Titanic* e ensinando um sistema mais elevado de valores. Seu PROBLEMA EXTERNO está em como passar pela experiência do *Titanic*; seu PROBLEMA INTERNO é desencavar essas fortes lembranças que por muito tempo estiveram de molho em seu inconsciente. Ela envia seu CHAMADO a Lovett, alegando ser a mulher do desenho que ele havia encontrado e afirmando que sabe algo sobre o diamante. Após a princípio se RECUSAR a aceitar a história da senhora, ele a leva para seu navio de pesquisa, onde ela começa a contar a história do primeiro e dos últimos dias do *Titanic* no mar.

HISTÓRIA PRINCIPAL – MUNDO COMUM

Agora o filme sai da moldura para entrar totalmente na história principal e no mundo do *Titanic*. Vemos pela primeira vez a embarcação na sua glória recém-criada. A plataforma de embarque em polvorosa é o estágio do MUNDO

RECAPITULAÇÃO DA JORNADA

COMUM, onde os principais protagonistas ou HERÓIS, a jovem Rose e Jack, são apresentados. Rose faz uma ENTRADA elaborada como um dos belos espécimes no séquito de Cal Hockley, seu noivo e a SOMBRA ou vilão do filme, um "cara malvado" e irônico vindo direto de um melodrama vitoriano. Também conhecemos Lovejoy, o capanga de Hockley, que executa os desejos arrogantes de Cal.

Nossa primeira visão de Rose é de sua mão numa luva branca e delicada, surgindo de um carro. As mãos dos amantes, que se torcem e se separam, tornar-se-ão um fio visual contínuo. Embora vestida com elegância, sente-se prisioneira, como a Senhora Rose nos conta em sua narração ao fundo. Ela é HEROÍNA de uma jornada, mas naquele momento usa a máscara do arquétipo da VÍTIMA, uma donzela em perigo, linda, porém impotente.

Cal representa a arrogância e a intolerância de sua classe e também o lado obscuro, a Sombra da masculinidade e do casamento. Está num dos extremos da POLARIDADE que representa a repressão e a tirania, tendo Jack como seu polo oposto, simbolizando a liberação e o amor. Embora o *Titanic* seja um grande feito da imaginação, construído por homens honestos e trabalhadores, ele também tem falhas profundas e fatais – a falha de homens arrogantes como Cal. Ele aceitou e se identificou com os aspectos orgulhosos do *Titanic*, acreditando totalmente que ele era "inafundável" porque fora criado por homens da classe elevada de Cal, por "cavalheiros". Ele diz que "nem mesmo Deus poderia afundá-lo". No mundo dos mitos, uma declaração dessas com certeza provocaria a ira dos deuses, que ouvem de forma cuidadosa e punem com celeridade.

A mãe de Rose, Ruth DeWitt Bukater, é outra SOMBRA, representando o lado sombrio da feminilidade, o potencial repressivo, sufocante da maternidade, uma rainha feiticeira e calculista, como Medeia ou Clitemnestra.

Rose recebeu um obscuro CHAMADO À AVENTURA ao ser manipulada para se casar com um homem que não ama. Quando CRUZA O LIMIAR da escada de portaló com a mãe e Cal, acontece uma espécie de procissão real, mas Rose a vivencia como uma marcha para a escravidão, e enxerga o *Titanic* como o navio escravagista levando-a cativa para a América. Ela não RECUSA O CHAMADO totalmente, mas com certeza é uma heroína relutante.

Agora encontramos o segundo HERÓI principal, Jack, ao lado de seu ALIADO, o jovem imigrante italiano Fabrizio, jogando e arriscando tudo pelo destino e pela sorte. Um relógio avança, estabelecendo um TEMA de tempo que está se esgotando, o que salienta a brevidade e preciosidade da vida. O MUNDO COMUM de Jack é o da deriva e da aventura, confiando na sorte, em suas habilidades e em seus dons. O CHAMADO À AVENTURA chega, em um nível, quando ele vence o jogo de cartas e ganha um par de passagens de terceira classe no *Titanic*. Jack não mostra RELUTÂNCIA ou medo nesse nível – ele não é um tipo relutante de herói. No entanto, a IRONIA é forte quando ele diz que Fabrizio e ele são "os filhos da puta mais sortudos do mundo". Se soubesse o que o esperava, talvez ficasse com medo.

Jack é uma figura sutilmente super-humana que não parece ter grandes defeitos, mas terá um PROBLEMA INTERNO na tentativa de encontrar e conquistar o amor de sua vida. Seu defeito é ser um pouco convencido e arrogante, o que mais tarde acentua seus problemas com Cal e Lovejoy. Seu PROBLEMA EXTERNO ou desafio é, primeiro, galgar os degraus até a nata da sociedade e, segundo, sobreviver ao desastre. Ele tem um quê de HERÓI CATALISADOR, aquele que já está totalmente desenvolvido e não muda muito, mas que gasta energia ajudando os outros a mudarem. Também é um HERÓI PICARESCO, usando o logro e os disfarces para ultrapassar as defesas inimigas. No final, ele faz o último SACRIFÍCIO heroico, dando sua vida para salvar a mulher que ama.

Juntos, Jack e Rose formam um casal de OPOSTOS POLARIZADOS – masculino e feminino, pobre e rica –, mas também expressam as grandes forças antagônicas de Fuga e Restrição. Jack representa a liberdade, a ausência de fronteiras, a não aceitação de limites impostos pela sociedade, um Ícaro que ousa voar acima de sua posição. No início do filme, Rose está alinhada, contra a vontade, à força oposta de Restrição, atada pelas convenções sociais, pela força da vontade sufocante da mãe, pela promessa de casamento com Cal Hockley, o príncipe sombrio da sociedade. Ela é uma Perséfone sendo arrastada para o mundo inferior. Cal é como Hades, o deus do mundo inferior que sequestra Perséfone, obcecado pelo dinheiro, ríspido e crítico. Hades era o deus da riqueza e um dos juízes oficiais dos mortos. O amante de Perséfone no mundo inferior era Adônis, um jovem de beleza fenomenal. Como Adônis, Jack vai até a prisão obscura de Rose e faz com que ela se lembre das alegrias da vida.

O PROBLEMA INTERNO de Rose será romper com o MUNDO COMUM, realinhar-se com a liberdade e a capacidade de voar que Jack incorpora. Seu PROBLEMA EXTERNO será a mera sobrevivência para que ela possa aplicar o que aprendeu numa vida longa e feliz.

RECAPITULAÇÃO DA JORNADA

Titanic explora de modo elaborado a função do MENTOR, com diferentes personagens usando a máscara em diversos momentos. Além da Senhora Rose, Molly Brown faz o papel de MENTORA, guiando Jack através do MUNDO ESPECIAL da Primeira Classe e, como uma fada madrinha, lhe dá um traje adequado para que ele possa se passar por um cavalheiro.

O Capitão Smith deveria ser um MENTOR para a viagem inteira, um líder e o rei daquele pequeno mundo. Porém, ele é um rei totalmente falho, arrogante e complacente, pois confia em excesso na viagem triunfal (e final) de sua carreira.

Jack veste a máscara do MENTOR com Rose, ensinando-a como aproveitar a vida e ser livre. Ele satisfaz a fantasia de muitas jovens ao oferecer voluntariamente o presente do compromisso. Após um simples olhar, ele decide que não poderá abandoná-la, dizendo: "Agora estou envolvido". Mais tarde, quando o navio afunda, ele transmite a ela o conhecimento vital de como sobreviver, ficando fora d'água o máximo possível e nadando para longe da sucção do navio a pique.

Outro MENTOR de Rose é Thomas Andrews, o arquiteto do navio. Ela ganha seu respeito ao fazer perguntas inteligentes sobre o *Titanic*, e ele a recompensa contando como ela poderá encontrar Jack que está preso no convés inferior. Nesse ponto, ele é um Dédalo para a Rose-Ariadne. Dédalo fora o arquiteto do Labirinto mortal, e entrega seus segredos à jovem princesa Ariadne para que ela possa resgatar seu amor, Teseu, que se aventurou no Labirinto para combater o monstro que representava o lado obscuro de sua família.

A TRAVESSIA DO LIMIAR em *Titanic* é celebrada com uma sequência elaborada que mostra o navio zarpando. O ápice desse momento ocorre quando Jack, que está com Fabrizio na proa do navio, grita: "*I'm king of the world!*" ("Sou o rei do mundo!"). Jack e Rose têm outro Limiar para atravessar – um entrando no mundo do outro e os dois entrando em um Mundo Especial de amor e perigo.

PROVAS, ALIADOS e INIMIGOS representam os conflitos entre Jack e Rose e as forças de Restrição. Jack e Rose conectam-se e se tornam ALIADOS quando ela tenta se matar saltando no mar.

Ele a RESGATA e ganha um convite para jantar com Rose e Cal na Primeira Classe. Ele entra naquele MUNDO ESPECIAL com a ajuda da MENTORA Molly Brown, e é TESTADO com severidade no jantar pelo sarcasmo de seus INIMIGOS, Cal e a mãe de Rose. Ele passa nessas provas ao enfrentar as ironias apresentando suas convicções, uma expressão do tema do filme: a vida é um dom, aprendam a aceitá-la como ela vem e fazer cada dia valer a pena. Ele conquista o maior respeito de Rose e garante embates futuros com Cal.

A PROVA de Rose vem um pouco mais tarde, quando Jack, prometendo levá-la a uma "festa de verdade", a apresenta ao MUNDO ESPECIAL da Terceira Classe. Numa sequência de música animada e bebedeira, Rose é iniciada no universo de Dionísio, o deus da embriaguez, paixão e êxtase. É uma prova aos seus padrões de moça da sociedade – ficará ela ofendida com a depravação mundana, ruidosa? Ela passa no teste ao dançar, beber e fumar ainda mais do que os imigrantes.

O estágio de APROXIMAÇÃO manifesta-se na dança romântica e vacilante dos amantes, inclusive no momento lírico em que Jack posiciona Rose na proa do navio, como uma figura de proa, ensinando-a a voar, a como se equilibrar entre a vida e a morte. Se ele é o rei do mundo, agora ela é a rainha.

Rose faz uma APROXIMAÇÃO mais profunda quando pede para Jack desenhá-la, confiando sua nudez a ele. Essa é uma PROVA para Jack, em que ele é aprovado ao agir como cavalheiro e artista profissional, aproveitando o momento erótico, mas sem tirar vantagem da vulnerabilidade de Rose.

Os GUARDIÕES DO LIMIAR surgem quando os amantes se aproximam da Caverna Secreta e do início de uma PROVAÇÃO elaborada e multinível. Dezenas de comissários da White Star Line ficam de guarda em portas, elevadores e portões, e um esquadrão deles, como uma matilha de cães de caça, é enviada por Cal para encontrar os dois. Jack e Rose, fugindo da Restrição, veem-se no fundo do porão, onde enfrentam uma PROVAÇÃO na esfera íntima: entram na Caverna Secreta do carro de luxo e unem-se como amantes. Na *petit mort* do orgasmo, a mão de Rose desliza pelo vidro da janela embaçada, como a mão de uma vítima de afogamento, afundando-se no amor. Ao cruzar esse grande limiar, eles morrem para a vida antiga e renascem para a nova.

A PROVAÇÃO fatal do *Titanic* vem momentos depois quando o navio atinge o iceberg, a força muda e inexorável da Nêmese, aquele espírito enviado pelos deuses para punir os mortais orgulhosos. A morte do navio e de centenas de passageiros ocupa o próximo movimento principal do drama.

Jack e Rose colhem alguma RECOMPENSA da sua experiência de morte e renascimento. Estão ligados e se ajudam na luta pela sobrevivência, o que é testado quando Rose tem a chance de escapar em um bote salva-vidas. Sentindo que Cal

RECAPITULAÇÃO DA JORNADA

abandonará Jack para morrer, Rose volta para dentro do navio para compartilhar seu destino com Jack.

O CAMINHO DE VOLTA, aqui, é a batalha pela sobrevivência, que inclui uma PERSEGUIÇÃO clássica quando Cal, impaciente enquanto o navio não faz seu trabalho, tenta acelerar a morte de Jack e Rose com balas. Os outros personagens enfrentam testes de vida e morte, alguns escolhendo morrer com honra, outros optando por viver a todo custo e alguns, como Lovejoy, morrendo apesar dos esforços mais ignóbeis para sobreviver. O Segundo Ato termina com Jack e Rose pendurados, balançando no parapeito da popa enquanto o navio afunda.

A RESSURREIÇÃO começa quando Jack e Rose têm de lutar para preservar o calor da vida no mar gélido. Certo de que o pedaço de destroço flutuante no qual estão presos aguentará apenas o peso de uma pessoa, Jack põe a vida de Rose à frente da sua em um clássico SACRIFÍCIO DE HERÓI. Ele já viveu uma vida plena e experimentou a felicidade perfeita com ela. Ela é relativamente nova para a liberdade e para a vida, e ele a encarrega de viver intensa e plenamente pelos dois. Ele abandona a vida, confiante de que será RESSUSCITADO no coração da moça, em suas lembranças.

A própria Rose chega à beira da morte, mas é RESSUSCITADA quando um barco salva-vidas procura sobreviventes no mar de rostos mortos. Na PROVA final sobre tudo o que aprendera com Jack, ela reúne forças para nadar e pegar um apito que está nos lábios de um oficial morto, chamando o resgate. Assim, a Senhora Rose conclui a história, levando-nos de volta à moldura dos dias de hoje e inventariando os mortos do *Titanic*.

O submarino robô deixa os destroços em paz e silêncio. No navio de pesquisa, Lovett joga fora o charuto que havia guardado para celebrar o momento em que encontrasse o diamante, um pequeno SACRIFÍCIO de um antigo traço de personalidade. Admite à neta de Rose que passara três anos pensando no *Titanic*, mas nunca havia entendido sua mensagem. Ele havia sido TRANSFORMADO pela PROVAÇÃO, e suas RECOMPENSAS são o insight e a simpatia da neta de Rose. Haveria nela um vislumbre de romance, uma chance de viver plenamente o amor impedido de Jack e Rose em outra geração? Ele não encontrou o tesouro físico que viera procurar, mas, como Jack, teria encontrado um tesouro maior no novo mundo da emoção?

A Senhora Rose vai até o parapeito do navio oceanográfico, ecoando sua cena do voo na proa com Jack. Ela até sobe no parapeito como fizera tanto tempo atrás. Num momento final de SUSPENSE, não sabemos qual a intenção dela – irá Rose se jogar ao mar e juntar-se, por fim, a Jack no oceano, como uma Julieta atrasada unindo-se a Romeu na morte? Em vez disso, ela puxa o diamante e, num vislumbre, vemos a jovem Rose encontrando-o no bolso, embaixo da Estátua da Liberdade, um ELIXIR de recompensa pela sobrevivência. Com algumas lágrimas do último CLÍMAX dramático, a Senhora Rose solta a joia na água, onde, como Jack no passado, espirala para dentro do mistério, o SACRIFÍCIO final que simboliza que sua experiência e lembranças são mais importantes que qualquer posse física. Esse é o ELIXIR, a mensagem benfazeja que o filme quer deixar com a plateia.

A imagem dissolve-se para a Senhora Rose adormecida, cercada por fotos de sua vida longa e plena. Aqui, após a PROVAÇÃO FINAL, há uma RECOMPENSA FINAL, o cumprimento das profecias de Jack – Rose se mostra uma aventureira, piloto, atriz, cavalga ao lado de um píer californiano e tem filhos, vivendo pelos dois, como parte do ELIXIR que ela trouxera consigo. As obscuras feridas de sua história familiar foram curadas.

Rose sonha com aquele MUNDO ESPECIAL, o *Titanic* e seus passageiros revivem, RESSUSCITADOS pelo poder do inconsciente. Pelos olhos de Rose, passamos pelos GUARDIÕES DO LIMIAR da White Star Line pela última vez, entrando no paraíso da Primeira Classe, onde todo o povo do bem vive eternamente. (Os vilões estão visivelmente ausentes, sem dúvida mergulhados num inferno gélido e úmido.) Jack está no seu lugar de sempre, ao lado do relógio, um ser sobrenatural que conquista o tempo. Ele estende a mão, eles se tocam novamente, se beijam e a companhia do navio aplaude esse CASAMENTO MÍSTICO final. A câmera focaliza a cúpula do teto, a abóbada celeste, e sua pureza branca preenche a tela. Rose conquistou seu ELIXIR.

FIM

Claro que *Titanic* não é um filme perfeito, e existem pilhas de críticas para apontar suas falhas – uma certa aspereza na escrita: uma tendência a terminar cenas com exclamações cruas e óbvias como "Merda!", "Ai, que merda!" e "Estou danado!". Durante um tempo, no início, o filme parece sofrer de síndrome de Tourette. Há uma sensação de concessões ao público moderno em uma tentativa exagerada de deixar a história "relevante", com diálogos e estilos de atuação contemporâneos; e há a qualidade unidimensional de alguns personagens, especialmente os vilões desdenhosos, que não têm profundidade.

Embora bem interpretado por Billy Zane, Cal é uma das peças mais fracas do roteiro e teria sido um rival mais eficaz se fosse mais sedutor, um partido melhor para Rose, um concorrente real para Jack, e não um monstro descarado. Aí, sim, ele teria sido uma concorrência real, não uma partida unilateral entre o jovem mais atraente no universo e um canalha grosseiro e abusivo com um saco de dinheiro numa mão e uma pistola na outra.

A cena da perseguição na qual Cal atira em Jack e Rose enquanto o *Titanic* afunda surpreende algumas pessoas por ser excessiva e absurdamente dramática, algo que tira a sintonia entre filme e espectador. Talvez desempenhe uma função na história – Cameron possivelmente tenha sentido a necessidade de seus heróis superarem mais uma rodada no ventre do *Titanic* e usou Cal para levá-los até lá –, mas outro artifício, como a necessidade de voltar para resgatar alguém, poderia ter o mesmo efeito.

Talvez essa série de provações não seja necessária. O filme se beneficiaria de cortes, e essa sequência de tensão subaquática parece repetitiva após eles já terem atravessado tantas entradas. A sequência inteira parece ser estruturada para montar uma tomada de clímax, na qual Jack e Rose correm do paredão de água – uma imagem icônica de sua luta contra a força da morte. No entanto, essa tomada é uma das ilusões menos eficazes no filme, pois as expressões dos atores ficam fixadas de um jeito constrangedor no corpo dos coadjuvantes com alguma mágica eletrônica que não foi totalmente aperfeiçoada. A sequência toda poderia ser cortada ou reduzida, sem perder a tensão.

Porém, não estamos aqui para enterrar César, e sim para analisá-lo: como Cameron conseguiu ser bem-sucedido? O que supera as falhas de seu projeto?

UMA GRANDE HISTÓRIA

Primeiro, o destino do *Titanic* e de seus passageiros é uma grande história épica em si, e seu fascínio funciona desde o dia em que o navio afundou. Uma dramatização do desastre do *Titanic*, apenas recentemente desenterrada, foi produzida por uma empresa alemã semanas depois da tragédia. Foi apenas o primeiro dos muitos documentários e longas-metragens, sem falar nos muitos livros e artigos sobre o desastre. Como a história trágica de conto de fadas da princesa Diana, os eventos no entorno do afundamento do *Titanic* encaixam-se nos padrões dramáticos que se harmonizam com imagens profundas e arquetípicas, compartilhadas e compreendidas por todos.

O SIMBOLISMO DO *TITANIC*

Começando pelo nome arcaico e arquetípico, o *Titanic* é carregado de simbolismo e significado. O nome da embarcação é uma escolha que revela muito sobre a psicologia de seus construtores. No filme, Rose pergunta a Bruce Ismay, o empresário por trás do projeto *Titanic*, por que ele escolhera esse nome. Ele responde que queria um nome que evocasse a imensa magnitude do navio, fazendo com que Rose comente com um toque freudiano a preocupação dos homens com o tamanho.

No entanto, o filme não aborda as origens mitológicas da palavra "titânico", certamente conhecida dos cavalheiros ingleses de formação clássica que escolheram o nome. Ela se refere aos imensos Titãs, gigantes ancestrais e inimigos mortais dos deuses. Os Titãs eram forças fundamentais do início dos tempos – ávidos, rudes e implacáveis –, e os deuses tiveram que travar uma grande batalha para derrotá-los e aprisioná-los sob a terra antes que corrompessem e saqueassem tudo. Quando a imprensa da época chamou os primeiros passageiros de primeira classe, como Astor e Guggenheim, de "Titãs da indústria e do capital", estavam indicando mais do que o tamanho gigantesco de seus impérios.

Poucos anos antes de o *Titanic* ser construído, arqueólogos alemães desenterraram um templo helênico chamado Altar Pergamon, que trazia em relevo dramático a batalha entre os deuses e os Gigantes, lembrando uma luta épica do passado com os antigos inimigos dos deuses, os Titãs. Esse monumento é praticamente um *storyboard* em pedra do que seria um grande filme com efeitos especiais. Os construtores do *Titanic*, que provavelmente viram fotos desses relevos, escolheram identificar a si e a seus clientes não com os deuses, mas com seus inimigos, os Titãs. Realmente desafiaram os deuses com essa escolha.

RECAPITULAÇÃO DA JORNADA

Muitas pessoas sentiram, mesmo antes de o navio zarpar, que os construtores estavam provocando o destino ao dar esse nome grandioso à embarcação. Pior ainda era alegar que o navio seria "inafundável" – uma blasfêmia tola que desafiava a força do Deus onipotente. Certa aura supersticiosa cerca o *Titanic*, algo como a maldição da tumba do rei Tutancâmon, uma crença de que os construtores invocaram a ira de Deus por seu orgulho e arrogância.

A história do *Titanic* ressoa um antigo conceito literário, a Nau dos Insensatos. Narradores criaram essa forma satírica inspirados no tempo da primeira viagem de Colombo ao Novo Mundo. Uma das primeiras expressões desse conceito foi o poema narrativo de Sebastian Brant, *Das Narrenschiff*, impresso apenas dois anos após a primeira travessia bem-sucedida do Atlântico por Colombo. O poema narra a história dos passageiros de Narragonia, a terra dos loucos, e é uma descrição mordaz das loucuras daqueles tempos. Foi traduzido em várias línguas e adaptado em livros e peças.

A Nau dos Insensatos é uma alegoria, uma história em que todas as condições de vida e todos os níveis sociais são extremamente satirizados em um barco cheio de passageiros patéticos. Trata-se de um conto sardônico, que descreve impiedosamente as falhas das pessoas e dos sistemas sociais do seu tempo.

Titanic também embarca numa crítica social abrangente, retratando os ricos e poderosos como monstros idiotas e os pobres como vítimas nobres, mas impotentes. As exceções são Jack, que é pobre mas não impotente, e Molly Brown, que é rica mas não monstruosa. Ela é a nova rica norte-americana que veio do mesmo estrato social que Jack e representa o lado saudável da experiência imigrante americana – tem ambição, está ascendendo na escala social, mas também tem bom coração, é igualitária, generosa e justa. *Titanic* é mais esperançoso, menos crítico que a Nau dos Insensatos, uma vez que sugere que alguns poucos possam transcender sua insensatez e vitimização para terem uma vida plena e expressiva.

A ironia da Nau dos Insensatos deriva do ponto de vista, do conhecimento do público de que as brigas dos passageiros são insensatas e tolas, pois estão todos aprisionados e condenados. *Titanic* tem um pouco desse sentimento irônico quando Jack e Fabrizio ficam exultantes com sua boa sorte ao ganhar passagens para um navio que sabemos que afundará. A ironia faz parte de uma história sobre um navio que sabemos estar fadado à destruição.

A ideia da Nau dos Insensatos resume-se na antiga frase "Estamos todos no mesmo barco". Ela mostra que, apesar de nossa atenção tola às diferenças superficiais de nascimento, riqueza e status, todos estamos aprisionados pelos elementos absolutos da vida, igualmente sujeitos às forças inevitáveis, como gravidade, destino, morte e impostos.

Um navio isolado no mar em uma longa jornada torna-se um símbolo conveniente da condição humana, da passagem solitária da alma pela vida. O isolamento do *Titanic* no Atlântico Norte transforma-o num pequeno mundo, um microcosmo, um modelo quase perfeito da sociedade daquele tempo, no qual duas mil pessoas a bordo representam todos os milhões vivos da época.

Como o próprio navio, a escala da história é épica, maior que a vida, grande o bastante para contar a história de uma cultura inteira – nesse caso, de todo o mundo ocidental naquela época. Essa vasta história torna-se compreensível e digerível ao selecionar a vida e a morte de alguns que representam as qualidades e polaridades presentes em algum grau em todos os membros da cultura.

Como seus predecessores épicos, como a *Ilíada*, a *Odisseia*, a *Eneida*, os romances arturianos ou o Ciclo do Anel, de Wagner, *Titanic* conta parte de uma história vasta, a ponte entre dois mundos, o Velho e o Novo. Dentro dessas enormes super-histórias estão centenas de histórias secundárias e ciclos épicos, cada qual com sua estrutura e completude dramáticas. Nenhuma obra única consegue contar todas as tramas, mas a história individual é capaz de comunicar o sentido, os fatos dramáticos, da situação inteira. *Titanic* foi criticado por não dramatizar essa ou aquela história secundária – a chegada de Carpathia à cena, as histórias dos Astor e Guggenheim, as dificuldades do telegrafista em transmitir as mensagens de socorro etc. Porém, nenhum filme consegue contar todas as históricas secundárias. Os narradores do futuro poderão escolher outros incidentes e personalidades para enfatizar. Será necessário o resultado combinado de muitos artistas para contar por inteiro a história do *Titanic*, assim como precisamos de Sófocles, Eurípedes, Strauss, Kazantzákis, Hallmark Productions, Classic Comics e milhares de outros artistas para contar totalmente a história épica da Odisseia, tendo ela mesma apenas uma das dúzias de ciclos épicos na super-história da Guerra de Troia. História sobre a rápida travessia do Atlântico, *Titanic* simboliza a preocupação do século 20 com as viagens ágeis e a consciência global cada vez maior. Fala de séculos de cultura europeia rumando para os Estados Unidos, das ondas de imigrantes que encheram o continente americano, atraídas pela promessa sedutora de liberdade. No filme, a Estátua da Liberdade é um símbolo recorrente do sonho de imigração, um farol que acena ao recém-chegado. O pobre Fabrizio, já condenado, finge que consegue vê-la já em Cherbourg.

A Estátua da Liberdade, um presente do povo francês ao povo norte-americano, é um exemplo colossal da prática ancestral de enviar estátuas de deuses e deusas de uma cidade fundadora às colônias para ligá-las por um fio psíquico, um laço religioso. A França e os Estados Unidos passaram por revoluções ao mesmo tempo e estão ligados por sua devoção à liberdade, um dos muitos elos culturais entre o Velho e o Novo Mundo.

O contexto do lançamento de *Titanic* deve ser levado em consideração na avaliação de seu sucesso. Foi lançado num momento em que ficávamos mais cientes de uma sociedade global e dos elos entre Europa e Estados Unidos. Choques como a Guerra do Golfo, a queda do Muro de Berlim e o fim do Comunismo na Rússia uniram-se aos padrões climáticos mundiais em constante e imprevisível mudança para formar um tempo de incerteza quando a nau da vida parece frágil. Estávamos a dois anos do fim do século e com vontade de olhar para os primórdios.

O palco ficou pronto para o novo filme sobre o *Titanic* quando foi descoberta, poucos anos antes, a localização dos destroços no fundo do mar. A descoberta do navio foi um grande triunfo da ciência e um momento psicológico poderoso. Por séculos, foi impossível encontrar navios perdidos nessa profundidade. O fato de o *Titanic* ter permanecido afundado no mar por tanto tempo e, então, ser redescoberto constitui um símbolo de nosso poder surpreendente de recuperar lembranças perdidas do subconsciente. É algo quase divino ser capaz de mergulhar e ver o *Titanic*, e uma verdadeira Jornada do Herói recuperar o tesouro perdido do subconsciente.

A descoberta levou à fantasia de resgatar o *Titanic*, como descrito no romance de Clive Cussler, *Raise the Titanic*, mas logo a fantasia tornou-se uma possibilidade. Especialistas afirmam que é possível resgatar partes do navio, e muitos artefatos foram trazidos dele, mas por ora há um consenso de que é melhor deixar os destroços onde estão como um monumento às vítimas. O drama espetacular de ver ao vivo pela TV os destroços com seus restos humanos comoventes ajudou a criar o clima certo para lançar outro filme sobre o *Titanic*.

A inclusão de uma história de amor entre dois jovens ajudou muito na popularidade de *Titanic*. Foi um enredo à la Romeu e Julieta, uma história de fácil aceitação sobre jovens de classes distintas se apaixonando.

Romance foi o gênero que Cameron escolheu para apresentar a história de *Titanic* e, ao fazer essa escolha, ele abre a história de forma sedutora para as mulheres. Poderia ter escolhido outros gêneros, contando a história do *Titanic* como um mistério, uma história de detetives, uma caça ao tesouro ou mesmo como comédia. Às vezes, o filme é tudo isso, mas o tema central e o princípio do projeto são do amor romântico, e a estrutura é a de um romance. Por essa escolha, ele ganha uma fórmula bem definida com um grau elevado de identificação do público – um relacionamento triangulado no qual uma mulher deve ser salva da dominação de um homem cruel e mais velho a partir da intervenção de um salvador mais jovem.

O relacionamento triangulado é um padrão familiar em romances de amor e nos filmes *noir* de ficção policial. Esse modelo oferece um palco triangular para criar conflito, ciúmes, rivalidade, traição, vingança e resgate como nas histórias de Guinevere, Lancelote e rei Arthur – romances nos quais a heroína precisa escolher entre dois homens –, e tema dos filmes *noir*, em que a jovem precisa escolher entre o Chefão, o jovem vagabundo ou o detetive.

Leonardo DiCaprio interpreta o lado do jovem vagabundo no triângulo de *Titanic*. O segredo de seus poderes notavelmente atraentes talvez esteja no fato de ele projetar a máscara arquetípica do jovem sensível, mostrando tanto a ação masculina quanto a sensibilidade feminina. Sua escolha para interpretar Jack foi excelente, como um Peter Pan, um *puer aeternus* (eterno jovem), que permanece para sempre na juventude por sua morte bela e sacrificial. Rose é outra Wendy, uma garota de pijama correndo ao redor do navio para fugir do malvado Capitão Gancho, enquanto o eterno jovem a ensina como voar e abraçar a vida. O iceberg e o avançar do relógio cumprem o mesmo objetivo arquetípico do crocodilo que engoliu um relógio em *Peter Pan*. São projeções da Sombra, a força inconsciente que ameaça nos destruir, mais cedo ou mais tarde, se não a identificarmos.

RECAPITULAÇÃO DA JORNADA

No nosso passado mitológico, a persona leve e jovem de Jack remete a Davi, o matador de gigantes, e especialmente aos jovens deuses condenados, como Adônis e Baldur, que morrem tragicamente jovens. Jack também é gêmeo de Dionísio, o deus da orgia, da paixão, da embriaguez, que atrai o lado selvagem das mulheres e as deixa loucas. A dança e a bebedeira nas profundezas da terceira classe, onde Rose fica encharcada de cerveja, são uma verdadeira festança dionisíaca e sua iniciação nesses mistérios ancestrais, com Jack como seu tutor.

Jack é um HERÓI, mas de um tipo especializado: ele é o herói CATALISADOR, um ANDARILHO que não muda muito com a história, e sim desencadeia mudanças em outros personagens. Jack é uma criação etérea, sobrenatural, que não deixa rastros, a não ser no coração de Rose. Não há registro dele a bordo do *Titanic* e ele não deixa legado, nem mesmo uma bala de prata, e para conhecê-lo contamos somente com as lembranças da Senhora Rose. Um personagem, Bodine, o comparsa de Lovett e um tipo de GUARDIÃO DO LIMIAR para a Senhora Rose, até sugere que a coisa toda talvez seja uma invenção romântica, uma história boa demais para ser verdade. Como acontece com todos os viajantes que vão para outro mundo, é preciso acreditar em Rose.

A personagem da jovem Rose é uma manifestação do arquétipo da "donzela em perigo". Assim, é irmã da Bela Adormecida e da Branca de Neve, princesas encontradas entre a vida e a morte e despertadas por um beijo; as Doze Princesas Dançarinas resgatadas do encantamento por um jovem que se faz invisível para segui-las até seu mundo; Psique apaixonada pelo misterioso deus voador, Eros (o Cupido); Perséfone sequestrada para o inferno do mundo inferior por um rei cruel; Helena de Troia tirada do marido brutal pelo jovem e sensual admirador; e Ariadne, resgatada de um casamento ruim por Dionísio, um deus apaixonado e artístico.

As mulheres rejeitam o arquétipo da "donzela em perigo" porque ele perpetua padrões de dominação e submissão e pode incentivar uma atitude passiva, vitimizada. No entanto, esse é um arquétipo que provoca, com facilidade, identificação e empatia, uma vez que representa o sentimento de qualquer um que já tenha se sentido impotente, preso e encurralado. A "mulher em perigo" é um elemento básico dos enredos de cinema e TV porque cria identificação e simpatia instantâneos e aumenta o envolvimento emocional do público.

305

Em *Titanic*, o público consegue sentir pena de Rose por sua prisão e deliciar-se ao vê-la liberta e ativa quando ela rasga a máscara de "donzela em perigo" e cresce no papel de Heroína.

Talvez haja outro fator de atração especial no filme para as mulheres. *Titanic* é um filme de efeitos especiais que não se encaixa nos gêneros de ficção científica, guerra ou aventuras masculinas. Ele oferece um espetáculo que não exclui ou ignora os interesses das mulheres e conta com uma escala humanizada de melodrama emocional que lida com questões de amor e fidelidade.

Tanto para homens quanto para mulheres, *Titanic* cumpre outro acordo com o público, oferecendo uma oportunidade sem precedentes de COMPARAÇÃO. O filme traz exemplos de comportamento humano em um conjunto de circunstâncias perigosas e extremas frente as quais os espectadores podem se avaliar. As pessoas se divertem especulando na segurança de seus assentos sobre como agiriam numa situação semelhante. Como eu teria lidado com o desafio do *Titanic*? Enfrentaria a morte com honra e coragem ou entraria em pânico e agiria com frenesi egoísta? Lutaria pela vida ou sacrificaria meu lugar no bote salva-vidas para que mulheres e crianças fossem primeiro?

O filme causa a fascinação de um acidente de trem ou uma batida em rodovia. É natural observar e comparar quando vemos um desastre, mensurar nossa sorte frente à das vítimas. Assistimos com a comparação, mas também com alívio de não estar dentro do sofrimento.

Buscamos lições e chegamos a conclusões sobre destino e honra a partir do que vemos.

As pessoas descrevem certos filmes como espetaculares, mas esquecem que essa palavra vem dos espetáculos romanos da Antiguidade, que eram dramas rituais, combates, corridas, jogos e competições realizados em arenas e anfiteatros em todo o império. Naqueles dias, a forma mais empolgante (e cara) de entretenimento era a *Naumachiae*, a organização de grandes batalhas aquáticas nas quais a arena ficava inundada e os espectadores tratavam de observar os navios batendo uns nos outros e emborcando, e os marinheiros e passageiros condenados se afogando.

Titanic é um espetáculo nessa tradição. Certamente, vidas foram sacrificadas no esforço de apresentá-lo, e o próprio filme apresenta um banquete da morte, a morte de mil e quinhentas pessoas sendo representada para nosso

RECAPITULAÇÃO DA JORNADA

entretenimento e edificação. Há ainda algo irresistível sobre o espetáculo da morte em uma escala tão gigantesca, como os combates de gladiadores e os sacrifícios rituais da Antiguidade. Uma quantidade imensa de força vital está sendo liberada de uma vez, e, de forma quase mórbida, gostamos disso. Quando vemos pessoas arremessadas de uma altura imensa para se espatifar contra enormes máquinas, nossos olhos se arregalam, como se estivéssemos fascinados com a visão da morte. Examinamos o mar de rostos congelados à procura de indícios de como essas pessoas morreram e imaginamos como será quando chegar a nossa hora.

Titanic apresenta medos que têm alto grau de identificação para com a plateia – o medo universal de altura, medo de ficar preso, medo de se afogar num mar sem fundo, medo do fogo e de explosões, medo da solidão e do isolamento.

O filme oferece um horror imaginável. Poderia acontecer com qualquer um. Como ele apresenta um espectro completo da sociedade da época, qualquer espectador pode se imaginar ali, como um membro abastado da classe dominante, trabalhador, imigrante, sonhador, amante. E podemos apreciar a verdade de que certas forças inexoráveis – natureza, morte, a física, o destino, os acidentes – afetam a todos, em todo o espectro, sem exceção. Por um tempo, a história humana é reduzida a um arquétipo – a Vítima.

Titanic tem um projeto coerente porque, em parte, observa as unidades de tempo, lugar e tema. O confinamento da história central no momento em que o *Titanic* zarpa para a morte concentra a energia dramática. Essa concentração intensifica-se na segunda metade do filme, que traz os eventos tempestuosos em tempo real, momento a momento. Confinar a ação em um lugar, o mundo do navio solitário no mar, transforma-o num microcosmo da vida. É uma ilha de vida em um mar de morte, como a ilha da Terra pairando no oceano do espaço. E as ideias e os argumentos do *Titanic* são tramados em um enredo coerente ao se concentrar num tema único – de que o amor nos liberta e transcende a morte.

Cameron abre os braços e chama o público para identificar-se com sua história. Há espaço suficiente no navio para todos nós. Podemos todos nos ver nos detalhes, como o turco que, enquanto o barco afunda, tenta desesperadamente ler uma placa no corredor com um dicionário turco-inglês. Todos somos estrangeiros em algum lugar. Todos estamos no mesmo barco.

O elenco do filme é formado para atrair uma ampla série de faixas etárias. Os jovens terão a história de amor da juventude contada; os velhos serão convidados a se identificar com a Senhora Rose, que ainda está vívida e ativa; e a geração do *baby boom* é representada pelo explorador cientista e pela neta de Rose.

O filme não é totalmente universal, pois não vemos rostos negros ou asiáticos. Com certeza, a experiência escrava é mencionada como uma metáfora do cativeiro emocional de Rose, embora aqui seja onde a metáfora se rompe – a vida mimada de Rose não tem semelhança alguma com o tráfico de escravos negros no ventre do navio Amistad. No entanto, os símbolos de *Titanic* parecem amplos o bastante para que todos ao redor do mundo possam encontrar algo de si nele.

O maior êxito de Cameron é ser um poeta visual e emocional. *Titanic* é uma tapeçaria, um entremear de enredos e meadas. Ele descobre a poesia no trançar de uma grande história e de pequenas histórias. Articula conexões muito bem, ligações entre a historieta de Lovett e a grande história da vida agitada da Senhora Rose, entre a pequena história de Jack e Rose e a grandiosa história do *Titanic*, que, por sua vez, é parte da história ainda maior do século 20.

Ele organiza todas essas conexões ao encontrar um SÍMBOLO em que se concentrar e enfocar, o furo estreito de uma agulha no qual passam todos os fios. "O Coração do Oceano", conectando em seu nome os fios do romance e do mar, é uma metáfora que amarra todos os enredos, fazendo deles um projeto coerente. (Cameron usa uma aliança de casamento para o mesmo fim em *O abismo.*)

A joia tem *pedigree* europeu: fora uma joia da coroa do malfadado Luís XVI, e é um bom símbolo do tesouro da experiência e sabedoria europeias, arte e beleza, mas também de guerra de classes e derramamento de sangue.

A decisão da Senhora Rose de jogar fora o diamante no final é uma imagem poética poderosa que reúne todo os fios de enredo para um DESFECHO real, um desenlace de todos os nós e um acabamento suave de todos os fios do enredo. Lovett não consegue o tesouro, mas sente o toque do amor; Cal é frustrado e não consegue nem o coração de Rose, tampouco o diamante; a Senhora Rose manteve seu segredo e agora o devolve ao mar. O diamante representa algo íntimo entre ela e Jack, que guardara por todos esses anos e que, agora, dá de volta para seu amor.

RECAPITULAÇÃO DA JORNADA

O público sente o valor material da pedra – ainda é chocante ver algo tão valioso sendo jogado fora –, mas por esse choque toda a experiência de *Titanic* é concentrada num símbolo de lembrança que se esvai. As emoções, os materiais inconscientes agitados pelo filme podem assentar-se no lugar adequado, embora a lembrança seja duradoura. Quando a pedra rodopia para o fundo do mar, vemos como o cineasta quer que pensemos no *Titanic*. Deixe-o como está: um mistério e um monumento à tragédia humana.

A Senhora Rose, como todo herói que volta de uma jornada ao inconsciente, teve uma escolha a fazer. Grito e berro sobre meu elixir, tento explorá-lo ou evangelizar sobre ele? Ou simplesmente continuo a minha vida, deixando que o que aprendi irradie de mim e mude, reviva e rejuveneça inevitavelmente aqueles ao meu redor e, então, o mundo inteiro? Escolho um caminho externo ou interno para expressar meu elixir? Obviamente, Rose tomou o último caminho, retendo e internalizando o tesouro do mundo especial, uma lição poética ensinada pelas histórias celtas, nas quais os heróis que voltam e se vangloriam de suas aventuras no Mundo Inferior não encontram nada além de algas onde pensaram que encontrariam o tesouro mágico. Porém o herói raro, como Rose, mantém os segredos das fadas e vive uma vida longa e feliz.

James Cameron honra seus ancestrais celtas com a música *folk* que toca no convés inferior e sempre que a emoção emerge. Ela mostra um forte contraste com a dança da corte europeia e a música de igreja tocada na primeira classe, além de contribuir com o sentimento poético. Essa é a narrativa sobre o *Titanic* por um bardo celta, acompanhada por gaitas de fole e harpas como no passado.

Isso tudo é corroborado pela poesia visual e a coerência estrutural como o entrelaçado sinuoso de um desenho celta. Polaridades simples, como proa e popa, convés superior e inferior, primeira classe e terceira classe, luz e escuridão, mostram fortes eixos simétricos de uma composição quase matemática. O projeto de Cameron oferece várias metáforas poéticas – o navio como modelo do mundo, o diamante como um símbolo de valor e amor, o relógio como um símbolo de tempo fugidio, a estátua do anjo na escadaria principal como reflexo da inocência de Rose. Nos acordes grandiosos de uma canção popular, o filme oferece metáforas diante das quais o público pode se comparar, um conjunto de ferramentas para interpretar a própria vida.

A JORNADA DO ESCRITOR

Por fim, a CATARSE é o elixir que o filme proporciona, o purgar saudável de emoções que Aristóteles identificou e que o público ainda quer acima de tudo. As pessoas retribuíram, pois a história lhes deu a chance rara de sentir algo verdadeiro. Estamos bem-armados contra as emoções, e o filme insiste em efeitos surpreendentes e sentimentos tão fortes que até o indivíduo mais enfastiado e resguardado poderá ter alguma reação, alguma liberação de tensão. Tomadas de passageiros em pânico se digladiando por espaços nos botes salva-vidas, de Jack e Rose lutando para sobreviver e das vítimas aterrorizadas caindo para suas mortes horríveis levam a tensão a um nível quase insuportável, e ainda pode haver algo de recompensador e satisfatório, pois as pessoas ficam em seus assentos e muitos voltarão para assistir novamente ao filme. As emoções causadas por esse filme parecem nunca ser suficientes. *Titanic* nos dá a oportunidade de experimentar tremores de horror e de chorar com vontade, sensações valiosas em qualquer idade.

O público que testemunha esse espetáculo passa por uma provação junto com os personagens. Joseph Campbell costumava dizer que o objetivo do ritual é nos esgotar, esmagar nossas defesas para que nos entreguemos livremente a uma experiência transcendental. Esgotar-nos parece ser parte da estratégia de *Titanic*, fazer-nos sentir um pouco do que os passageiros sentiram ao nos imergir no mundo de *Titanic* por tanto tempo. Nessas épocas de ceticismo e endurecimento, é um desafio que exige coragem ficar tão desbragadamente emocionado, tanto para o cineasta quanto para o público. Filmes como *Titanic*, *O paciente inglês*, *Coração valente*, *Dança com lobos* e *La la land: cantando estações* assumem um grande risco ao serem tão sentimentais. A escuridão dos cinemas oferece ao público um pouco de proteção – é possível chorar em silêncio e poucos testemunharão sua vulnerabilidade emocional. Mas os cineastas precisam expor emoções em público, sob a luz plena de uma sociedade cética, e merecem respeito por esse ato de coragem.

NO RASTRO DE *TITANIC*

Qual será o efeito de longo prazo de *Titanic* na indústria cinematográfica? Seu sucesso mostra que a grande aposta às vezes compensa. Os valores de grandes produções em geral pagam-se no longo prazo – até mesmo *Cleópatra*, o filme que quase afundou a 20th Century Fox nos anos de 1960, no final restituiu seus custos de produção e agora é uma joia na coroa da empresa. *Titanic* lucrou rapidamente, e seu sucesso sem dúvida incentiva outros a gastar muito na esperança de tirar a mesma sorte grande.

Em curto prazo, no entanto, alguns executivos reagiram com o estabelecimento de limites menores em seus orçamentos. Embora os executivos da Fox e a Paramount tenham vencido a aposta, eles não gostaram do período de suspense antes do lançamento do filme e não quiseram suar daquele jeito de novo. Claro, eles se reservam o direito de abrir exceções como *Titanic*, aqui e ali, se todos os executivos principais na empresa concordarem que vale a pena o risco de se investir em determinado projeto.

É muito provável que outros filmes do tamanho de *Titanic* sejam feitos e até que níveis maiores sejam alcançados. Sempre haverá público para o espetáculo, especialmente quando ele toca muitos de nós emocionalmente. Por outro lado, filmes de pequeno orçamento na outra ponta do espectro podem ser mais lucrativos com relação ao custo. Os maiores estúdios de Hollywood estão aprendendo com o exemplo de cineastas independentes, desenvolvendo filmes de orçamento menor para públicos cuidadosamente dirigidos, especializados, para manter o lucro fluindo enquanto apostam nos maiores.

Também é provável que os cineastas sejam influenciados pela escolha de Cameron de construir seu roteiro ao redor de uma história de amor jovem, que é amplamente considerada um fator significativo no sucesso do filme. Está se tornando uma regra de ouro em Hollywood que uma cara produção de época tenha uma chance melhor de ser bem-sucedida se trouxer um melodrama romântico, preferencialmente com amantes jovens, para deixá-la convidativa para a maior parte do público.

Alguns críticos temem que as fraquezas do roteiro sejam institucionalizadas por *Titanic* ter sido tão lucrativo, e que os roteiristas no futuro sejam forçados a "simplificar" seus roteiros para atrair o público em massa necessário para compensar os grandes orçamentos. Isso não seria novidade alguma: estúdios e produtoras sempre defenderam um apelo mais amplo em produções caras. Mas talvez haja outro cenário, no qual o público esteja sedento por mais sofisticação e recompense os cineastas que derem duro para criar histórias mais inteligentes e mais universais do ponto de vista emocional.

SINERGIA

James Cameron falou sobre certa sinergia que fez *Titanic* acontecer, uma combinação de elementos que de alguma forma acrescenta mais do que a soma das partes. Assim como certas combinações de elementos químicos às vezes produzem poderes e capacidades inesperadas, os elementos de atuação, cenários, figurino, música, efeitos, história, contexto, as necessidades do público e as habilidades dos artistas, combinados em um todo misterioso e orgânico, têm um poder emocional e transformador maior do que a soma das partes individuais.

Parte dessa sinergia é o uso dos temas e arquétipos da Jornada do Herói, como provas, travessias, provações, suspense, morte, renascimento, resgates, fugas, perseguições, casamentos místicos etc. Esses mecanismos dão ao público pontos de referência na longa história e contribuem para tornar seu projeto coerente, direcionado ao efeito catártico máximo. Na tradição da Jornada do Herói, *Titanic* explora a morte, mas prepara o terreno para abraçarmos a vida plenamente.

Por fim, o sucesso do filme é um mistério – um pacto secreto entre a plateia e a história. Como os homens no minissubmarino, podemos lançar alguma luz sobre esse mistério, mas no final deveremos simplesmente nos retirar, fascinados.

O REI LEÃO E OUTROS PROBLEMAS

No verão de 1992, recebi um pedido dos executivos da Disney Feature Animation para analisar as histórias de um projeto chamado "O rei da selva", que acabou ficando conhecido como *O rei leão* e, no fim das contas, transformou-se na animação de mais sucesso que a Disney fez até então. No entanto, na época, essa foi apenas outra oportunidade de usar as ferramentas da Jornada do Herói para solucionar problemas na história.

Enquanto seguia para a "terra da animação", no obscuro distrito industrial de Glendale, Califórnia, recordei o que sabia sobre o projeto. Tratava-se de um empreendimento incomum, a despedida da tradição da Disney de adaptar a literatura infantil popular ou os clássicos. Pela primeira vez, tinha-se uma ideia original de história, criada por Jeffrey Katzenberg e sua equipe de jovens animadores em um jato da empresa. Estavam voltando de Nova York, onde haviam acabado de assistir à pré-estreia de sua última obra, *A Bela e a Fera*.

Katzenberg, um recém-convertido e entusiasta da animação, reuniu animadores numa discussão sobre o momento em que sentiram as agitações da vida adulta. Relatou o momento em que sentiu ter se transformado num homem, e todos perceberam que a ideia seria interessante para um filme. Começaram a discutir formatos e cenários que poderiam respaldar essas histórias, e por fim concordaram em fazê-lo inserido totalmente no mundo dos animais africanos. A Disney não produzia um longa-metragem animado exclusivamente voltado ao mundo animal desde *Bambi*, em 1942, então a ideia parecia fresca e também poderia atrair a afeição pública pela natureza. Para animar um personagem humano, é necessário representar um grupo étnico específico e escolher certas cores de cabelo e pele que possam impedir que membros do público com feições diferentes se identifiquem totalmente com o personagem. Muito dessa limitação desaparece com o uso de animais, pois as preocupações humanas sobre raça e genética tornam-se menos relevantes.

Uma história de pai e filho foi desenvolvida, inspirada em *Hamlet*. Katzenberg gostava de reforçar histórias de animação com elementos de roteiros vindos de diversas fontes para que o tratamento feito para *Odisseia* ou *Huckleberry Finn* pudesse ser entremeado em temas e estruturas de *Aconteceu naquela noite* ou *48 horas*. *O rei leão* tinha elementos de *Bambi*, mas ficou mais rico e mais complexo ao receber elementos de roteiro de *Hamlet*, que incluem um tio ciumento que mata o pai do herói a sangue-frio e assume injustamente o trono e um jovem herói despreparado que aos poucos volta a alimentar a vontade para se vingar.

Uma das minhas primeiras missões após ter lido o tratamento de "O rei da selva" foi analisar *Hamlet* com cuidado para extrair elementos que poderíamos usar no roteiro. Fiz uma análise da Jornada do Herói do roteiro de *Hamlet* para ilustrar seus pontos de virada e movimentos e, em seguida, relacionei muitas das falas memoráveis que os escritores poderiam usar para evocar, em tom de brincadeira, a conexão shakespeariana. Os filmes animados da Disney eram concebidos para funcionar em todos os níveis de público, com piadas físicas para crianças mais novas e graças verbais e ações irreverentes para adolescentes, além de piadas internas sofisticadas para os adultos. Um pouco de Shakespeare entrou no roteiro, especialmente através do personagem de Scar, o vilão, que teve a voz emprestada do ator inglês Jeremy Irons. Ele dublou as referências desviadas de Hamlet de modo cômico e irônico, como se desse uma piscadela sagaz para o público adulto.

Ao chegar ao complexo de animação da Disney, entrei no mundo especial do que se transformaria em O rei leão. Cada cubículo de animador estava forrado com fotos e desenhos da vida africana, e muitos da equipe haviam feito safáris fotográficos na África para se inspirar.

Os storyboards foram montados no auditório, onde me juntei aos animadores e designers para assistir à última apresentação dos diretores, Rob Minkoff e Roger Allers. Ali estava uma oportunidade para testar algumas das ideias da Jornada do Herói em um projeto grande. Eu era uma das centenas de pessoas que davam opiniões sobre a história, mas por um momento tive a chance de influenciar o produto final por minhas reações e argumentos. Tomei notas enquanto os animadores desenvolviam a história que mais tarde se transformaria em O rei leão.

Ao ritmo de "O ciclo sem fim", os animais africanos reúnem-se para celebrar o nascimento de um jovem leão, Simba, cujo pai, Mufasa, é o governante da região ao redor da Pedra do Rei. Um dos convidados da cerimônia é um babuíno estranho e velho, Rafiki, que é afastado pelo conselheiro do Rei, um pássaro temperamental chamado Zazu. Simba se torna um leãozinho petulante que canta "O que eu quero mais é ser rei". Desobedecendo a seu pai, ele escapa para explorar o assustador Cemitério dos Elefantes com sua amiga leoa Nala, e lá a dupla é aterrorizada por três hienas cômicas e medonhas, servas do irmão ciumento de Mufasa, Scar. Mufasa os resgata, mas dá uma bronca séria em Simba por desobedecê-lo.

Simba está começando a aprender as lições da realeza com seu pai quando Mufasa é assassinado com crueldade num estouro de antílopes, graças a um truque dissimulado de Scar. Ele faz com que Simba pense ter causado a morte do pai, e o leãozinho, temendo que Scar o mate, escapa pelo deserto, assim como Hamlet deixa a corte da Dinamarca após o tio assassinar seu pai.

No Segundo Ato, um Simba arrasado pela culpa chega ao MUNDO ESPECIAL de uma área de selva exuberante, onde encontra dois comparsas divertidos, o

RECAPITULAÇÃO DA JORNADA

suricato tagarela Timão e o gorducho javali-africano Pumba, que representam o Rosencrantz e o Gildenstern da animação. Para fazer Simba esquecer-se da culpa, eles lhe ensinam a filosofia "tranquilona" de "Hakuna Matata", e lhe mostram como viver com o banquete infinito de insetos na selva. Simba vira um leão adolescente poderoso e, um dia, tem um encontro violento com uma leoa que ameaça Pumba. No entanto, descobre que a leoa é, na verdade, Nala. O amor floresce num dueto romântico. Mas Nala está numa missão. Ela conta a Simba como Scar tiranizou a Pedra do Rei, escravizou animais e tentou tomá-la como sua consorte. Ela pede que ele volte e tome seu lugar de direito como rei. Assombrado pela culpa e inseguro com sua força, Simba hesita. Como muitos heróis, ele não está ansioso para abandonar os prazeres do MUNDO ESPECIAL, mas o espírito de seu pai aparece (como o fantasma do pai de Hamlet no Primeiro Ato da peça) e o incentiva a enfrentar seu destino.

No Terceiro Ato, Simba afasta a culpa, volta à Pedra do Rei e enfrenta Scar. Uma batalha ferrenha se instala. A "virilidade" de Simba e o direito de ser rei são postos à prova. Os ALIADOS de Simba vêm ao seu auxílio, e Scar sai do poder com um toque de justiça poética, ecoando a maneira como deixou Mufasa cair para sua morte. Simba toma o trono do pai e "O círculo da vida" continua.

Quando a apresentação terminou, não foi difícil ver os elementos da Jornada do Herói em O *rei leão*. Simba é o herói clássico, cujo MUNDO COMUM é de privilégios e do conhecimento que ele um dia será rei. Seu primeiro CHAMADO é a exigência do pai de que ele cresça e enfrente as responsabilidades do trono. Conquistar o direito de governar a terra como rei é uma metáfora da fase adulta em muitas fábulas e contos de fadas. Sua ousadia e desobediência constituem uma RECUSA DO CHAMADO. Ele recebe outros CHAMADOS – a tentação de explorar a zona proibida, um chamado do romance da infância de Nala e, o mais drástico, a morte do pai, que o convoca para entrar numa nova fase da vida, em que ele precisa fugir para sobreviver.

Simba tem muitos MENTORES durante a história. O pai é seu primeiro grande mestre, mostrando o caminho da realeza e o Círculo da Vida; mas também aprende diplomacia e política com Zazu e um pouco do lado mágico da vida com Rafiki. No Segundo Ato, seus MENTORES são Timão e Pumba, que ensinam seu estilo de vida Hakuna Matata. No final do Segundo Ato, Nala vem ensiná-lo sobre o amor e a responsabilidade, e o espírito do pai é um MENTOR sobrenatural, que o encoraja a enfrentar seu destino. No clímax, Nala, Timão e Pumba se tornam ALIADOS contra Scar. Nala também é uma espécie de CAMALEOA do ponto de vista de Simba, mudando drasticamente de um filhote brincalhão para uma leoa elegante e poderosa e apresentando a face do amor, mas também exigindo que ele faça algo para salvar seus domínios.

A energia da SOMBRA é manifestada em Scar e em suas lacaias, as hienas. Scar representa o lado negro da majestade, totalitário e inclemente. Pode ser visto como um modelo ríspido da fase adulta, na qual as feridas primeiras abertas pela vida se transformaram em desculpas para o ciúme, o cinismo, o sarcasmo e um complexo de vítima que se transforma em tirania quando a vítima de toda uma vida finalmente sobe ao poder. Ele representa as possibilidades sombrias do nosso herói, Simba. Se Simba não se livrar da culpa e assumir a responsabilidade, talvez se torne igual a Scar: um macho traiçoeiro que vive amargamente à margem, esperando uma fraqueza para explorar. As hienas são animais inferiores aos leões, vivendo de carniça e não da nobre caça. São encrenqueiras que seguem prontamente o tirano, pois gostam de atormentar e humilhar suas vítimas.

Rafiki, o babuíno curandeiro maluco, foi um dos personagens mais interessantes do roteiro, combinando elementos de MENTOR e PÍCARO. Nas primeiras versões, senti que sua função não estava clara. Ele era usado para a comédia, como um camarada amalucado que se aproximava para fazer ruídos mágicos, mas que não tinha respeito nenhum. O rei o considerava um incômodo e Zazu, o pássaro conselheiro do rei, o afastava quando ele se aproximava do bebê Simba. Tinha pouca função no roteiro após a primeira cena e aparecia em grande parte para trazer alívio cômico, sendo mais PÍCARO que MENTOR.

Numa reunião que seguiu à apresentação do *storyboard*, sugeri que o levassem um pouco mais a sério como MENTOR. Talvez Zazu ainda suspeitasse e tentasse afastá-lo, mas Mufasa, mais sábio e compassivo, deixaria que ele se aproximasse do filhote. Tive o impulso de acentuar os aspectos ritualísticos do momento, fazendo referência aos rituais de batismo ou às cerimônias de coroação, nos quais o novo rei ou rainha é untado na testa com óleo santo. Rafiki benzeria o leão bebê, talvez com sumo de frutas silvestres ou alguma substância da selva.

Um dos animadores disse que Rafiki já carregava um cajado com cabaças estranhas amarradas a ele, e surgiu a ideia de Rafiki quebrar uma das cabaças num gesto misterioso e marcar o leãozinho com um líquido colorido.

Pensei também nos rituais de apresentação em várias religiões, em que os livros, imagens e artefatos sagrados são erguidos para veneração. Lembrei que as Igrejas católicas nas quais cresci tinham vitrais estrategicamente localizados para criar efeitos impressionantes quando os raios de luz colorida caíam sobre o altar. Pensei que, quando Rafiki erguesse o bebê leão para mostrá-lo aos animais reunidos, um raio de luz vindo das nuvens poderia atingir o filhote, dando a chancela divina de aprovação da distinção daquele filhote e da linhagem real de Mufasa. Naquele momento, ouviu-se um estalo de energia na sala. A imagem veio à mente de várias pessoas ao mesmo tempo, e eu experimentei o frisson, um arrepio que sempre me diz quando uma ideia expressa a verdade da história.

O mentor marca o Herói como um líder escolhido.

Uma questão bastante discutida nesse estágio foi a morte de Mufasa. Alguns dos animadores sentiram que a descrição gráfica da morte de um pai (mesmo de um pai animal) era muito intensa. Nos *storyboards*, Mufasa é pisoteado até a morte num estouro de antílope, e o jovem Simba é mostrado numa aproximação, cutucando e farejando o cadáver, buscando sinais de vida, mas finalmente compreendendo que o pai está morto. Alguns sentiram que a cena seria forte demais para crianças mais novas.

Outros responderam que a Disney sempre mostrara o lado sombrio, trágico e brutal da vida, e que, embora a empresa tenha sido criticada várias vezes por isso, essas cenas são parte da tradição da Disney, desde a morte da mãe de Bambi até a de Old Yeller, o cão do filme *Meu melhor companheiro*. Walt enfrentou muita controvérsia pela morte de Old Yeller, e mais tarde sentiu que matar um personagem amado era um rompimento do pacto com o público. Quando a questão surgiu na adaptação animada de *O livro da Selva*, Walt insistiu: "O urso fica vivo!".

No final, foi decidido que *O rei leão* enfrentaria a morte sem rodeios, e a cena foi feita como originalmente desenhada. Os argumentos que prevaleceram foram de que o filme buscava o realismo de um documentário sobre a natureza, que o público estava acostumado a ver tratamentos realistas de violência animal e que estávamos fazendo um filme para o espectro integral do público, não apenas para crianças, que talvez ficassem traumatizadas com a cena. Concordei com a escolha, sentindo que o que estávamos tentando descrever era real no mundo animal, mas foi um pouco decepcionante quando o filme se desviou do realismo no Segundo Ato, com a comédia despretensiosa substituindo o que teria sido uma luta desesperada pela sobrevivência.

Fiquei incomodado com um elemento estrutural do Primeiro Ato – a excursão até o assustador Cemitério dos Elefantes. Instintivamente senti que, embora fosse uma boa cena, ela estava no lugar errado. Tratava-se de uma visita sombria à terra da morte, e parecia mais adequado como o estágio de uma provação do Segundo Ato. O Primeiro Ato já tinha o grande peso da morte do pai de Simba, e senti que a sequência do Cemitério dos Elefantes deixava o Primeiro Ato longo demais e assolado pela energia da morte. Sugeri que guardassem a locação do Cemitério como uma CAVERNA SECRETA para a crise central de morte e renascimento do Segundo Ato, e substituíssem a cena do Primeiro Ato por outra transgressão de Simba que testasse a paciência do pai, mas com um tom mais leve, menos mórbido. Esse conselho não foi aceito, e quem sabe se teria feito diferença?

Porém, sinto que o filme fica enfraquecido pela virada que dá no Segundo Ato. O realismo quase fotográfico das cenas animais do Primeiro Ato é substituído por um estilo de desenho mais tradicional da Disney, especialmente na apresentação cômica de Timão e Pumba. Simba é um carnívoro em crescimen-

RECAPITULAÇÃO DA JORNADA

to, e não há nada de realista em ele sobreviver com uma dieta de insetos. Sinto que o filme perdeu uma grande chance de acompanhar a promessa do Primeiro Ato com uma série realista de TESTES, levando a uma PROVAÇÃO com ameaça de vida próxima do ponto intermediário. Alguém deveria estar ensinando a Simba as verdadeiras habilidades de sobrevivência, como perseguir uma presa, como caçar, como lutar pelo que é dele. Ofereci uma série de possibilidades. Timão e Pumba poderiam tê-lo ensinado, ele poderia ter encontrado outro leão para ensinar habilidades de sobrevivência, ou Rafiki poderia aparecer para continuar os ensinamentos de Mufasa. Defendi a criação de uma cena na qual Simba fosse realmente testado, passando por uma PROVAÇÃO real em que ele descobriria seu poder maduro numa batalha com um crocodilo, um búfalo, um leopardo ou outro inimigo formidável.

O desenvolvimento de Simba de um filhote assustado para um leão adolescente vistoso é muito rápido, na minha opinião, com uma rápida transição enquanto ele cruza uma tora de madeira. Uma montagem de cenas de Simba aprendendo a caçar, primeiro de um jeito cômico e, em seguida, com maior segurança, teria sido uma narrativa mais eficaz. Timão e Pumba acrescentam o alívio cômico tão necessário para a história, mas falham na dramatização dos estágios de desenvolvimento de Simba, nas lições individuais que ele precisava aprender. Ensinam-no a relaxar e aproveitar a vida, mas não dão a ele aquilo de que realmente precisa. As lições aprendidas do Segundo Ato (acalme-se, relaxe, aproveite a vida, não se estresse, seja cara de pau e um pouco grosseiro, reconheça o amor quando encontrá-lo) não preparam Simba para a PROVAÇÃO que ele terá de enfrentar no fim das contas.

Enquanto isso, sinto que havia mais trabalho para Rafiki fazer nessa história. Queria que fosse mais como Merlin, um sábio experiente que talvez tivesse sido conselheiro do rei no passado, que finge ser louco para que possa parecer inofensivo para o usurpador e que é encarregado da missão de procurar o jovem príncipe quando ele cresce no exílio, treinando-o para o momento em que estiver pronto para tomar o trono que é seu por direito. Defendi que ele fosse introduzido no Segundo Ato como o MENTOR que acompanharia Simba no caminho para dentro do MUNDO ESPECIAL e desempenhasse a função de mentor – dando ao herói algo necessário para concluir a jornada e enfrentar a morte. Rafiki era necessário para ensinar verdadeiras lições de

A JORNADA DO ESCRITOR

sobrevivência que Timão e Pumba não puderam ensinar. Visualizei Rafiki aparecendo logo depois de Simba chegar ao MUNDO ESPECIAL, guiando o jovem leão através de uma série de testes progressivos que o prepurariam para seu confronto final com Scar. Claro que Timão e Pumba ainda estariam lá como o bem-vindo alívio cômico.

O personagem de Rafiki cresceu de modo significativo durante o resto do processo de desenvolvimento. Os animadores terminaram por transformá-lo num verdadeiro MENTOR, um mestre zen irritadiço que dá a Simba conselhos práticos e golpes duros, mas também o dom da inspiração, orientando-o até a visão do espírito do pai. Ele não foi tão ativo ou presente como eu queria, embora algumas cenas breves tenham sido acrescentadas na primeira metade do Segundo Ato. Rafiki testemunha a devastação da Pedra do Rei por Scar e, pensando que Simba está morto, pinta com tristeza um desenho dele numa parede de caverna. Mais tarde, os poderes xamânicos de Rafiki dizem-no que Simba ainda está vivo e, após acrescentar a juba do leão adulto ao desenho na rocha, ele parte para convocar o jovem herói ao seu destino.

Rafiki realmente entra em ação no final do Segundo Ato quando leva Simba a uma busca da visão que tem elementos de um CHAMADO, uma RECUSA e uma PROVAÇÃO em que Simba tem um encontro com a morte (o fantasma do pai) e ganha uma RECOMPENSA na forma de autoconfiança e determinação maiores.

O encontro com o fantasma do pai é outro emprestado de *Hamlet*, embora o jovem herói em Shakespeare encontre o fantasma do pai no Primeiro Ato. Foi uma cena poderosa em *O rei leão*, apesar de as crianças pequenas às vezes a acharem confusa. Quando vi o filme, ouvi crianças no público fazerem aos pais perguntas como "Ele não tinha morrido?" e "Ele voltou a viver?". A aparência do pai fantasmagórico é dramática e tocante, mas acontece principalmente no nível verbal e intelectual. Simba recebe conselhos encorajadores, mas as lições não são dramatizadas como provas. O ensinamento de Rafiki é mais concreto e físico – o babuíno xamã dá um cascudo na cabeça de Simba para ensiná-lo que deve deixar os erros para trás.

No momento da apresentação do *storyboard*, os detalhes do retorno de Simba à Pedra do Rei não haviam sido finalizados. Discutimos muitas opções. Simba poderia sair do MUNDO ESPECIAL com Nala, Timão e Pumba, num acordo para enfrentar Scar juntos. Simba e Nala poderiam ir juntos, depois de se separar de

RECAPITULAÇÃO DA JORNADA

Timão e Pumba, que talvez aparecessem mais tarde por terem mudado de opinião. A decisão final foi fazer Simba seguir sozinho durante a noite, deixando Nala, Timão e Pumba acordarem e descobrirem sua partida na manhã seguinte. Rafiki lhes diz que Simba foi embora para tomar seu lugar de direito, e os três correm para se juntar a ele.

O Terceiro Ato avança rapidamente para a batalha do clímax, embora pareça um pouco sobrecarregado pela culpa insistente que faz o leão acreditar que causara a morte do pai. Scar desencava o acontecimento novamente, esperando voltar os leões contra Simba ao fazê-lo admitir sua responsabilidade na morte do pai. Parecia que os roteiristas estavam apostando pesado demais nessa observação, fazendo a história parecer inchada e extremamente melodramática, transformando Simba num protagonista moderno guiado pelo medo, mais adequado para um romance que para um longa animado sobre animais. No entanto, ele oferece um momento de RESSURREIÇÃO, no qual Simba passa pela prova final ao aceitar a responsabilidade pela morte do pai em vez de fugir dela.

O rei leão pode ser falho por reservar o centro do palco aos personagens masculinos e relativamente pouca energia aos femininos. Nala é razoavelmente bem desenvolvida, mas a mãe de Simba é subutilizada e passiva. Poderia ter sido mais significativa no treinamento de Simba no Primeiro Ato e na resistência a Scar no Segundo Ato. Esse desequilíbrio é abordado na versão teatral de Julie Taymor de *O rei leão*, que dá mais peso e ação às personagens femininas, e transforma Rafiki numa fêmea xamã.

Houve um suspense considerável em torno do lançamento de *O rei leão*. Nenhum de nós na produção sabia como o filme atingiria o público. Os filmes animados da Disney aumentaram sua popularidade com *A pequena sereia* e *A Bela e a Fera*, e muitos imaginaram que *O rei leão* não conseguiria superá-los. Para alívio de todos, ele foi ainda melhor, tornando-se o longa-metragem animado mais bem-sucedido até então e o filme mais lucrativo da história. Por quê? Parcialmente porque as pessoas ficaram deliciadas com a animação dos animais, com a música exuberante e com sabor da África, mas também graças ao poder universal dos padrões da Jornada do Herói em sua história. O desafio de crescimento e reivindicação do seu lugar por direito no mundo é um tema clássico da Jornada do Herói que naturalmente toca fundo muitas pessoas. Os ritmos familiares da Jornada não foram os princípios balizadores de *O rei leão* –

de fato, por vezes outras preocupações pesaram mais que eles, como a comédia pura e a simples diversão –, mas posso dizer que esse foi um caso em que os elementos foram aplicados conscientemente para tornar a obra acessível a um público amplo e mais satisfatória do ponto de vista dramático. A estrutura da Jornada do Herói de *O rei leão* garante que a história terá vida longa, já tendo inspirado um musical de sucesso na Broadway, uma versão CGI (2019), dirigida por Jon Favreau, e incontáveis continuações e séries animadas que podem ser encontradas no serviço de streaming Disney+.

JORNADAS HEROICAS EM *PULP FICTION*

*com referência ao roteiro
de Quentin Tarantino, inspirado em histórias
de Tarantino e Roger Roberts Avary*

No final da década de 1990, o filme que mais provocou o interesse dos jovens foi *Pulp Fiction*. As pessoas queriam saber como a estrutura da Jornada do Herói poderia ser encontrada nesse filme. Seu desafio às convenções de estrutura, conteúdo, enquadramento, diálogo e edição os intrigava. Deliciavam-se com sua intensidade apaixonada e humor sardônico. Parte do público ficou ofendida com sua vulgaridade e cenas de violência, mas a maioria admirou o filme por provar que temas nada ortodoxos e um estilo descompromissado podem ser divertidos e ter grande êxito. No entanto, apesar das qualidades inovadoras, *Pulp Fiction* pode ser interpretado com as velhas ferramentas confiáveis da mítica Jornada do Herói. Visto dessa forma, o filme no mínimo apresenta três jornadas distintas para três diferentes heróis: Vincent, Jules e Butch.

O ESPELHO PÓS-MODERNO

Os jovens talvez tenham reagido a *Pulp Fiction* porque ele reflete a sensibilidade artística pós-moderna com a qual cresceram. O pós-modernismo é o resultado de um mundo estilhaçado, fragmentado em milhões de peças por um século de guerras, desordem social e rápida mudança tecnológica. As portas

RECAPITULAÇÃO DA JORNADA

da percepção foram destruídas pelas máquinas e pelo ritmo frenético da era eletrônica. Os jovens conscientizam-se com um bombardeio de alta intensidade de imagens aleatórias e breves segmentos de história partidos de todos os estilos de arte e literatura anteriores. Os pedaços podem ter uma coerência interna e obedecer a algumas regras do antigo mundo das histórias, mas atacam a consciência dos jovens sem uma ordem aparente.

Os jovens percebem o mundo como reflexos num espelho estilhaçado, seja pelo zapear televisivo, em que editam as histórias sozinhos, seja pela recepção de histórias picadas para eles por estilos de edição em *staccato*. Estão acostumados a fazer malabarismos com tramas, períodos e gêneros a uma velocidade estonteante. Pela natureza arquivística da televisão, que faz girarem imagens e eras constantemente, as crianças pós-modernas vivem num caldeirão de estilos. Os jovens podem se vestir com a moda dos hippies dos anos 1960 e dos metaleiros bate-cabeça, do vaqueiro ao surfistinha, dos *gangsta* aos grunges, ou podem preferir o estilo nerd. Dominam os idiomas e atitudes de todas essas opções e mais ainda. Ficam confortáveis com amostras aleatórias de entretenimento e informação sem se preocupar com as antigas noções mundiais de tempo e sequência.

Pulp Fiction reflete a condição pós-moderna em estilo e conteúdo. O pós--modernismo fica mais aparente em sua estrutura incomum, que desconsidera o respeito convencional do cinema pelo tempo linear. As sequências parecem ter sido fatiadas com uma espada samurai e lançadas no ar, embora de fato a ordem das cenas tenha sido cuidadosamente escolhida para desenvolver um tema coerente e produzir um efeito emocional garantido. Os sinais do pós--modernismo também estão presentes no conteúdo do filme. A boate onde Vincent e Mia dançam é um microcosmo pós-moderno perfeito. Personagens contemporâneos veem-se num ambiente povoado pelos ícones de outras eras – Marilyn Monroe, James Dean, Elvis Presley, Jayne Mansfield, Ed Sullivan, Buddy Holly, Dean Martin e Jerry Lewis. A maioria dessas pessoas está morta, mas estranhamente viva através de suas imagens imortais. Vincent e Mia apresentam danças que eram novidade nos anos 1960 para músicas que não se ouviam em filmes havia trinta anos. *Pulp Fiction* faz parte da corrente rápida da cultura pop que flui facilmente do atual inconsciente coletivo, carregado de imagens e sons de outras eras.

RELATIVIDADE E CULTURA MUNDIAL

Pulp Fiction é pós-moderno também no que tange à relatividade cultural. Embora o filme se passe nos Estados Unidos, ele é filmado com as lentes de uma cultura mundial e ponto de vista global. Os personagens constantemente comparam uma cultura à outra, um conjunto de padrões ao outro. Jules e Vincent discutem a maneira como o fast-food americano é nomeado e consumido em outros países e ficam maravilhados com as leis antidrogas em outros lugares. Butch, o boxeador norte-americano, compartilha comparações com uma taxista sul-americana sobre nomes em diferentes culturas – seu nome hispânico é poético e significativo, enquanto nos Estados Unidos, ele diz, nossos nomes não significam nada. Essa consciência das outras culturas contribuiu para a popularidade mundial do filme.

Os personagens em *Pulp Fiction* participam do debate sobre sistemas de valores, refletindo a noção pós-moderna de que nenhum código de ética único é mais adequado. Jules e Vincent discutem o significado moral da massagem nos pés e a importância cósmica de um padrão de buracos de bala. Onde Vincent vê um acidente sem sentido que não exige resposta, Jules vê um milagre divino que exige uma alteração completa de comportamento. No universo pós--moderno, tudo é relativo, e os valores morais são os mais relativos de todos. Embora o público veja Jules como um assassino com sangue-frio, ele pode parecer um herói se comparado àqueles ao seu redor. A história parece dizer que os julgamentos de valor estreitos da sociedade ocidental sobre moralidade estão ultrapassados. No novo mundo, cada pessoa deve selecionar um código moral próprio, defendê-lo arduamente, viver ou morrer por ele.

O ETERNO TRIÂNGULO EM *PULP FICTION*

Uma das correntes da cultura pop explorada por *Pulp Fiction* é a tradição do filme *noir* e suas fontes na ficção *hard boiled* das revistas baratas (as *pulp magazines*) das décadas de 1930 e 1940. Como *Titanic*, o filme emprega o poderoso arquétipo do Triângulo Eterno. O Chefão de *Pulp Fiction* é Marsellus Wallace, um misterioso chefe do crime; a Jovem é Mia, mulher de Marsellus; e Vincent é o Jovem, que se vê atraído pela Jovem, como de costume, o que testa sua lealdade ao Chefão. Vincent passa pela provação sem trair o Chefão, como um cavaleiro do Graal que se recusa a ceder à dolorosa tentação carnal. Porém, como veremos, em outra arena, outra seção da sua Jornada do Herói, Vincent falha em mais uma prova espiritual.

"PRÓLOGO"

UM MUNDO COMUM

Na sequência de abertura de *Pulp Fiction*, intitulada "Prólogo", dois jovens estão sentados conversando em um desses restaurantes comuns em Los Angeles. O que poderia ser mais comum do que esse mundo? No entanto, descobre-se que o jovem (Pumpkin) e a mulher (Honey Bunny) estavam discutindo os prós e contras de várias formas de roubo à mão armada. É um tipo diferente de MUNDO COMUM, um submundo de criminosos baixos, um mundo em que a maioria de nós prefere não pensar. É muito horripilante considerar que ao nosso redor existem legiões de canalhas estúpidos esperando uma chance de nos roubar ou matar, talvez sentados bem ao lado em nosso restaurante preferido do estilo anos 1950.

As primeiras palavras de Pumpkin são características de uma RECUSA – "Não, esquece, é arriscado demais. Não quero mais fazer essa merda". Aparentemente, Honey Bunny acabou de apresentar um CHAMADO ao propor que roubem outra loja de bebidas, sua linha de atuação criminosa atual (seu MUNDO COMUM). Enquanto depreciam asiáticos e judeus donos de lojas de bebidas, Pumpkin, com seu sotaque inglês, comenta que ele e Honey Bunny poderiam roubar o restaurante, onde não há guardas ou câmeras, nem funcionários que precisem bancar o herói. Ele evoca uma espécie de MENTOR, mencionando a história de um roubo a banco no qual os ladrões usaram o terror e a trapaça para assumir o controle. Jogando-se um ao outro num frenesi, Pumpkin e sua namorada patética ATRAVESSAM O LIMIAR, erguendo as armas, trazendo a possibilidade de morte instantânea à baila. Em seguida, sob o turbilhão do som de uma antiga banda de *surf music*, somos lançados aos créditos e ao corpo do filme.

Essa sequência de abertura exerce a regra cinemática que diz: "A desorientação leva ao sugestionamento". Não se sabe se esses malucos são heróis da

A JORNADA DO ESCRITOR

história ou, como se revela, meros coadjuvantes. A intenção do cineasta é nos deixar um pouco desorientados, imaginando qual a importância deles. Também nos faz questionar o destino desses cabeças quentes e do pessoal no restaurante.

VINCENT E JULES

Agora, pela primeira vez, vemos nossos dois protagonistas, Vincent Vega e Jules Winnfield, dirigindo um grande carro americano. Eles também estão em seu MUNDO COMUM, tendo uma conversa trivial sobre as sutis diferenças em cardápios de fast-food e costumes nos países da Europa. Vincent passou um tempo na Europa, onde as coisas são diferentes – um Big Mac é chamado de Le Big Mac na França, e as regras sobre drogas em Amsterdã são diferentes. Ele foi para um MUNDO ESPECIAL e tem o ar experiente de um herói que revive uma aventura prévia.

Vincent e Jules param em um prédio e pegam suas armas no porta-malas do carro. A sensação é de que é mais um dia no escritório para eles, um trabalho rotineiro no Mundo Comum.

Quando se aproximam do apartamento para cumprir a missão, a conversa volta-se para Mia (a CAMALEOA), esposa do chefe criminoso Marsellus Wallace (Chefão). Esse é o primeiro indício de um CHAMADO À AVENTURA para Vincent, que foi colocado numa situação difícil ao receber a incumbência de Marsellus para escoltar sua esposa em um compromisso enquanto ele estiver na Flórida. O perigo desse CHAMADO fica claro (uma forma de RECUSA) na discussão filosófica complexa sobre massagem nos pés. Jules enfatiza que um gângster samoano chamado Antoine Roccamora fora jogado da varanda para dentro de uma estufa apenas por ter feito uma massagem nos pés de Mia. Jules acha que a punição foi desproporcional ao crime, mas Vincent entende muito bem que uma massagem pode ser uma experiência sensual e levar ao assassinato. Mesmo assim, ele aceita o Chamado e será a escolta de Mia. Promete não se meter em encrenca com Mia e nega que será um encontro de verdade, mas Jules é cético.

Após uma longa pausa à porta, eles ATRAVESSAM UM LIMIAR, entrando no apartamento dos Três Jovens "metidos em encrencas". Eles têm algo que Marsellus Wallace quer, e aparentemente tentaram passá-lo para trás num acordo sobre o conteúdo de uma maleta misteriosa. Jules, ameaçadoramente em pé sobre o líder, Brett, intimida-o ao comer seu fast-food e o questiona sobre o restaurante onde ele comprara aquilo. Não é hambúrguer do Wendy's ou McDonald's, é um hambúrguer do Big Kahuna. Kahuna é magia havaiana, o que sugere que uma grande mágica está para acontecer. Certamente existe magia na maleta, cujo conteúdo reluzente hipnotiza Vincent quando ela abre para verificar. O que haveria na maleta? Não importa, pois se trata apenas de um "MacGuffin", um artifício que impulsiona a história, e Tarantino, ao manter a tradição de Hitchcock, não se incomoda em dizer o que realmente é. Basta que seja algo importante para os personagens, algo que faça valer o risco de morte. É um Santo Graal ou um Velocino de Ouro, um símbolo de todo o desejo que atrai os heróis para as jornadas.

Ao enfrentar os jovens aterrorizados, Vincent e Jules são ARAUTOS que trazem o CHAMADO fatal, agindo nesse momento como aliados da Morte, os servos da SOMBRA. São agentes da Nêmese, a deusa da desforra, que traz a punição àqueles que desobedecem à ordem dos deuses. O deus nesse caso é Marsellus Wallace. Brett e Roger ofenderam o Chefão ao tentar enganá-lo no acordo da maleta.

Jules faz um manifesto poderoso ao atirar em Roger sem provocação. Antes de executar Brett, Jules desempenha um ritual, recitando a passagem bíblica de Ezequiel 25:17, que é sua marca registrada:

O caminho do homem honrado é cercado por todos os lados pelas iniquidades do egoísmo e pela tirania dos homens maus. Abençoado aquele que, em nome da caridade e da boa vontade, protege os fracos no vale das trevas, pois ele é o verdadeiro defensor do irmão e o descobridor de crianças perdidas. E descarregarei sobre eles grande vingança e furiosos castigos se tentarem envenenar e destruir meu irmão. E saberás que sou o Senhor quando tiver executado minha vingança sobre vós.

De fato, essa é a declaração do tema do filme, uma declaração complexa que pode ser interpretada de muitas formas. Nessa leitura, Jules parece identificar-se com apenas uma parte da mensagem, o trecho sobre "grande vingança e furiosos castigos", pois ele e Vincent esvaziam suas armas em Brett quando o discurso acaba.

A JORNADA DO ESCRITOR

Então, um milagre ocorre. Quando Marvin, amigo de Jules, que estivera lá desde o início, murmura em um canto, um Quarto Jovem sai do banheiro disparando em Jules e Vincent com uma pistola. O milagre é que as balas não parecem ter efeito. O Jovem é derrubado pelos tiros de Jules e Vincent.

Essa sequência estabelece o Mundo Comum dos protagonistas desse fio da trama. São executores de um poderoso gângster, um nível ou dois acima dos dois garotos no restaurante, mas não muito mais que isso. Estão tentando elaborar um sistema ético entre eles e se preocupam com os limites de honra e dever. Os heróis gêmeos percorrem a mesma estrada até esse momento, mas seus caminhos estão prestes a se dividir por conta de reações diferentes ao milagre que acabara de ocorrer.

"VINCENT VEGA E A ESPOSA DE MARSELLUS WALLACE"

A tela de título agora estabelece que o prólogo ou o mecanismo de enquadramento terminou e o primeiro dos contos de *Pulp Fiction* está prestes a começar. Porém, antes de reunir Vincent e Mia, os narradores apresentam dois novos personagens, Marsellus Wallace e Butch Coolidge, projetando o fio de história de Butch à frente. Marsellus, descrito como "um cruzamento de gângster e rei", senta-se, conversando com Butch, um pugilista em baixa. Na Jornada do Herói de Butch, ele está em seu MUNDO COMUM, recebendo um CHAMADO obscuro para se deixar vencer numa luta.

Marsellus é ARAUTO e MENTOR, semelhante a um deus, visto apenas de costas, empossado de uma sabedoria de MENTOR e de uma filosofia clara de vida. Talvez seja significativo ele ter um *band-aid* na nuca: estaria ele cobrindo um simples corte feito enquanto raspava a cabeça totalmente careca ou algo mais sinistro – como implantes cerebrais alienígenas do clássico *Marte ataca*, dos anos 1950? Como o conteúdo reluzente da maleta, isso apresenta uma charada que os cineastas se negam a resolver.

Marsellus aconselha Butch a engolir o orgulho e desistir da tentativa de ser campeão mundial peso-pena em troca de algo seguro. Butch não hesita em aceitar seu Chamado de perder a luta. Ele pega o dinheiro sem titubear. Parece aceitar o Chamado, mas, como descobrimos mais tarde, de fato, ele planeja

RECAPITULAÇÃO DA JORNADA

RECUSAR esse Chamado específico, pretendendo, em vez disso, vencer a luta e cobrar a grana alta ao apostar em si mesmo.

Vincent e Jules entram com a maleta, mas vestem trajes bem diferentes dos da cena anterior – camisetas e *shorts*, que parecem inapropriados para o bar. Mais tarde, descobrimos que vários dias se passaram desde a última vez que havíamos visto Vincent e Jules, e que os dois já tinham enfrentado grandes PROVAÇÕES.

Vincent se estranha com Butch, zombando dele como um lutador desengonçado e fracassado, em um confronto típico da fase de PROVAS, ALIADOS E INIMIGOS. Vincent lança um desafio, que Butch se recusa a aceitar. A chance de encontrar Butch é uma PROVA que mostra uma falha em Vincent, a falta de respeito pelos mais velhos. Ele deveria saber que Butch é um herói experiente, um MENTOR em potencial que poderia lhe ensinar algumas coisas, mas, em vez disso, zomba do outro. A RECUSA de Butch em aceitar o desafio mostra que ele é maduro e cuidadoso. Vê que Vincent é amigo de Marsellus e sabiamente decide deixar para lá, por ora. No entanto, um potencial ALIADO se transforma num INIMIGO por causa da arrogância de Vincent.

A trama agora segue Vincent, que anteriormente recebera um CHAMADO para acompanhar Mia em um compromisso. Ao manter o tema do submundo criminoso, Vincent aborda um MENTOR próprio – o traficante de drogas Lance – antes da TRAVESSIA DO LIMIAR para lidar com Mia. O covil do Mentor é uma casa antiga em Echo Park. Esse Mentor, como um xamã que equipa o caçador com poções mágicas e ervas curativas, apresenta uma série de opções de heroína para que Vincent escolha. Vincent paga caro pela droga mais forte.

Vincent se droga e parte em um atordoamento feliz para buscar Mia. Aqui está outra falha de Vincent – seu vício o enfraquece. Vincent ATRAVESSA UM LIMIAR quando entra na casa de Marsellus, passando por estranhas esculturas de metal, como GUARDIÕES DO LIMIAR de alguma cultura primeva. Há uma sensação de que os deuses estão observando.

Lá dentro, Mia age no reino quase divino do Chefão, entretendo-se com os brinquedos de Marsellus. Como o Chefão em muitos filmes *noir*, ela o observa de uma sala superior escondida, manipulando Vincent por controle remoto com sua voz sem corpo. As regras são diferentes nesse MUNDO ESPECIAL. No MUNDO COMUM de Vincent, ele e sua arma são os mestres absolutos. Aqui, uma

A JORNADA DO ESCRITOR

mulher descalça detém o poder da vida e da morte. Ela dá o tom e seleciona o tema musical da noite.

Entrando ainda mais no MUNDO ESPECIAL, Vincent leva Mia ao estranho café dos anos 1950 para uma cena de PROVAS, ALIADOS E INIMIGOS. Jackrabbit Slim's é um modelo do mundo pós-moderno, no qual as imagens do passado recente são fatiadas, recicladas e atreladas a novas tarefas continuamente. Rostos lendários como Marilyn Monroe, Elvis e Buddy Holly são reduzidos a mesinhas de espera e hambúrgueres para viagem.

Em uma típica cena de bar do Estágio 6 da Jornada do Herói, Mia e Vincent TESTAM-SE um ao outro. As escolhas do cardápio assumem grande importância como pistas para o personagem. Cigarros fálicos são enrolados e acesos. Eles se medem mutuamente através de diálogos tranquilos, mas perscrutadores. Vincent testa Mia de forma direta, perguntando sobre a relação dela com o camarada que fora jogado pela janela. Ele passa nas PROVAS dela ao perguntar com diplomacia, sem supor que ela estivesse errada. Eles se tornam ALIADOS.

Estão ligados de outra forma, revelada quando Mia se levanta para "retocar a maquiagem" – na verdade, para cheirar cocaína. Como Vincent, o vício a enfraquece e isso a levará à sua PROVAÇÃO.

O concurso de dança é uma APROXIMAÇÃO para um passo mais próximo à questão de vida e morte do sexo. Pelo modo como se requebram na pista de dança, fica claro que teriam um sexo fantástico. Seus movimentos de dança e gestos de mão refletem o arquétipo de CAMALEÃO, enquanto tentam várias máscaras e identidades na APROXIMAÇÃO do amor.

Vincent e Mia voltam para a casa para enfrentar uma PROVAÇÃO SUPREMA. Mia tem um olhar muito sedutor, e Vincent sai para o banheiro para se fortalecer. Ele fala com sua imagem no espelho, tentando convencer a si mesmo a não fazer sexo com Mia. Nesse aspecto, ao menos, ele passa numa PROVA importante, permanecendo leal a seu chefe apesar da forte tentação. Sua motivação talvez não seja tão nobre – ele sabe que Marsellus provavelmente descobrirá e o matará se ele se engraçar com Mia –, mas, de qualquer forma, ele passa na PROVA.

Enquanto isso, Mia encontra a heroína de Vincent em seu casaco e, confundindo-a com cocaína, cheira com afã e desmaia. Vincent a encontra com sangue escorrendo pelo nariz e entra em pânico. Aqui, ele não enfrenta apenas a morte de Mia, mas a sua também, pois certamente ele será assassinado se

RECAPITULAÇÃO DA JORNADA

Mia morrer. Foi sua heroína, sua fraqueza, que causou o problema, junto com a ânsia de Mia por ter um "barato".

Vincent corre até a casa de seu Mentor (O CAMINHO DE VOLTA), onde começa uma busca frenética por um livro de medicina, uma caneta marca-texto e uma grande agulha de adrenalina. Vincent busca lá no fundo a coragem do herói para estocar a agulha no coração de Mia. Em uma reversão estranha da cena clássica dos filmes de vampiro, enterrar uma estaca no coração é a maneira de trazê-la de repente de volta à vida, uma RESSURREIÇÃO. Vincent, como *Sir* Lancelot, tem o poder divino de trazer alguém de volta da terra dos mortos.

Vincent deixa Mia em casa (RETORNO COM O ELIXIR), onde, pálida e exaurida, ela lhe entrega uma espécie de ELIXIR, uma piada boba do piloto de TV no qual ela aparecia. Eles partem com outro ELIXIR, uma sensação de amizade e respeito mútuo criados ao partilharem a PROVAÇÃO. Prometem que não dirão a Marsellus o que houve. Temos a sensação de que, se algo acontecesse a Marsellus Wallace, esses dois provavelmente ficariam juntos.

A HISTÓRIA DE BUTCH

A história agora segue para outra meada, a Jornada do Herói de Butch, o boxeador. Ela nos leva de volta ao MUNDO COMUM de Butch, uma cena de sua infância no subúrbio, onde ele assiste ao desenho *Speed Racer* na TV, em 1972.

Um CHAMADO À AVENTURA é apresentado por um ARAUTO ou MENTOR, o Capitão Koons, oficial das Forças Aéreas que traz o relógio de ouro que pertencia ao pai e aos antepassados do garoto. Num longo monólogo, Koons descreve a tradição de o relógio ser carregado por soldados americanos da família de Butch. Ele relata a PROVAÇÃO que ele e o pai de Butch viveram no campo de prisioneiros vietnamita. O relógio transforma-se num emblema da tradição máscula que o liga a símbolos como as espadas mágicas que os heróis herdavam do pai. No entanto, somos puxados de volta à realidade com o detalhe mundano de onde o pai de Butch escondera o relógio por cinco anos, e Capitão Koons usou um lugar semelhante para escondê-lo por dois anos após a morte do pai de Butch. Cumprindo a função de DOADOR de um MENTOR, o oficial entrega o relógio a Butch.

Somos levados de volta ao presente, onde vemos Butch recebendo outro CHAMADO – desta vez de seu empresário, que o chama para entrar no ringue e encarar a luta que ele supostamente deverá perder.

"O RELÓGIO DE OURO"

Um título de apresentação na tela agora deixa claro que estamos entrando na trama principal de outra Jornada do Herói. Descobrimos, por meio do rádio que toca no táxi lá fora, que, em vez de entregar a luta conforme combinado com Marsellus, Butch venceu a luta e matou o outro boxeador. Ele recusou o CHAMADO de Marsellus, mas respondeu a outros chamados – o CHAMADO de seu espírito para lutar bem e o CHAMADO da tentação de enganar Marsellus e conseguir uma grana violenta.

Butch ATRAVESSA UM LIMIAR quando salta de uma janela num contêiner de lixo. Ele entra no táxi e começa a tirar os apetrechos de um lutador, deixando parte de sua vida para trás. Em uma cena de PROVAS, ALIADOS E INIMIGOS, sua atitude é sondada através de uma conversa com Esmarelda Villalobos, a taxista colombiana. Ela explica que seu nome tem um significado poético ("Esmarelda dos Lobos"), e Butch diz que o seu, por sua vez, como a maioria dos nomes norte-americanos, não significa nada. Novamente, uma observação de relatividade cultural. Ela fica morbidamente curiosa sobre como seria matar um homem. Em vez de horrorizá-la, parece deixá-la empolgada. Tudo é relativo. O próprio Butch oferece uma racionalização por ter matado o outro boxeador. Se fosse um lutador melhor, estaria vivo. Ele ganha uma ALIADA e faz com que ela prometa dizer à polícia que não o viu.

Por suas ações, ele faz INIMIGOS, Marsellus Wallace e sua gangue. Vemos Marsellus enviando seus capangas para caçar Butch até a Indochina, se necessário.

Em uma fase de APROXIMAÇÃO, Butch faz uma ligação para verificar seu prêmio. Vai até sua namorada francesa, Fabienne, em um hotel, e eles fazem planos de sair do país assim que tiver buscado seu dinheiro. Sua conversa em tom de flerte, característica de cenas íntimas de APROXIMAÇÃO, parece ser mais uma conversa aparentemente banal que marca as primeiras cenas entre Vincent e Jules. Tem a mesma noção de relatividade cultural e diferenciação de sistemas

RECAPITULAÇÃO DA JORNADA

de valores. Aqui as distinções seguem as linhas de gênero, quando a namorada tenta fazer Butch entender sua atitude precisa sobre panças salientes em mulheres. Fazem amor e a noite termina com a falsa sensação de que tudo dará certo.

Um novo e imediato CHAMADO À AVENTURA ressoa na manhã seguinte, quando Butch descobre que Fabienne não conseguiu pegar o relógio do pai do apartamento dele. Sem consultar nenhum Mentor, ele supera o medo de ser capturado por Marsellus e vai pegar o relógio. Ao se dirigir ao apartamento, ele ATRAVESSA O LIMIAR para um MUNDO ESPECIAL de perigo maior.

Após uma APROXIMAÇÃO cuidadosa ao seu apartamento, Butch pega o relógio, EMPUNHANDO A ESPADA. Contudo, ele encontra um GUARDIÃO DO LIMIAR enviado por Marsellus para matá-lo. É Vincent, que estava lendo um livro no banheiro (o thriller de espionagem em quadrinhos *Modesty Blaise*, de Peter O'Donnell). Num ato idiota, um erro fatal e trágico, Vincent subestima seu adversário e deixa sua arma no balcão da cozinha. Butch ouve a descarga, agarra a arma e mata Vincent. É uma PROVAÇÃO de quase morte para Butch, mas também o CLÍMAX trágico para Vincent, que é derrubado por um de seus defeitos – o desrespeito pelos mais velhos. Assim, é punido com justiça poética verdadeira e de forma humilhante, sendo pego sem arma enquanto saía do banheiro. Não sabemos ainda, mas Vincent também parece estar pagando o preço por ter negado um milagre – o milagre de escapar das balas do Quarto Jovem na cena do início do filme. Sua morte nesse momento parece uma punição divina por ter se recusado a reconhecer a intervenção de Deus.

Com a RECOMPENSA do relógio no bolso, Butch segue pelo CAMINHO DE VOLTA, tentando chegar até a namorada. No caminho, ele literalmente tromba com sua SOMBRA, Marsellus, atropelando-o ao vê-lo atravessando a rua. Porém, Butch também fica ferido e atordoado quando seu carro colide com outro, uma REVERSÃO rápida. Marsellus, aparentemente morto para os espectadores, volta à vida (RESSURREIÇÃO) e cambaleia na direção de Butch com uma arma.

Butch entra mancando na "Mason-Dixon Pawn Shop", e Marsellus o segue (uma PERSEGUIÇÃO típica do CAMINHO DE VOLTA). Butch esmurra Marsellus e está prestes a matá-lo quando é impedido pelo dono da loja de armas, Maynard, que carrega uma escopeta na mão.

Butch e Marsellus não percebem que entraram aos tropeções em uma CAVERNA SECRETA mais sinistra do que qualquer outra que já haviam encontrado,

333

um submundo embaixo do submundo em que vivem. Maynard derruba Butch e pede ajuda ao irmão Zed, que, como ele, é uma projeção de SOMBRA dos piores aspectos da cultura machista branca norte-americana. Marsellus e Butch acordam acorrentados e paramentados com vestes sadomasoquistas, na parte mais profunda da masmorra, embaixo da loja.

Zed traz uma criatura vestida de couro, o Coxo, de um fosso ainda mais profundo que o solo. Seja o irmão retardado deles ou uma pobre vítima enlouquecida por sua tortura, o Coxo sugere os horrores que esperam Marsellus e Butch. Marsellus é escolhido para ser a primeira vítima da atenção sádica dos irmãos maléficos e é levado para uma sala já ocupada por outra vítima, Russell. Há uma noção de que outros já tinham entrado nessa aventura e perdido a rodada com a morte.

Butch ouve os dois irmãos estuprando Marsellus, uma PROVAÇÃO terrível que traz a morte da virilidade de Marsellus. (Nessas cenas, novamente, há uma noção de relatividade. Não importa quanto possamos ter julgado duramente Marsellus e Butch por seu comportamento – ainda existem vilões piores e círculos mais inferiores do inferno. Marsellus e Butch parecem vilões ou SOMBRAS do ponto de vista da sociedade, mas, quando comparados aos habitantes da loja de armas, eles são HERÓIS.)

Butch vê uma oportunidade e escapa, esmurrando o Coxo, que cai desmaiado e se enforca com sua coleira. Butch corre para o andar de cima e põe a mão na maçaneta, pronto para ir embora, mas tem uma crise de consciência. Decide fazer um verdadeiro SACRIFÍCIO de herói, arriscando a vida ao voltar para resgatar Marsellus, embora saiba que Marsellus quer matá-lo por não ter entregado a luta. Ele escolhe uma espada samurai das muitas armas à mão (literalmente EMPUNHANDO A ESPADA) e desce novamente para a CAVERNA SECRETA, na direção de sua PROVAÇÃO derradeira.

Butch mata Maynard, e Marsellus pega uma escopeta, atirando nas partes baixas de Zed. Marsellus está livre, tendo escapado da morte quase certa, uma RESSURREIÇÃO. O ato heroico de Butch equilibra as contas morais do assassinato que cometera. Marsellus é TRANSFORMADO pela experiência, e concede uma BÊNÇÃO a Butch, poupando sua vida e deixando que ele escape, contanto que prometa não dizer a ninguém o que aconteceu e ficar longe de Los Angeles. Em seguida, ele chama um MENTOR, o sr. Wolf, para ajudar a limpar a situação.

Butch EMPUNHA A ESPADA, por assim dizer, levando a motocicleta que pertencia a um dos motociclistas monstruosos. Nesse "corcel", o herói pega o CAMINHO DE VOLTA para buscar sua dama. Embora possa não ser capaz de obter o ELIXIR do dinheiro das apostas, o herói foi recompensado com o ELIXIR maior da vida. Ele parte com Fabienne na motocicleta, que tem o significativo nome de "Grace", a graça de um ELIXIR concedido àqueles que fazem escolhas morais corretas na Jornada do Herói.

"A SITUAÇÃO DE BONNIE"

Agora a trama de Vincent e Jules retorna, no momento em que Jules recita sua passagem bíblica no apartamento dos Jovens, e ouvimos as Escrituras pela segunda vez. O Jovem sai atirando neles, claramente uma PROVAÇÃO de morte. Deveriam estar mortos, mas de alguma forma sobrevivem e as balas espocam na parte ao redor deles.

Os dois jovens reagem de formas bem diferentes ao encontro fugidio com a morte. Vincent o ignora, tratando-o como um golpe de sorte ou coincidência, mas Jules tem uma APOTEOSE. É profundamente tocado e reconhece o fato como um milagre, um ato de Deus, um sinal que exige uma mudança de atitude. Sua reação é um tipo de PROVA, em que Vincent parece não ter se saído bem e na qual Jules parece passar com louvor. Jules ganha uma RECOMPENSA pela experiência, uma percepção espiritual maior, mas Vincent não tira nada dela.

(O fato de já termos visto Butch matar Vincent torna essa cena uma espécie de RESSURREIÇÃO para o segundo; nós o vimos morrer, mas agora o vemos vivo novamente. É outra manifestação da noção de tempo fracionado pós-moderno, segundo a qual a noção de tempo linear é uma convenção arbitrária.)

No CAMINHO DE VOLTA desse momento de morte e renascimento, Vincent comete um erro mortal, novamente por sua falta de respeito. Aqui, mostra seu desrespeito pelas ferramentas da morte e, balançando a arma dentro do carro, acidentalmente atravessa a cabeça do cúmplice Marvin, que está no banco de trás, com uma bala.

Jules reconhece que aquilo deve ser limpo e segue para a casa do amigo e ALIADO, Jimmie Dimmick, interpretado por Quentin Tarantino, que parece ser um camarada de classe média cuja conexão com o mundo do crime nunca

A JORNADA DO ESCRITOR

é especificada. Fica preocupado com a ira moral de sua esposa, Bonnie, que logo voltará para casa vinda do turno da noite. (Aqui o cineasta cria o contraste entre o submundo criminoso e o mundo burguês, no qual a maioria de nós vive. A piada é que eles temem mais a irritação de Bonnie que o perigo de a lei procurá-los por homicídio.)

Jules e Vincent tentam se limpar, mas o conseguem apenas parcialmente. Jules dá uma bronca em Vincent por manchar todas as toalhas de vermelho, outro sinal de que Vincent é descuidado e desrespeitoso, traço que sabemos ser o motivo de sua morte. Ele arrisca transformar outro ALIADO, Jimmie, em INIMIGO.

Jules liga para pedir ajuda de Marsellus, e ele, por sua vez, convoca um MENTOR e ALIADO na forma de Winston Wolf, interpretado por Harvey Keitel. Seu nome o liga a Esmarelda Villalobos, a Esmarelda dos Lobos, uma Aliada em outra trama da história. Eles cumprem um pouco a mesma função desempenhada pelos Animais Auxiliadores em muitos contos populares.

Wolf parece ser um especialista em resolução de problemas, experiente em se livrar de provas inconvenientes. Chega em velocidade sobrenatural e toma conta do problema, dando ordens de forma autoritária. No entanto, Vincent novamente é desrespeitoso com os mais velhos e hesita em receber ordens. Wolf lida de forma bem-humorada com a situação, mas também com autoridade inquestionável, deixando claro que Vincent não deveria fazer de seu ALIADO um INIMIGO.

Wolf supervisiona enquanto Vincent e Jules limpam o carro cheio de sangue. A sequência inteira é uma RESSURREIÇÃO prolongada dos jovens, na qual eles e o veículo são purificados antes do RETORNO. Enquanto isso, Jimmie precisa fazer um SACRIFÍCIO, entregando lençóis e toalhas para a limpeza, mas Wolf prontamente lhe concede uma RECOMPENSA em dinheiro para comprar tudo novo.

Em seguida, agindo precisamente como um xamã que faz os guerreiros passarem por uma provação purgatória de RESSURREIÇÃO, Wolf ordena que Vincent e Jules tirem as roupas ensanguentadas. Ele manda Jimmie lavá-los com uma mangueira com água gelada enquanto eles se ensaboam, tirando o sangue. Depois, Jimmie lhes entrega novas roupas significativas, shorts e camisetas de garoto. Eles parecem garotos de colegial ou calouros de faculdade, e não gângsteres durões. Como caçadores que retornam ao lar, passaram por um ritual de vida e morte e renascimento que os transforma em crianças inocentes de novo. Agora, podem voltar ao MUNDO COMUM purificados da morte que enfrentaram e com a qual lidaram. Do início ao fim, eles ficaram agarrados à misteriosa maleta, um ELIXIR que os trouxera de volta à PROVAÇÃO no apartamento sofisticado dos jovens.

Wolf os escolta até um cemitério de automóveis, onde o corpo e o carro serão desovados. Ele se despede e sai com sua jovem namorada Raquel, filha do dono do desmanche, mostrando como um Mentor vivido desfruta do ELIXIR, obtido através de um comportamento "correto" pelas regras do universo desse filme. Ele cumprimenta Jules por mostrar respeito aos mais velhos, um sinal de caráter.

"EPÍLOGO"

Finalmente, a narrativa retorna à cena original no restaurante para o Epílogo, a última palavra sobre o assunto. Enquanto Pumpkin e Honey Bunny planejam seu assalto à mão armada, Jules e Vincent analisam o que aconteceu. Vincent, como de costume, tenta ignorar, mas Jules insiste que viram um milagre naquele dia. Ele resolve viver uma vida diferente a partir daquele momento, "caminhar sobre a Terra" como Caine na série de TV *Kung Fu*. Parece significar perambular por aí fazendo o bem e buscando a paz em vez de viver uma vida criminosa. Ele realmente passou por uma RESSURREIÇÃO e transformação moral. Vincent não valoriza nada disso e se levanta para ir ao banheiro – a mesma ação que, no fim das contas, o levará à morte.

Como PROVA final da determinação de Jules, Pumpkin e Honey Bunny começam a gritar apontando suas armas para todos. Pumpkin tenta agarrar o ELIXIR da misteriosa maleta, abrindo-a e caindo no seu fascínio, mas Jules está com a arma apontada para ele. (A tentativa de Pumpkin ecoa o tema dos contos de fadas do Falso Pretendente, que aparece justamente quando o herói está pronto para reivindicar seu prêmio.)

Jules conversa com calma, mas intensamente, com Pumpkin e Honey Bunny. Faz um acordo com Pumpkin, dando-lhe dinheiro de sua carteira para que ele solte a maleta. É um momento final em que estamos equilibrados entre a vida e a morte. Jules recita sua passagem da Bíblia pela terceira vez, embora essa citação tenha um sentido totalmente diverso para ele agora. Onde antes ele se identificava com a face iracunda de Deus, lidando com a morte dos infiéis, agora ele se identifica com a mão justa e misericordiosa, tentando ser o abençoado, "que, em nome da caridade e da boa vontade, guia o fraco pelo vale das sombras". Ele move seu foco do assassinato impensado para um novo nível de ato heroico, no qual ele pode usar suas habilidades de guerreiro para o bem. Ele é capaz de acalmar a situação potencialmente mortal e se afasta com o ELIXIR na mão. Um CONFRONTO que normalmente deixaria ao menos uma pessoa morta foi resolvido com *finesse* e graça digna do sr. Wolf. Jules cresceu, saindo do estado de SOMBRA, um matador implacável, para se tornar um verdadeiro HERÓI. Pumpkin e Honey Bunny saem com o ELIXIR da vida, que ganharam ao tomar a decisão correta e manter-se calmos sob as ordens de Jules. Se forem espertos, galgarão degraus na hierarquia e se preparar para aventuras como as que têm Jules e Vincent.

Vincent e Jules saem com a maleta cheia de ELIXIR. A história "acabou", embora saibamos que, no tempo linear, existe ainda muito a se contar pela frente. Vincent e Jules entregarão a maleta a Marsellus no bar, Vincent mostrará desrespeito por Butch e passará por sua PROVAÇÃO com Mia, e Butch não entregará a luta e matará Vincent antes que ele sobreviva à PROVAÇÃO com Marsellus. O fim real, se esses eventos forem reordenados em sequência linear, é o momento em que Butch e a namorada partem de motocicleta.

O tema de *Pulp Fiction* parece ser "homens testados por provações". Diferentes personagens reagem de maneiras distintas a seus respectivos confrontos com a Morte. Apesar do tom relativista do filme, os narradores parecem partir de um ponto de vista moral. Estão sentados no trono de Deus, decidindo sobre a punição de morte para Vincent, que ofende o código moral do filme, e recompensando Jules e Butch com a vida por fazer as escolhas corretas no esquema do filme. Nesse aspecto, os cineastas, apesar da aparência não convencional, são muito convencionais, seguindo um código moral tão estrito quanto num filme de John Ford ou Alfred Hitchcock.

O caso mais interessante é o de Vincent, que encara provações em duas arenas totalmente diferentes, com resultados diversos. Na arena do amor e da lealdade, no seu encontro com Mia, ele se comporta com bravura e coragem, como um cavaleiro das antigas, e por isso é recompensado com a breve sobrevivência. Contudo, na arena do respeito diante de Forças Maiores e pelos mais velhos e experientes, ele falha, e é rapidamente punido. Novamente o filme

RECAPITULAÇÃO DA JORNADA

parece dotado de um tom relativista, sugerindo que o domínio em uma área da vida não necessariamente significa domínio de todos os aspectos.

A trama das Jornadas do Herói de Vincent, Jules e Butch apresenta um espectro pleno de possibilidades heroicas, compreendendo o dramático, o trágico, o cômico e o transcendente. Como a definição de mito de Joseph Campbell, *Pulp Fiction* é uma "história camaleônica, ainda que maravilhosamente constante... com uma sugestão provocadora e persistente de que resta muito mais a ser vivenciado do que jamais poderemos saber ou conhecer".

A JORNADA DO HERÓI EM *A FORMA DA ÁGUA*

A forma da água foi aclamado pela crítica, tornou-se sucesso comercial e ganhou uma série de prêmios, incluindo treze Oscars para seu diretor, roteiristas, elenco e equipe. O diretor, Guillermo Del Toro, e sua corroteirista, Vanessa Taylor, criaram uma mistura de conto de fada, fábula e horror no espírito do realismo mágico, dando-nos um mundo rico em detalhes e verossímil, invadido por algo estranho e sobrenatural. Do mesmo modo que em trabalhos anteriores de Del Toro, como *O labirinto do fauno* e *Hellboy*, o monstro pode parecer estranho e assustador, mas no fim se prova maravilhosamente humano e parecido conosco, sendo que o horror vem dos humanos comuns que são monstruosos devido a sua ganância, luxúria e crueldade.

Em termos formais, o filme revela um senso poético que emprega metáforas e símbolos em abundância. Ovos reaparecem de modos diferentes para sugerir o potencial latente em Elisa, a faxineira muda que tenta salvar um monstro. Há água por todo lado, pingando, fluindo, encharcando, fervendo, um meio que conecta Elisa à sua amada Criatura. Cada cor e composição, cada elemento da trama, cada detalhe dos personagens e nota musical são cuidadosamente considerados para criar um desenho coerente. Com *voiceovers* do sensível artista Giles emoldurando a narrativa, Del Toro indica que o filme é um devaneio de Giles, algo como uma pintura em movimento que pode não ser literalmente verdadeira, mas que captura uma impressão das lembranças que ele tem de Elisa.

A forma da água transborda com o amor de Del Toro por filmes. Elisa e seu vizinho gay, Giles, compartilham uma paixão por velhos musicais, e seus apartamentos ficam acima de um cinema onde um épico bíblico está em cartaz. Em um momento de Recompensa na Jornada do Herói, no segundo ato, uma sequência fantasiosa se transforma no número de um musical completo, no qual Elisa e a Criatura dançam como Fred Astaire e Ginger Rogers. Mas outra referência cinematográfica sempre está nadando nas profundezas mal iluminadas: *O monstro da lagoa negra* (1954) e suas sequências, *A revanche do monstro* (1955) e *À caça do monstro* (1956).

Foram filmes "B" humildes, mas tiveram uma ressonância especial na minha infância (e na de Del Toro) ao serem lançados. O emblemático personagem da Universal, o Homem-Guelra, inspirava uma mistura agradável de emoções, assim como seu predecessor, o monstro de Frankenstein. Por um lado, eu ficava deliciosamente horrorizado com o poder e a estranheza do Homem-Guelra, com seus olhos grandes e fixos, sua pele escamosa. Por outro, sentia compaixão por aquela criatura solitária, provavelmente a última sobrevivente de sua espécie pré-histórica. Embora ele matasse aqueles que invadiam seu domínio, não era bruto por completo e sabia apreciar a beleza, inesquecivelmente nadando logo abaixo de uma donzela distraída de maiô, desejando acariciar as pernas dela com suas garras palmadas. Eu devia ter cinco anos quando vi o primeiro filme em um *drive-in* e, de alguma forma, ele voltou comigo no carro, uma presença enorme e silenciosa, um novo monstro que nadaria em meu inconsciente. Ele assombrava meus sonhos e espreitava no corredor quando eu me levantava no meio da noite para responder ao chamado da natureza. Sua estranheza me dava calafrios de pavor, mas ao mesmo tempo eu me sentia reconfortado por ele.

O monstro da lagoa negra também deixou uma impressão em Del Toro, que declarou que, quando assistiu ao filme na infância, simpatizou com o Homem--Guelra e ficou muito decepcionado por ele não ter ficado com a garota. Del Toro sentiu "um desejo quase existencial para que eles acabassem juntos". Mais tarde, já um cineasta talentoso, ele estava discutindo com executivos do estúdio Universal a possibilidade de dirigir um remake de *O monstro da lagoa negra*, mas eles não conseguiam concordar com a sua abordagem centrada na criatura. Então, Del Toro abandonou o projeto. *A forma da água* é uma história muito diferente de *O monstro da lagoa negra*, no entanto compartilha parte de seu DNA. Não é uma cópia dos filmes anteriores, mas uma espécie de resposta

RECAPITULAÇÃO DA JORNADA

a eles, uma reconsideração dos sentimentos e desejos que eles despertaram na imaginação de um jovem espectador.

IMAGEM DE ABERTURA E PRÓLOGO

Desde a primeira tomada já estamos nadando no subconsciente, em um espaço aquoso onde bolhas dançam e se entrelaçam. Em *voiceover*, o narrador, GILES (Richard Jenkins), conta-nos o prólogo onírico da história, emoldurando-o como um conto de fada sobre uma princesa calada, uma história de amor e perda e um monstro que tentou destruir tudo. Deslizamos para uma sala subterrânea onde objetos do dia a dia como mesa, cadeiras e relógios estão flutuando em uma dança elegante. Nossa heroína ELISA (Sally Hawkins), uma bela adormecida, flutua por esse espaço surreal usando uma camisola e máscara de dormir. O elemento aquoso desaparece, os objetos e Elisa se assentam em seus lugares e o despertador toca, acordando a heroína do seu sonho aquático.

O MUNDO COMUM

Elisa executa seu ritual diário, preparando-se para o turno noturno em uma instalação governamental por volta de 1962. Ela cozinha ovos para o almoço, tira o roupão e desfruta do abraço molhado da banheira. É uma introdução íntima à heroína da nossa história. Todos os objetos parecem ser apresentados em tons elegantes de verde; essa é uma fantasia sob a curadoria de um artista sensível. Tudo está conectado em uma rede poética. As bolhas na tomada de abertura rimam com as bolhas na água que ela ferve para os ovos. Os ovos rimam com o *timer* em formato de ovo que limita seu prazer sensual no banho, e ambos antecipam o presente de ovos que irá conectar Elisa ao Homem Anfíbio.

A personagem Elisa é esboçada habilmente com detalhes de seu comportamento diário. Podemos ver que ela se orgulha de seus sapatos e tem uma bela coleção que expressa sua personalidade. É uma criatura de rotinas e rituais, medindo seu tempo e suas tarefas precisamente, conferindo um calendário que oferece um pensamento diário inspiracional. Em um espelho, estuda cicatrizes paralelas no pescoço, uma expressão visível das FERIDAS que todos os heróis carregam.

A JORNADA DO ESCRITOR

Vestindo tons de verde discretos, Elisa atravessa o corredor para uma breve visita a seu amigo Giles, um artista gay que mora no apartamento ao lado. Ele é um ALIADO fiel de Elisa, mas está em sua própria Jornada do Herói, enfrentando o fim de sua carreira como artista comercial e a aproximação alarmante da velhice. Descobrimos que Giles ama assistir a velhos musicais com Elisa. Os dois moram acima de um cinema antigo onde está em cartaz um filme bíblico sobre a figura do Velho Testamento Rute.

Elisa vai para o trabalho de ônibus, sozinha e pensativa. Ela chega em uma instalação governamental secreta onde trabalha como faxineira no turno da madrugada com sua amiga prática e protetora ZELDA (Octavia Spencer), outra ALIADA de Elisa que, como Giles, consegue entender a língua de sinais de Elisa.

CHAMADO À AVENTURA

Há um rebuliço na instalação quando um novo "Artigo" é trazido para o laboratório em um contêiner selado e complexo. Elisa e Zelda recebem ordens de limpar a área ao redor do contêiner. Elisa fica fascinada pelos sons estranhos que vêm de dentro dele.

O Artigo, um HOMEM ANFÍBIO com guelras (Doug Jones) da América do Sul, está sendo estudado por um cientista cuidadoso, o DR. HOFFSTETLER (Michael Stuhlbarg), mas seu destino está nas mãos de um cruel agente do governo, STRICKLAND (Michael Shannon), que já teve um confronto com a criatura enquanto a capturava e só quer vê-la sofrer antes de matá-la.

Após o expediente, Elisa encontra Giles em uma lanchonete onde ele gosta de pedir torta de limão de tom verde, o que é um pretexto para tentar estabelecer uma conexão com o rapaz bonito que trabalha atrás do balcão. Em casa, Giles evita as notícias estressantes sobre tensões raciais na TV, preferindo viver em uma era mais antiga de musicais leves e sonhadores. Ao som de "The Daring Young Man on the Flying Trapeze", vemos Elisa repetindo sua rotina diária, mas rapidamente, o que sugere que seu dia a dia está se tornando uma esteira repetitiva.

De volta ao laboratório, a função arquetípica de Hoffstetler ainda não é revelada, mas Strickland é claramente uma SOMBRA, delineada nos tons mais escuros de vilania. Em um "reconhecimento do vilão" clássico, ele irrompe num

342

RECAPITULAÇÃO DA JORNADA

banheiro que Zelda e Elisa estão limpando, urina desrespeitosamente na presença delas e, de modo vulgar, gaba-se de um aguilhão de gado elétrico que lembra um pênis e que usa para torturar a criatura. Quando ele sai, elas ouvem um gemido patético da criatura, um som que Elisa ouve no coração como um CHAMADO À AVENTURA.

Elisa e Zelda são chamadas com urgência para limpar o sangue no laboratório, onde o Homem Anfíbio mordeu dois dedos de Strickland. Elisa encontra os dedos perdidos e (fora de cena) eles são cirurgicamente religados à mão de Strickland, embora fiquem muito infeccionados. Como as enfermidades de muitas figuras de Sombra em contos de fada e filmes *noir*, os dedos mutilados de Strickland se tornam um símbolo de sua corrupção interior.

Em casa, Elisa animadamente conta a Giles que teve um vislumbre da criatura, mas ele está preocupado demais com seu próprio drama, que parece destinado a ser uma tragédia de inutilidade e velhice. Veste uma peruca em uma tentativa triste de parecer mais jovem e lamenta ver seu rosto envelhecido. Sua carreira como artista comercial está acabando e, embora Giles deposite esperanças em agradar seu último cliente, seu estilo lírico de ilustração pintada está sendo suplantado pela fotografia – vulgar e literal. Como Elisa, ele se encontra em um limiar.

TRAVESSIA DO LIMIAR

Elisa ATRAVESSA UM LIMIAR na noite seguinte, quando tem um momento a sós com o Homem Anfíbio no laboratório. Alguma coisa, talvez uma afinidade com o ser solitário e calado, a leva a estender um presente, um ovo cozido que ela descasca e oferece a ele. Ela sente um pouco de medo quando ele mostra sua forma completa – alta, estranha e alarmante –, mas logo supera o receio e passa a apreciar a beleza e imponência da criatura. Nessa e nas cenas seguintes, eles estabelecem uma aliança, romanticamente conectados como os dois heróis da história. Entretanto, a combinação da criatura de selvageria assustadora e elegância gentil o torna um CAMALEÃO em relação à heroína Elisa, um catalisador que desperta as possibilidades dentro dela.

PROVAS, ALIADOS, INIMIGOS

Strickland faz um rotineiro mas ameaçador interrogatório com Elisa e Zelda, avisando-as para ficarem bem longe da criatura, que ele vê como um ser mau que deve ser destruído. Ele pergunta o que o sobrenome de Elisa, Esposito, significa. Ninguém responde, mas, em países da América Latina, significa "órfão" ou alguém que é exposto – isto é, deixado fora de um orfanato quando bebê. Tudo que se sabe do nascimento dela é que alguém cruelmente cortou suas cordas vocais e então a abandonou.

A volta de ônibus de Elisa é iluminada pelo sol nascente, simbolizando a aurora de novas possibilidades em sua vida.

O mesmo sol brilha sobre Strickland conforme ele volta para casa, com sua esposa e filhos demasiadamente perfeitos dos anos 1960. Sua esposa o deseja e o chama para o quarto. Seu encontro com Elisa despertou um impulso sádico nele. O silêncio dela é de certa forma excitante para ele, e ele o projeta transando brutalmente com a esposa e abafando os gritos dela para imitar o silêncio de Elisa.

A heroína decide aprofundar seu relacionamento com o Homem Anfíbio levando para o laboratório um tocador de discos portátil que o fascina. Eles compartilham ovos e estudam um ao outro. Em casa, ela escolhe discos para ele e dança no corredor, encantada por estar apaixonada. No trabalho, as mudanças que está sofrendo são percebidas por Zelda e pelo dr. Hoffstetler, que a observa das sombras.

APROXIMAÇÃO DA CAVERNA SECRETA

O dr. Hoffstetler compartilha da sensação de Elisa de que a criatura é um milagre da natureza, mas logo é revelado que ele é um agente secreto russo, enviado para monitorar a criatura caso ela possua algum valor estratégico. Ele se encontra com seu supervisor, MIHALKOV (Nigel Bennett), um burocrata grosseiro que não aprecia a maravilha científica que é a criatura. Mihalkov deixa muito claro que Hoffstetler talvez precise matá-la para impedir os americanos de lucrar com quaisquer descobertas estratégias que ele possa fornecer. Nesse ponto, Hoffstetler é um CAMALEÃO que oscila entre ser um ALIADO, uma SOMBRA ou uma ameaça para Elisa e a criatura.

RECAPITULAÇÃO DA JORNADA

Enquanto isso, a pressão aumenta sobre Strickland quando o chefe dele, o severo GENERAL HOYT (Nick Searcy), visita o laboratório. Descobrimos que o Homem Anfíbio era reverenciado como um deus pelos habitantes do local onde foi descoberto. Hoyt quer resultados dos estudos da criatura, mas Strickland defende fortemente matá-la e dissecá-la para descobrir seus segredos. O general Hoyt decreta que a criatura continuará viva por enquanto, mas enfatiza seu direito de ordenar a sua destruição a qualquer momento.

Em casa, Elisa freneticamente implora a Giles que a ajude a libertar a criatura, fazendo um CHAMADO À AVENTURA na Jornada do Herói dele. Em uma clara RECUSA DO CHAMADO, Giles dá as costas à amiga, partindo com sua pintura recém-completada para entregá-la ao seu cliente, última esperança de revitalizar sua carreira. No entanto, isso não dá em nada: o cliente rejeita o trabalho sem nem olhar para ele e fecha a porta para qualquer futuro trabalho.

Em desespero, Giles reúne coragem para falar com o jovem atraente na cafeteria, mas os portões da esperança também se fecham ali, uma vez que o jovem se revela tanto homofóbico como racista, recusando-se a servir um casal negro.

Sentindo que não tem nada a perder, Giles ATRAVESSA UM LIMIAR e concorda em ajudar Elisa a libertar o Homem Anfíbio, forjando um documento de identidade com suas habilidades de artista e pintando uma van para parecer um veículo de lavanderia (APROXIMAÇÃO). Giles orgulha-se de Elisa por planejar cuidadosamente o resgate e ser destemida, embora ela admita que está com medo também. O plano é que Elisa desative as câmeras de segurança por alguns minutos enquanto leva a criatura para a van da lavanderia, que será dirigida por Giles.

A ameaça de morte se intensifica quando Mihalkov dá ao dr. Hoffstetler um dispositivo para desligar a energia e as luzes do laboratório, junto com uma seringa com um veneno potente para matar o Homem Anfíbio.

À medida que a pressão sobre nossos heróis aumenta, Strickland parece estar no topo do mundo enquanto impulsivamente compra um novo Cadillac azul-petróleo e nele se afasta cheio de orgulho. No trabalho, ele inventa um motivo para levar Elisa ao seu escritório, onde faz investidas vulgares sobre ela, tentando acariciar as cicatrizes em seu pescoço. Ela se esquiva de seu toque sinistro, ciente de que não conseguirá mantê-lo longe por muito tempo.

PROVAÇÃO

Elisa dá início ao seu plano, equilibrando-se precariamente em alguns barris de substâncias químicas enquanto vira as câmeras para longe do cais de carga. Seus movimentos são notados pelo dr. Hoffstetler, que percebe que ela está tentando salvar a criatura. Ele se transforma em um ALIADO e um MENTOR, dando-lhe presentes de mentor: a chave da coleira do Homem Anfíbio e instruções de como mantê-lo vivo em água salgada.

Giles está passando por uma PROVAÇÃO DE HERÓI na van, que é parada por um SEGURANÇA suspeito que o ameaça de morte. Por sorte, o dr. Hoffstetler consegue matar o segurança com o veneno destinado à criatura e ajuda Giles e Elisa desligando as luzes do laboratório. Elisa transfere o Homem Anfíbio em um cesto de roupas sujas com rodinhas, mas é parada inesperadamente por Zelda, que age como uma GUARDIÃ DO LIMIAR por alguns momentos, bloqueando seu caminho e opondo-se ao seu plano. No entanto, vendo que o dr. Hoffstetler apoia o resgate, Zelda decide ajudar Elisa, tornando-se uma ALIADA de novo, embora se preocupe com o perigo que eles estão correndo.

Giles sai com Elisa e a criatura na van, acidentalmente batendo no Cadillac novo de Strickland enquanto o agente dispara sua pistola inutilmente contra o veículo que se afasta. Ele não percebe que foi Elisa e presume ter sido obra de um time de espiões russos especializados. Está furioso, mas também aterrorizado com a possibilidade de ser visto como um fracasso pelo chefe e figura paternal, o general Hoyt, que ameaça destruir sua carreira se ele não recuperar rapidamente o Homem Anfíbio.

Elisa instala a criatura em sua banheira e enfrenta uma CRISE e uma PROVAÇÃO enquanto a criatura ofega, perto da morte, até ela se lembrar do conselho do dr. Hoffstetler de mantê-la em água salgada. Elisa corre freneticamente para pegar sal no armário e joga-o na água da banheira. Em um clássico quadro de vida e morte, o Homem Anfíbio parece ter morrido por um momento, mas revive, para alívio de Elisa e Giles, que recebem uma boa RECOMPENSA de risos por terem sobrevivido à Provação.

Elisa estoca sal e compra um cartão de amizade brega para a criatura conforme o elo deles se fortalece. Ela pretende soltá-lo em um canal que se conecta ao mar quando as chuvas de outubro o encherem, o que acontecerá dali a alguns dias. O tempo urge.

Enquanto Elisa está no trabalho, Giles faz companhia ao Homem Anfíbio, contando a ele como se sente sozinho e fora de sintonia com seu tempo. A criatura parece simpatizar. Entretanto, quando Giles adormece, o Homem Anfíbio sai da água para andar pelo apartamento, explorando. Vendo um dos gatos de Giles rosnar para ele, a criatura rosna de volta e arranca a cabeça dele com uma mordida. Giles acorda com o guincho de morte do animal e grita com o Homem Anfíbio, que foge do apartamento de medo, arranhando o braço de Giles enquanto passa, outra PROVAÇÃO de quase morte para Giles.

Enquanto isso, Elisa e Zelda estão sendo interrogadas de novo por um Strickland cada vez mais desconfiado, mas insistem que não viram nada incomum na noite do rapto da criatura. Mais tarde, o dr. Hoffstetler se aproxima secretamente de Zelda e Elisa, querendo uma garantia de que o Homem Anfíbio está bem e instando-as a soltá-lo logo. Elisa diz, em língua de sinais, que o dr. Hoffstetler é um bom homem, e ele revela, com sua educação do Velho Mundo, que seu nome é Dmitri e que é uma honra conhecê-las.

Após receber uma ligação urgente de Giles, Elisa sai em busca da criatura desaparecida e, seguindo um rastro das marcas de garras sangrentas dele, encontra-o dentro do cinema, fitando maravilhado o épico bíblico que passa na tela. Ela o abraça e o leva de volta para cima.

RECOMPENSA

O Homem Anfíbio faz as pazes com Giles, toca a cabeça e o braço feridos do artista em uma espécie de bênção. Em um momento íntimo com Elisa no banho, a criatura curiosamente toca as cicatrizes no pescoço dela e Elisa foge assustada. Ela se prepara para dormir, colocando sua máscara, mas muda de ideia e vai encontrar o Homem Anfíbio, tirando as roupas, entrando na banheira e fechando a cortina de modo que nós só podemos imaginar a união.

Naquela noite, quando vai para o trabalho, Elisa está em meio a um atordoamento sensual, hipnotizada pelas gotas de água levadas pelo vento na janela, especialmente duas que dançam e se mesclam. No trabalho, os sorrisos de

Elisa alertam a perspicaz Zelda de que algo aconteceu com o Homem Anfíbio, e Elisa revela alguns detalhes íntimos sobre a anatomia dele.

O dr. Hoffstetler está sob pressão tanto de um Strickland desconfiado como de seu supervisor Mihalkov, que o avisa de que deve estar pronto para ser removido muito em breve, depois que a criatura for morta. Ele finge ter matado a criatura e alega ter se livrado do corpo, mas Mihalkov não confia nele.

Em casa, com o Homem Anfíbio, Elisa tem a ideia de selar a porta do banheiro com toalhas para poder inundar o cômodo e nadar sensualmente com seu homem-peixe. A diversão acaba quando o dono do cinema reclama que há água vazando do teto. Então, Giles abre a porta do banheiro e é derrubado por uma enchente.

Giles percebe que o Homem Anfíbio tem poderes divinos, porque o ferimento em seu braço curou-se e fios de cabelo espessos e juvenis estão brotando em sua cabeça, onde a criatura o tocou. Ele é literalmente transformado e rejuvenescido como RECOMPENSA por ter sobrevivido à provação de um herói. Por outro lado, a criatura parece estar em declínio, e eles percebem que devem soltá-la logo.

Inevitavelmente, o dia marcado no calendário chega, e Elisa senta-se triste com o Homem Anfíbio. Em uma sequência de fantasia, ela consegue cantar para ele: "Você nunca saberá como eu te amo", e em uma dança hollywoodiana preta e branca elaborada, eles dançam juntos em êxtase.

O CAMINHO DE VOLTA

Strickland parte em uma PERSEGUIÇÃO furiosa ao Homem Anfíbio. Ele tem certeza de que o dr. Hoffstetler conspirou para salvar a criatura e o segue até uma fábrica de cimento onde Hoffstetler é morto sob ordens de Mihalkov por não ter matado a criatura. Strickland chega e mata Mihalkov e o capanga dele, depois tortura o dr. Hoffstetler moribundo até descobrir que eram as faxineiras insignificantes que estavam por trás do resgate.

Strickland invade o apartamento de Zelda procurando o Homem Anfíbio. O MARIDO covarde de Zelda revela que ele está com Elisa. Zelda consegue avisar Elisa, que foge com a criatura e Giles antes que Strickland chegue ao apartamento deles. Entretanto, Strickland segue uma pista que encontra no calendário e chega ao canal no momento em que Elisa está se despedindo de um modo agridoce do Homem Anfíbio.

RESSURREIÇÃO

Strickland derruba Giles e atira em Elisa e na criatura com a pistola. Giles se recupera (RESSURREIÇÃO) e bate na cabeça de Strickland com um pedaço de madeira. O Homem Anfíbio usa seu poder para se curar. Strickland, ensanguentado, vê isso e tem uma EPIFANIA – "Você é um deus" – antes que a criatura rasgue sua garganta com as garras.

RETORNO COM O ELIXIR

O Homem Anfíbio dá a Giles uma última bênção e é correspondido com um toque gentil. Levando Elisa moribunda nos braços, a criatura mergulha no canal e nada ao redor do corpo flutuante dela através de feixes esverdeados de luz. Giles, em *voiceover*, nos conta que acredita que eles sobreviveram, ficaram juntos e amaram um ao outro, e como confirmação, nós vemos o Homem Anfíbio curando o ferimento de bala de Elisa e acariciando as cicatrizes no seu pescoço, fazendo-as se transformarem em guelras (RESSURREIÇÃO, ELIXIR). Elisa arqueja, acordando com um sobressalto, mas logo consegue respirar e eles giram juntos nos feixes de luz verde. Giles completa a cena (ELIXIR) com um poema escrito muito tempo antes: "Incapaz de perceber sua forma, eu encontro você ao meu redor. Sua presença enche meus olhos com o seu amor. Isso torna o meu coração modesto, pois você está em toda parte". (Aparentemente, uma paráfrase de versos do místico sufi do século 12, Hakim Sanai.)

A forma da água é artístico, majestoso, lírico e superdramatizado, criando um mundo altamente polarizado no qual os vilões são muito, muito ruins e os heróis são muito, muito bons. De um jeito habilidoso, confiante e às vezes humorístico, Del Toro usa símbolos para formar os tecidos de conexão que criam um esquema coerente para a obra. Ele transforma ovos em símbolo da vida latente dentro de Elisa. Na imagem do timer no formato de ovo, ele combina as possibilidades de fertilidade dos ovos com o progresso incessante do tempo. Somos recordados de que o relógio da vida está sempre ticando. Elisa tem pouco tempo para se conectar

A JORNADA DO ESCRITOR

com a criatura, a breve janela de cinco minutos para libertá-la do laboratório, e só poucos dias para aproveitar seu caso de amor com o Homem Anfíbio antes que ele seja libertado de novo na natureza. O próprio Giles é um lembrete da passagem do tempo, advertindo Elisa para não acabar como ele, sozinho e frustrado.

O símbolo do ovo, como muitas coisas no filme, é polarizado, às vezes sendo um dispositivo benevolente que conecta Elisa e o Homem Anfíbio e em outros momentos uma coisa perigosa que deixa Strickland desconfiado de Elisa quando ele encontra os ovos que ela levou para a criatura. Os personagens também são fortemente polarizados. Aliados como Giles e Zelda, que a encorajaram e a guiaram, transformam-se brevemente em ferozes Guardiões do Limiar, bloqueando seu caminho. O dr. Hoffstetler é um camaleão complexo, primeiro aparecendo como uma Sombra que ameaça a criatura, depois provando ser um Aliado muito útil que ajuda a fuga e até agindo como um Mentor ao dar a Elisa os segredos para manter o Homem Anfíbio vivo.

À primeira vista, o filme pode parecer uma versão de contos de fada simples da Jornada do Herói, mas na verdade oferece variações sutis do padrão normal e lida magistralmente com os arquétipos, aplicando-os com leveza e grande flexibilidade.

QUEM É O HERÓI?

O filme tem uma abordagem incomum, mas eficaz, à Jornada do Herói ao distribuir os atributos do herói entre os personagens principais, incluindo o vilão. Os espectadores têm muitas escolhas sobre a quem dedicar seus sentimentos. Elisa assume a posição principal como mola propulsora no drama; é a sua história de amor e é ela que escolhe arriscar tudo para resgatar a criatura. Mas Giles passa por sua própria Jornada do Herói completa, de algumas formas mais complexas e bem desenvolvidas que a de Elisa. Após muito tempo em uma própria jornada fracassada para recuperar a juventude, e depois de repetidamente Recusar o Chamado para se juntar à aventura de Elisa, Giles finalmente Atravessa um Limiar ao concordar em ajudá-la, enfrenta a morte em uma Provação física e ganha uma Recompensa de vitalidade renovada em juventude. No final, sobrevive a outro encontro com Ressurreição com a morte e nos entrega o Elixir do seu retorno à vida, as lembranças de Elisa e sua criatura, e sua crença

RECAPITULAÇÃO DA JORNADA

de que o amor deles transcende o espaço e o tempo, sem forma, como a água, mas vivo em todo lugar.

Não surpreende que Elisa e Giles compartilhem tantas das funções do Herói, já que Del Toro mencionou ter concebido os dois personagens como um só. Ele projetou os apartamentos deles como se uma grande sala tivesse sido dividida, muito tempo antes, para formar duas casas, quase como dois lóbulos do mesmo cérebro. Apesar disso, eles têm estilos distintos como Heróis. Elisa é da tribo de Heróis comprometidos e ávidos, não passando por uma Recusa do Chamado, mas Giles mais do que compensa por isso ao se recusar a se juntar à sua equipe de aventura no começo e negando a realidade do seu envelhecimento. Elisa não tem defeitos discerníveis a superar, exceto sua impulsividade; Giles é cheio de defeitos – covarde, dolorosamente tímido, autoiludido e vaidoso –, o que o torna, de certa forma, um Herói mais interessante e bem trabalhado.

Zelda claramente é uma aliada para Elisa e por um breve momento se transforma em uma Guardiã do Limiar, mas sua jornada também é heroica, fazendo-a arriscar sua segurança pessoal para ajudar outro ser humano. Não sabemos como a Jornada do Herói de Zelda acaba; espera-se que qualquer ameaça a ela tenha morrido com Strickland e que ela não acabe numa prisão federal por violar leis de sigilo. Certamente, haverá um acerto de contas com o seu marido covarde que contou a Strickland onde encontrar a criatura.

O dr. Hoffstetler é outro personagem que veste o manto de Herói na história. Em sua própria jornada, ele é um herói dividido entre seu dever como espião e um senso de fascínio científico pelo Homem Anfíbio, mas em princípio isso é escondido do público e ele temporariamente atua como um Camaleão, sendo usado para criar um ar de mistério e intriga ao redor da criatura. Após uma série de revelações, descobrimos que o doutor é um espião russo com a missão de matar o homem-peixe, mas que sua natureza verdadeira e nobre como cientista exige que ajude Elisa a libertar a criatura. Ele toma a decisão heroica essencial, arriscando sua segurança pessoal para ajudar outros seres. Infelizmente, o seu fio da jornada acaba em tragédia e o dr. Hoffstetler morre como uma vítima sacrificial às necessidades da história. Contudo, sua morte serve um propósito na história, mostrando como Strickland é implacável e o que pode fazer com Elisa e o Homem Anfíbio se os alcançar.

A JORNADA DO ESCRITOR

Del Toro até abre espaço em seu projeto para uma Jornada do Herói a Strickland, a Sombra do filme. Ele é o vilão óbvio do filme, mas um Herói puro e justificado em sua própria mente. Del Toro disse que ele e o ator Michael Shannon tinham noção de que, se o filme tivesse sido feito em meados do século 20, Strickland teria sido o herói. Del Toro tomou cuidado de vestir o personagem em um terno e gravata impecáveis que poderiam ter sido usados por Cary Grant em seus momentos mais heroicos. Do ponto de vista de Strickland, esse é um filme de monstro no qual ele é o salvador ungido da humanidade contra uma abominação infernal. Seus dedos mordidos e mal religados podem ser vistos como as feridas de um herói, não só os sinais de corrupção em uma Sombra. Se ele é o Herói do seu próprio filme, é uma tragédia na qual sacrifica a vida em uma tentativa vã de salvar a sociedade de uma criatura que ele vê como uma ameaça.

O próprio Homem Anfíbio expressa elementos da Jornada do Herói, embora manifeste a princípio os arquétipos da Vítima, raptado de sua terra natal, torturado e impotente em grilhões. No começo, podemos pensar que ele é o monstro do filme, mencionado por Giles no *voiceover* de abertura, mas ele começa a se tornar mais humano conforme interage com Elisa. Embora temível em aparência, responde graciosamente a suas abordagens gentis. Ascende ao status de herói e se torna ativo na trama só depois de ser resgatado e começar a explorar o estranho mundo novo do prédio. Passa por uma breve Provação quando confronta e mata o gato irritado de Giles e perambula até o cinema. Elisa o resgata, mas ele experimenta uma Provação mais séria quando quase morre pela falta de água salgada. Revivido, desfruta uma Recompensa de Herói tendo momentos íntimos com Elisa. Em um confronto de Ressurreição final, ele chega perto da morte outra vez com a bala de Strickland, mas é curado e renasce graças a seus próprios poderes divinos. Embora a cena final possa ser só uma fantasia de Giles, parece que o Homem Anfíbio dá o Elixir de renascimento para Elisa, sarando suas feridas e transformando as cicatrizes dela em um novo jeito de viver e respirar.

QUEM É O MENTOR?

Embora *A forma da água* não tenha um personagem que aja como um Mentor óbvio para Elisa, a ideia de mentoria se manifesta de diversas formas.

RECAPITULAÇÃO DA JORNADA

Por meio de seus talentos na medicina e conselhos, o dr. Hoffstetler finalmente se revela como um mentor. Giles, com seu jeito empolgado e balbuciante, fala alguns conselhos de Mentor dirigidos a seu eu mais jovem, mas que são ouvidos por Elisa: "Se eu pudesse tomar esse meu cérebro... esse coração... e colocar nele... se eu pudesse voltar no tempo, quando tinha 18 anos... eu não sabia nada de nada... eu teria me dado uns conselhos, eu te digo... eu diria: cuide melhor dos seus dentes e transe muito. Muito mais". Elisa é uma mentora para o temeroso Giles com seu exemplo de coragem e determinação de seguir seu sonho. As possibilidades sinistras da mentoria são representadas pelo supervisor de Hoffstetler, Mihalkov, e o chefe de Strickland, general Hoyt, que encorajam, mas também ameaçam punições drásticas se aqueles sob sua tutela não entregarem resultados.

SOMBRA

Obviamente, o arquétipo da sombra é personificado pelas forças que ameaçam Elisa e o Homem Anfíbio: Strickland, o general Hoyt e Mihalkov. Mas há uma sombra maior que paira sobre todo o desenho da história: a cultura repressiva e masculina de meados do século 20, cuja influência ainda persiste. O comportamento dos vilões pode ser lido como uma crítica ao modo como tememos a natureza e tentamos dominá-la e explorá-la, transformando-a em uma arma ou ganhando dinheiro com ela. Se não atingirmos os objetivos, preferimos destruí-la do que aprender a viver com ela.

No *voiceover* de abertura, porém, Giles avisa de "um monstro que tentou destruir tudo", o que é um modo de nos desorientar um pouco. Em um filme de monstro convencional, a estranha criatura seria o monstro a temer e nos horrorizar, mas, no universo de Del Toro, descobre-se que a criatura é profundamente humana e que os monstros reais são os humanos cruéis que não têm respeito pelas maravilhas do mundo.

O personagem de Strickland apresenta várias camadas de maldade. Ele é um sádico que sente prazer em torturar o Homem Anfíbio e deixar Elisa desconfortável com suas fantasias sexuais, apoiando sua visão de mundo com interpretações deturpadas de histórias da Bíblia. Ele odeia o Homem Anfíbio por motivos pessoais, tendo se esforçado para capturá-lo e sido mordido por ele, mas também objeta contra a própria existência da criatura como uma afronta à sua ideia de Deus, que provavelmente se parece muito com Strickland, severo e vingativo.

Del Toro explica o personagem de Strickland como uma vítima de seus próprios desejos irracionais, dizendo: "Strickland representa três coisas que eu acho aterrorizantes: ordem, certeza e perfeição. Ele quer as três, que são impossíveis e representam a tortura de uma vida, porque nenhum ser humano pode ter qualquer uma delas". (Entrevista para a *Variety*, 10 de janeiro de 2018.)

CONCLUSÃO

A forma da água realiza muitas coisas. Além de concretizar a visão de Del Toro de uma história de amor com monstros, pode reivindicar o direito de ser uma homenagem à magia dos filmes clássicos de Hollywood, uma crítica da dominação masculina, um lamento compassivo pela natureza, um abraço afetuoso dos azarões da sociedade e um aviso de que o relógio está ticando e não temos um tempo ilimitado para mudar nossos hábitos e transformar nossas vidas. De alguma forma, Del Toro realiza esse projeto ambicioso com uma economia admirável e velocidade na contação da história. Ele mantém sua história fantástica com um pé no chão graças a vários detalhes realistas do período. Sua recriação de uma concessionária da Cadillac de 1962 é uma obra-prima de design cênico. Um detalhe pequeno, mas revelador, me pareceu autêntico através do meu olhar de criança. Na cena em que Strickland volta para casa em seu novo carro, vemos o filho e a filha dele brincando no chão da sala de estar. O filho está brincando com um caubói de plástico e bonequinhos de indígenas sobre uma litografia de metal da cabana de um caubói, exatamente como os que eu tinha em 1962.

Como fã da série *O monstro da lagoa negra*, eu teria ficado decepcionado se Del Toro tivesse completamente ignorado essas fontes míticas importantes. Para a minha alegria, ele as homenageou com um par de cenas que lembravam os filmes da Universal sem copiá-los. Quando o Homem Anfíbio começa a explorar os apartamentos de Giles e Elisa, depois a rua e o cinema abaixo, não consigo evitar de pensar em *À caça do monstro*, no qual o monstro invade nosso mundo comum e causa caos e terror. Fiel à visão de Del Toro de contar a história através dos olhos do "monstro", *A forma da água* nos faz temer pela

RECAPITULAÇÃO DA JORNADA

criatura, não pelos transeuntes. E o momento, mais para o fim, quando o Homem Anfíbio mergulha no canal com Elisa nos braços, traz à mente a tomada emblemática que aparece nos três filmes da Universal, sempre um momento aterrorizante, quando o Homem-Guelra rapta uma bela mulher aos gritos e pula na água com ela, levando-a para um destino desconhecido em seu covil subterrâneo. Em *A forma da água*, a intenção do Homem Anfíbio logo fica clara; ele a cura e a transforma em um ser que pode viver e amar com ele em seu ambiente aquoso. Quem sabe, talvez, essa fosse também a intenção do Homem-Guelra e, se ele não tivesse sido frustrado por cientistas chatos e aventureiros machões nos anos 1950, teria realizado o mesmo milagre.

A forma da água foi um entretenimento que agradou às plateias, recebendo aclamação quase universal de público e crítica, embora alguns tenham apontado falhas menores. Mesmo sendo Elisa uma personagem envolvente e memorável, graças à interpretação de Sally Hawkins, ela não cumpre exatamente o potencial de um herói. Não mostra hesitação ou dúvidas sobre responder seu Chamado à Aventura, então não há muito suspense sobre o que ela vai fazer. Também não tem nenhum defeito aparente para superar. Porém, para a maioria das pessoas, o charme de seu caráter animado e corajoso compensou quaisquer falhas.

A forma da água força os limites da lógica, às vezes – por exemplo, quando a segurança para "o recurso mais importante que esse laboratório já teve" é tão negligente que duas faxineiras podem observar o contêiner de metal e vidro da criatura ser levado para dentro. O Homem Anfíbio é inexplicavelmente deixado sem vigilância enquanto Elisa tem a chance de viver uma aproximação romântica com ele e, de alguma forma, ela não é vista pelas câmeras de segurança que ativamente monitoram todas as outras seções do laboratório. Entretanto, devemos recordar que *A forma da água* não é um exercício de lógica, e sim os devaneios brincalhões e poéticos de Giles, nos quais tais afastamentos da realidade enfadonha não importam.

Apesar de se passar na distante era dos anos 1960, o filme tocou o público moderno, que respondeu ao seu tema de tolerância pelo "Outro". Del Toro conta sua história através dos olhos de vários Outros marginalizados – Elisa por sua mudez, Zelda pela desigualdade, Giles pela identidade sexual e timidez, e o Homem Anfíbio por sua natureza estranha e especial que assusta as pessoas

A JORNADA DO ESCRITOR

"normais". Todos desprezados e ameaçados pela ideia de normal da sociedade, mas o amor que os personagens têm uns pelos outros transcende tudo isso. Falando desses outros extremos, os monstros de filmes de horror que se mesclaram com as ideias religiosas católicas de sua infância, Del Toro comentou: "Quando eu era menino, realmente fui redimido por essas figuras. Onde outras pessoas viam horror, eu via beleza. E onde as pessoas viam a normalidade, eu via o horror. Percebi que os verdadeiros monstros estão no coração humano". (Entrevista ao *Collider*.com com Christina Radish, 12 de fevereiro de 2018.)

Del Toro disse ainda que sua ambição com *A forma da água* era "fazer um filme que as pessoas pudessem cantarolar saindo do cinema. Não a música, mas o filme. Que você pudesse cantarolar sobre sexo, sobre amor, sobre a vida, sobre empatia". (Série Indiewire's Awards Spotlight, 23 de janeiro de 2018.) Quando ele fala sobre cantarolar, acho que está se referindo ao que chamo de frequência vibratória do público, estimulando os seus órgãos com imagens, sons, personagens envolventes em situações desafiadoras e associações poéticas de ideias. Em *A forma da água*, ele cria um clima onírico e sedutor que altera as vibrações sutis do público como uma música refinada. Graças a sua visão, coração, atenção aos detalhes e paixão pelo cinema, o público pode "cantarolar" junto com essa reimaginação pouco convencional dos velhos temas da Jornada do Herói.

STAR WARS

Antes de encerrar o livro sobre as permutações da Jornada do Herói em filmes populares, preciso reconhecer o impacto duradouro da série *Star Wars*. O primeiro filme da franquia *Star Wars*, agora intitulado *Star Wars Episódio IV: Uma nova esperança*, foi lançado em 1977, quando eu estava começando a digerir as ideias de Joseph Campbell, e foi uma confirmação surpreendente da força dos padrões míticos que encontrei lá. A série era uma expressão totalmente desenvolvida do conceito de Jornada do Herói, exatamente como Campbell descreveu. Ela me ajudou a elaborar a teoria e testar minhas ideias, e rapidamente se transformou em um evento cinematográfico de peso, batendo recordes e estabelecendo um padrão mais elevado do que um filme deveria alcançar.

Quando comecei a ensinar a "estrutura mítica", o filme trouxe um exemplo conveniente e bastante assistido para demonstrar os movimentos e princípios da Jornada do Herói, em que a função das partes era simples, clara e vívida. Ele entrou na linguagem da cultura pop, oferecendo metáforas, símbolos e frases úteis que expressavam como nos sentíamos em relação ao bem e ao mal, à tecnologia e à fé. Originou uma indústria bilionária de sequências, episódios anteriores, assessórios, franquias e um universo inteiro de brinquedos, jogos e colecionáveis. Gerações inteiras cresceram sob sua influência, e ele inspirou inúmeros artistas a pensar grande e perseguir seus sonhos criativos. O filme cumpriu a mesma função que os antigos mitos cumpriam para milhões de pessoas, estabelecendo parâmetros de comparação, oferecendo metáforas e significados e inspirando pessoas a avançar além das fronteiras terrenas.

Se o filme *Star Wars* de 1977 fosse um evento cinematográfico único, seu impacto ainda teria sido considerável. No entanto, sua influência foi triplicada com o lançamento das sequências *Episódio V: O Império contra-ataca* (1980) e o *Episódio VI: O retorno de Jedi*. O criador da série, George Lucas, sempre planejou um quadro imenso, na escala do Ciclo do Anel de Wagner, um épico que precisaria de dúzias de filmes para ser contado por inteiro. Pelos dezesseis anos seguintes, os fãs se perguntaram se Lucas cumpriria a promessa de lançar mais filmes, estendendo a saga para o passado e, possivelmente, para o futuro. Pelo que conhecemos como "Universo Expandido", vários enredos paralelos e histórias pregressas foram desenvolvidos em quadrinhos, romances, séries animadas e especiais para a TV, mas apenas em 1999 Lucas retornou à série de filmes, produzindo no final três "episódios anteriores" que contavam a história da geração que viera antes de Luke Skywalker e da Princesa Leia, e revelou os eventos e falhas de personagem que levaram ao desenvolvimento de Darth Vader, a incorporação suprema do mal na série.

O plano mestre para organizar esse cenário imenso de seis longas-metragens parece refletir a visão polarizada do universo e do próprio mito do herói, permitindo a exploração integral das possibilidades sombrias e iluminadas do modelo heroico. Os filmes lançados nos anos 1970 e 1980 representam a visão carregada de positividade e otimismo do heroísmo, em que o jovem Luke Skywalker é gravemente tentado pelo poder e pela fúria, mas termina triunfante e moralmente equilibrado – um exemplo do que Campbell chama de "Mestre de Dois Mundos". A intenção dramática é bem diferente nos três filmes "anteriores" (*A ameaça fantasma*, de 1999, *Ataque dos clones*, de 2002, e *A vingança dos*

Sith, de 2005). Apesar de momentos esparsos de leveza e humor, o tom geral é sombrio e trágico, mostrando a destruição de um espírito humano por falhas fatais de ódio, orgulho e ambição.

Um tema mítico que parece percorrer todos os filmes é a fascinação com o território emocional entre pais e filhos. O impacto de modelos masculinos positivos, pais de criação e mentores como Obi-Wan Kenobi, Yoda, Qui-Gon Jinn, o tio de Luke, Owen, e Mace Windu é enfatizado, mas a série está mais interessada no efeito de pais ausentes ou distantes e nos modelos negativos sobre a personalidade em desenvolvimento de um jovem.

Os primeiros três filmes lançados retratam a missão de Luke Skywalker de descobrir a identidade do pai e sua luta com as tendências obscuras de sua natureza. O *Episódio IV*, filme lançado em 1977, segue um modelo mais ou menos arturiano, com o jovem nobre criado num ambiente humilde, sem saber de sua natureza, e vigiado por uma figura semelhante à de Merlin (Obi-Wan), que lhe dá uma arma poderosa que pertencia ao seu pai, um sabre de luz parecido com a espada de Arthur, a Excalibur.

Nos dois filmes seguintes, Luke descobrirá mais sobre seus pais e que a Princesa Leia é sua irmã gêmea. O relacionamento com os pais adotivos continuará a se desenvolver – ele perde Obi-Wan como influência viva (embora sua presença fantasma continue a guiá-lo) e ganha um novo pai na figura de Yoda. Quando aprende a dominar a Força, é tentado pelo lado sombrio, representado pelo abominável Darth Vader, que no fim se revela pai legítimo de Luke. Como muitos heróis antes dele, Luke precisa enfrentar o fato de que o pai não era perfeito e que ele próprio carrega algumas das tendências perigosas que fazem de seu pai um tirano monstruoso. Nesse trecho, o enredo lembra o cenário wagneriano de Siegfried, o jovem herói que precisa reforjar a espada quebrada que representa o fracasso da geração anterior.

Luke passa por uma grande prova de Ressurreição no *Episódio VI: O retorno de Jedi*, quando tem a oportunidade e a motivação para matar o pai, pois Lorde Vader ameaça atrair a irmã de Luke, a Princesa Leia, para o lado sombrio da Força. Luke poupa a vida do pai, ou seja, opta por manter o lado luminoso da Força. O Imperador maléfico que manipulou Darth Vader e é um tipo de figura paterna perversa começa a destruir Luke com poderosos raios. Movido pela visão da morte iminente do filho, Vader inverte a polaridade e avança sobre

RECAPITULAÇÃO DA JORNADA

o lado luminoso da Força, lançando o Imperador para a morte no abismo. Vader, à beira da morte pela luta com o Imperador, pede a Luke que remova seu capacete, revelando o ser humano frágil sob a máscara tecnológica. Pede o perdão, e o filho o perdoa. Luke, embora ferido, desmembrado e extremamente tentado por seu potencial obscuro, termina como um herói carregado de positividade, capaz de usar os poderes de forma responsável pelo bem de todos. É capaz até de perdoar o fato de o próprio pai ter decepado sua mão e tentado matá-lo. Uma das últimas imagens do *Episódio VI*, teoricamente o fim absoluto da série, é aquela do fantasma de Darth Vader, redimido e perdoado, pairando benevolente para zelar o filho ao lado dos fantasmas de Obi-Wan e Yoda, uma trindade de figuras paternas.

Dezesseis anos após o lançamento de *Episódio VI*, Lucas voltou à sua tela inacabada para realizar os três primeiros episódios, detalhando a ascendência do pai de Luke, o jovem cavaleiro Jedi Anakin Skywalker, e seu corrompimento até se transformar no totalmente maléfico Darth Vader. Continuando a exploração dos relacionamentos pai-filho ou mentor-pupilo no *Episódio I: A ameaça fantasma* (1999), Lucas começa com o jovem Obi-Wan treinando com seu mestre sábio, Qui-Gon Jinn. Qui-Gon e uma princesa galáctica, Padmé Amidala, encontram um jovem brilhante e determinado, Anakin Skywalker, que é escravo no planeta deserto de Tatooine, onde seu filho Luke Skywalker mais tarde será criado. O garoto, com habilidades incomuns em mecânica e pilotagem, parece ser o cumprimento de uma profecia Jedi de que um "Escolhido" traria equilíbrio à Força. Porém, as sementes do mal já estão presentes na criança, que tem um temperamento inconstante e é difícil de controlar. Apenas Yoda parece perceber algo de errado com o garoto e o alerta que o orgulho e o ódio podem vir a dominá-lo.

Curiosamente, numa história sobre pais e filhos, o garoto Anakin não tem pai no sentido convencional. Como muitos heróis míticos do passado, seu nascimento foi quase milagroso, uma "concepção imaculada", pois sua mãe não engravidara de um pai humano, mas de uma forma de vida microscópica chamada Midichlorians, que os Jedi acreditam ser canais da Força. Um elemento importante na bússola moral da série *Star Wars* é como os seres humanos farão a transição de criaturas puramente orgânicas para seres do futuro, aperfeiçoados ou modificados pela tecnologia e pelas máquinas. Há alertas implícitos em

A JORNADA DO ESCRITOR

toda a série de que, embora as possibilidades tecnológicas sejam maravilhosas, precisamos ter cuidado para não nos desequilibrar e ceder demais de nossa humanidade às possibilidades químicas e mecânicas que teremos no futuro. O fato de Anakin não ter um pai natural o leva a ser alternadamente curioso e rebelde perante as figuras paternas, além de ajudar a explicar como ele foi capaz de se tornar o monstro que é mais do que a metade da máquina chamada Darth Vader.

A cronologia complexa dos filmes deixa os espectadores dos primeiros episódios em uma posição curiosa. Por um lado, o jovem Anakin parece estar fazendo o papel arquetípico do herói, como protagonista ativo e alguém cujo destino deveria nos preocupar. Porém, é muito difícil nos identificarmos plenamente com um personagem que sabemos que se tornará um equivalente na ficção científica a Hitler ou Gengis Khan, mesmo sabendo que ele se redime no final. Embora os últimos filmes tenham conquistado uma bilheteria extremamente boa, a experiência dramática de assistir a eles foi necessariamente transformada pelo conhecimento de que seu principal herói está fadado a ser um vilão abominável. Muitas pessoas assistiram a esses episódios com um certo distanciamento, incapazes de apoiar as lutas do herói como tinham feito com Luke Skywalker nos *Episódios IV* a *VI*.

Um pouco da necessidade do público de se identificar com os personagens positivos foi transferido de Anakin para outros membros do elenco nos três primeiros filmes, como para Qui-Gon Jinn, Obi-Wan, rainha Padmé Amidala e outros. Mesmo assim, certa frieza paira sobre os primeiros episódios, parte do risco artístico que Lucas assumiu ao tentar uma composição grande e complexa. A história de Anakin fica cada vez mais sombria à medida que os filmes avançam. No *Episódio II: O ataque dos clones*, seu status especial de gênio lhe permite ser presa fácil para o orgulho e a arrogância. Sua confusão de sentimentos sobre figuras paternas leva-o a se rebelar contra modelos positivos como Obi-Wan e Yoda e buscar o aconselhamento deturpado de possibilidades paternas negativas, como o Senador Palpatine/Darth Sidious.

Aquele elemento mais humano, o amor, é despertado no jovem Anakin por seu romance secreto e o casamento com a Princesa Amidala. No entanto, sua capacidade de amar se torna distorcida devido à morte de sua mãe nas mãos de assaltantes tusken. Em uma sequência que remete ao universo do filme de faroeste

RECAPITULAÇÃO DA JORNADA

Rastros de ódio, de John Ford, Anakin encontra a mãe horrivelmente torturada pelos selvagens e tem uma reação exagerada à sua morte, desencadeando uma onda de vingança sangrenta que o torna quase irredimível aos olhos do público.

No *Episódio III: A vingança dos Sith*, Anakin fica obcecado pelo medo de perder quem ele ama, a Princesa Amidala, e é assombrado por sonhos proféticos de sua morte no parto. Assim, ele se torna presa fácil para as tentações do Senador Palpatine, que traz a promessa de um elixir que poderá resgatar os seres amados da morte. Anakin faz outras escolhas ruins, impedindo o mentor Jedi do bem Mace Windu de matar Palpatine e deixando que o Senador mate Windu. Quando Amidala implora que ele deixe a vida pública, Anakin erra novamente, escolhendo permanecer no centro das atenções, na esperança vã de derrubar Palpatine do trono algum dia.

Paradoxalmente, Anakin quase causa o que ele mais teme, a morte de Amidala, ao quase estrangulá-la quando suspeita de que ela o teria traído com Obi-Wan. Ela morre de desgosto após dar à luz os futuros Luke e Leia. A queda de Anakin à monstruosidade é concluída num duelo final com Obi--Wan, que corta os dois braços e uma perna de Anakin, deixando-o rolar até as margens de um rio de lava incandescente de um vulcão. Palpatine, agora revelado como o maléfico maquinador Darth Sidious, resgata Anakin e usa um maquinário para transformá-lo na criatura menos que humana conhecida como Darth Vader. Nesse clímax sombrio e trágico, o único raio de esperança é que os bebês Luke e Leia serão despachados para ser criados por pais adotivos – Luke seguindo para a casa de seus tios em Tatooine, e Leia sendo criada por uma família nobre, os Organas, no planeta Alderaan.

O público e a crítica tiveram reações diversas aos três primeiros episódios, desde o julgamento severo em relação aos elementos cômicos, como o personagem de Jar-Jar Binks, às expressões de decepção por parecer que Lucas havia perdido um pouco do espírito brilhante e jovial dos *Episódios IV* a *VI*. Uma explicação possível para o tom decididamente diferente dos primeiros episódios é que Lucas estava num estágio diferente da vida quando voltou à sua criação da juventude. Ao fazer os três primeiros filmes nos anos 1970 e 1980, Lucas estava muito próximo da adolescência e em contato firme com o otimismo e a esperança da juventude. Em 1999, a distância da inocência era muito maior, e sua perspectiva não era mais de um jovem cineasta transviado, mas a de um

361

A JORNADA DO ESCRITOR

pai responsável e chefe de uma gigantesca rede de empresas. Embora Lucas tenha lidado com a infância do protagonista, Anakin Skywalker, no *Episódio I*, o garoto gênio no filme parece mais um adulto bem vivido.

Embora Lucas tenha dito uma vez que completou sua visão original com os seis primeiros filmes, o universo que ele criou continua a se desenvolver em uma série de filmes, romances, HQs, séries animadas, jogos e brinquedos, alguns supervisados por Lucas, outros, agora independentes do seu controle pessoal. O universo *Star Wars* tem vida própria, bem separada das intenções do seu criador, e foi ornamentado com incontáveis histórias originais e artefatos feitos por fãs que sentem que são donos dele e querem viver nele. Por exemplo, quando a série da Disney+ *The Mandalorian* foi introduzida, os fãs receberam de braços abertos um personagem menor, chamaram-no de Baby Yoda, e geraram uma enorme demanda por versões de brinquedo da criaturinha antes que a Disney sequer tivesse tempo de preparar os produtos ou uma campanha de marketing para seu mais novo astro.

Em 2001, participei da criação de um documentário chamado *A Galaxy Far, Far Away, Looking Into The "Star Wars Phenomenon"* [Uma galáxia muito, muito distante: investigando o "fenômeno *Star Wars*"], que ficou impregnado na imaginação do público, pois trouxe novo fôlego para a série. O documentário registrou uma visão divertida das obsessões curiosas de fãs de *Star Wars* e a importância dos filmes em sua vida. Como pais e filhos são tão significativos nos filmes, não é surpreendente que a principal conclusão dos cineastas tenha sido a de que a saga *Star Wars* é um dos poucos eventos culturais que unem gerações, formando laços fortes entre pais e filhos. Muitos jovens entrevistados pelo documentário relataram que os filmes de *Star Wars* estavam entre os únicos filmes a que pais e filhos podiam assistir juntos e que tinham se tornado parte importante das lembranças familiares. Apesar de suas falhas e equívocos ocasionais, os filmes são, em conjunto, uma realização impressionante da imaginação mítica, dando continuidade à tradição épica e provando que energia abundante ainda brota nos temas da Jornada do Herói.

A JORNADA DO ESCRITOR

A beleza da Jornada do Herói é que ela não apenas descreve um modelo em mitos e contos de fadas, mas também é um mapa preciso do território que se deve percorrer para se tornar um escritor ou, mais importante, um ser humano.

A Jornada do Herói e a Jornada do Escritor são a mesma coisa. Qualquer um que comece a escrever uma história logo encontra todas as provas, testes, provações, alegrias e recompensas da Jornada do Herói. Encontramos todas as Sombras, Camaleões, Mentores, Pícaros e Guardiões do Limiar na paisagem interior. Com frequência, escrever é uma jornada perigosa para sondar as profundezas da alma e trazer de volta o Elixir da experiência – uma boa história. Baixa autoestima ou confusão sobre os objetivos podem ser as Sombras que congelam nosso trabalho; um editor ou o próprio lado crítico podem ser os Guardiões do Limiar que parecem bloquear nosso caminho. Acidentes, problemas com o computador e dificuldades em relação a tempo e disciplina podem atormentar e nos provocar, como Pícaros. Sonhos de sucesso fora da realidade ou distrações podem ser os Camaleões que atentam, confundem e nos atordoam. Prazos, decisões editoriais ou a luta para vender nossa obra podem ser as Provas e Provações com que parecemos morrer, mas após as quais ressuscitamos para escrever novamente.

Não perca as esperanças, pois escrever é magia. Mesmo o ato mais simples de escrita é quase sobrenatural, a linha limite da telepatia. Agora, pense: podemos fazer algumas marcas abstratas num pedaço de papel em uma ordem correta, e alguém, a um mundo de distância e mil anos além, pode conhecer nossos pensamentos mais profundos. As fronteiras de espaço e tempo e mesmo as limitações da morte podem ser transcendidas por meio da escrita.

Muitas culturas acreditavam que as letras do seu alfabeto eram muito mais que apenas símbolos de comunicação que registravam operações ou recontavam a história, mas que seriam símbolos mágicos poderosos capazes de lançar feitiços e prever o futuro. As runas nórdicas e o alfabeto hebraico são simples letras para soletrar palavras, mas também símbolos profundos de significado cósmico.

Essa noção mágica é preservada em nosso mundo quando ensinamos as crianças a manipular as letras e formar palavras: soletrando. Quando você "soletra" uma palavra corretamente, está, na verdade, lançando um feitiço, carregando esses símbolos abstratos, arbitrários, com significado e poder. Dizemos "Pedras e paus podem quebrar meus ossos, mas palavras nunca poderão me ferir", mas essa afirmação é inverídica. Sabemos que as palavras têm poder de ferir ou curar. As simples palavras de uma carta, telegrama ou telefonema podem nos atingir como uma martelada. São apenas palavras – marcas no papel ou vibrações de ar –, mas meras palavras como "Culpado", "Preparar, apontar, fogo!", "Eu faço" ou "Gostaríamos de comprar seu roteiro" podem nos obrigar, condenar ou trazer alegria. Podem ferir ou curar com sua força mágica.

O poder curativo das palavras é seu aspecto mais mágico. Escritores, como xamãs ou curandeiros das culturas ancestrais, têm o potencial de serem curativos.

ESCRITORES E XAMÃS

Xamãs eram chamados de "curadores dos feridos". Como os escritores, são pessoas especiais que se diferenciam do restante por seus sonhos, visões ou experiências únicas. Xamãs, como muitos escritores, são preparados para seu trabalho ao suportar provações terríveis. Podem ter uma doença perigosa ou cair de um penhasco e ter quase todos os ossos quebrados. São mastigados por um leão ou espancados por um urso. São desmembrados e reunidos em uma nova forma. Em certo sentido, morrem e renascem, e essa experiência lhes dá poderes especiais. Muitos escritores dominam sua arte somente depois de terem sido estilhaçados pela vida de algum jeito.

A JORNADA DO ESCRITOR

Com frequência, aqueles escolhidos para ser xamãs são identificados por sonhos ou visões especiais, nos quais os deuses ou espíritos os levam para outros mundos onde passam por provações terríveis. São deitados em uma mesa e todos os seus ossos são retirados e quebrados. Diante de seus olhos, os ossos e órgãos são partidos, cozidos e reorganizados numa nova ordem. São ajustados a uma nova frequência, como aparelhos de rádio. Como xamãs, são capazes de receber mensagens de outros mundos.

Retornam às tribos com novos poderes. Têm a capacidade de viajar para outros universos e trazer de volta histórias, metáforas ou mitos que guiam, curam e dão significado à vida. Ouvem os sonhos confusos e misteriosos de seu povo e devolvem-nos na forma de histórias que fornecem diretrizes para uma vida correta.

Nós, escritores, compartilhamos do poder divino dos xamãs. Não apenas viajamos a outros mundos, mas os criamos em outro espaço e tempo. Quando escrevemos, realmente viajamos a esses mundos da nossa imaginação. Qualquer um que já tenha tentado escrever com seriedade sabe que é por isso que precisamos de solidão e concentração. Realmente viajamos para outro tempo e lugar.

Como escritores, viajamos a outros mundos não apenas sonhando acordados, mas como xamãs com o poder mágico de reter aquelas palavras e trazê-las de volta na forma de histórias para outros compartilharem. Nossas histórias têm o poder de curar, refazer o mundo, dar às pessoas metáforas pelas quais podem entender melhor a própria vida.

Quando nós, escritores, aplicamos as ferramentas ancestrais dos arquétipos e Jornada do Herói às histórias modernas, abraçamos os contadores de mitos e xamãs do passado. Quando tentamos curar nosso povo com a sabedoria do mito, somos xamãs modernos. Fazemos as mesmas perguntas atemporais, infantis apresentadas pelos mitos: quem sou? De onde vim? O que acontecerá quando eu morrer? O que isso significa? Onde eu me encaixo? Onde estou na minha Jornada do Herói?

APÊNDICES

O RESTANTE DA HISTÓRIA: FERRAMENTAS ADICIONAIS PARA DOMINAR O OFÍCIO

———————✳———————

Contar histórias envolve mais do que trama e personagens. Para ser um contador de histórias eficiente, você vai precisar de muitos tipos de ferramentas para expressar suas ideias e refletir sua visão da realidade. Nesta seção, reunimos algumas das ferramentas mentais e emocionais que se provaram úteis a mestres do ofício no passado. Esses capítulos descrevem técnicas, princípios e realidade psicológicas essenciais que podem dar mais profundidade e dimensão à sua escrita.

*

O GRANDE ACORDO

Hollywood é uma indústria tudo ou nada, em que raramente as pessoas se dão ao trabalho de ensinar qualquer coisa a você, e uma vez recebi uma lição útil bem no início de carreira, quando era um leitor da Orion Pictures. Nossa supervisora, uma profissional veterana chamada Migs Levy, reuniu os leitores para nos informar que nenhum de nós fazia ideia do que era uma cena. Eu fiquei surpreso; achei que sabia. Na escola de cinema, tinha começado a pensar que uma cena era um pedaço curto de um filme, que se passava em um local e durante certo período de tempo, no qual certa ação transcorria ou certa informação era dada.

"Errado", disse ela, e então explicou que uma cena é um *acordo comercial*. Pode não envolver dinheiro, mas sempre envolverá alguma mudança no contrato entre personagens ou no equilíbrio de poder. É uma transação na qual duas ou mais pessoas entram em um tipo de acordo entre si, e negociam – ou batalham – até que um novo acordo seja feito, que é o ponto no qual a cena deve terminar.

Pode ser a derrubada de uma estrutura de poder estabelecida há muito tempo. Um indivíduo desfavorecido toma o poder por meio de chantagem. O povo se rebela contra um ditador. Alguém tenta sair de um relacionamento ou superar um vício.

Ou se pode forjar uma nova aliança ou inimizade. Duas pessoas que se odiavam fazem um acordo para trabalhar juntas em uma situação perigosa. Um rapaz pede uma garota em namoro e ela aceita ou rejeita o pedido. Dois gângsters fazem uma aliança para acabar com um rival. Uma multidão furiosa obriga um xerife a entregar um homem para ser linchado.

O cerne da cena é a negociação para chegar ao novo acordo e, quando o acordo é feito, a cena acaba – ponto. Se não há um novo acordo, não é uma cena, pelo menos não uma cena que tem um papel no roteiro. É uma candidata ou a ser cortada ou a ser reescrita, de forma que inclua alguma troca significativa de poder.

A supervisora apontou que muitos roteiristas também não sabem o que é uma cena, inserindo cenas que não são cenas e só estão lá para "construir personagem" ou expor informações. Eles não sabem quando começar e terminar uma cena, perdendo tempo com apresentações e papo furado e continuando a cena muito depois que a transação foi concluída. A cena é o acordo. Quando o acordo estiver concluído, saia do palco.

Eu achei esse princípio muito útil para encontrar a essência de uma cena e também descobri que funciona num nível macro para identificar os problemas maiores em um roteiro, pois toda história é a renegociação de um grande acordo, um contrato entre forças opostas na sociedade. Comédias românticas são uma renegociação do contrato entre homens e mulheres. Mitos, histórias religiosas e fantasias retrabalham o pacto entre humanos e as forças maiores que atuam no universo. Os termos do equilíbrio instável entre bem e mal são reavaliados em toda aventura de super-herói e história de dilema moral. O clímax de muitos filmes é um julgamento em um tribunal que estabelece um novo acordo, sentenciando um criminoso, proclamando a inocência de alguém ou ditando termos de uma transação controversa. Em todas as situações, nós entramos com um acordo e saímos quando outro foi feito.

Saber quando o grande acordo do filme foi estabelecido lhe diz quando o filme deve acabar. Hoje, muitos filmes continuam bem depois que terminaram de fato, no que se trata do público. Os espectadores sabem que a história acabou quando a última cláusula foi decidida e ficam impacientes se o cineasta continua com floreios extras e conclusões e *flash-forwards* para dez anos depois etc. Quando eu era criança e ia a *drive-ins*, reparava que muitas pessoas ligavam o carro e iam embora antes que o último filme de uma sessão dupla tivesse terminado. Para eles, o acordo do filme todo estava completo quando o monstro era morto ou o assassino era pego. Eles não precisavam continuar ali para ver o herói beijar a mocinha e se afastar contra o pôr do sol. "Quando o acordo estiver concluído, saia do palco" é uma boa regra tanto para cenas como para a estrutura maior das histórias.

OUTRO ACORDO: O CONTRATO COM O PÚBLICO

Se uma cena é um acordo, o que é uma história? Uma resposta é que uma história também é um acordo, mas o contrato nesse caso não é feito entre personagens numa cena e sim entre você e seu público. Os termos são estes: eles lhe dão algo de valor, seu dinheiro, mas também algo muito mais valioso – seu tempo. Como roteirista, você está pedindo a eles que prestem atenção em você, e só em você, por noventa minutos, e, como romancista, por muito mais. Pense nisso! Atenção exclusiva sempre foi uma das commodities mais raras e valiosas do universo, e isso é ainda mais verdadeiro hoje, quando as pessoas têm inúmeras coisas disputando a sua atenção. Então, o fato de o público dar a você alguns minutos de foco é uma aposta altíssima a se pôr na mesa, que vale muito mais que os cerca de dez dólares que elas pagaram por um filme ou ingresso de cinema. Portanto, é melhor você pensar em algo muito bom para cumprir sua parte da barganha.

Há muitos modos de cumprir esse contrato com o público. Eu costumava pensar que o modelo da Jornada do Herói era o contrato inteiro e uma necessidade absoluta. Ainda penso que é o jeito mais confiável de honrar os termos do acordo com o público, apresentando-lhes uma metáfora catártica para a própria vida que inclui um gostinho de morte e transformação. Eles tendem a lê-lo em toda a história, de qualquer forma, e na verdade é difícil encontrar uma história que não tenha alguns de seus elementos. Mas passei a entender que não é o único modo de cumprir sua parte do acordo.

No mínimo, você precisa entretê-los, isto é, ser capaz de sustentar a atenção deles com algo um pouco novo, chocante, surpreendente ou cheio de suspense. Seja impactante; isto é, apele às sensações, dê algo sensual ou visceral, alguma experiência que possam sentir nos órgãos do corpo, como velocidade, movimento, terror, sensualidade.

O riso é outro jeito de cumprir o contrato com o público. As pessoas têm tanta fome por risadas que um filme que as fizer rir alto algumas vezes provavelmente será um sucesso. Elas irão relevar uma história estúpida ou sem sentido se o filme cumprir a cláusula do riso no contrato. Ninguém foi ver os filmes de Francis, a Mula Falante, nos anos 1950, em busca de uma história comovente e reflexiva com a estrutura da Jornada do Herói, nem esperam que Alvin e os Esquilos mudem suas vidas.

Uma boa viagem para outro lugar e época também pode cumprir o contrato. Não me lembro muito da história de O *segredo do abismo*, mas me senti recompensado ao ter sido levado a um lugar frio e escuro sob o mar por duas horas numa tarde de verão quente. James Cameron é ótimo em criar mundos inteiros, como o universo encerrado e elegante de *Titanic* e o cosmos arrebatador de *Avatar*, e seus filmes são recompensados com o sucesso porque satisfazem tão bem a parte de "leve-me a outro lugar" do contrato.

Apresentar astros queridos em combinações instigantes sempre foi um jeito de respeitar o contrato com o público. Trailers de tirar o fôlego costumavam proclamar: "Você amou Tracy e Hepburn em *A costela de Adão*; cá estão eles de novo em *A mulher absoluta*!". Colocar astros amados em outros figurinos é outro jeito de satisfazer ao contrato do entretenimento. "Se achou que Russell Crowe ficou bem na roupa de gladiador, vai adorá-lo em seu traje de Robin Hood!"

Só a novidade já atrai bastante o público, justificando o investimento de seu tempo e atenção. Vale muito para as pessoas poder falar sobre o filme que está causando um alvoroço, seja *Psicose*, *Traídos pelo desejo*, *Pulp Fiction*, *A bruxa de Blair*, *A paixão de Cristo* ou *300*. Para cumprir essa cláusula do contrato, é melhor que haja algo estranho, assustador, chocante, emocionante ou surpreendente no filme, para que as pessoas possam falar sobre isso com conhecimento de causa depois que o virem.

Amor sem escalas cumpre o contrato ao expressar algo que está no zeitgeist.

O GRANDE ACORDO

Um dos modos mais potentes de honrar os termos do contrato do entretenimento é realizar um desejo profundo de muitos membros do público – ver os dinossauros caminhando de novo em *Jurassic Park*, voar e ter superpoderes em *Superman*, ser seduzido por sensuais vampiros adolescentes na série *Crepúsculo*. Walt Disney percebeu que contos de fada eram impelidos por desejos e construiu a identidade de sua marca ao dar às pessoas as experiências de fantasia virtuosas que elas queriam, cheias de fadas madrinhas que concediam desejos, magos e gênios.

Às vezes, um filme cumpre o contrato simplesmente ao capturar algo no zeitgeist, o clima prevalente da época. Os filmes, muitas vezes por acidente, coincidem com um assunto do momento. *Síndrome da China*, num caso famoso, trata do colapso de uma usina nuclear fictícia e foi lançado dias após o acidente nuclear em Three Mile Island, tornando-se o filme que todo mundo queria ver. *Amor sem escalas* teve boas interpretações e história, mas também, por acaso, foi lançado, após muitos anos em preparação, justo quando muitos americanos se viram sem emprego; sua história sobre pistoleiros corporativos demitindo pessoas por toda parte tocou o público. Mas um filme também pode morrer devido ao momento. Depois dos ataques do 11 de setembro nos EUA, uma série de filmes foram cancelados porque continham prédios altos sendo atacados e destruídos. Essa não era a forma como as pessoas queriam ter seu contrato cumprido na época.

A princípio, eu resisti à ideia de que tudo se tratava de negociações sorrateiras – não podia ser só uma questão de negócios, podia? Porém, percebi que, de certa forma, é sim. Desde a Bíblia, nós vivemos com base em nossos contratos, pois a Bíblia é um relato das alianças ou acordos feitos entre Deus e sua criação. Todos estabelecemos um contrato tácito com o restante da sociedade, chamado de contrato social, de que vamos nos comportar em troca de nossa liberdade e relativa segurança. Os documentos essenciais de nossa civilização são contratos, acordos ou declarações dos termos de um novo acordo, desde o Código de Hamurabi e o contrato de casamento até a Declaração dos Direitos dos Estados Unidos. Só se certifique, quando contar sua história, de que pensou sobre a pergunta "Qual é o grande acordo aqui?" em toda cena e em "Qual é o grande acordo?" da história toda. Pense na atenção e no tempo que seus clientes, seu público colocaram na mesa e tente cumprir sua parte da barganha com algo que pelo menos os entretenha, conceda seus desejos, talvez os estimule e divirta, e até os transforme um pouco.

AS HISTÓRIAS ESTÃO VIVAS

———✵———

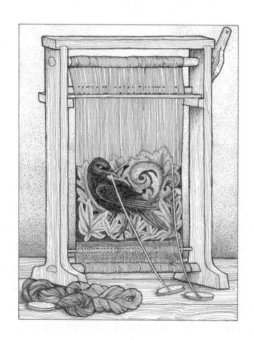

> *"Todas as obras do homem têm sua origem na fantasia criativa.*
> *Então, que direito temos de depreciar a imaginação?"*
> – Carl Jung

> *"Prazer em conhecê-lo, espero que você adivinhe meu nome.*
> *Mas o que te confunde é a natureza do meu jogo."*
> – "Sympathy for the Devil", música dos Rolling Stones

*

Proposta: as histórias estão vivas, conscientes e reagem às emoções humanas.

No momento em que a Disney estava se reconstruindo nos anos 1980, fui chamado para analisar os grandes contos de fadas das culturas mundiais, buscando assuntos potenciais para animação à ordem das interpretações coloridas de Walt Disney dos contos populares europeus, como "Branca de Neve" e "Cinderela", dos irmãos Grimm, e "A bela adormecida", da coleção de Perrault de contos de fadas franceses. Foi uma chance de reabrir o laboratório mental para estudar os antigos amigos da minha infância com que Walt Disney não teve tempo para mexer, como Rapunzel e Rumpelstiltskin. Foi também uma grande oportunidade para examinar muitos tipos de história de culturas diversas,

A JORNADA DO ESCRITOR

identificando semelhanças e diferenças e extraindo princípios narrativos dessa ampla amostragem.

No decorrer das minhas perambulações adultas pelo que é normalmente considerado literatura infantil, cheguei a algumas conclusões firmes sobre histórias, essas criações poderosas e misteriosas da mente humana. Por exemplo, cheguei a acreditar que *histórias tinham poder curativo*, que poderiam nos ajudar a lidar com difíceis situações emocionais ao nos dar exemplos de comportamento humano, talvez semelhantes em alguns aspectos às lutas pelas quais passamos em algum estágio da vida, e que poderiam nos inspirar a tentar uma estratégia diferente para viver. Acredito que *histórias têm valor de sobrevivência* para a espécie humana e que foram um grande passo na evolução de nossa espécie, pois nos permitem pensar metaforicamente e passar adiante a sabedoria acumulada da raça na forma de narrativas. Acredito que *histórias são metáforas* pelas quais as pessoas medem e ajustam a vida ao compará-la àquelas dos personagens. Acredito que a metáfora básica da maioria das histórias é aquela da jornada, e que *boas histórias trazem ao menos duas jornadas, uma externa e uma interna:* uma jornada externa, na qual o herói tenta fazer ou conquistar algo difícil, e uma interna, na qual o herói enfrenta alguma crise do espírito ou prova de personagem que leva à transformação. Acredito que *histórias são mecanismos de orientação*, funcionando como bússolas e mapas para permitir que nos sintamos orientados, enfocados, conectados, mais conscientes, com maior percepção de nossa identidade, responsabilidades e de nossas relações com o restante do mundo.

Porém, de todas as minhas crenças sobre histórias, uma especialmente útil na área de desenvolvimento de histórias comerciais para filmes foi a ideia de que *histórias estão de alguma forma vivas, conscientes, e reagem às emoções e aos desejos humanos.*

Sempre suspeitei de que as histórias estivessem vivas. Elas parecem ser conscientes e ter objetivos. Como seres vivos, histórias têm uma pauta, algo em mente. Querem algo de nós. Querem que acordemos, nos deixar mais conscientes e vivos. Querem nos ensinar uma lição disfarçada de entretenimento. Sob o pretexto de serem divertidas, as histórias querem nos edificar, aprimorar nosso caráter apenas um pouco ao mostrar uma situação moral, uma luta e um resultado. Buscam nos mudar um pouco, nos fazer um pouco mais humanos ao comparar nosso comportamento aos dos personagens.

AS HISTÓRIAS ESTÃO VIVAS

A qualidade viva, consciente, intencional das histórias está aqui e ali, revelada em contos de fadas, como aquele coletado pelos irmãos Grimm, "Rumpelstiltskin", o conto sobre o homenzinho com poder de fiar palha e transformá-la em ouro e um desejo misterioso de ter uma criança humana. A história é encontrada em muitas culturas nas quais o homenzinho é conhecido por nomes estranhos e tempo para mexer, como Rapunzel e Rumpelstiltskin. Foi também uma grande oportunidade para examinar muitos tipos de história de culturas diversas, identificando semelhanças e diferenças e extraindo princípios narrativos dessa ampla amostragem.

No decorrer das minhas perambulações adultas pelo que é normalmente considerado literatura infantil, cheguei a algumas conclusões firmes sobre histórias, essas criações poderosas e misteriosas da mente humana. Por exemplo, engraçados como Bulleribasius (Suécia), Tittelintuure (Finlândia), Praseodimio (Itália), Repelsteelije (Holanda) e Grigrigredinmenufretin (França).

Essa foi uma das histórias que apresentou questões provocadoras no laboratório mental da minha tenra infância. Quem era esse homenzinho, de onde vinham seus poderes e por que ele queria aquela criança humana? Qual era a lição que a garota da história devia aprender? Mais tarde, quando voltei a observar essa história como parte do meu trabalho para a Walt Disney Animation, muitos desses mistérios permaneciam, mas a sabedoria profunda do conto popular me ajudou a entender que as histórias estão vivas, que reagem ativamente a desejos, vontades e fortes emoções nos personagens, e que são forçadas a oferecer experiências que nos ensinam algumas lições na vida.

A HISTÓRIA DE RUMPELSTILTSKIN

A conhecida história começa com uma bela jovem em situação de risco, uma arquetípica donzela em perigo. Ela é filha de um moleiro que se vangloria ao rei de que sua filha é tão talentosa que consegue até mesmo fiar palha e transformá-la em ouro. O rei, um camarada que leva tudo ao pé da letra, diz: "Esse é o tipo de talento de que eu gosto!" e a prende num aposento do castelo, que contém apenas uma roda de fiar e pilhas de palha, alertando-a de que vai mandar matá-la pela manhã se ela não fiar palha em ouro como seu pai havia prometido.

379

A garota não sabe o que fazer e começa a chorar. De imediato, a porta se abre e um homenzinho entra e pergunta por que ela chora tanto. Aparentemente, ele fora atraído por suas fortes emoções, como dizem que o povo feérico faz. Quando ela explica sua agrura, ele diz que pode transformar palha em fios de ouro, sem problema, e pergunta o que ela pode lhe dar se ele conseguir. Ela entrega seu colar, e ele começa de pronto a fiar a palha, zum, zum, zum, num carretel de fios de ouro.

Pela manhã, o homenzinho desapareceu. O rei fica muito feliz com o ouro, mas, como é ganancioso, tranca a garota numa sala maior com mais palha e, novamente, exige que ela fie tudo em ouro até a aurora. Senão, morrerá. Sozinha no quarto aquela noite, a garota entra em desespero e chora mais uma vez. Como se invocado novamente por suas emoções, o homenzinho aparece uma segunda vez. Agora ela lhe oferece um anel do dedo para se livrar do perigo. Zum, zum, zum, palha fiada em ouro.

O rei encontra carretéis maiores de fios de ouro no lugar da palha na manhã seguinte e fica satisfeito, mas ainda é ganancioso e tranca a garota no maior aposento do palácio com palha até o teto. Se ela puder transformar tudo em ouro até a aurora, ele se casará com ela; do contrário, ela morrerá.

O choro da garota na sala trancada atrai o homenzinho pela terceira vez, mas agora ela não tem mais nada para ele. Então, ele pergunta: "Se você se tornar rainha, me dará seu primogênito?".

Sem pensar no futuro, a garota concorda. Zum, zum, zum, a montanha de palha é fiada em ouro. O rei recolhe o ouro e casa-se com a garota, conforme prometido. Um ano se passa e a garota, agora rainha, tem um belo filho.

Um dia, o homenzinho vem e reclama a criança como sua recompensa por ter salvado sua vida. Horrorizada, a jovem rainha lhe oferece todas as riquezas do reino, mas o homenzinho se recusa, dizendo "Algo vivo é mais caro para mim do que todos os tesouros no mundo". A garota lamenta e chora tanto que o homenzinho cede um pouco; como vimos, ele é muito sensível às emoções humanas. Ele lança uma nova barganha para ela. Se conseguir adivinhar seu nome dentro de três dias, ela poderá ficar com o filho. Mas ela nunca adivinhará, ele diz, confiante, pois ele tem um nome muito incomum.

A rainha fica acordada a noite toda pensando em todos os nomes que ela já ouvira e manda mensageiros a todos os cantos para reunir listas de nomes

AS HISTÓRIAS ESTÃO VIVAS

incomuns. Quando o homenzinho volta para vê-la no primeiro dia, ela tenta todos esses nomes, mas não acerta. No segundo dia, ela manda mais mensageiros aos rincões distantes do reino para buscar nomes estranhos, mas novamente o nome do homenzinho não está entre eles e ele vai embora gargalhando, certo de que conseguirá a criança.

No terceiro dia, o mensageiro mais fiel e mais viajado da rainha relata que havia se deparado com uma descoberta valiosa. Em suas deambulações, ele não descobrira nenhum nome novo; mas bem longe, no topo de uma montanha, ele cruzara com uma casinha, na frente da qual uma fogueira crepitava, e ao redor dela estava um homem ridiculamente pequeno. O mensageiro o ouviu gritar uma rima que revelava seu nome: Rumpelstiltskin.

O homenzinho aparece mais uma vez no quarto da rainha, certo de que ela não será capaz de adivinhar seu nome absurdo. Mas, após duas tentativas fracassadas ("Conrad?", "Harry?"), ela acerta: Rumpelstiltskin! O conto termina repentinamente quando o homenzinho, gritando que o demônio devia ter dito o nome para ela, bate o pé direito tão furiosamente que atravessa o chão e afunda nas profundezas da terra. Com as duas mãos ele agarra o outro pé e literalmente se rasga em dois!

Um final adequado para alguém que trama arrancar uma criança humana de sua mãe. Não é?

Quem seria o estranho homenzinho com poderes sobrenaturais de entrar em quartos trancados e fiar palha em ouro? Embora o conto apenas o chame de "homenzinho", ele é claramente alguém do povo feérico do folclore mundial, talvez um elfo ou um duende. Os narradores orais talvez tenham evitado dizer o que ele é porque o povo feérico é sabidamente melindroso sobre seus nomes e identidades. Mas é provável que qualquer ouvinte desse conto em tempos medievais instantaneamente reconhecesse o homenzinho como uma criatura sobrenatural do mundo feérico. Como outros habitantes daquele mundo, ele aparece quando quer e apenas para certas pessoas. Como eles, está interessado em crianças humanas e é atraído por fortes emoções.

Desde os tempos antigos, as pessoas associam o povo feérico a uma certa tristeza, talvez porque lhes faltem algumas coisas que são normais para os seres humanos. De acordo com uma teoria, esse povo é incapaz de conceber sua juventude e, portanto, fica fascinado pelas crianças humanas, às vezes sequestrando-as à noite, como a rainha feérica de Shakespeare, Titânia, que abduz um principezinho indiano para ser seu brinquedinho querido em *Sonho de uma noite de verão*. Às vezes, as fadas roubam crianças do berço e substituem por blocos de madeira ou réplicas sem alma das crianças, chamados em inglês de *changelings*, ou trocados.

A capacidade dos seres feéricos de sentir emoções pode ser diferente da nossa, pois eles parecem ficar curiosos sobre nossos rompantes emocionais, e são de fato atraídos por eles. É como se existissem em uma dimensão paralela, mas são invocados para o nosso mundo provocados por fortes emoções humanas, como demônios e anjos supostamente podem ser invocados por cerimônias rituais e orações feitas para concentrar energia emotiva. Algumas autoridades afirmam que seres feéricos não conhecem simples emoções humanas, como o amor ou a tristeza, mas têm uma grande curiosidade para saber o que estão perdendo.

Ao reviver a história de "Rumpelstiltskin" quando adulto, fiquei surpreso com como as lágrimas desesperadas da garota invocaram de imediato o homenzinho. Implícito no choro da garota havia um grito de ajuda, um desejo. Se posto em palavras, talvez dissesse: "Por favor, me tire desta enrascada!". Aparentemente os habitantes do mundo feérico são atraídos por emoções humanas, especialmente quando estão concentradas em desejos. Nesse caso, o desejo é sair de uma situação desesperada, perdida. Na lógica do conto de fadas de causa e efeito, o derramamento de lágrima da garota é uma ação positiva que gera um resultado positivo. Ao chorar, ela reconhece sua impotência e envia um sinal ao mundo dos espíritos que nos cerca. "Não existe alguém com os poderes mágicos que meu pai afirmou que eu tinha e que possa me tirar dessa posição desconfortável?" E a história ouve e reage ao enviar um mensageiro, uma criatura sobrenatural que tem o poder de atender ao desejo velado de escapar.

No entanto, como sempre, há um porém. O preço de sair do problema é muito alto, agravando-se de tesouros materiais, como um colar ou um anel, até a própria vida. Mas a garota não está pensando nisso naquele momento. Ter um filho é uma possibilidade remota. Quando ela chegar a esse ponto, talvez possa pensar em algo ou talvez o homenzinho simplesmente vá embora. Qualquer que seja o risco, ela concordará para sair daquele quarto e do risco de enfrentar a ira do rei. Seu desejo de escapar, expresso por um rompante forte de emoção, invocou a existência do homenzinho e da aventura.

O PODER DO DESEJO

Comecei a perceber que desejar pode ser um princípio subjacente da arte narrativa. O herói quase sempre é pego em uma situação difícil ou desconfortável, muitas vezes desejando escapar ou mudar as condições. O desejo não raro é verbalizado e fica claramente declarado no Primeiro Ato de muitos filmes. Em O *mágico de Oz*, a canção "Somewhere over the Rainbow" é um desejo de escapar para uma terra onde os problemas ficam para trás. Em *Encontros e desencontros*, a personagem de Scarlett Johansson apresenta o tema do filme em uma fala no Primeiro Ato, na qual ela diz ao personagem de Bill Murray, que a encontra num bar de hotel japonês: "Eu queria dormir", frase que simboliza um desejo de paz espiritual e emocional.

A expressão de um desejo, mesmo que frívolo, perto do início de uma história tem a importante função de *orientação* para o público. Dá à história uma linha mestra forte ou o que chamamos de "linha do desejo", organizando as forças dentro e ao redor do herói para que ele alcance um objetivo claro, mesmo que esse objetivo possa ser reexaminado e redefinido mais tarde. Automaticamente ele gera uma polarização forte da história, criando um conflito entre aquelas forças que ajudam o herói a alcançar seu objetivo e aquelas que tentam impedi-lo.

Se o desejo não for expresso por um dos personagens, pode ficar implícito pela situação complicada do personagem. Os componentes do público que se identificam muito com um personagem enrascado terão o desejo, querendo que o herói seja feliz, triunfante ou se liberte, e acabam se harmonizando com as forças polarizantes da história.

Seja ele manifestado ou não, o desejo é ouvido pela história, aparentemente atraída pela emoção intensa contida nele. Carl Jung tinha um lema esculpido sobre a porta: "*Vocatus atque non vocatus, deus aderit*", que pode ser traduzido como "Invocado ou não, deus virá". Em outras palavras, quando as condições emocionais estão corretas, quando a necessidade é grande, se existe um grito interno pedindo mudança, um desejo explícito ou implícito é o que transforma a história e a aventura em realidade.

A reação da história ao desejo humano com frequência envia um mensageiro, às vezes um homenzinho mágico como Rumpelstiltskin, mas sempre algum tipo de agente que conduza o herói a um tipo especial de experiência que chamamos de aventura – uma sequência de desafios que ensinam uma lição ao herói e ao público. A história traz vilões, rivais e aliados para desafiar ou auxiliar o herói e ensinar lições que estejam no programa da história. A história determina dilemas morais que testam as crenças e o caráter do herói, e somos convidados a mensurar nosso comportamento frente àqueles dos protagonistas do drama.

A aventura tem uma qualidade especial do inesperado. A história é complicada. Age com rodeios, de forma indireta, de um jeito perverso do povo feérico que é seu agente frequente, trazendo ao herói uma série de obstáculos inesperados que desafiam o jeito como a pessoa conduz a aventura. Em geral, cede ao desejo do herói, mas de forma inesperada, de maneira que ensina ao herói uma lição sobre a vida. Muitos dos ensinamentos da vida podem ser resumidos a "Tenha cuidado com o que você deseja", que é uma lição ensinada por inúmeras histórias de ficção científica e fantasia, bem com histórias de amor e ambição.

QUERER *VERSUS* PRECISAR

Através do mecanismo desencadeador dos desejos, as histórias parecem gostar de criar eventos para que o herói seja forçado a desenvolver um nível maior de percepção. Com frequência, o herói deseja algo que realmente *quer* naquele momento, mas a história o ensina a olhar além, para aquilo que realmente *precisa*. Um herói pode pensar que *quer* vencer uma competição ou encontrar um tesouro, mas de fato a história mostra que precisa aprender alguma lição moral ou emocional: como ser um jogador de equipe, como ser mais flexível e complacente, como se defender. Durante a realização do desejo inicial, a história traz incidentes que ameaçam a vida e deixa os cabelos em pé, desafiando o herói a corrigir alguns defeitos de caráter.

Ao impor obstáculos ao herói no alcance do objetivo, a história talvez pareça hostil ao bem-estar dele. A intenção da história pareça ser, talvez, tirar algo do Herói (como a própria vida!), mas na verdade o objetivo real da história é benevolente, para ensinar ao herói a lição moral necessária, preencher uma peça faltante na personalidade do herói ou compreender o mundo.

A lição é apresentada de um jeito particular, ritualizado, que reflete um princípio mais universal que podemos chamar de "Não Apenas... Mas Também"

AS HISTÓRIAS ESTÃO VIVAS

(NAMT). NAMT é um mecanismo retórico, uma maneira de apresentar informações que podem ser encontradas em sistemas de "adivinhação", como o *I Ching* e o tarô. "Não Apenas... Mas Também" significa: aqui está uma verdade que vocês conhecem perfeitamente bem, mas há outra dimensão dessa verdade da qual vocês talvez não estejam cientes. Uma história pode lhe dizer, através das ações de um personagem, que não apenas seus hábitos o impedem, mas também que, se continuar nessa direção, seus hábitos o destruirão. Ou talvez ela lhe diga que não apenas está cercado por dificuldades, mas também que essas mesmas dificuldades serão os meios para alcançar a vitória final.

No famoso exemplo de Lajos Egri a partir da "peça escocesa", a premissa é de que a ambição implacável de Macbeth inevitavelmente o leva à destruição. Mas Macbeth não vê dessa forma; não à primeira vista. Ele acha apenas que a ambição implacável leva ao poder, a ser rei. Porém a história, trazida à vida em reação à sede de poder de Macbeth, o ensina uma lição através do NAMT. A ambição leva não apenas a ser rei, mas também à destruição de Macbeth.

As palavras "mas" e "entretanto", como sabem os advogados, são muito úteis para estabelecer termos e condições, e podem ser ferramentas poderosas de retórica e da arte narrativa. Uma história é como uma longa sentença ou um parágrafo, com um sujeito, o herói; um objeto, o objetivo do Herói; e um verbo, o estado emocional ou a ação física do herói. "Fulano de tal quer algo e faz algo para consegui-lo". O conceito NAMT introduz a palavra "mas" ou "entretanto" nessa oração. Agora ela é "Fulano de tal quer algo e faz algo para consegui-lo, mas há consequências inesperadas que forçam o fulano de tal a se adaptar ou mudar para sobreviver".

O objetivo de uma boa narrativa é levar o público a desejar com o herói. Histórias fazem isso através do processo de "identificação" ao deixar o herói simpático, vítima de uma infelicidade ou de um erro compreensível de julgamento. Bons narradores convidam o público a se envolver com o destino dos personagens ao torná-los agradáveis ou lhes dar pulsões universais, desejos e fraquezas humanas. Idealmente, o que acontece com o herói acontece, em algum nível emocional de conexão, com o público. A história e o herói não são os únicos agentes ativos no drama. Os membros do público também são agentes, emocionalmente envolvidos, ativamente desejosos de que o herói vença, aprenda a lição, sobreviva e prospere. Eles se identificam com os heróis em uma posição ameaçada quando parece que seus desejos não serão atendidos e suas necessidades reais não serão supridas.

Os desejos dos heróis são um forte ponto de identificação para muitas pessoas, pois todos temos desejos e vontades que acalentamos em segredo. De fato, esse é um dos principais motivos pelos quais vamos ao cinema, assistimos à televisão e lemos romances – para ter nossos desejos atendidos. Os contadores de história atuam, a maior parte do tempo, na área de atendimento de desejos. O império Disney construiu sua identidade empresarial inteira ao redor da crença no desejo, a partir de sua música-tema, "When you wish upon a star", das fadas madrinhas que atendem aos desejos de *A bela adormecida* e *Cinderela*, do gênio de *Aladdin*, que concede três desejos etc. Os executivos de Hollywood e os romancistas mais vendidos almejam saber os desejos secretos do público e atendê-los. Histórias populares dos anos recentes atenderam amplamente desejos guardados de caminhar com dinossauros, pisar no solo de planetas alienígenas, buscar altas aventuras em reinos míticos ou em tempos idos, e ultrapassar as fronteiras de tempo, espaço e da morte em si. Os *reality shows* atendem aos desejos do dia para a noite, concedendo a pessoas comuns a emoção de ser vistas por milhões e ter uma chance de obter fama, fortuna ou amor. Políticos e publicitários jogam com os desejos do público, prometendo conceder segurança, paz de espírito ou conforto. Uma boa técnica criativa de Hollywood é começar a perguntar "Alguma vez você já desejou... (voar, ficar invisível, voltar no tempo para consertar seus erros etc.)", conectando os desejos da história do herói com um forte desejo que muita gente pode ter.

OS DESEJOS DO PÚBLICO

Vale a pena pensar sobre o que o público deseja para si e para os heróis nas histórias. Como escritores e roteiristas, participamos de um jogo ardiloso com nossos leitores e espectadores. Evocamos um forte desejo através de nossos personagens, em seguida passamos a maior parte do tempo frustrando o desejo, fazendo parecer que os personagens nunca conseguirão o que desejam ou precisam. Em geral, no fim, atendemos os desejos e mostramos como eles podem ser alcançados com luta, superação de obstáculos e ao reconsiderá-los,

AS HISTÓRIAS ESTÃO VIVAS

com o desejo às vezes mudando daquilo que o herói pensa que quer para o que ele realmente precisa.

Frustramos os desejos profundos do público por nossa conta e risco. Os filmes que negam os desejos do público para ter os heróis felizes ou satisfeitos no fim podem não ter um bom desempenho nas bilheterias. O público torcerá intimamente pela justiça poética – o herói recebendo recompensas proporcionais à sua luta, o vilão recebendo a punição equivalente ao sofrimento que infligiu sobre os outros. Se essa noção de justiça poética é violada, se as recompensas, castigos e lições não se encaixam em nossos desejos para os personagens, sentimos que há algo de errado na história e vamos embora insatisfeitos.

Temos desejos para nossos vilões como temos para nossos heróis. Lembro-me da minha mãe, uma crítica astuta de filmes e livros populares, murmurando frases como "Espero que ele tenha uma morte horrível", quando o vilão fazia algo particularmente hediondo com um de seus heróis na tela. Se o filme não trazia um destino poeticamente adequado ao vilão, ela ficava decepcionada e aquele filme entrava na sua lista de obras ruins.

De vez em quando, a estratégia de frustrar os desejos do público é eficaz, desafiar as hipóteses dos espectadores, refletir uma visão dura da realidade ou descrever uma situação trágica, condenada como uma espécie de alerta ao público. Por exemplo, no romance e no filme *Vestígios do dia*, o mordomo da família de um lorde britânico passa a vida inteira sem conseguir se conectar emocionalmente com outras pessoas. Podemos dizer que seu desejo é ter uma noção de controle rígido sobre sua vida pessoal, uma área na qual ele não é condescendente. Isso mascara um desejo mais profundo, a necessidade de fazer uma ligação física ou emocional com outro ser humano. O público cria o desejo forte de que ele seja feliz, agarre uma oportunidade para a intimidade que chega tarde na vida. Mas a verdade para esse personagem trágico é que ele não aproveita a chance de mudança, e o filme termina com a sensação de que, embora ele tenha conseguido o que queria (privacidade e controle), ele nunca conseguirá o que precisa, ou o que desejamos para ele e para nós mesmos. Essa serve como uma história admonitória, um alerta: se não agarrarmos as oportunidades que a vida nos oferece, poderemos terminar frustrados e sozinhos. Nesse caso, nosso desejo de ver o personagem feliz é substituído por nossa necessidade de perceber que podemos terminar na mesma situação triste se não nos abrirmos às oportunidades de amar.

O enfoque no desejo que dá vida a muitas histórias é um dos verbos que ativam os mecanismos emocionais da história. Desejos devem ser traduzidos em ações, sonhos devem ser realizados, ou a história, e talvez a vida de uma pessoa, estagnará, ficará presa numa fantasia irreal, infinita de devaneios. Desejar é importante, pois é o primeiro passo em uma pirâmide de estados mentais, o anseio de uma semente crescer e se tornar algo grande. Forma a intenção inicial de uma história, ou o início de uma nova fase na vida de alguém. O alerta "Tenha cuidado com o que deseja" aplica-se a uma infinidade de casos, pois as histórias nos mostram cada vez mais que um desejo é um ato poderoso da imaginação. A ideia afirmada a todo o tempo em histórias é que a imaginação é extremamente poderosa, especialmente quando enfocada num desejo, mas que é difícil de controlar. O desejo e a imaginação trabalham juntos para criar uma imagem mental da coisa, pessoa, situação ou resultado desejado de forma tão vívida que criam a aventura e lançam o herói para ver como o desejo realmente será atendido, em geral de forma insuspeitada e desafiadora. A imagem pode ser fraca e nebulosa no início, ou detalhada, mas altamente idealizada e irreal, uma fantasia do futuro sem o amparo de uma experiência real.

Porém, para a história ou a vida de uma pessoa avançar, é necessário romper a bolha da fantasia e converter o desejo em algo mais: fazer o próximo passo da pirâmide. A essência dos filmes é o comando do diretor, "Ação". Façam algo, atores. Ator é aquele que atua, que age, faz alguma coisa. Sonhos e desejos devem ser testados na prova de fogo da realidade, na ação, pelo fazer.

PROGRESSÃO DO DESEJO PARA A DISPOSIÇÃO

Encontrar conflitos e obstáculos pode forçar os personagens a evoluir a um nível ainda maior na pirâmide de emoções: a disposição, que é um estágio mental bem diferente do mero desejo. As artes marciais e as filosofias clássicas ensinam as pessoas a desenvolver uma vontade forte para que os desejos possam ser transformados em ações, para que, mesmo quando desviados ou atrasados por obstáculos, a personalidade desenvolvida possa voltar rapidamente à linha mestra de seu intento. A disposição é um desejo concentrado e enfocado numa intenção firme para alcançar um objetivo, passo a passo. Desejos podem evaporar no primeiro revés, mas a disposição perdura.

AS HISTÓRIAS ESTÃO VIVAS

A disposição é uma espécie de filtro que separa aqueles que apenas desejam daqueles que realmente assumem a responsabilidade de melhorar e pagar o preço da mudança real. Com uma disposição concentrada, um personagem pode tomar golpes e sofrer reveses que a vida traz. As artes marciais fortalecem a disposição, como fazem as histórias, ao distribuir uma série de golpes e quedas que endure-cem o aluno. Situações desafiadoras e estressantes são repetidamente apresenta-das para que a pessoa em desenvolvimento se torne mais resiliente, acostumada ao conflito e à exposição e determinada a superar qualquer obstáculo.

Como fazer um desejo, tomar uma atitude com disposição dá impulso às forças. Um ato intenso com disposição envia sinais ao mundo. Aqui tem alguém que deseja algo e está disposto a pagar um preço alto para consegui-lo. Todos os tipos de aliados e oponentes serão invocados por essa declaração, cada qual com sua lição a ensinar.

Como o desejo, a disposição precisa ser administrada. A disposição para o poder pode ser perigosa, e uma disposição extremamente forte pode sub-jugar e vitimizar os mais fracos. Porém, o desenvolvimento de uma forte dis-posição, abandonando o estágio do simples desejo, é um estágio necessário da evolução humana.

Existe uma relação entre precisar e estar disposto. Ambos derivam das ideias de desejar e querer. Assim que você avança para além do desejar para conhecer quais são suas necessidades reais, consegue enfocar seus desejos vagos a trans-formá-los em atos muito mais concentrados e dispostos. Todos os níveis do seu ser podem ser harmonizados para alcançar um objetivo claro e realista. A garota em "Rumpelstiltskin" começa como uma vítima passiva, apenas chorando muito e sentada sozinha num quarto, desejando estar em outro lugar. Quando fica um pouco mais velha e percebe que precisa proteger a vida do filho, desenvolve a disposição e a aplica incansavelmente até cumprir seu objetivo.

A linguagem de filmes e da fantasia, especialmente a da variedade Disney, tende a nos mostrar o poder mágico do desejo, mas não raro para nesse ponto, deixando os outros passos da pirâmide não declarados, mas implícitos. Com frequência, as fantasias dedicam-se exclusivamente a explorar os mecanismos do desejo, desenvolvendo o conceito de "Tenha cuidado com o que deseja" para mostrar que desejos precisam ser refinados ou redeclarados para se ajustar à realidade, sem necessariamente evoluir para o estado mental mais poderoso e concentrado da disposição de obter um resultado. Às vezes, uma história inteira permanece no modo de desejo ao terminar não com o desenvolvimento de uma forte disposição, mas com a formação de um novo desejo, simplesmente transferindo a vontade desconcentrada de um objeto para outro.

O desejo e a disposição podem ser estados mentais egoístas, e sem dúvida existem outros estágios possíveis e mais elevados na pirâmide de desenvolvimento emocional humano, que pode incluir aprender a amar, aprender a ter compaixão pelos outros seres ou, em algumas histórias altamente espirituais, aprender a transcender o desejo humano totalmente para se fundir a uma forma superior de consciência. Porém, fica claro que o desejo e sua forma mais evoluída, a disposição, são ferramentas importantes para narradores e estágios necessários do desenvolvimento de qualquer pessoa. O desejo, em especial, parece convidar uma história à vida e à consciência, lançando uma aventura que pode nos ensinar lições valiosas de sobrevivência.

E o que dizer sobre o pobre Rumpelstiltskin, rasgando-se em dois porque não pôde ficar com a criança que deseja para objetivos desconhecidos? O resultado da história não parece justo. A verdade é que ele tentou sequestrar uma criança de sua mãe, mas e se ele tiver direito à criança? A rainha tem um histórico ruim de maternidade, tendo barganhado a vida do filho por sua liberdade, e o suposto pai, o rei, seria um modelo ameaçador para a criança, pois cogitara decapitar sua futura esposa. Pelo que sabemos, o homenzinho talvez tivesse sido um pai melhor para a criança. Rumpelstiltskin perde a criança porque a jovem rainha é capaz de atender às suas condições aparentemente impossíveis, mas e se ele tivesse direito à custódia da criança, e não por conta do acordo que fizera com ela naquela noite? No fim das contas, o que há para se fazer numa sala vazia por três noites, quando toda a palha foi transformada em ouro?

PERGUNTAS

1. Já encontrou exemplos de personagens que fazem desejos iniciais em histórias? Dê um exemplo e conte como o desejo foi atendido (ou não) pela história.

2. Qual foi o papel do desejo em sua vida? Aprendeu a ter cuidado com o que deseja? Existe alguma história sobre essa experiência?

AS HISTÓRIAS ESTÃO VIVAS

3. Quais são seus desejos de longo e curto prazo, e como pode convertê-los em disposição e ação? Como funcionaria para os personagens da sua história?

4. Consegue pensar em exemplos de uma história que traz uma resposta inesperada ao desejo de um personagem? Escreva uma história com a ideia de alguém desejando algo.

5. Existem desejos expressos ou tácitos em outros contos de fadas e mitos? Como os desejos são atendidos ou negados? Escreva uma versão moderna de um conto de fadas ou mito e use o conceito de desejo.

6. Leia um mito, veja um filme ou leia um livro e analise a quais desejos universais a história atende. Quais desejos humanos são expressos em sua história?

7. Existe essa coisa de sorte ou destino? O que esses termos significam para você? Eles ainda têm alguma importância na vida moderna?

8. Faça um *brainstorming* em torno do conceito de desejo. Escreva a palavra no centro de uma página em branco e, em seguida, escreva ao redor todas as coisas que você desejou ou deseja para o futuro. Veja se alguns padrões aparecem. Seus desejos são realistas? O que acontece quando seus desejos são atendidos? O que impede que seus desejos sejam atendidos? Aplique o mesmo exercício a um personagem. O que ele ou ela deseja? Como ele/ela converte o desejo em disposição para alcançar seus objetivos?

POLARIDADE

---✷---

"Alunos que alcançam a unicidade avançam para a dualidade."
– Woody Allen

*

Uma característica persistente da Jornada do Herói é que suas histórias tendem a ser *polarizadas* como duas forças essenciais de natureza, eletricidade e magnetismo. Como elas, as histórias criam energia ou exercem força através de polaridades que organizam os elementos presentes em campos opostos com propriedades e orientações contrastantes. POLARIDADE é um princípio essencial da narrativa, regido por poucas regras simples, mas capazes de gerar conflitos infinitos, complexidade e envolvimento do público.

Uma história precisa de uma noção de unicidade – unidade – para ser uma expressão satisfatória e completa. Precisa de um tema único – uma espinha dorsal –, para uni-la como obra coerente. Porém, uma história exige um nível de dualidade, uma dimensão dupla, para criar tensão e a possibilidade de movimento. Assim que você opta por um pensamento ou personagem único para unir suas histórias, automaticamente ativa seu oposto polar, um conceito contrário ou personagem antagonista e, por isso, uma dualidade ou sistema polarizado que conduz energia entre as duas partes. A unidade produz dualidade; a existência de um indica a possibilidade de dois.

Assim que se imaginam dois pontos no espaço, gera-se uma linha de força entre elas e o potencial de interação, comunicação, negociação, movimento, emoção e conflito.

Caso sua história seja sobre a qualidade única da confiança, a possibilidade da desconfiança imediatamente surge. A desconfiança é necessária para testar e desafiar o conceito de confiança. Se seu protagonista quer algo, deve haver alguém que não quer que ele consiga, que traga à tona qualidades ocultas em seu herói por oposição a ele. Do contrário, não há história. Gostamos de histórias que sejam polarizadas por um embate entre dois personagens fortes, como em *Uma aventura na África* ou *Conduzindo Miss Daisy*, mas também somos entretidos por histórias polarizadas em grandes princípios de vida que puxam os personagens em duas direções ao mesmo tempo, que então ficam divididos entre o dever e o amor, por exemplo, ou entre a vingança e o perdão. Muitas histórias sobre o show business, como *A história de Buddy Holly*, são polarizadas por lealdade e ambição; lealdade ao grupo com o qual o herói cresceu *versus* as exigências da ambição, que demanda o abandono dessas pessoas quando o herói segue para um novo nível de sucesso.

SISTEMA POLARIZADO

POLO "POSITIVO"   POLO "NEGATIVO"

Cada aspecto da Jornada do Herói é polarizado ao longo de ao menos duas linhas, as dimensões interna e externa e as possibilidades positiva e negativa de cada elemento. Essas polaridades criam potencial para contraste, desafio, conflito e aprendizado. Como a natureza polarizada de campos magnéticos pode ser utilizada para gerar energia elétrica, a polaridade numa história parece ser um motor que gera tensão e movimento nos personagens e um agito de emoções no público.

Vivemos num universo polarizado, tanto como fato físico ao nosso redor como um hábito mental profundamente arraigado. No nível físico, somos

POLARIDADE

governados pelas polaridades reais de dia e noite, em cima e embaixo, Terra e espaço, dentro e fora. Nosso corpo é polarizado, com membros e órgãos distribuídos à esquerda e à direita, e um cérebro cujos lados direito e esquerdo têm responsabilidades muito diversas. Categorias polarizadas, como velhice e juventude, ou vida e morte, são realidades que não podem ser ignoradas.

O próprio Universo parece estar polarizado em sistemas como matéria e energia, matéria e antimatéria, átomos com cargas positivas ou negativas, polos positivos ou negativos em magnetismo e eletricidade. Nossa galáxia inteira é polarizada, um disco giratório de estrelas, poeira e gases que tem polos norte e sul definidos e um campo magnético polarizado próprio. E, claro, o mundo inteiro da moderna tecnologia computadorizada foi gerada de um sistema binário simples, 0 e 1, um ligar e desligar polarizado que aparentemente pode gerar força computacional infinita a partir de uma pequena polaridade.

Polaridade é uma força igualmente difusa, como o hábito de pensar. Agimos com frequência como se todas as questões tivessem uma resposta certa ou errada, todas as afirmações fossem verdadeiras ou falsas, as pessoas fossem boas ou más, normais ou anormais. Uma coisa é real ou não é. Você está comigo ou contra mim. Às vezes, essas categorias são úteis, mas também podem ser limitadoras e talvez não representem a realidade. A polarização é uma força poderosa na política e na retórica e permite a líderes e propagandistas mobilizarem a raiva e a paixão dividindo artificialmente o mundo nas categorias "nós" e "eles", uma simplificação do mundo que faz dele algo mais simples de se lidar, mas ignora muitos pontos de vista intermediários ou alternativos.

No entanto, a polaridade é um fenômeno real nos relacionamentos humanos e um motor importante de conflitos em narrativas. Personagens relacionados têm a forte tendência de se tornar polarizados como parte do seu processo de crescimento e aprendizagem através de conflitos. A polaridade segue algumas regras, e os bons narradores instintivamente exploram seu potencial dramático.

AS REGRAS DA POLARIDADE

1. OPOSTOS SE ATRAEM

A primeira regra da polaridade é que os opostos se atraem. Uma história é, em certo sentido, como um ímã com poder misterioso e invisível de atração. Dois ímãs bem alinhados, com o polo sul de um apontado para o polo norte do outro, sofrerão uma atração muito forte, assim como dois personagens contrastantes podem ser atraídos poderosamente um pelo outro. Suas diferenças conflitantes atraem e mantêm a atenção do público.

Dois amantes, amigos ou aliados talvez sintam atração um pelo outro porque se completam, talvez tenham conflito inicial porque contam com qualidades contrastantes, mas descobrem que um precisa de algo que o outro tem. Inconscientemente, as pessoas escolhem aqueles cujas forças e fraquezas equilibrem os pontos fortes e fracos delas mesmas.

Herói e vilão podem se prender numa luta, atraídos pelas circunstâncias, mas agindo de forma extremamente forte e contrastante que mostra todo o leque de reações humanas possíveis em uma situação de estresse. Nações podem ser atraídas para conflitos polarizados graças a maneiras radicalmente opostas de perceber a realidade.

2. CONFLITO POLARIZADO ATRAI O PÚBLICO

Um relacionamento polarizado naturalmente gera conflito quando os personagens em dois extremos contrastantes exploram e desafiam fronteiras mútuas, conceitos do mundo e estratégias de sobrevivência. Isso exerce um fascínio infinito sobre nós. Conflito, como energia magnética, é atraente, chama automaticamente a atenção do espectador. Como um ímã ou objeto magnetizado tem poder de atrair determinados metais – ferro e níquel, por exemplo – uma situação humana polarizada e cheia de conflitos atrai e concentra a atenção do público ou de um leitor.

POLARIDADE

3. POLARIDADE CRIA SUSPENSE

A polaridade gera não apenas o embate, mas também o suspense quanto ao resultado. Que visão de mundo triunfará no final? Qual personagem dominará? Quem sobreviverá? Quem está certo? Quem vencerá, quem perderá? Quais as consequências quando um herói escolhe um lado ou outro de uma polaridade? Um sistema polarizado atrai nossa atenção em princípio porque todos percebemos que nossa vida é sacudida para a frente e para trás por contradições e conflitos semelhantes, puxando-nos em muitas direções de uma vez ao longo das múltiplas linhas de polaridade, como homem e mulher, pai e filho, empregado e chefe, indivíduo e sociedade. Continuamos a observar com interesse para descobrir como as situações polarizadas se revelarão, buscando pistas sobre como lidar com esses desafios em nossa vida.

4. A POLARIDADE PODE SE REVERTER

Quando o conflito esquenta após vários assaltos do conflito entre os dois lados de um drama polarizado, as forças que atraem as duas pessoas podem se reverter, mudando de uma força de atração para uma força de repulsão. Dois ímãs que foram ligados se separarão definitivamente se um deles for virado e a polaridade for revertida. Um segundo antes, estavam tão atraídos que era difícil separá-los; e, no momento seguinte, torna-se quase impossível juntá-los novamente tamanha é a força da repulsão.

Entre as propriedades curiosas de campos elétricos e magnéticos está o fato de que a polaridade desses sistemas pode se reverter abruptamente. A direção para a qual a energia flui em sistemas de corrente elétrica alternada mudam de positiva para negativa cinquenta ou sessenta vezes por segundo, enquanto os campos magnéticos de corpos celestes não revertem a polaridade com frequência, mas segundo um cronograma misterioso. Por motivos não compreendidos totalmente, o gigantesco campo magnético do sol reverte sua polaridade a cada onze anos, gerando imensas tempestades de radiação que cobrem a Terra como tsunamis invisíveis e atrapalham as comunicações e os dispositivos eletrônicos em todo o mundo. Cientistas acreditam que o campo magnético da Terra tenha mudado muitas vezes no decorrer de milhares de anos, supostamente fazendo ímãs e bússolas apontarem para o sul durante

397

um grande período da vida do planeta. Reversões de polaridade nessa escala enorme parecem ser parte do ciclo da vida de estrelas e planetas, como uma gigantesca batida do coração.

Essas reversões também fazem parte do ciclo de vida de uma história. Podem ser reversões rápidas, temporárias de atração ou força dentro de uma cena, ou grandes inclinações ou pontos de virada de uma história. Dentro de uma cena, uma rápida mudança de polaridade talvez aconteça quando um dos amantes recebe uma informação nova que reverte sua atitude, digamos, da confiança para a desconfiança, ou da atração física para a repulsa. A informação pode se revelar falsa, desafiando apenas temporariamente a atração dos opostos, mas cria tensão na linha de energia que liga os dois personagens, e essa tensão forma um bom conflito emocional.

5. VIRADAS DO DESTINO

A reversão de polaridade em uma história pode ser a virada abrupta no destino de um personagem, uma mudança de sorte ou circunstâncias que mudam as condições prevalecentes de negativas para positivas ou vice-versa. Boas histórias contam ao menos com três ou quatro dessas reversões para o personagem principal, algumas mais, e outras são até mesmo construídas para que reversões de destino apareçam em cada cena. De fato, talvez haja uma exigência mínima para uma cena – que produza ao menos uma virada de destino para alguém em algum nível da história. Qualquer mudança de poder – o pobre coitado revoltando-se contra o brigão, o destino dando um tombo num atleta vitorioso, um acontecimento de sorte ou um revés repentino – é uma reversão de polaridade que pontua a história e dá uma sensação de movimento dinâmico. Os momentos de reversão podem ser emocionantes ou memoráveis, como a cena de *Norma Rae* erguendo-se na fábrica para organizar os operários.

POLARIDADE

O CONCEITO DE REVERSÃO DE ARISTÓTELES

Aristóteles, em sua *Poética*, descreve o mecanismo dramático essencial da reversão. Ele a chama de *peripeteia*, que se refere a "Peripatos" ou caminho coberto do Liceu de Aristóteles onde ele costumava caminhar e conversar com os pupilos, desenvolvendo ideias enquanto passeavam para lá e para cá. Talvez ele tenha usado a estrutura para demonstrar sua lógica, construindo um argumento de forma vigorosa enquanto atravessava a colunata em uma direção para em seguida demoli-la por completo no percurso contrário.

Aristóteles diz que a reversão repentina de uma situação do protagonista pode produzir as emoções desejáveis de pena e terror no público; pena por alguém que sofra um infortúnio não merecido e terror quando isso acontece a alguém como nós. Uma história captura nossas emoções ao colocar alguém um pouco parecido conosco em uma situação ameaçadora que reverte a sorte do herói repetidas vezes. Pense nas viradas de destino em filmes como *Papillon*, *Shakespeare apaixonado* ou *Mestre dos mares: o lado mais distante do mundo*, com personagens simpáticos alternando momentos de liberdade e triunfo e períodos de perigo, decepção e derrota.

Viradas de sorte na vida de um herói são inevitáveis e um ótimo entretenimento, segurando nossa atenção enquanto observamos o que acontecerá a seguir e imaginamos se energias positivas ou negativas dominarão no fim da história. Mesmo se soubermos o resultado, como no filme *Titanic*, nos divertiremos observando como a peleja se desenrola e como os personagens reagem aos altos e baixos apresentados pelo destino ou pelo dramaturgo. Em uma história bem construída, esses reveses acumulam poder, acrescentando o impacto emocional que Aristóteles alegava ser o ponto central de tudo: a catarse, uma liberação física e explosiva de emoções, seja em lágrimas de pena, arrepios de terror ou estouros de gargalhada. As reversões, como batidas de um tambor, atingem nossas emoções, desencadeando reações em nossos órgãos. Segundo a teoria aristotélica, essas batidas de tambor servem para acumular tensão no corpo do público até a batida maior de todas, o clímax da peça, liberar um tremor agradável de emoção que acreditavam limpar o espírito de pensamentos e sentimentos venenosos. As histórias retêm esse poder de liberar emoções catárticas que continuam a ser uma necessidade humana profunda.

REVERSÃO CATASTRÓFICA

Desde o início do drama grego na época de Aristóteles, o nome para o maior revés na sorte de um personagem tem sido a "catástrofe". "Kata-" significa "em cima" ou "em baixo" em grego e "strophe" é "virada" ou "desvio", portanto uma catástrofe é uma virada completa ou de cabeça para baixo. "Strophe" também pode se referir a uma fita ou faixa de couro ou faixa de fibra vegetal que era usada para tecer cestos, e é ancestral das palavras inglesas *strip* (faixa), *stripe* (listra), *strap* (alça) e *strop* (cinta de couro usada para afiação). Sugere que uma peça é um tipo de trama na qual os fios do enredo, o destino de vários personagens, entrelaçam-se e se cruzam, geralmente com o destino do antagonista subindo quando a sorte do herói desce e vice-versa. Uma *strophe* em um drama grego clássico era um giro pelo palco por parte do coro, que recitava uma linha de texto crítica para acompanhar o movimento. Era equilibrada por uma virada oposta de outra parte do coro que recitava uma resposta, chamada de *antístrofe*. Esse ato transformava a peça numa espécie de dança polarizada com movimentos e frases representando fios contrastantes de pensamento ou emoção dentro da sociedade. Falamos em "pontos de virada" em histórias, que em geral são exemplos de reveses, com um revés maior, a catástrofe, vindo pouco antes do fim de um drama construído à moda clássica, e tendo, assim esperamos, o efeito catártico que Aristóteles recomendava.

6. RECONHECIMENTO

No mundo antigo, o mecanismo preferido para trazer à tona um revés carregado emocionalmente era uma cena de reconhecimento, na qual a identidade disfarçada ou o relacionamento secreto de um personagem era revelado e o destino dos personagens, revertido. São cenas nas quais amantes há muito separados são unidos, tiranos cruéis percebem que estão prestes a executar seus filhos, os super-heróis mascarados são revelados, o Príncipe põe o sapatinho de cristal no pé de Cinderela e percebe que é a garota de seus sonhos. Um sustentáculo dos filmes sobre Robin Hood é a cena na qual o rei Ricardo, que perambulava pela Inglaterra disfarçado para ver o que aconteceria em sua ausência, arranca a túnica para revelar os leões exuberantes em seu sobretudo.

POLARIDADE

Robin e todos os homens o reconhecem de imediato como o rei, caindo de joelhos em surpresa reverente. Essa cena representa um momento na história que marca uma virada decisiva.

Uma cena de reconhecimento traz um bom revés de clímax quando um personagem está disfarçado, como em *Tootsie* ou *Uma babá quase perfeita*. Quase sempre ela representa a catástrofe do desmascaramento que o herói temia, mas também a oportunidade para a honestidade emocional e autoaceitação. O aparente desastre que revela ser o meio de realização dramática vale por uma reversão dupla.

7. VIRADAS ROMÂNTICAS

Um tipo de corrente, como a magnética ou a elétrica, flui através de linhas invisíveis que conectam os personagens em histórias e pessoas em relacionamentos. Sentimos certo fluxo de energia com algumas pessoas e queremos estar com elas, e podemos sentir quando o fluxo de energia é sufocado, bloqueado, revertido ou totalmente interrompido. Sabemos quando há "química" ou uma "centelha" entre dois atores em um romance, dois companheiros numa comédia ou dois rivais em uma aventura, e ficamos decepcionados quando não há corrente o bastante fluindo num relacionamento. Sentimos alguma coisa quando a polaridade de uma amizade ou romance se reverte, partindo de uma força de atração intensa para uma de repulsa.

Em histórias românticas, os dois amantes podem passar por vários ciclos de reversão, alternando entre atração e repulsa ou confiança e suspeita, como nos thrillers de espionagem e romance *Intriga internacional* e *Interlúdio*, ou em filmes como *Corpos ardentes*, *Cassino*, *Atração fatal* etc. O romance pode começar com atração, baseado na percepção de gostos superficiais similares ou na sensação de que a outra pessoa pode fornecer os elementos que faltam na personalidade de alguém. Perversamente nos divertimos observando a virada dessa situação, quando os amantes inevitavelmente descobrem que seus parceiros são bem diferentes da primeira impressão e se afastam por um tempo. Após várias viradas de atração e repulsa, os amantes em geral terminam alinhados, com as forças dentro deles afinadas numa energia harmonizada que promove sua ligação – a menos, é claro, que se esteja retratando um caso de amor trágico, condenado.

A JORNADA DO ESCRITOR

Por outro lado, uma história de amor pode começar com repulsa e desconfiança, que gradualmente se reverterão em atração quando os amantes superarem as diferenças e descobrirem um território comum, embora possa haver várias reversões de polaridade e episódios de atração e repulsa ao longo do caminho.

8. POLARIDADE E O ARCO DE PERSONAGEM

Uma das formas de enredo polarizado confiáveis é o gênero de comédia/aventura de amigos, na qual dois heróis desemparelhados passam por uma aventura de dois níveis juntos. Em um nível, o da dimensão externa, são policiais, espiões ou gente comum combatendo um inimigo externo, criando uma luta polarizada entre bem e mal. Porém, em outro nível, o da dimensão interna ou emocional, estão num relacionamento polarizado um com o outro, em geral, ativando um contraste forte em seu estilo de vida, filosofia ou histórico. Podem querer o mesmo objetivo geral, externo, mas se lançam a ele de formas extremamente contrastantes, gerando conflito, drama, suspense e humor através da polaridade. Exemplos incluem *Trocando as bolas,* a série *Máquina mortífera, Zoolander,* os filmes *A hora do rush* etc.

Essas histórias se tornaram formulistas nos anos 1980 e 1990, quando li muitos deles que estúdios como Disney e Fox estavam considerando produzir. Por mais previsíveis que tenham se tornado, foram um laboratório fascinante para estudar a miríade de formas com as quais os escritores lidam com a história que chamam de "duas mãos", que tem dois protagonistas ou heróis, mas em uma relação polarizada, antagônica.

A primeira história escrita que conhecemos, A epopeia de Gilgamesh, é o protótipo de todas as aventuras de amigos polarizadas a seguir. Um rei bon vivant, Gilgamesh, fica tão fora de controle que seu povo reza para que os deuses enviem alguém para distraí-lo. Enviam-no um desafio real na forma de um selvagem imenso, Enkidu. Primeiro, eles têm um embate, transformam-se em bons amigos, combatem monstros juntos e exploram plenamente a polaridade de dois tipos diferentes de virilidade. A aventura assume uma virada trágica e mais nobre com a morte de Enkidu, o que coloca Gilgamesh numa busca espiritual pelo segredo ilusório da imortalidade.

Um relacionamento polarizado, seja ele uma amizade, parceria, aliança ou romance, permite a exploração plena de personagem quando as duas

POLARIDADE

pessoas que representam as pontas opostas de um espectro comportamental encontram seus padrões e hábitos intensamente desafiados pela energia que é simplesmente oposta à sua, talvez atirado quando a sua é tímida e íntima, ou altamente organizada quando sua vida é caótica. Aqui há uma lista parcial de polaridades possíveis dentro de um relacionamento. Histórias inteiras podem ser construídas ao redor de cada um dos pares de opostos. Tenho certeza de que é possível pensar em muitos mais.

desleixado	×	organizado
corajoso	×	covarde
feminino	×	masculino
aberto	×	fechado
suspeito	×	confiável
otimista	×	pessimista
planejado	×	espontâneo
passivo	×	ativo
comedido	×	dramático
falante	×	taciturno
vivendo no passado	×	olhando para o futuro
conservador	×	liberal
desleal	×	íntegro
honesto	×	desonesto
literal	×	poético
desengonçado	×	gracioso
sortudo	×	azarado
calculado	×	intuitivo
introvertido	×	extrovertido
feliz	×	triste
materialista	×	espiritualista
educado	×	grosseiro
controlado	×	impulsivo
sagrado	×	profano
selvagem	×	civilizado

A DOUTRINA DA MUDANÇA

Um relacionamento polarizado de opostos pode temporariamente alcançar um estado de equilíbrio, mas os sistemas mais polarizados não permanecem equilibrados por muito tempo. A energia está sempre fluindo, criando mudança. Um lado da polaridade exerce força sobre o outro. Quando uma situação fica extremamente polarizada, quando os dois lados são levados para suas posições mais extremas, há uma tendência de a polaridade se reverter. De acordo com a antiga filosofia chinesa do *I Ching*, a doutrina das mudanças, as coisas sempre estão no processo de fluir para os opostos. Idealistas extremos podem se tornar cínicos, amantes apaixonados se transformam em inimigos calculistas. Covardes abjetos têm o potencial adormecido de se tornar heróis, e muitos santos começaram como grandes pecadores. Essa característica de eterna mudança da realidade é descrita pelo símbolo taoísta do Yin e Yang, as imagens em forma de vírgula que fluem para dentro da outra, cada uma com a semente do seu oposto no centro.

Quanto mais polarizado um sistema, mais provável que sua polaridade se reverta. Isso pode acontecer aos poucos, em estágios graduados, ou vir como uma catástrofe de uma vez. Sob o estímulo do conflito com um oposto polarizado, um personagem começará a oscilar, balançar como um pêndulo, longe de um oposto em um momento, mas perto em outro. Se o estímulo é contínuo até determinado ponto de virada, o personagem pode trocar de polaridade e ficar temporariamente alinhado com o polo oposto.

A pessoa tímida, impactada repetidamente por uma pessoa extrovertida, recuará e avançará; mas, se o estímulo continuar, ela fará uma reversão cômica ou dramática para vivenciar a experiência incomum de ser confiante e altamente social. Filmes como *O professor aloprado* ou *Melhor é impossível* usam essa técnica para explorar os extremos de comportamento, mostrando-nos os personagens aos poucos e, em seguida, revertendo drasticamente sua polaridade.

A reversão pode ser quase imperceptível no início, caindo pouco a pouco como grãos de areia numa ampulheta. Por exemplo, na clássica comédia maluca *Topper e o casal de outro mundo*, um homem que era rígido, disciplinado e paciente a vida toda entra num relacionamento polarizado com dois fantasmas divertidos, os Kirby, que são soltos, livres e rebeldes. No início, Cosmo Topper

POLARIDADE

é levado a uma rigidez ainda maior para neutralizar a energia maluca dos Kirby. Porém, essa posição extrema é artificial e inerentemente instável. Com o desafio contínuo dos Kirby, Topper experimenta com hesitação o comportamento livre, solto de seus opostos polares, em seguida recua à rigidez confortável, repetindo o processo várias vezes até chegar a um ponto de virada em que não consegue mais resistir e se entrega por completo à estratégia amalucada de viver, revertendo totalmente sua polaridade. No final, ele volta um pouco a seu comportamento antigo e paciente, mas agora tem acesso a seu lado mais livre e fica mais feliz assim.

No entanto, às vezes a reversão de polaridade acontece no início da história e de uma vez, em um colapso catastrófico do esforço de se manter uma posição extrema, polarizada. Em *Fargo*, o personagem de William H. Macy sai de uma vida inteira seguindo regras para se transformar no mentor de um sequestro que vira um desastre. *O mentiroso* mostra um homem que mentiu para todos e enganou a si mesmo a vida inteira, mas que de repente foi forçado a dizer a verdade em todas as circunstâncias graças ao poderoso desejo de aniversário de seu filho sincero e honesto. Em ambos os casos, vemos os personagens divididos entre suas antigas posições e as novas condições catastróficas que os deixam abruptamente na ponta oposta do espectro.

9. A OUTRA PONTA DO ESPECTRO

Quando um personagem passa por uma reversão de polaridade, o que acontece com seu parceiro no relacionamento polarizado? Alguns desses parceiros existem apenas para catalisar a mudança em um personagem principal e não para mudar a si mesmos. Os Kirby em *Topper e o casal de outro mundo* não se transformam de repente em fracotes sem personalidade, como era Cosmo Topper. No entanto, eles podem mudar um pouco seu ponto de vista, percebendo que haviam sido duros demais com Topper e que suas intromissões lhe causaram problemas que precisam resolver. Quando um personagem reverte a polaridade, as leis da polaridade sugerem que haja algum movimento recíproco do personagem ou força no polo oposto.

Quando o Personagem A sofre uma mudança de polaridade sísmica, o Personagem Z na outra ponta do espectro da relação também poderá

A JORNADA DO ESCRITOR

tirar umas pequenas férias de sua zona de conforto, ou talvez seja levado a uma reversão completa. Um dos polos pode ficar desconfortável de tão populoso, caso as duas pessoas no relacionamento expressem o mesmo tipo de energia.

Se o Personagem Z tinha o hábito de ser preguiçoso e se tornou dependente da Personagem A, em geral enérgica, para fazer todo o trabalho, pode ser alarmante quando o enérgico A de repente decide experimentar a preguiça. Não sobra ninguém para fazer o trabalho, e Z, preguiçoso por natureza, pode ser forçado ao papel incomum do trabalhador, com resultados potencialmente cômicos. Em filmes como *Trocando as bolas*, os personagens se põem um no lugar do outro, vivenciando mundos não familiares, submetendo-se a reversões temporárias e experimentando um comportamento estranho. *Máfia no divã* é construído ao redor de dois personagens que revertem a polaridade em direções opostas, quando o personagem gângster de Robert De Niro descobre seu lado mais suave e o psiquiatra interpretado por Billy Crystal, habitualmente suave, é forçado a agir como um cara durão para sobreviver.

10. CHEGANDO AOS EXTREMOS

Experimentar qualquer sistema polarizado envolve chegar aos extremos. A comédia ou a tragédia podem surgir quando as pessoas que se fiam em um lado da polaridade não apenas experimentam a qualidade incomum do lado oposto, mas a levam até o limite. Aqueles que sempre foram tímidos abusam da confiança recém-descoberta, tornando-se antipáticos em vez de agradáveis e seguros de si. Exageram na compensação, perdendo o ponto de equilíbrio. Podem, em seguida, recuar ao extremo oposto de silêncio profundo ou alguma outra forma exagerada de seu comportamento original. No fim, depois de uma série de viradas do pêndulo, talvez aprendam uma nova maneira de se comportar, mais equilibrada.

Aprender como lidar com qualquer qualidade é um processo de encontrar as fronteiras pela experimentação. Em muitos relacionamentos polarizados, uma pessoa é mais vivida e já pagou mico em vivências de muito tempo atrás, então agora sabe precisamente como lidar com mulheres, cartões, armas, carros ou dinheiro. Para a pessoa inexperiente, tudo é novo, então conseguimos observar o iniciante cometendo erros hilários.

POLARIDADE

Com frequência, há uma área recíproca onde a pessoa experiente é fraca e forçada a fazer um esforço cômico para dominar a qualidade inabitual, como educação, sinceridade ou compaixão. No entanto, a pessoa mais experiente provavelmente não avançará tanto no aprendizado quanto a pessoa inexperiente.

11. A REVERSÃO DA REVERSÃO

De fato, os personagens aprendem uns com os outros, chocados pelo contato com alguém que é um oposto polarizado em uma ou mais dimensões de comportamento. Eles revertem a polaridade para vivenciar o comportamento fora de sua zona de conforto normal. No entanto, raramente esse é o fim da história. Em geral existe ao menos mais uma reversão, quando os personagens se recuperam da insanidade temporária imposta pela história e voltam à sua verdadeira natureza. É uma regra muito forte na ficção e na vida que as pessoas permaneçam fiéis à sua natureza. Elas mudam, e sua mudança é essencial para o drama; entretanto, no geral, elas mudam apenas um pouco, dando um passo único para integrar uma qualidade esquecida ou rejeitada em sua natureza.

Ao aprender algo de útil com sua primeira reversão, podem recuar ao polo que representa sua verdadeira natureza, mas terminam num ponto um pouco diferente de onde começaram. É uma mudança de personagem realista, um movimento incremental em vez de uma reversão total de 180 graus. Reversões completas e permanentes de polaridade são raras em histórias e na vida.

Se uma história foi bem-feita, o personagem vivenciou algo incomum, percebeu que alguma qualidade especial faltava e incorporou algum aspecto daquela qualidade em sua vida. Ele voltará à sua zona de conforto geral, mas numa posição quase equilibrada, mais próxima do centro, sem polarização a qualquer das extremidades.

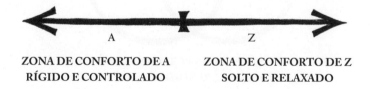

ZONA DE CONFORTO DE A
RÍGIDO E CONTROLADO

ZONA DE CONFORTO DE Z
SOLTO E RELAXADO

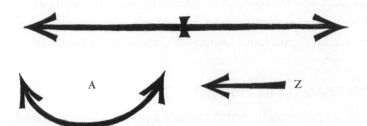

SOB PRESSÃO DE Z, A COMEÇA A OSCILAR, VIVENCIANDO OS EXTREMOS COMPORTAMENTAIS.

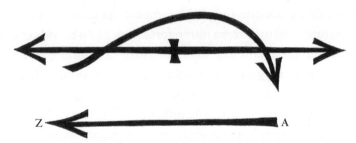

A VIVENCIA REVERSÃO TEMPORÁRIA DE POLARIDADE, EMPURRANDO Z EM DIREÇÃO AO POLO OPOSTO.

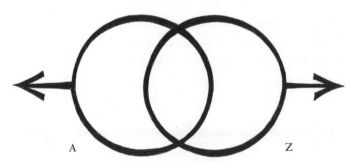

A E Z VOLTAM PARA MAIS PERTO DO CENTRO, COM POSSIBILIDADES EXPANDIDAS QUE PERMITEM VIVENCIAR OS DOIS LADOS DA POLARIDADE.

POLARIDADE

No processo, o personagem e o público conseguem vivenciar todos os pontos ao longo do espectro, os dois extremos e uma série de posições intermediárias. Na maioria dos casos, não é desejável ou realista terminar exatamente no meio das duas posições. A maior parte das histórias termina com os personagens mais ou menos de volta ao lado da polaridade onde começaram, mas muitos passos mais próximos do centro e do lado oposto. A série de possibilidades comportamentais dos personagens agora evita as posições extremas e sobrepõe um pouco o território do lado oposto, produzindo uma personalidade mais equilibrada que deixa espaço para a qualidade não expressa anteriormente. É um bom lugar para terminar, pois a partir dessa posição o personagem pode recuar à sua antiga zona de conforto se ameaçado, mas ainda se estender para vivenciar algo do lado oposto.

No sistema chinês conhecido como *Livro das Mudanças*, esse ponto é considerado um estado mais estável, mais desejável que a polarização extrema. Ao jogar três moedas, duas caras e uma coroa ou duas coroas e uma cara simbolizam uma situação estável, mais equilibrada e realista, enquanto tirar três caras ou três coroas representa uma situação que é muito polarizada, muito de uma coisa apenas, e deve entrar em colapso ou reverter a polaridade logo, tornando-se seu oposto.

Qualquer personagem que comece num extremo ou seja conduzido até ele está maduro para o processo de reversão de polaridade.

12. POLARIDADE BUSCA SOLUÇÃO

Às vezes, duas grandes ideias ou estilos de vida que foram polarizados durante toda a história buscarão solução pela conversão em algo diferente, uma terceira via que solucionará a contradição entre os dois elementos.

O clássico do faroeste *Rio vermelho* mostra duas maneiras de viver em polos extremos, na forma do homem mais velho e do mais novo interpretados por John Wayne (Tom Dunson) e Montgomery Clift (Matthew Garth). Dunson é corajoso, mas teimoso, com a masculinidade levada ao machismo mais extremo, enquanto o estilo mais suave de Garth é radicalmente diferente, compassivo quando Dunson é implacável. É quase uma polaridade bíblica, como a diferença entre o Deus iracundo e ciumento do Antigo Testamento e o Filho de Deus gentil e misericordioso descrito no Novo Testamento. Seu combate se torna fatal, com Dunson jurando caçar e matar Garth, que era como um filho para ele. Eles lutam no clímax, e parece que a polaridade será resolvida apenas com a morte de uma das partes – contudo, esse trágico destino é evitado pela intervenção da energia feminina pura. Tess Millay, a jovem interpretada por Joanne Dru, interrompe a luta com um tiro para o alto e lembra os homens que "qualquer um pode ver que vocês se adoram". Os dois percebem que ela está certa e param de brigar. Dunson declara que mudará a marca da boiada para refletir sua aceitação de Garth, e a polaridade é resolvida. Os dois estilos de vida opostos são solucionados por uma terceira via, que equilibra a masculinidade extrema de Dunson com emoção e compaixão feminina. Isso tem um sentido dramático, pois foi a rejeição de Dunson do lado feminino na primeira parte do filme que pôs a história em movimento, no momento em que Dunson se recusou a levar sua amada consigo na jornada para o Texas.

Poderíamos dizer que o ponto de vista ou estilo de vida do protagonista é a tese da história. A antítese são o ponto de vista e estilo contrários do antagonista. A síntese é o que resolve o conflito polarizado no final. Pode ser uma reafirmação dos desejos ou da visão de mundo do protagonista que incorpora novos aprendizados ou força obtida no embate com o antagonista. Pode ser uma abordagem radicalmente nova para a vida que o herói encontra, ou um retorno à posição original do herói, mas mesmo nesse caso sempre será alterado um pouco pela luta polarizada pela qual o herói passou. Em geral, os heróis aprendem algo dos opostos polares e incorporam-no a seu novo padrão comportamental.

A solução de algumas histórias polarizadas pode ser a percepção de que a polarização em si era falsa, baseada em mal-entendidos, ou que seria totalmente desnecessária, se as partes aparentemente opostas tivessem apenas se comunicado melhor no início. Romances polarizados podem ser totalmente construídos com base em mal-entendidos para demonstrar a dificuldade da comunicação na arena do amor, mas é provável que termine com os amantes percebendo que falavam a mesma língua desde o início.

POLARIDADE

13. UNIVERSOS POLARIZADOS

A polaridade é um metapadrão, um sistema que opera em todos os níveis das histórias, desde o embate de larga escala de culturas, relacionamentos humanos íntimos, chegando até mesmo às polaridades dentro dos indivíduos. Numa escala grande, a história pode mostrar um embate polarizado entre duas culturas, gerações, visões de mundo ou filosofias de vida. Os mitos antigos eram polarizados pelas lutas eternas entre deuses e gigantes ou entre elementos primordiais, como fogo e gelo. Grande parte do Ocidente leva o herói a uma cidade ou situação que é extremamente polarizada entre pares de forças opostas: índios *versus* a cavalaria, barões do gado *versus* camponeses imigrantes, ex-Confederados *versus* ex-Ianques etc. O filme *noir* e o gênero de "polícia e ladrão" dividem o mundo em níveis polarizados, o mundo da sociedade da superfície iluminada e cumpridora das leis e o Submundo sombrio dos criminosos. O filme *Titanic* é polarizado entre os mundos dos conveses superior e inferior, representando as classes sociais e o conflito entre desejo de controle e desejo de liberdade. Os filmes *O exterminador do futuro* e *Matrix* são polarizados entre humanos e máquinas; os de *Star Wars,* entre os lados sombrio e luminoso da Força. *Platoon* é polarizado pela escolha do jovem soldado entre maneiras brutais e humanas de atravessar uma guerra, representada por dois homens mais velhos com abordagens contrastantes de sobrevivência.

14. POLARIDADE INTERNA

Uma história pode ser construída ao redor de polaridades que às vezes existem dentro de uma pessoa, como as exploradas em histórias e filmes como *O médico e o monstro* e *Clube da luta. Psicose* mostra para nós um homem que internalizou o lado feminino de sua mãe falecida, e metade do tempo ele fala com a voz dela. Histórias como essas externam e deixam à mostra as dualidades em geral ocultas da personalidade.

Não há dramatização melhor de uma batalha íntima polarizada do que a cena arrepiante de *O senhor dos anéis: as duas torres,* quando Gollum alterna entre os lados bom e maléfico de sua personalidade. O lado bom é o que resta de sua identidade original de hobbit inocente, Smeagol, e ele resiste heroicamente à tentação, lembrando-se da gentileza e humanidade mostrada por seu mestre, Frodo. Porém, no fim das contas, o lado sedutor, ardiloso e maléfico que o degenerou até se tornar Gollum triunfa com o ódio ferrenho e o ciúme, revertendo o equilíbrio de forças dentro do personagem. A polaridade do personagem estava alinhada à esperança da salvação de Gollum; agora se alinha à certeza de que trairá os hobbits em sua ânsia de ter o Anel. A polaridade foi usada aqui para mostrar uma luta íntima em um eu dividido.

15. AGON

Em todo o planeta, pessoas imaginam a criação do mundo como uma situação polarizada. Deus separa a luz da escuridão e o céu da Terra. Os deuses primordiais combatem monstros do caos nas histórias primevas da criação, e as primeiras peças eram rituais religiosos de representação dessas lutas polarizadas. No mundo antigo, no qual qualidades abstratas como sorte, amor, guerra e vitória eram personificadas, humanizadas e adoradas como deuses, a força potente da polaridade era reconhecida no deus grego Agon, a força da luta e do conflito, regendo os eventos e competições atléticos de todos os tipos, mesmo as disputas jurídicas, pois *agon* também significa julgamento. Em um evento de atletismo ou num tribunal, um julgamento está sendo feito sobre quem é o melhor ou quem está certo.

Agon era retratado como um jovem atleta carregando nas mãos um par de pesos para salto chamados "halteres". Os pesos davam ao saltador um impulso extra em saltos longos e talvez fossem um símbolo de alguma qualidade associada a Agon – quem sabe a vantagem extra que ele dava ao atleta que orava e oferecia sacrifício a ele. Havia um altar sacrificial dedicado a Agon em Olímpia, onde os Jogos Olímpicos eram realizados. Não se sabe muito sobre Agon ou sua "história pregressa", mas talvez ele tenha sido parte de uma família de filhos de Zeus, que eram responsáveis por outras qualidades que tinham papéis a desempenhar na vida dos atletas, como velocidade, vitória, espírito competitivo e até mesmo o caos.

O espírito de Agon está embutido nos termos polarizados "protagonista" e "antagonista". Torcemos pelo protagonista na batalha ou concorrência e desejamos a derrota do antagonista.

A palavra "agonia" deriva de *agon* e significa que o processo de luta às vezes é doloroso e árduo. O termo é ocasionalmente usado como um dos polos

POLARIDADE

de uma expressão polarizada, como no título *Agonia e êxtase* ou na frase de cobertura de TV dos Jogos Olímpicos, "a emoção da vitória, a agonia da derrota". Essas frases descrevem os extremos emocionais dramáticos que um *agon* polarizado pode gerar. Para antagonizar com alguém é necessário criar um *agon* ou conflito com essa pessoa onde antes não existia.

AGON: O ARGUMENTO DA PEÇA

No drama da Grécia Antiga, o *agon* era o debate formal entre dois personagens em que suas visões contrastantes de um assunto público atual eram apresentadas e julgadas por um coro. Ainda podemos encontrar utilidade para a palavra e descrever com ela o debate filosófico principal ou o embate de estilos de vida em uma peça, romance ou roteiro cinematográfico. Filmes como *Wall Street: poder e cobiça* e *Questão de honra* e a série televisiva *The West Wing* dramatizam um *agon*, uma espécie de debate sobre uma questão social atual.

AGON PÚBLICO DOS DIAS MODERNOS

Um *agon* entre os gregos e romanos também significava uma competição formal para determinar quem era melhor numa habilidade específica, como canto, composição de peças ou música, apresentação de discursos etc. Como em nosso sistema de premiação ao estrelado moderno, prêmios eram concedidos para as melhores apresentações do ano. Essas competições "agônicas" eram organizadas como nossas ligas esportivas, com competições regionais e locais que levavam a uma disputa nacional realizada em um grande festival anual na capital. Ainda temos a necessidade de organizar esse tipo de *agon* todo ano para determinar qual time ou artista é o melhor na região, no país e no mundo. Cada estágio de nosso sistema atlético contrapõe pares de equipes e indivíduos, recriando o *agon* polarizado continuamente até que haja apenas duas equipes ou pessoas para o torneio final. O *agon* prospera nos programas eternamente populares de jogos e nos competitivos *reality shows* modernos.

O AGON PESSOAL

Em um nível pessoal, um *agon* era qualquer desafio que contrapusesse um lado da constituição de uma pessoa ao outro. Por exemplo, a mente sempre tenta dominar as tendências preguiçosas do corpo. A luta do artista com seu trabalho é um *agon*, que faz com que sua vontade de dar forma à criatividade contrarie todas as forças que a dificultam. Ou o *agon* pode ser a luta de uma pessoa com alguma condição externa que torne a vida desafiadora, como um defeito de nascença, um acidente ou uma injustiça.

Todo o entretenimento do mundo antigo foi baseado no princípio polarizador do *agon*, e parece ter um efeito quase magnético sobre nós até hoje, em nossos esportes, na política e no entretenimento.

16. A POLARIDADE ORIENTA

Os ímãs são amplamente usados para fins de orientação. Uma bússola magnética automaticamente se orienta para apontar o norte, e a partir daí podemos determinar sul, leste, oeste e todos os pontos intermediários. A polaridade numa história cumpre uma função semelhante, dando ao público orientação sobre personagens e situação, do nível mais simples de chapéus brancos e pretos para representar mocinhos e bandidos até os dramas psicológicos mais sofisticados. A polaridade permite que conheçamos quem tem o poder e sugere como ele pode mudar. Sinaliza a quem devemos nos alinhar na história e ajuda a entender como todos os personagens e situações estão alinhados com uma força ou outra.

Durante a maior parte do tempo, temos de ser justos com o público e não dificultar sua orientação numa história. Uma cidade, família ou sociedade polarizada, um *agon* polarizado entre oponentes contrastantes, uma personalidade polarizada prestes a se reverter – tudo isso pode ajudar o público a determinar o que está em alta e em baixa e o que é certo ou errado na história. Esses elementos podem rapidamente se harmonizar ou contestar personagens, dependendo de suas escolhas quanto à condição polarizada da história. Assim, o escritor pode começar a enviar energia positiva ou negativa para as cenas, trazendo vitória ou derrota temporária aos personagens até a resolução final.

POLARIDADE

Claro que algumas histórias lidam precisamente com as áreas cinzentas, tipos de personagens e situações que são notáveis e interessantes porque não mostram uma polarização óbvia. Alguns artistas não querem tomar lados ou empurrar seus personagens para categorias simplistas. Há espaço para essa abordagem artística, mas polaridades surgirão naturalmente pelo simples fato de termos dois personagens no mesmo ambiente ao mesmo tempo.

CONCLUSÃO

Conforme observado, as polaridades são ferramentas úteis em histórias e consistem numa maneira prática de organizar a realidade, mas também podem ser usadas impropriamente para simplificar demais situações que podem de fato ser bastante complexas. Atualmente, o público é sofisticado e, embora se divirta com histórias fortemente polarizadas, gosta mais quando elas também têm nuances com pequenos matizes e contradições que fazem histórias e personagens parecerem realistas, mesmo quando se passam em mundos de pura fantasia. Como qualquer técnica, a polarização em uma história pode ser arbitrária e óbvia demais. A polarização sem nuances ou possibilidade de mudança rapidamente se tornaria chata, apresentando apenas duas pessoas que gritam entre si. A diversão é ver uma pequena semente da qualidade oposta vindo à vida em um personagem ou situação polarizada. É possível trazê-la à vida apenas por um instante, mostrando a possibilidade de reversão, mas tirando-a do alcance para sempre, ou pode se embrenhar lentamente até o personagem ou a situação reverter drasticamente a polaridade.

Polaridades em política, esportes, guerras ou relacionamentos podem nos dividir, mas também têm a possibilidade de nos unir quando passamos por uma luta juntos. Um velho soldado pode ter mais em comum com seus ex-inimigos do que com seus netos. Rixas familiares polarizadas às vezes se dissolvem quando, após muitos anos, nenhuma das partes consegue se lembrar do porquê de toda a briga.

As polarizações nas histórias formam uma estrutura conceitual para organizar ideias e energia, aumentando as cargas positivas e negativas ao redor de personagens, palavras e conceitos selecionados. Podem cumprir uma função de sobrevivência para nós ao dramatizar distinções úteis sobre comportamento e

A JORNADA DO ESCRITOR

identificar padrões em relacionamentos humanos. Cumprem uma função dramática essencial ao nos estimular, desencadeando envolvimento emocional e reações físicas em nossos órgãos. Palavras numa página, atores num palco ou imagens numa tela podem nos levar para esse e aquele caminho até termos uma liberação emocional pequena, mas potencialmente significativa, afinal, quando rimos de personagens num filme engraçado, estamos rindo em parte de nós mesmos. Quando choramos pelo destino dos personagens numa tragédia ou romance, choramos em parte por nós mesmos. Quando temos calafrios de terror no último filme ou romance de horror, estremecemos por nós mesmos. Sentimos partes de nós nas grandes polaridades, espírito e matéria, masculino e feminino, vida e morte, bem e mal, e descobrimos a liberação sadia em histórias que exploram seu funcionamento.

PERGUNTAS

1. "Ser ou não ser, eis a questão." Shakespeare usa muitas dualidades e polaridades em suas peças e sonetos – gêmeos e casais, por exemplo – e contrastando ideias como o relacionamento do príncipe Hal e *Sir* John Falstaff na primeira e na segunda parte de *Henrique IV*, nas quais são dois lados da mesma moeda da nobreza, príncipe Hal representando a honra e *Sir* John, a desonra. Leia uma peça de Shakespeare e veja quantas polaridades consegue encontrar. Qual é o efeito dessas polaridades no leitor e no público?

2. Analise um filme como *Pulp Fiction* ou *A sociedade do anel*, da trilogia *Senhor dos anéis*. Quantas dualidades e relacionamentos polarizados consegue detectar? Eles aumentam a experiência dramática ou são apenas repetitivos?

3. Faça uma relação de suas polaridades. Pegue uma ao acaso e veja se consegue gerar personagens e uma história a partir dela.

4. *Agon* significa competição ou luta, mas também pode ser um desafio central na vida de alguém, talvez algo temporário que emerge, ou pode ser algo grande que este alguém deve combater a vida toda. Qual é o *agon* de sua vida no momento e na vida? Qual é o *agon* de seu personagem?

POLARIDADE

5. *Agon* também pode ser usado para descrever o debate ou a questão central de um drama. Nesse sentido, qual é o *agon* ou principal argumento de sua peça, roteiro, jogo de computador, conto ou romance? Quais qualidades são contrastadas e quais os argumentos de cada lado?

6. Retorne à lista de pares de opostos polarizados deste capítulo. Consegue pensar em um filme ou histórias que usem cada polaridade como um mecanismo da trama?

7. Quais as polaridades de sua família? Se sua cidade fosse locação de um faroeste, como um forasteiro que chegasse a cavalo veria suas polaridades? Como a polaridade opera em nível nacional?

8. Você já vivenciou uma reversão de polaridade na vida ou com alguém próximo? Descreva essa reversão e como você se sentiu com ela.

9. Como as polaridades funcionam num programa de TV de meia hora? Assista a um episódio de um programa e identifique as polaridades e os momentos de reversão.

10. Observe seus dois times ou atletas favoritos competindo num campeonato. Quais são as qualidades contrastantes, pontos fortes e fracos? Como o vencedor explorará essas polaridades?

CATARSE

"Vamos estimular alguma ação. Vamos conseguir alguma satisfação. Vamos descobrir qual foi o resultado. Depois da meia-noite, está tudo liberado."
– "After Midnight", música de J.J. Cale

*

Várias vezes neste livro usamos a palavra *catarse* para nos referir a um conceito encontrado nas obras de Aristóteles, um dos termos que sobreviveu para se unir à teoria geral da dramaturgia e narrativa. Trata-se de um conceito essencial, o principal do drama segundo Aristóteles, e remonta às origens da linguagem, da arte e do ritual.

É muito difícil sabermos ao certo o que Aristóteles quis dizer com catarse. Sua obra chegou até nós em frangalhos. Menos da metade do que ele escreveu perdura e a maior parte vem em manuscritos apodrecidos e confusos encontrados em escavações. Especialistas discordam vigorosamente sobre o que Aristóteles quis dizer com catarse, e existe até mesmo uma teoria de que a palavra foi inserida na *Poética* por um copista ansioso demais no lugar onde o texto ficou ilegível, pois Aristóteles havia prometido num livro anterior que ele lidaria, no fim das contas, com a definição de catarse.

Fosse lá qual fosse a intenção de Aristóteles, a palavra acabou significando algo para nós: uma liberação repentina de emoções que pode ser provocada por bom entretenimento, arte excelente ou investigando insight psicológico. Suas raízes são profundamente arraigadas em nosso espírito e na história de nossa espécie. Se voltarmos um pouco às origens do drama, descobriremos que a catarse sempre foi um efeito desejado e, de fato, é o motivo principal da experiência dramática.

Para encontrar as origens do drama, da narrativa, da arte, da religião e da filosofia, precisamos lançar nossa mente de volta ao tempo em que os seres humanos estavam nos primeiros estágios do desenvolvimento. Graças a alguns poucos milagres de preservação, temos janelas para a alma desses tempos, através das pinturas e esculturas rupestres maravilhosas que sobreviveram por quarenta mil anos. Sabemos por meio dessas representações impressionantes e fiéis de animais e caçadores que as pessoas daqueles tempos faziam peregrinações para dentro do ventre da Terra e devem ter realizado alguns rituais nos quais interpretavam o papel dos animais que caçavam ou das forças da natureza que percebiam ao seu redor. Através desses rituais, os primórdios das narrativas e dos dramas, devem ter tentado dominar ou apaziguar esses poderes. Joseph Campbell, estudando pinturas pré-históricas da Caverna de Les Trois-Frères, na França, reconheceu uma figura com um adereço de chifres como um xamã, um intermediário que incorpora o espírito dos animais de que essas pessoas dependiam para viver.

É difícil evitar uma catarse física ou reação emocional quando se entra no fundo da caverna, mesmo hoje em dia. Se você avança como eles, lá nos primórdios, com apenas velas tremeluzentes para iluminar seu caminho através de túneis estreitos, não terá como evitar sentir o peso da Terra e imaginar as forças e seres que talvez estejam à espreita lá, na escuridão infinita, além do brilho de sua chama. Ainda há uma sensação de maravilhamento quando se sai de uma grande caverna no fundo da Terra, especialmente quando suas paredes estão pintadas com imensos animais que parecem saltar pelo teto à luz tremeluzente da vela. Seria um estágio perfeito para iniciar os jovens nos mistérios da tribo, suas crenças mais profundas, a essência de seu pacto com a natureza.

Posso testemunhar o poder ainda impressionante de uma vela num lugar escuro para dar vida às coisas. É o efeito especial mais barato, porém o mais eficaz. Eu estava em visita ao castelo de Hamlet, em Elsinore, ou Helsingør, como os dinamarqueses o chamam, em uma das pontas da Dinamarca que fica

CATARSE

de frente para a Suécia e para uma curta extensão de água. Nas criptas frias do castelo existe uma estátua sinistra da versão dinamarquesa do rei Arthur ou de El Cid, mostrado como um viking esfarrapado sentado no trono com uma espada sobre os joelhos. É *Holger Danske* (Holger, o dinamarquês), um dos paladinos de Carlo Magno e lendário protetor da Dinamarca em momentos de necessidade. Grupos de turistas e estudantes são levados para o interior da câmara abobadada a fim de estremecerem diante da estátua, maravilhados com a ilusão de vida, pois aos pés dela há uma vela – ou, hoje em dia, a imitação elétrica de uma vela –, uma pequena luz tremeluzente. Na cripta escura, exceto por essa vela, como uma caverna, a luz errática lança um brilho nervoso sobre as feições da estátua, e as sombras dançam e se movimentam nas paredes da câmara. Num caminho lúgubre que faz os cabelos do braço e da nuca arrepiarem, a imagem na pedra parece aos olhos e ao sistema nervoso da Idade da Pedra nitidamente viva. Seria possível jurar que o líder viking está adormecido, mas respirando, prestes a acordar e se erguer do pedestal a qualquer momento. Isso forma a ilusão teatral convincente de que o espírito de luta eterna do país está cochilando, porém pronto para voltar à ação quando necessário. Não há dúvidas de que o povo antigo sentia a mesma estupefação quando tochas trêmulas e lampiões a óleo faziam cavalos e bisões gigantes cavalgar nas paredes da caverna.

Uma característica de alguns passeios comerciais a cavernas no mundo moderno é o desligamento das luzes elétricas em algum ponto para que os visitantes possam ter a sensação da escuridão pura da caverna sem luz. Talvez nossos ancestrais tenham usado uma técnica dramática semelhante em seus rituais da caverna, apagando os lampiões e tochas para que os jovens iniciados pudessem vivenciar a escuridão profunda. Para alguns seria aterrorizante; para outros, era uma expansão da alma; e alguns, ainda, podiam receber visões que os faziam se sentir conectados aos animais ou aos poderes que criaram o mundo. Talvez as pinturas sejam memoriais dessas visões, corrigidas e pintadas novamente por sucessivas gerações de iniciados.

Emergir de uma caverna é outra passagem perigosa num clímax com a sensação de alívio ao ver a luz do sol e o espaço aberto novamente. Para alguns, existe uma sensação de transformação, de ter morrido em algum sentido lá embaixo ou chegado muito perto da morte e de outras forças eternas, e agora voltar à nova vida na superfície.

O povo do passado certamente tinha outros lugares que desempenhavam uma função semelhante de aumentar as experiências dramáticas e evocar um sentimento religioso, como os bosques profundos, os anfiteatros naturais, os topos de montanha isolados como o monte Olimpo, poços e fontes sagrados ou arranjos de pedras monumentais. As árvores podiam ser plantadas em fileiras ou círculos para criar espaços que aumentassem no grupo a sensação de reverência e conexão com forças maiores. Nesses espaços eram feitos rituais que tentavam ligar o mundo das pessoas ao mundo dos deuses. As pessoas interpretavam as partes dos deuses, heróis e monstros para representar o drama da criação e as histórias dos ancestrais. As primeiras peças talvez tenham sido os textos desses rituais, recitados primeiro por um coro, mas com atores gradualmente assumindo as partes de personagens individuais.

Quando os humanos fizeram a transição da caça nômade até a vida sedentária de camponeses em sociedades como as do Egito, Mesopotâmia e Vale do Indo, o drama encontrou diversos palcos de expressão e formas dramáticas, com uma nova ênfase no tempo e no vasto calendário das estrelas.

Nas planícies férteis e lamacentas às margens dos grandes rios, as pessoas construíram civilizações que precisavam de rituais dramáticos para trazer ordem, unidade e uma sensação compartilhada de objetivo para uma grande população. Num esforço comum, eles faziam tijolos com a lama do rio e construíam imensos aterros para templos que pareciam montanhas artificiais, ligando sua sociedade aos céus e fornecendo uma escadaria ao mundo dos deuses.

As pirâmides, ou zigurates, também serviam como cenário espetacular para apresentações altamente teatrais, criadas para evocar um sentimento religioso sadio em toda a população.

Esses espetáculos religiosos eram encenados com precisão perfeita segundo um calendário determinado por um relógio celestial gigantesco, o movimento do sol, da lua e das estrelas pelo céu. A vida era curta, mas as pessoas acumulavam milhares de anos de observações que poderiam ser passadas adiante em várias formas e sistemas. Prestavam atenção maior aos pontos de virada exatos do ano, aos equinócios de primavera e outono e aos solstícios de verão e inverno, os quatro pontos que marcam a mudança das estações. Os grandes festivais do ano eram realizados nessas épocas, com um festival maior marcando o início do Ano-Novo.

CATARSE

Seu interesse nos ciclos do tempo era de ordem prática, uma questão de vida e morte. Um atraso, por menor que fosse, no plantio ou colheita poderia significar que uma safra falharia e não haveria nada para comer durante o inverno, condenando a maioria à morte. Mesmo nos primórdios, os caçadores sabiam que os movimentos dos animais e a frutificação das árvores seguiam o calendário celestial.

A essência dramática desses festivais de ponto de virada sazonal era a preparação de uma aventura elaborada, na qual o rei ou as estátuas dos deuses "desaparecia", supostamente tendo sido sequestrados, roubados ou mortos e desmembrados por forças sombrias do caos. A sociedade inteira fingia chorar por eles, abrindo mão dos prazeres da vida por um período de comiseração pelos deuses ou rei sequestrados ou mortos.

Em algumas versões de festivais sazonais na antiga Babilônia, as estátuas dos deuses eram de fato removidas dos templos e enterradas no deserto ou destruídas. Mais tarde, no festival, elas eram devolvidas aos seus lugares ou substituídas por estátuas novas, desencadeando grande alívio e celebração entre as pessoas.

Sir James Frazer em *O ramo de ouro* defende de forma persuasiva que muitas sociedades passam por um estágio inicial no qual o posto de rei é um serviço temporário, mantido por um período determinado, talvez apenas por um ano. Na mais primitiva dessas sociedades, o velho rei é executado ou precisa lutar num combate ritual com o novo candidato. A morte sacrificial do velho rei limpa a conta e compensa os erros do ano anterior. Aos poucos, reis populares ou muito poderosos conseguiram estender seu reinado, mas a tradição de sacrificar o velho rei já estava muito arraigada e não raro era representada simbolicamente em costumes, tradições e cortejos rituais das culturas dos templos piramidais. O sacrifício literal do rei e sua troca por um sucessor foram substituídos por uma morte e renascimento mitológicos, como o de Osíris. O rei foi identificado com o deus que morreu e voltou à vida, e representava sua morte, desmembramento e renascimento em rituais dramáticos em vez de realmente morrer.

O estudioso Theodor Gaster descreveu quatro tipos de rituais no mundo antigo do Oriente Próximo que se seguiam em uma sequência sazonal de Mortificação, Purgação, Fortalecimento e Celebração, todos relacionados à morte e ao renascimento do deus ou rei. Às vezes, todos os elementos podiam ser combinados em uma representação ritual elaborada que envolvia cada membro da sociedade como atores na peça, cujo palco era a cidade inteira e cujo tema era a morte e o renascimento do deus-rei. Gaster diz que as representações rituais ancestrais eram de dois tipos: rituais de *kenosis*, ou esvaziamento, e rituais de *plerosis*, ou preenchimento. A Mortificação e a Purgação esvaziavam o corpo e a mente, limpando e purificando enquanto lhes dava uma prova da morte, e o Fortalecimento e a Celebração preenchiam e satisfaziam o povo enquanto reinvocavam o princípio da vida.

Realizar esses rituais nos pontos de virada sazonais era uma maneira simbólica, mas também prática de permitir que toda a sociedade se acalmasse após uma temporada extenuante de trabalho. Como atualmente tiramos férias frequentes para interromper o ano e dividir nosso trabalho em períodos administráveis e suportáveis, nossos ancestrais paravam de forma inteligente a batida do tambor da rotina de trabalho periodicamente, mas com muita consciência e determinação.

Nas fases de Mortificação e Purgação, eles interrompiam o máximo de sistemas de vida possíveis, usando o luto pelos deuses ou rei ausentes como pretexto para paralisar todo comércio, serviços, contendas etc. Lojas, armazéns e fábricas ficavam fechados. Apagava-se o fogo das lareiras em cada casa e a grande fogueira que queimava eternamente no templo também era extinta. Até mesmo os processos do corpo eram interrompidos, e as pessoas jejuavam, paravam de falar e abriam mão dos prazeres da vida para ficar mais quietas e contemplativas por algumas horas. Esse era considerado um momento de pausa, um momento fora do tempo, uma interrupção do relógio gigante e, em alguns calendários, os dias de festival não recebiam números ou nomes, significando que era o momento do ponto de virada sagrado, não sujeito aos ritmos diários comuns.

A Mortificação significava levar o corpo perto do ponto da morte com jejum, mas também negar a si todos os pequenos prazeres do corpo. Esses povos acreditavam que o corpo necessitava ser humilhado ou mortificado periodicamente para que soubesse que a mente é o mestre. A ausência de coisas que eram tidas como normais criava uma apreciação renovada delas. Também concentrava a mente das pessoas e as fazia lembrar da possibilidade da morte, que sempre estava próxima.

CATARSE

A lamentação era uma parte importante do ritual nesse ponto. As pessoas deviam meditar com compaixão sobre a morte do rei-deus-herói até as lágrimas molharem seu rosto. Canções especiais eram compostas com o objetivo de desencadear as emoções de luto e tristeza. A forma dramática da tragédia foi desenvolvida a partir de rituais, cânticos e danças de luto que tentavam evocar a compaixão pelo deus ou rei sofredor. A tragédia vem da palavra *"tragos"*, ou bode, pois os bodes sempre eram usados como substitutos sacrificiais do sacrifício anual dos deuses.

A fase da Purgação dos rituais sazonais era marcada pela limpeza do corpo e do ambiente o máximo possível. As pessoas se banhavam e se untavam com óleo para simbolizar a separação da pele antiga da estação anterior. As casas e os templos eram lavados com água e fumigados. Sinos e gongos eram tocados para espantar espíritos impuros. Fogos de artifício são usados há séculos na China com esse objetivo.

A Purgação era metafórica e literal nessas sociedades antigas. Mental e metaforicamente, as pessoas deviam se purgar de sentimentos amargos, ressentimentos, inveja e assim por diante. Porém, também precisavam limpar o corpo de impurezas através do jejum e mesmo pela indução do vômito.

A catarse era um termo médico na época de Aristóteles para os processos naturais pelos quais o corpo elimina venenos e detritos. Vem da palavra *katharos*, que significa puro, assim uma catarse é a purificação, mas também pode ser uma purgação, o vômito ou a expulsão violenta de impurezas. O espirro é uma reação catártica para livrar as fossas nasais de impurezas.

Na *Poética*, Aristóteles usou o termo "catarse das emoções" como uma metáfora, comparando o efeito emocional de um drama à maneira como o corpo se livrava de toxinas e impurezas. Os gregos e outros povos ancestrais sabiam que a vida é difícil, que envolve fazer muitas concessões desagradáveis e engolir muitos sapos. As impurezas e os venenos emocionais acumulam-se em nosso corpo bem como os físicos, e podemos sofrer efeitos catastróficos se eles não forem purgados regularmente. Eles acreditavam que as pessoas que não tinham liberação emocional com a arte, a música, os esportes, a dança ou o teatro inevitavelmente seriam tomadas por sentimentos venenosos que emergiam como agressão, hostilidade, perversão ou loucura, todas coisas perigosas à sociedade. Portanto, institucionalizaram a purgação e a purificação da mente e do corpo com festivais sazonais que induziam artificialmente à catarse em uma programação trimestral. O drama era algo sagrado, indisponível para o consumo diário e restrito apenas a pontos de virada importantes do ano.

O jejuar e o purgar criavam uma condição de sugestionamento dramático extremo na população. Era nesse momento que toda a sociedade se reunia em praças e ruas da cidade-estado para testemunhar uma dramatização espetacular de algum grande evento na história mítica da cultura. As pessoas não formavam um público passivo, mas assumiam uma parte ativa na apresentação dramática. A cidade em si, com seus portões, avenidas processionais e templos grandiosos, transformava-se em palco para uma representação coletiva imensa da criação, uma grande batalha entre deuses de ordem e caos, ou de morte e renascimento do deus-rei.

Os gregos adotaram os padrões gerais desses rituais dramáticos sazonais e os tornaram parte do seu calendário anual de festivais religiosos realizados em torno dos feitos de deuses como Apolo e Dionísio. As grandes tragédias e comédias gregas evoluíram lentamente de reconstituições rituais e recitações de poemas sobre deuses e heróis, e originalmente eram concebidas como cerimônias religiosas, atos sacramentais pensados para ter um efeito benéfico no espírito. Os magníficos teatros a céu aberto da Grécia antiga foram originalmente construídos como templos dedicados ao deus Dionísio, um dos deuses de morte e renascimento. As peças representadas lá tinham como intuito o clímax dramático para cerimônias religiosas vastas, e eram cuidadosamente pensadas para trazer à tona o efeito emocional que Aristóteles chamava de catarse, uma sensação de pena e medo evocada ao assistir o destino revelado de um herói. O herói de uma tragédia grega era o substituto para o velho deus-rei, passando por uma morte sacrificial em nome de todos os membros da sociedade e trazendo à tona uma catarse para os componentes do público através da compaixão causada por seus sofrimentos.

Em Atenas, assim como os rituais dramáticos em honra a Apolo e Dionísio, os festivais sazonais eram organizados ao redor do mito de Deméter e Perséfone (Kore), a mãe e a filha primordiais que no passado haviam reinado durante um verão infindo de abundância. Suas histórias contam como as estações começaram, e seus festivais eram programados para coincidir com os ritmos sazonais de plantio, cuidados, colheita e sobrevivência ao inverno. Seu

Chamado à Aventura do drama era o sequestro de Perséfone por Hades, senhor do Mundo Inferior. Os rituais reconstituídos de seu sequestro em outubro, na Tesmofória, consistiam em três dias de festival exclusivamente para mulheres. Era o esvaziamento que introduzia o período de Mortificação e Purgação.

No mito, a tristeza de Deméter com o desaparecimento de sua filha traz à tona uma estação terrível na qual a Terra fica infértil, pois a deusa da colheita se descuida de suas obrigações para chorar e procurar a filha. Deméter se transforma em uma heroína de uma busca épica, desempenhando muitos papéis enquanto procura a filha no Mundo Inferior e induz os deuses a fazerem um pacto com Hades para permitir que Perséfone volte ao mundo da luz e da vida, ao menos em parte do ano.

A volta de Perséfone (Kore) era celebrada em festivais chamados de Eleusínias Menores, em fevereiro, marcando o retorno da primavera.

A cada cinco anos, a Eleusínia Maior, o maior festival do calendário grego, era realizada no mês de setembro. Alguns dos entalhes do frontão do Parthenon mostram essas cerimônias eufóricas, quando os jovens cavaleiros de Atenas buscavam os objetos sagrados no templo de Deméter e marchavam com eles até um santuário especial, o Eleusínio, na base de Acrópoles. A história de Démeter e Perséfone era representada em cerimônias secretas de grande impacto emocional para um grupo seleto de iniciados, usando todos os efeitos de iluminação, dança, rituais e representação para provocar a catarse desejada.

Hoje em dia, podemos usar o termo *catarse* com maior amplitude para designar qualquer tipo de liberação ou mudança emocional. A catarse foi adotada pela comunidade psicológica para descrever um processo terapêutico no qual pensamentos, medos, emoções ou lembranças reprimidas são deliberadamente trazidos à consciência, desencadeando uma liberação ou mudança emocional que alivia a ansiedade e relaxa as tensões. Filmes e histórias, bem como arte e música, podem ter um papel no desencadeamento de uma reação catártica psicologicamente saudável.

A CATARSE DA COMÉDIA

No sistema grego clássico, ficou patente que o equilíbrio é necessário em uma apresentação dramática, pois, do contrário, ela pode ser esmagadora e exaustiva. Assim, os gregos acrescentaram comédias ao repertório ritual para aliviar a intensidade emocional das tragédias lacrimosas com algumas gargalhadas catárticas para contrastar.

A comédia pertence à *plerosis*, o preenchimento de parte do ciclo ritual. Assim que o esvaziamento e a purgação foram totalmente vivenciados, é hora de preencher novamente com algo saudável, suculento e vívido que estimule o Fortalecimento e a Celebração.

A palavra *comédia* vem de *komos*, que significa "o festejo", uma festa ou orgia alucinante. Rituais de Fortalecimento em tempos muito antigos envolviam um grande banquete no qual se comia, bebia e onde todos os tipos de alegria eram incentivados para fazer um contraste vívido com o tom lúgubre dos rituais de Mortificação e Purgação que os precediam. Um dos objetivos da comédia é instigar os impulsos sexuais. A comédia grega não raro lidava com lutas poderosas entre homens e mulheres e com a celebrada sexualidade em trajes e situações exageradas. Freud considerava que havia uma forte ligação entre a gargalhada e a sexualidade e, é claro, o sexo é uma catarse natural que alivia a tensão.

Os gregos pensavam que duas ou três doses pesadas de tragédia faziam um bom trabalho na mortificação e purgação, e uma dose de comédia era o término justo para um ciclo ritual, enviando de volta o povo revigorado, psicologicamente renascido, alegre e pronto para a próxima estação do ano. Como se costumava dizer no teatro de variedades, "sempre os deixe gargalhando".

O RETORNO DA LUZ

Uma característica dos rituais sazonais em tempos antigos era o reacendimento da fogueira sagrada num templo central, o simbolismo da vitória da vida sobre a morte. A chama então era passada de pessoa para pessoa, que carregava velas caseiras ou pequenos lampiões a óleo com os quais as lareiras e fogueiras domésticas seriam reacendidas para fortalecer a cultura. A chama da lareira seria usada para cozinhar um banquete, consumido como parte da Celebração que concluía o ciclo sazonal.

Alguns desses rituais sobrevivem de várias maneiras ao redor do mundo de hoje. Testemunhei um remanescente em uma missa de Páscoa ortodoxa grega na cidade de Nova York. Parte das obrigações quaresmais era cobrir as belas estátuas e ícones pintados com panos púrpura e apagar as velas por um tempo, simbolicamente evocando a dor e a lamentação pelo sofrimento, morte e enterro de Cristo. Em seguida, em um momento que simbolizava a ressurreição, uma grande vela pascal era acendida na igreja sem luzes. Na igreja ortodoxa grega em Nova York, os congregantes traziam pequenas velas que acendiam a partir da grande. No final da missa, eles saíam da igreja, mas o ritual seguia quando as famílias caminhavam para casa ou entravam nos carros, cuidadosamente protegendo as chamas do vento, preservando a luz da nova estação para acender suas lareiras simbólicas em casa, como o povo costumava fazer milhares de anos atrás. Em cerimônias semelhantes em Jerusalém, peregrinos gregos chegavam a levar para casa as chamas sagradas em aviões especialmente fretados.

Quando lidamos com drama ou narrativas hoje, baseamo-nos em quarenta mil anos de tradição e experiência. Os seres humanos sempre buscaram orientação e libertação emocional através do drama. Embora nosso entretenimento seja mais bem distribuído durante o ano, ainda compartilhamos um pouco do efeito ritual sazonal. Em geral, novos programas de televisão são lançados em setembro, época do equinócio de outono. Ir ao cinema com a família nos feriados ou assistir a filmes de festas, como *A felicidade não se compra*, todo ano é uma tradição emocional para muitas pessoas. Certos tipos de filmes parecem estar associados a estações específicas. Em geral, gostamos de histórias de amor e de histórias de esportes na primavera e no verão, enquanto dramas mais reflexivos tendem a ser lançados no outono e no inverno. O solstício de inverno, coincidindo *grosso modo* com os feriados de Natal e Ano-Novo, é um bom período para lançar grandes filmes de fantasia, especialmente aqueles que formam trilogias que poderão ser lançadas por sucessivos feriados de fim de ano. O verão é tempo dos *blockbusters* e dos filmes de ação.

O PODER DAS ESTAÇÕES

Não temos tanta consciência das estações nos dias de hoje, pois de alguma forma somos isolados de seus efeitos, e a maioria de nós não vive mais pelo ritmo de plantio e colheita. No entanto, as estações ainda nos influenciam,

A JORNADA DO ESCRITOR

afetando nossa vida e nosso humor clara e sutilmente. As estações do ano e os feriados sazonais podem ser úteis para o escritor, pois fornecem pontos de virada naturais, uma medida da passagem do tempo e associações emocionais distintas. A passagem de uma única estação forma um intervalo de tempo eficaz para um filme (*O campeão da temporada*, *Jogada de verão*) ou uma estrutura de quatro movimentos numa história podem ser construída ao redor da passagem das estações (*As quatro estações do ano*). Uma mudança de estações numa história pode significar uma mudança no destino ou no humor do herói. Uma história pode ser construída em torno de um personagem que fica desastrosamente fora de sincronia com o ritmo das estações.

Ao escrever, lembre-se de que o objetivo de tudo que está fazendo é provocar algum tipo de reação emocional no leitor ou espectador. Talvez não seja sempre a reação completamente explosiva da catarse, mas deve ter efeito sobre os órgãos do corpo, estimulando-os através de repetidos golpes de conflito e contratempos no seu herói. Você sempre estará aumentando e diminuindo a tensão e bombeando energia na história e nos personagens até que algum tipo de liberação emocional seja inevitável, na forma de gargalhadas, lágrimas, estremecimentos ou o brilho morno da compreensão. As pessoas ainda precisam da catarse, e boas histórias são uma das maneiras mais confiáveis e divertidas de provocá-la.

PERGUNTAS

1. Qual o papel dos feriados e das estações em sua vida? Qual o papel deles em suas histórias? Você associa feriados à catarse emocional? Seus personagens fazem essa associação?

2. O que acontece se você resistir ou ignorar os ritmos das estações? O que acontece se não participar dos rituais sazonais de sua cultura?

3. Como o ciclo sazonal da catarse é executado no mundo dos esportes? Temos mais catarse ao participar de jogos atléticos ou ao assistir a eles?

4. Por que os *reality shows* competitivos e concursos de talentos são tão populares? Qual a catarse que eles provocam?

5. Qual o efeito de vivenciar uma catarse dramática em grupo? Qual a diferença entre assistir a um filme ou peça em um teatro lotado e ler um

livro, jogar um jogo de computador sozinho ou assistir à televisão em casa? Qual você prefere e por quê?

6. Ler um livro ou assistir a um filme, peça ou evento esportivo já desencadeou uma sensação como a catarse em você? Descreva essa experiência e tente fazer o leitor senti-la também.

7. Qual foi sua experiência de feriado mais memorável? Essa experiência poderia servir de material para um conto, uma peça de um ato ou um roteiro de curta-metragem? Um personagem nessa obra vivenciaria uma catarse?

8. Qual o papel da moda no ciclo sazonal? Somos manipulados pela indústria da moda ou é natural vestir diferentes cores e tecidos em cada estação?

9. Quais rituais sazonais ainda são praticados em sua comunidade? Algum deles usa efeitos dramáticos para criar catarse? Quais sentimentos são provocados por esses rituais?

10. Onde vão parar os filmes em sua busca por situações que desencadeiem algum tipo de reação física ou emocional? É mais difícil estimular as pessoas hoje? E o que os cineastas e narradores do futuro usarão para provocar a catarse?

A SABEDORIA DO CORPO

———✳———

"Há mais sabedoria em seu corpo do que em sua filosofia mais profunda."
– Friedrich Nietzsche

*

Embora usemos nossa mente para processar e interpretar histórias, muita coisa acontece no resto do corpo enquanto interagimos com a narrativa. Reagimos à arte e às histórias sobre nossas criaturas camaradas com os órgãos do corpo. De fato, o corpo inteiro se envolve – pele, nervos, sangue, ossos e órgãos.

Joseph Campbell enfatizava que os arquétipos nos falam diretamente por meio dos órgãos, como se fôssemos programados para reagir quimicamente a certos estímulos simbólicos. Por exemplo, crianças de olhos grandes de qualquer espécie desencadeiam uma reação de afinidade e proteção, ou fazem com que falemos coisas como: "Que bonitinho!". O Gato de Botas dos filmes *Shrek* sabe como explorar esse gatilho emocional profundo ao fazer crescer os olhos quando quer compaixão. As emoções são processos complexos, mas em certo nível são simples reações químicas a estímulos em nosso ambiente, um fato que os narradores sempre usaram para atingir efeitos emocionais.

Certas imagens ou quadros têm um impacto emocional automático em nós, sentido nos órgãos do corpo. Um quadro é uma figura ou várias figuras em um cenário, que representam alguma cena primeva que nos afeta intuitivamente, quase em um nível animal, ou que se tornaram carregadas de emoção por uma longa tradição. *A última ceia*, as imagens da Virgem Maria e seu filho e a *Pietà*, que retrata a mãe de Cristo acalentando o corpo do filho morto, são exemplos de quadros religiosos carregados emocionalmente. Imagens semelhantes com força igual existiam em culturas mais antigas, como a deusa egípcia Hathor acalentando o filho, ou Isis montando carinhosamente as partes espalhadas do marido desmembrado, Osíris. Imagens de seres em conflito, pessoas em combate ou deuses e heróis pelejando com monstros causam tensão em nosso estômago quando nos identificamos com um ou outro dos combatentes. Imagens de espíritos protetores ou generosos (avós gentis, anjos, o Papai Noel) nos dão uma sensação calorosa de conforto. Representações de personagens simpáticos em tormento físico evocam uma reação física, como na arte gráfica medieval representando a crucificação e os martírios de vários santos, como São Sebastião, que foi alvejado por várias flechas.

O drama grego clássico usava efeitos viscerais espantosos no palco, como Édipo aparecendo com um olho vazado, para provocar uma reação forte no corpo dos espectadores. A linguagem das peças gregas podia ser ousada e brutal, atingindo a plateia com escolhas de palavra vívidas que sugeriam golpes violentos e o derramamento de sangue. Com frequência, um ato sangrento era realizado nos bastidores, mas descrito com detalhes de doer o estômago, ou a prova chocante era apresentada na forma de roupas encharcadas de sangue ou atores representando cadáveres.

Os romanos levaram ao extremo as versões do teatro grego, tornando as apresentações cada vez mais degeneradas e cruéis à medida que o Império declinava. Atos simbólicos ou simulados de violência eram substituídos por atos reais, com criminosos condenados sofrendo o destino dos personagens fictícios, literalmente sangrando e morrendo no palco para divertir o público romano. Gladiadores entravam nas peças para reconstituir combates mitológicos e de fato lutavam até a morte nos teatros.

No final dos anos 1700, o marionete de Guignol foi importado de Lyons para Paris, onde sua natureza arrogante e violenta deu início a uma onda de peças conhecidas como Grand Guignol, cujo objetivo era trazer a sensação de terror e arrepios de horror com a descrição realista de torturas, decapitações, desmembramentos e outras ofensas ao corpo humano.

A SABEDORIA DO CORPO

Observadores do primeiro impacto dos filmes no público comentaram o realismo e o poder físico das imagens na tela que o faziam pular para trás quando um trem se aproximava ou se encolher quando uma arma foi apontada para ele pela primeira vez em O *grande roubo do trem*.

Nos anos 1950 e 1960, Alfred Hitchcock ficou conhecido por provocar reações físicas no público, e era organista mestre, tocando as vísceras como se fossem um órgão Wurlitzer poderoso em filmes cheios de tensão como *Psicose*, *Os pássaros* e *Um corpo que cai*. Mas não estava sozinho, pois todos os bons diretores sabem instintivamente como usar suas ferramentas para nos fazer sentir algo, física e emocionalmente. Empregam tudo que está na caixa de ferramentas – história, personagens, edições, iluminação, figurino, música, cenário, ação, efeitos especiais e psicologia – para provocar reações físicas, como prender o fôlego em suspense, ofegar como reação a surpresas e exalar com alívio quando a tensão da tela é liberada. De fato, o segredo do drama pode se limitar a controlar a respiração do público, pois através da respiração todos os outros órgãos do corpo podem ser influenciados.

Nos anos 1970, os filmes carregados de efeitos especiais de Irwin Allen (O *destino de Poseidon* e *Inferno na torre*) foram anunciados, e às vezes condenados, como uma nova onda de entretenimento visceral, mexendo com o corpo e não com a mente. Com a chegada dos mestres dos efeitos especiais modernos da geração de Spielberg e George Lucas, os filmes conseguiram seduzir os olhos e outros órgãos do corpo com maior poder de convencimento.

Ao longo desse caminho, houve muitos experimentos para aumentar os efeitos físicos do entretenimento e da ficção, da queima de incenso nos rituais gregos até as maravilhas tecnológicas modernas, como 3-D, IMAX e assentos mecanizados que vibram ao mesmo tempo que na tela se dispara uma metralhadora. Nos teatros e estádios romanos, a presença de deuses podia ser sugerida ao se espargirem vapor perfumado e chuvas de pétalas de rosa fragrantes. Nos anos 1950, foram feitos experimentos com 3-D, *smell-o-vision* (liberação de odores na projeção de filmes) e *Percepto*, um efeito em cinemas especialmente equipados para a iniciativa única de William Castle, *Força diabólica*. Os assentos eram conectados a campainhas que os faziam vibrar em momentos supostamente chocantes na tela, quando uma criatura era mostrada prendendo-se à espinha dorsal das pessoas.

O CORPO COMO GUIA PARA A CRÍTICA

Não é fácil criticar a própria obra escrita ou a de outras pessoas. Pode ser difícil articular o que está errado, como a história fez você se sentir, o que estava faltando. Às vezes, a melhor maneira de medir um efeito da história e diagnosticar seus problemas é perguntar: "O que ela me fez sentir, nos meus órgãos? Senti algo físico ou foram apenas processos mentais que não envolvem nada além do cérebro? Ela fez meu sangue gelar? Meus dedos do pé se encolheram com horror ou prazer? Deixou meu sistema nervoso em alerta como se os perigos que o herói enfrentava também me ameaçassem?". Se não, talvez algo esteja faltando – um apelo ao corpo, uma ameaça física, uma tensão emocional.

Como um avaliador profissional de histórias, desenvolvi uma sintonia aguçada quanto aos efeitos emocionais e físicos que um manuscrito pode ter sobre mim. Fiquei dependente da sabedoria do corpo para determinar a qualidade da história. Se era ruim e chata, meu corpo ficava carregado, e as páginas pesavam quinhentos quilos cada uma. Sabia que era ruim se, ao passar os olhos na página, minha cabeça pendesse e eu começasse a pescar. Percebi que as boas histórias, aquelas que no fim das contas renderam bons filmes, tinham o efeito oposto no meu corpo, que ficava alerta, leve e feliz, esguichando fluídos nos centros de prazer do cérebro, "o prazer verdadeiro", como Aristóteles chamava, de vivenciar a liberação emocional e física através de uma história bem contada, catártica.

Quando assistimos a um bom filme ou somos absorvidos por um bom romance, de fato entramos num estado alterado de consciência, com uma mudança mensurável nas ondas cerebrais detectáveis pelas ferramentas da ciência. Talvez as mudanças no ritmo da respiração, combinadas com a concentração de atenção no mundo imaginário da história, causem esse efeito quase hipnótico.

Quando comecei a ganhar a vida fazendo críticas de peças e histórias, logo descobri que o que realmente relatava era como essas narrativas tinham desencadeado reações físicas nos órgãos do meu corpo. Os órgãos esguicham fluídos o dia todo quando reagimos às várias situações emocionais e físicas em nosso ambiente, e não é diferente quando assistimos a um filme ou imaginamos cenas de um livro. Quando estamos estressados ou assustados, nossas glândulas suprarrenais transmitem um choque químico através do corpo, mandando sinais para aumentar os batimentos cardíacos e o ritmo da respiração. Quando estamos em choque por ver coisas traumáticas ou assustadoras, nosso corpo envia mensagens para encerrar certos processos e preservar a essência da vida em uma emergência.

A palavra "horror" deriva da palavra latina para o eriçar de pelos e os reflexos à reação automática do corpo para eventos excepcionais, coisas que perturbam a ordem normal. Essas visões desencadeiam uma reação física na pele dos braços que lembram a reação ao ar frio. Pequenos músculos fazem os pelos do braço levantarem, uma reação chamada "horripilação", que significa "eriçar de pelos" ou pelos arrepiados. O horror é de arrepiar os cabelos. Alguns cientistas acreditam que isso pode ser um dispositivo de sobrevivência dos tempos peludos da história humana, quando ter a pelagem grossa erguida ao serem ameaçados fazia os seres parecerem maiores e mais assustadores.

Uma dica para designers de experiências sensoriais: um sopro repentino de ar frio pode desencadear um efeito de calafrio no público, especialmente se for acompanhado por alguma manipulação emocional ou musical. O frio pode desencadear o estremecimento de medo ou uma forma mais exaltada de reação física, como temor, surpresa ou renascimento espiritual.

O efeito do estremecimento, no qual os músculos do corpo, especialmente dos braços e costas, involuntariamente ondulam ou se contraem, é associado a outros efeitos emocionais além do horror. A reverência religiosa ou um insight psicológico profundo podem produzir arrepios que são muito agradáveis, sinais de graça, endosso do corpo quanto à correção de um pensamento. Um tremor desse tipo em francês é chamado de *"frisson"*, e percebi o fenômeno quando me concentrava intensamente em resolver o problema de uma história, em especial ao trabalhar em colaboração em discussões abertas com outras pessoas. Enquanto eu punha à prova diferentes ideias, alguém dizia algo que desencadeava um tremor de reação em mim. Eu sentia um frêmito passando pela minha espinha, quase como se mil pequenos seixos rolassem pela minha coluna abaixo. Parecia o som de um pau de chuva, um daqueles tubos ocos com grãos secos dentro que fazem um som de chuva caindo. Às vezes, outras pessoas sentiam o mesmo ou algo parecido, pois eu conseguia ver seus corpos chacoalhar. O tremor percorria a sala.

Aprendi a valorizar essas reações físicas porque elas me diziam que eu estava na presença de algo verdadeiro e correto, algo belo. Nessas sessões de história, às vezes a resposta a um problema na história soava verdadeira, em muitos níveis do meu ser, enviando um sinal físico sutil de que os elementos estavam alinhados para me proporcionar um resultado emocional desejável, que a história fazia mais sentido ou era mais realista ou engraçada. Esse sinal sugeria que haveria uma rede interna de correção sobre arte e emoção, e que nosso corpo seria capaz de reagir com prazer quando fazemos trabalhos que se harmonizam com essa rede, permitindo que a energia emocional flua à plena potência como uma corrente elétrica. Soluções para problemas de história podem ter certa beleza ou elegância, assim como dizem que as teorias de soluções físicas ou matemáticas são elegantes. Talvez sintamos que a solução está em harmonia com alguma verdade universal, alguma realidade essencial no universo.

Ao avaliar material para histórias em estúdios de Hollywood, comecei a pensar sobre como o entretenimento moderno realça vários centros emocionais e físicos do corpo e observei que boas histórias me afetavam ao menos em dois órgãos de uma vez, talvez fazendo meu coração disparar com a tensão enquanto fazia minha garganta ficar apertada de pena pela morte de um personagem. Eu precisava chorar, ficar paralisado ou gargalhar, e, quanto mais reações físicas eu sentisse, melhor a história era. Talvez, de modo ideal, todos os órgãos do corpo devessem ser estimulados por uma boa história no decorrer da exploração de todas as possibilidades de uma situação emotiva. Meu lema como avaliador de histórias tornou-se: "Se não fizer ao menos dois órgãos do meu corpo emitir fluidos, não é boa".

A catarse, discutida em outro ponto deste livro, é o maior gatilho emocional e físico de todos. Podemos alcançá-la em doses pequenas de quase qualquer drama ou história que virmos, mas a grande catarse, os espasmos físicos e emocionais do corpo inteiro que limpam todo o nosso sistema de toxinas ou desencadeia uma mudança de orientação completa, é muito rara. Não é uma ruptura que se queira viver todos os dias, pois uma catarse geralmente significa uma reorganização radical de prioridades e sistemas de crença. Mas ela ainda acontece vez ou outra, quando a história e o espectador ficam alinhados com perfeição, e é a coisa que faz tantas pessoas quererem entrar no show business e nas artes. Elas sentem isso. Na presença do trabalho que é belo e verdadeiro, honesto e real, algo nos esmaga como um martelo estilhaçando o vidro, e

A SABEDORIA DO CORPO

permite que de repente coloquemos nossa experiência em uma perspectiva inteiramente nova. Talvez você tenha vivenciado aquele tremor profundo da percepção, um momento de conexão intensa com sua família, seu país, a humanidade, com o divino ou com aquilo em que você acredita. Uma história, muito de vez em quando, pode nos tocar no nível mais profundo, apresentando uma nova visão do mundo ou um novo motivo para viver, talvez quando estivermos prontos para essa história particular nos contar sua verdade. Não é surpresa que algumas pessoas queiram ser artistas e contadores de histórias, participar desse mistério e criar a possiblidade dessa experiência para os outros.

PERGUNTAS

1. Quais as sensações que você tem ao assistir a uma experiência dramática poderosa ou uma apresentação emocionante de um cantor ou outro artista?

2. Pense numa história de que você particularmente gostou ou que significou algo para você. Como ela afetou seus órgãos?

3. Quais símbolos ou quadros são particularmente emocionantes ou significativos para você? Como descreveria os sentimentos de forma que alguém mais pudesse vivenciar o que você sentiu?

4. Como seu corpo reage a situações de medo ou ameaça à vida? Escreva um conto ou roteiro de curta-metragem que capture essa experiência.

5. Assista a um filme assustador e observe como o cineasta manipula sua respiração com a edição, suspense, ritmos musicais, cores etc.

6. Para você, que tipo de cena agita mais emoções ou a maior reação física? Escreva uma série de cenas com o objetivo de evocar reações emocionais ou físicas específicas – fazer um arrepio correr a espinha, causar arrepios nos braços, levar às lágrimas ou às gargalhadas.

SÃO AS VIBES, CARA

*"Essas regras que estão na natureza:
São natureza, o método a restringe."**
– Ensaio sobre a crítica, de Alexander Pope

*

"São as vibes, cara." Era assim que falávamos e pensávamos nos dias áureos da minha juventude. Com nossa visão psicodélica, víamos que tudo no Universo estava vibrando em frequências diferentes. Tudo que podíamos ver e ouvir era o resultado de ondas vibrantes de luz e som e todo objeto que podíamos tocar era o resultado de pacotes de energia ressoando no nível subatômico. Como os Beach Boys, dizíamos "Estou captando boas vibrações" quando o clima em uma sala era positivo e, quando a atmosfera se tornava desconfortável ou hostil, perguntávamos: "Você sentiu as vibes ruins lá dentro?"

Eu ainda acho que as vibes são importantes, especialmente quando se trata de história. Passei a acreditar que as histórias são projetadas para alterar a frequência vibratória do espectador ou leitor. A todo momento, estamos todos vibrando em ritmos diferentes que expressam nossa herança genética,

---

* Trecho extraído do livro *Poesia, v. 1*, com tradução da Marquesa D'Alorna. Rio de Janeiro: W. M. Jackson Inc., 1952. Clássicos Jackson, v. 38. [N.T.]

o ambiente ao nosso redor, nosso humor do momento e escolhas que fizemos na vida. Essas vibrações podem ser alteradas, seja por intenção consciente, seja como resposta inconsciente a mudanças no ambiente, incluindo quando nos envolvemos emocionalmente em uma história impactante. Estando ou não cientes disso, ao entrar no mundo de uma história, convidamos uma mudança em nossos padrões vibratórios.

Histórias podem nos acalmar e confortar, levando a uma vibração mais serena, ou podem agitar nossas emoções e aumentar a atividade vibratória em partes do corpo onde sentimos tensão e terror. Algumas histórias fazem ambos. As melhores tentam sintonizar nossas vibrações, encorajando-nos a nos sincronizar com o nosso mundo, mais conectados com nossos sentimentos e mais conscientes das possibilidades mais elevadas da consciência. Ao nos guiar através de alguns ajustes de nosso campo vibratório, uma boa história pode nos deixar mais abertos a nos tornar mais completamente humanos.

OS CHACRAS

A ideia de vibrações sobrepõe-se com uma antiga tradição espiritual, o conceito dos chacras. Derivados de uma palavra do sânscrito que significa roda, círculo ou anel, os chacras são centros de energia invisíveis distribuídos pelo corpo humano. Teoricamente, eles vibram em padrões diferentes, dependendo da saúde física, emocional e espiritual da pessoa.

Eu e meus amigos estudamos os chacras como parte de nossa jornada espiritual após a faculdade, aprendendo sobre eles com um "sikh" que lia as palmas, o sr. Singh Modi, que nos ensinou a meditar, nos deu nossos mantras e explicou como os chacras funcionavam. Ele os apresentou com humor e afeto como partes de nosso ser que deveríamos conhecer a fim de incentivá-los a vicejar e sermos felizes.

Entretanto, os chacras se tornaram mais do que teoria para mim quando eu trabalhava como executivo de desenvolvimento em Hollywood. Nas reuniões das manhãs de segunda-feira, quando a equipe debatia os méritos dos roteiros que tinha lido no fim de semana, eu me via apontando para diferentes partes do meu corpo para explicar como uma história havia mexido comigo.

Talvez ela fechasse minha garganta em solidariedade a um personagem encrencado, talvez fizesse meu coração inchar com a coragem de um personagem, talvez fizesse meu estômago encolher com o suspense. As boas narrativas me afetavam em mais de um lugar. Um dia, percebi que estava apontando para os meus chacras e que alguma coisa na habilidade do contador de histórias tinha me tocado e realizado uma mudança sutil na minha frequência vibratória, como se mirasse em meus chacras e nos órgãos associados do meu corpo.

Concluí que o sistema de chacras podia ser útil para identificar alvos emocionais e espirituais nas mentes e corpos do público. Em minha própria escrita, tornei-me mais consciente de quais chacras eu estava tentando provocar ou curar, e como eu tentava mudar a frequência vibratória do leitor ou espectador nessas zonas. Percebi que os chacras também poderiam ser usados como um mapa para o desenvolvimento espiritual e emocional dos personagens, à medida que os conflitos e desafios de uma história os forçassem a confrontar áreas onde estavam fechados ou das quais ainda não tinham consciência. Junto com todas as outras coisas a considerar quando se criam personagens – observação de pessoas que já conhecemos, teorias psicológicas, arquétipos, modelos da literatura e dos filmes, nossa própria imaginação –, os sete chacras me deram outro caminho para considerar forças, fraquezas e bloqueios dos personagens, assim como mostrar como eles crescem e mudam.

O conceito de chacra tem guiado e inspirado indivíduos espiritualizados por séculos e é encontrado nas tradições hindu, budista e jainista. É um assunto amplo com muitas complexidades e variantes locais, mas vamos nos ater à versão amplamente aceita que afirma que há sete centros principais de energia no corpo, localizados em vários pontos da coluna. Em teoria, há centenas desses centros de energia distribuídos por todo o corpo, mas há um consenso amplo, especialmente no espiritualismo ocidental, de que esses sete são os mais importantes, representando um passo a passo para se atingir uma consciência mais elevada.

Subindo do cóccix até o topo da cabeça, há o chacra básico, o chacra criativo, o chacra do poder, o chacra cardíaco, o chacra laríngeo, o chacra do terceiro olho e o chacra coronário.

Imagine que seu corpo tem sete centros invisíveis de energia distribuídos ao longo de sua coluna, do cóccix até o topo da cabeça. Se pudesse vê-los e ouvi-los, você poderia percebê-los como orbes zunindo e brilhando de energia gentilmente pulsante, como flores radiantes, alguns parcialmente fechados como botões esperando para desabrochar, outros abertos e florescentes com pétalas de lótus. Cada um é dedicado a uma tarefa importante associada a uma zona do corpo. Estudantes desse sistema dizem que os chacras têm afinidades com cores específicas, pedras preciosas, formas geométricas, alimentos, tipos de música, mantras etc., e que prosperam na presença de itens simpáticos. Por exemplo, o chacra do coração supostamente é curado e sustentado pelas vibrações das cores rosa e verde; por quartzo rosa e gemas verdes como jade e esmeralda; por vegetais verdes como couve e espinafre; pelos aromas menta, eucalipto e pinheiro; por certas frequências sonoras e pela entoação do mantra "Yam".

De acordo com a tradição, os centros dos chacras são alimentados por uma força vital misteriosa chamada prana. A meta de certas escolas de meditação é estimular essa força vital por meio da *mindfulness* (meditação de atenção plena) e do controle consciente da respiração, de modo que ela se erga para ativar cada um dos chacras por vez, em uma série de saltos quânticos de energia cada vez mais refinada até que o chacra da coroa, no topo da cabeça, se abra, e a pessoa sortuda experimenta a iluminação espiritual. Todos os chacras estarão então completamente abertos e alinhados, trabalhando em harmonia uns com os outros, conectados à terra e aos céus. O efeito de muitas práticas espirituais, como meditação, ioga, jejum e a entoação de mantras, é curar, purificar, harmonizar e alinhar os chacras para atingir a saúde emocional e física máxima.

Para os nossos propósitos, o sistema de chacras é simplesmente um jeito de chamar a atenção para os muitos níveis de consciência emocional e espiritual que experimentamos em nossos progressos pela vida. Os chacras são um jeito de fazer você pensar sobre como as emoções são sentidas em partes diferentes do corpo. A imagem dos chacras como flores de lótus pode lhe dar algumas ideias sobre como nossos centros emocionais diferentes podem ser abertos ou fechados; como podem ser saudáveis, fortes e radiantes, ou doentios, fracos e embotados. Qualidades como amor, esperança e confiança podem florescer e prosperar ou murchar e morrer.

A seguir, faremos uma introdução aos sete chacras, com suas posições teóricas no corpo, responsabilidades e algumas reflexões sobre como eles podem ser úteis ao criar histórias.

OS SETE CHACRAS PRINCIPAIS

CHACRA BÁSICO (MULADHARA)

Localizado na base da coluna. Quando esse chacra está aberto e florescente, nós nos sentimos firmes e confortáveis, confiando na terra sob nossos pés. Temos abrigo, o suficiente para comer e todas as nossas necessidades básicas de sobrevivência estão garantidas.

Quando estamos estressados, esse chacra se fecha protetoramente. Ele sofre quando a sobrevivência está ameaçada, quando estamos com fome ou sem teto, quando a terra treme, quando a guerra e a agitação social atacam nosso senso de segurança.

Uma perda de confiança nos outros e em nós mesmos pode levar muito tempo para sarar. Alguns adultos cuja segurança foi ameaçada em tenra idade nunca sentem que estão a salvo, mesmos quando todas as suas necessidades de segurança física estão asseguradas.

O chacra básico é como as raízes de uma árvore, conectada às energias da terra e alimentada por elas. As pessoas podem perder o contato com essas fontes naturais de energia e sustento, especialmente neste mundo obcecado por tecnologia, ou podem considerá-las garantidas, sem perceber como são frágeis. Outro modo de alguém estar com esse chacra desregulado é ignorar as leis da gravidade e tentar viver voando de uma parte a outra, sem um chão, sem um centro. Uma pessoa assim é descrita como volúvel e pode ter de aprender que o que sobe, desce – às vezes com muita força.

Quando contamos histórias, podemos fazer esforços deliberados para ativar ou agitar o chacra raiz. Podemos começar, como tantas histórias fazem, com um ataque contra o senso de segurança do herói, ou embalando o público e o herói da história num sentimento de que o mundo é reconfortante e solidário. Podemos convidar nossos espectadores a relaxar e em seguida perturbar essas pressuposições reconfortantes, ocasionando tensão e apertando a base da coluna enquanto eles experimentam a perda de segurança do herói.

Hitchcock e outros mestres do suspense sabiam como minar as suposições de segurança sobre as coisas mais básicas, como liberdade e confiança no chão sob nossos pés. Os heróis de Hitchcock (como em *Um corpo que cai* e *Intriga internacional*) podem literalmente ser encontrados em suspensão, pendurados pelas unhas em algum lugar alto e perigoso. Essa insegurança é espelhada pela sua perda de confiança nas pessoas ao redor, de forma que estão em suspense tanto física como emocionalmente.

Filmes de horror miram suas flechas emocionais diretamente no chacra raiz ao fazer com que nos identifiquemos com personagens cujas suposições sobre sua segurança pessoal são gravemente desafiadas. Stephen King é especialmente habilidoso em transformar coisas comuns, como cachorros (*Cujo*) ou carros (*Christine, o carro assassino*), em agentes de intenção maligna. Em muitos filmes do gênero casa-assombrada, a casa, o símbolo primordial de segurança e conforto, transforma-se em um monstro devorador que ataca a segurança do chacra raiz.

O mágico de Oz começa com um ataque no chacra raiz de Dorothy. Um tornado leva sua casa da superfície reconfortante da Terra e a lança, com a casa, ao céu. Ao longo do caminho, ela precisa controlar os outros chacras, acessando sua criatividade, reivindicando seu poder, abrindo seu coração ao sofrimento dos outros e encontrando a voz para falar contra a injustiça. No final, quando Dorothy se recupera de seu sonho febril e aceita a ideia de que "não há lugar como o nosso lar", o chacra básico está estabilizado novamente.

CHACRA CRIATIVO (SVADHISTHANA)

Localizado na pelve, na raiz dos órgãos sexuais. Também chamado de chacra sacral, ou sexual, devido à sua localização perto do sacro. Parecido com o conceito de libido de Freud, esse chacra é um portal à criatividade em todas as suas formas, incluindo a expressão artística e resolução de problemas, além da energia sexual.

Como todos os chacras, o criativo funciona melhor em harmonia com outros chacras. Boas histórias podem surgir a partir da luta entre as motivações diferentes que cada chacra representa, ou pode ser divertido e instrutivo ver um personagem aprender a usar dois ou mais chacras em cooperação. Por exemplo, um personagem cuja segurança do primeiro chacra é ameaçada pode usar a energia criativa do segundo chacra para ganhar acesso ao poder, o território do terceiro chacra. O chacra da garganta é um aliado natural do criativo,

SÃO AS VIBES, CARA

proporcionando uma válvula de escape para o impulso criativo de encontrar expressão pública. O aspecto sexual do chacra criativo atinge seu maior potencial quando canalizado através do chacra do coração.

Quando o chacra criativo está fechado ou bloqueado, a criatividade e a autoexpressão podem ficar dormentes como uma semente, esperando as condições e momento corretos para florescer, ou, se frustrados por tempo demais, murchar como uma planta negligenciada. Mas a criatividade é um impulso forte e, quando bloqueada por um caminho, pode procurar expressar-se por meio de outros chacras. Por exemplo, uma pessoa cuja criatividade é ignorada ou negada pode desabafar com uma explosão verbal surpreendente do chacra laríngeo para sinalizar que não será mais reprimida.

Estimular o público com cenas e situações de alta carga sexual é um modo fácil de ativar a energia criativa do chacra sacral, mas o público também pode obter prazer de um estímulo intelectual, na forma de quebra-cabeças a serem resolvidos e filosofias que levem à reflexão. Cineastas do nível de Terrence Malick, Christopher Nolan, Stanley Kubrick ou Darren Aronofsky constroem estruturas complexas com múltiplos níveis de significado. O público parece gostar de ser desafiado a pensar um pouco sobre seu entretenimento. Resolução criativa de problemas é uma das habilidades promovidas por esse chacra.

Histórias de detetive, mistérios e thrillers oferecem um desafio ao chacra básico que chama nossa atenção, mas sentimos prazer em usar o chacra criativo para desvendar um quebra-cabeça, especialmente se há um toque de sexualidade no mistério.

CHACRA DO PODER (MANIPURA)

Localizado entre o umbigo e a base do esterno. Esse chacra se relaciona à identidade e ao ego. Ele gera o poder de que precisamos para nos impor como seres humanos únicos. Em crianças, é como um botão de flor que desabrocha naturalmente conforme elas começam a formar uma identidade independente por volta dos dois anos, mas floresce por completo na adolescência, à medida que personalidades em desenvolvimento testam seus limites e experimentam as possibilidades do poder.

Na transição entre a infância e a vida adulta, o chacra do poder pode se escancarar com enxurradas de energia incontrolável. Os jovens não sabem o que fazer com todo esse poder inquieto, sem rumo, indomável. Os chacras superiores que podem ajudá-los a canalizar o poder em excesso de forma saudável ainda não despertaram, e isso pode fazer que se sintam indefesos diante de seus próprios desejos selvagens. O poder frustrado pode procurar uma válvula de escape na raiva descontrolada. Os filmes do Homem-Aranha são ensaios sobre a domesticação da energia adolescente, com os superpoderes aracnídeos de Peter Parker representando os impulsos difíceis de controlar de todo adolescente.

Quando subitamente perdemos o senso de poder sobre nosso próprio destino, sentimos um embrulho no estômago que coincide com o fechamento protetor do chacra do poder. Um choque súbito, após receber más notícias ou quando se testemunha alguma catástrofe, pode causar sintomas físicos aflitivos na área ao redor desse chacra. O corpo responde ao trauma repentino fechando o fluxo de sangue a todos os órgãos exceto os essenciais, e um choque emocional pode fazer os joelhos de uma pessoa fraquejarem ou levá-la a desabar ou desmaiar sem aviso.

Se alguém tiver acesso a seu próprio poder continuamente bloqueado e negado por um longo período, pode haver reações desagradáveis. O poder bloqueado, fluindo como água, procura uma saída e pode se manifestar em comportamento passivo-agressivo, hostilidade, sarcasmo ou uma violência explosiva e repentina.

Aprender a controlar o poder puro oferecido por esse chacra é uma tarefa que leva a vida toda para algumas pessoas. Relacionamentos podem se tornar arenas para disputas de poder épicas entre nações, facções, membros de uma família ou cônjuges. Personalidades focadas apenas no poder podem ser perigosas a não ser que outros chacras, especialmente o do coração, sejam despertados para equilibrar o impulso de controle e dominação.

CHACRA CARDÍACO (ANAHATA)

Está localizado no centro do peito, na altura do coração. Nosso coração é essencial para a vida. Não podemos operar ou viver muito tempo sem um músculo cardíaco inteiramente funcional que bombeia sangue rico em oxigênio a

SÃO AS VIBES, CARA

nossas extremidades. Um golpe no coração pode ser fatal. Mas o coração tem outros papéis simbólicos, associados com nossos conceitos de amor e coragem.

No pensamento ocidental, o coração é o órgão que sente as alegrias e dores do amor, o lugar que infla com emoção quando pensamos nas pessoas que amamos, onde sentimos a pontada da inveja, onde nos sentimos frios como uma pedra quando o amor vai embora etc.

Embora o coração possa ser o lugar onde o amor é sentido, os olhos são considerados o caminho para o coração. Como Joseph Campbell nos lembra, citando o poeta do século 12 Giraut de Bornelh: "Assim, pelos olhos, o amor atinge o coração: / Pois os olhos são os espiões do coração. / E vão investigando / O que agradaria a este possuir".[**] Especialmente em filmes, celebramos o "amor à primeira vista", a ideia de que o amor começa com o primeiro vislumbre de alguém especial e destinado à pessoa, muitas vezes com uma troca significativa de olhares, reluzindo com sentimentos, vontades e sinais complexos.

A troca de presentes é outra forma de aquecer o chacra do coração, formando um canal que incentiva a amizade ou o amor a florescer. Em filmes, presentes podem ser um sinal externo do desejo interno por conexão. Em *Até o último homem*, a enfermeira que se tornará a namorada e, no fim, a esposa do herói, entrega-lhe de presente uma Bíblia que ele leva consigo para zonas de combate infernais, sempre reconfortado pelo lembrete físico do amor e do apoio dela.

Em *O lutador*, trocas de presentes elaboradas expressam o desejo humano universal por conexão. O personagem-título deseja reconectar-se com a filha que ele negligenciou por anos e obtém a ajuda de uma stripper, que o auxilia na escolha de um presente de aniversário adequado para a filha. Agradecido, ele dá um presente para a stripper, um *action figure* baseado em si mesmo nos seus dias de glória, para ser dado ao filho jovem dela, e isso simboliza seu desejo de se conectar com ela e se tornar um pai de família. Os presentes temporariamente abrem portas ao chacra cardíaco e produzem algumas cenas memoráveis à medida que o lutador se esforça para estabelecer uma conexão complicada com a filha distante e desconfiada.

[**]   Trecho extraído do livro *O poder do mito*, de Joseph Campbell, traduzido por Carlos Felipe Moisés. São Paulo: Palas Athena, 1990. [N.T.]

O coração é associado com a coragem, além do amor. Em inglês, a palavra "coragem" vem das palavras em francês e latim para coração. O rei Ricardo Coração de Leão e o líder escocês William Wallace, ou "Coração Valente", ganharam seus epítetos por causa de sua coragem excepcional. "Fazer das tripas coração" é um jeito de dizer "ter coragem". Muitas batalhas se transformaram em desastres quando o coração dos homens de um lado "vacilou" porque a maré virou ou um líder amado foi morto.

A compaixão é outro aspecto do chacra cardíaco. Ter um coração aberto significa ser sensível ao sofrimento de outros seres e sentir empatia com eles, como Cristo retratado em *A última tentação de Cristo*, de Martin Scorsese, que só pode sentir compaixão pelos sofrimentos da humanidade. Personagens cujo chacra cardíaco está muito fechado (Scrooge em *Um conto de Natal* ou o Grinch em *O Grinch*) podem experimentar um desabrochar súbito e único, em resposta aos chamados da família e da comunidade.

CHACRA LARÍNGEO (VISHUDDHA)

Localizado na garganta, na altura do pomo de Adão, mas perto da coluna. Diz-se que esse chacra facilita várias formas de autoexpressão e precisa estar aberto para que haja comunicação em um relacionamento. Aqueles que querem uma carreira como cantores, atores ou em qualquer atividade que exija habilidades verbais, como vender, ensinar ou exercer a advocacia, devem ter a sorte de ter nascido com um chacra laríngeo aberto ou terão de se esforçar para abrir o canal e sintonizar suas vibrações com bons resultados.

Ainda que, como um escritor solitário, você possa não usar sua voz todo dia, todo escritor precisa "desenvolver uma voz", o que significa encontrar o seu jeito único de expressar suas ideias e dar aos seus personagens vozes distintas por meio do diálogo.

Alguns escritores usam a voz em seu treino diário, lendo suas próprias palavras em voz alta: alguns sussurram o diálogo para si mesmos, outros o gritam. O que funcionar para você!

É preciso dominar muitas habilidades antes de aproveitar o poder completo do chacra da garganta. Pessoas tímidas e de fala mansa podem ter dificuldade em serem ouvidas neste mundo barulhento. Então, podem ter de abrir o seu chacra da garganta indo a algum lugar onde não vão incomodar ninguém e gritando a plenos pulmões até ficarem à vontade erguendo a voz. Outras podem ter vozes altas que precisam ser moduladas para não soarem ríspidas demais. Uma vez que o chacra laríngeo está aberto, outras habilidades são necessárias, incluindo ter uma boa dicção, respirar pelo diafragma, projetar a voz até os fundos da sala, fazer contato visual com o público e outros truques envolvidos nos ofícios que dependem de falar, cantar e atuar.

Com o chacra laríngeo aberto, é possível ao personagem falar a sua verdade. Muitos filmes foram construídos com base num momento crítico no qual um personagem tem uma evolução em termos de comunicação (*O milagre de Anne Sullivan, O discurso do rei*) ou quando falar a verdade sobre uma história causa uma mudança social (*Todos os homens do presidente, Spotlight: segredos revelados, The Post: a guerra secreta*). A peça de Shaw, *Pigmalião*, e sua versão musical, *Minha bela dama*, dramatizam a sintonização do chacra laríngeo de Eliza Doolittle por um professor que é capaz de fazer emergir a grande dama que sempre viveu nela, mas nunca foi ouvida e vista por causa do seu sotaque *cockney* forte e sua aparência desleixada.

O chacra laríngeo pode ficar temporariamente apertado quando "engasgamos", porque estamos sobrecarregados de emoções ou não conseguimos achar as palavras para expressar nossos sentimentos turbulentos. Pode ser profundamente comovente ver um personagem se esforçar para falar quando as emoções ficaram entaladas por muito tempo. Um dos momentos mais comoventes no entretenimento da minha infância foi no episódio final do popular programa infantil *Howdy Doody*, quando o palhaço eternamente calado Carabell abriu seu chacra da garganta e finalmente deixou sua voz rouca dizer a última frase do programa: "Tchau, crianças!".

CHACRA DO TERCEIRO OLHO (AJNA)

Localizado entre as sobrancelhas. Segundo a tradição espiritual, um órgão invisível no centro da testa constitui o "terceiro olho", capaz de perceber fenômenos que não podem ser detectados com os olhos normais e outros órgãos de percepção. Supostamente, esse terceiro olho pode "ver" o passado e o futuro, detectar os pensamentos dos outros (telepatia) e perceber auras pessoais e outros fenômenos invisíveis. Videntes e médiuns podem nascer com esse chacra aberto e pronto para ser usado, mas para pessoas comuns, o terceiro olho fica fechado a maior parte do tempo, abrindo só ocasionalmente quando temos um *flash* de intuição. Em casos raros, pode ser aberto de repente por um choque emocional ou mesmo um golpe na cabeça.

Quase todo mundo já experimentou um daqueles *flashes* de insight ou momentos de precognição em que parecemos saber antecipadamente que algo está para acontecer ou sentimos que algo dramático aconteceu bem longe. Podem ser coincidências aleatórias, mas os investigadores do corpo sutil interpretam a precognição e a visão remota como uma abertura do chacra do terceiro olho.

Filósofos e místicos já tentaram associar o conceito do terceiro olho com um órgão físico, a misteriosa glândula pineal, localizada bem fundo no cérebro e conectada à medula espinal. A ciência nos diz que esse órgão, menor que um grão de arroz, recebe mensagens dos olhos sobre ciclos diários de luz e escuridão e produz o hormônio melatonina, que regula os ciclos de sono tanto diários como sazonais. O filósofo Descartes pensava que havia algo especial na glândula pineal, acreditando que fosse a sede da alma e um mediador entre o cérebro e o corpo, uma pequena entidade sentada no banco do motorista que controlava o organismo humano. Assim como nossos dois olhos físicos enviam sinais sensoriais à glândula pineal, alguns especulam que o terceiro olho também transmita percepções extrassensoriais que são processadas lá.

O conceito do terceiro olho é útil, mesmo que apenas para imaginar que há um lugar central no corpo onde o trabalho de percepção psíquica ocorre. Em algumas tradições espirituais, os estudantes ativamente imaginam um terceiro olho e focam seus pensamentos nele, esforçando-se para melhorar suas habilidades psíquicas. A imaginação ativa de todos os chacras é uma prática de diversas disciplinas espirituais.

As tradições espirituais dizem que poucas pessoas experimentam uma abertura completa do terceiro olho, e por um bom motivo: pode ser uma experiência avassaladora. Um bombardeio sem filtros de impressões de outros seres e realidades certamente seria desorientador, e é preciso treinamento e prática para aprender a modular e filtrar um fluxo incessante de informações extrassensoriais.

SÃO AS VIBES, CARA

No entanto, a abertura do terceiro olho não precisa ser algo sobrenatural. Em uma história, pode ser revelada simplesmente como alguém desenvolvendo um insight ou aprendendo a confiar na própria intuição. Pode ser que as pessoas precisem progredir através dos níveis de desenvolvimento representados pelos quatro chacras inferiores antes de poder se abrir para confiar em seus próprios instintos.

Muitas vezes, os filmes sugerem que personagens perfeitamente comuns estão experimentando atividades do terceiro olho quando têm insights súbitos (momentos "Ahá!"), precognição ("Tenho uma má sensação sobre isso"), telepatia ("Você está pensando no que estou pensando?") e visão remota ("Sinto uma perturbação na Força").

Tipicamente, esses breves momentos de habilidade psíquica não ocorrem do nada, devendo ser merecidos após algum desafio sério, como um contato com a morte, um ataque contra a segurança ou felicidade do personagem, um choque ou uma derrota esmagadora. Muitas vezes, o efeito do terceiro olho parece ocorrer imediatamente após um personagem passar por uma provação em sua Jornada do Herói. É como se o universo fosse projetado para nos recompensar com maior sensibilidade por termos nos aproximado do perigo sem sair correndo de medo. Em histórias de detetive, o herói pode ter de apanhar ou ser sequestrado e drogado antes de ter uma revelação que levará à solução do mistério.

Presenciar a atividade do terceiro olho pode disparar respostas físicas. Quando vemos algo misterioso ou incomum, que não se adequa ao nosso mapa da realidade, o corpo reage enviando calafrios pela coluna ou fazendo nossa pele se arrepiar. Dizemos que sentimos "arrepios" quando experimentamos algo sinistro e aparentemente não natural, como habilidades psíquicas além do escopo normal.

CHACRA CORONÁRIO (SAHASWARA)

O mais rarefeito de todos os chacras é o coronário, visualizado como uma flor de lótus com muitas pétalas desabrochando no topo da cabeça. Quando aberto pela prática espiritual intensa ou por um momento de insight profundo, uma fonte de graça divina supostamente jorra para fora, banhando a pessoa iluminada com vibrações positivas. Sob essas condições, acredita-se que a aura se estenda acima da cabeça, excedendo os limites do corpo físico. Todos os chacras então se abrem e ficam alinhados, e os limites do ego individual são dissolvidos. A consciência pessoal faz um salto quântico final e fica centrada na fonte divina.

Algumas pessoas experimentam apenas um ou dois breves momentos de despertar desse chacra na vida, e só os maiores mestres espirituais o mantêm permanentemente aberto. No entanto, quase todo mundo experimenta momentos ocasionais de espiritualidade, conexão com o divino ou assombro de forças maiores e mais poderosas do que qualquer coisa no mundo humano e físico. Os filmes são ótimos em representar esse estado de espírito.

Na presença de fenômenos inspiradores da natureza, como tempestades e cascatas poderosas, belas cenas de pôr do sol e nascer da lua, arco-íris impressionantes e nuvens em disposições diversas, podemos experimentar sensações físicas similares àquelas disparadas pela atividade do terceiro olho, como um arrepio nas costas ou os arrepios que são uma reação instintiva e involuntária por estar perto de algo fora do comum, algo que pareça sobrenatural ou misterioso, algo que não conseguimos explicar inteiramente.

A música pode nos dar um gostinho da experiência sublime do chacra coronário aberto. Beethoven pretendia que o clímax de sua Nona Sinfonia evocasse a sensação de entrar na presença divina. Corais de igrejas, música de órgão e o rock and roll têm o poder de simular uma experiência transcendente e cósmica.

A energia radiante do chacra coronário aberto é muitas vezes retratada na arte religiosa do Ocidente e do Oriente como o halo familiar de luz ao redor da cabeça de santos, anjos, seres iluminados como Buda e a Trindade de Deus Pai, Filho e Espírito Santo. Um halo brilhante em uma pintura ou na estátua de um santo é um sinal de que o indivíduo se iluminou e desenvolveu um canal altamente refinado para se comunicar com o divino.

O conceito do halo também está por trás da ideia de coroas douradas e incrustadas de joias que adornam a cabeça de reis, rainhas e nobres. A coroa dourada, uma representação física da energia radiante do chacra coronário, indica que a pessoa que a usa foi abençoada por Deus e deve ser vista como o representante de Deus na Terra, sendo, portanto, automaticamente iluminada em virtude de seu estado supostamente semidivino.

SÃO AS VIBES, CARA

Quase sempre os filmes almejam estimular os chacras inferiores, apelando à nossa necessidade de segurança, nossa vontade de sexo e criatividade, nossa fome de poder, nosso desejo de amor, nossa necessidade de ser ouvidos e compreendidos. Mas ocasionalmente nosso entretenimento pode alcançar os domínios mais elevados do potencial humano e nos dar uma amostra do sublime. Os filmes sempre usaram seu poder de ilusão convincente para induzir estados de espírito exaltados, começando com espetáculos religiosos como *Os dez mandamentos* e *Ben-Hur* e continuando hoje com entretenimentos de inspiração religiosa de alta energia como *A paixão de Cristo* e *Noé*, de Aronofsky. Os efeitos especiais poderosos disponíveis agora aos artistas são ideais para replicar experiências espirituais, apresentando espetáculos de luz e som comparáveis àqueles que a mente humana gera em estados de euforia ou êxtase espiritual. *2001: uma odisseia no espaço* usa efeitos especiais e música sinistra para replicar um evento psicológico intenso, no qual o contato com uma raça alienígena avançada poderia igualmente ser um confronto com deuses ou anjos e alterar a percepção da realidade. Filmes de ficção científica como *Contato*, *Interestelar* e *Prometheus* nos convidam a experimentar simulações de estados exalados de espírito. A série de TV *Enlightened* examinou o que acontece quando uma pessoa que atingiu uma revelação espiritual e uma abertura total dos chacras tenta voltar à vida normal.

O chacra coronário é uma daquelas notas no teclado que você raramente vai tocar, mas pode ser uma experiência poderosa para o público testemunhar um personagem tendo um momento de transcendência sublime ou estando na presença de deuses.

APLICANDO O CONCEITO DE CHACRA ÀS SUAS HISTÓRIAS

Agora que fizemos um resumo breve dos sete chacras, como você pode trabalhar com eles para contar melhor suas histórias?

O sistema de chacras pode ser visto como uma escada de formas cada vez mais refinadas de energia, correspondendo aproximadamente à Jornada do Herói. O chacra básico se expressa no relacionamento de todo herói com um Mundo Comum. Os heróis podem encontrar Chamados, Recusas e Mentores para abrir os chacras da criatividade e do poder. Há um Limiar definitivo no sistema de chacras, à medida que os heróis dão o salto até as vibrações mais altas do chacra cardíaco, quando podem ocorrer danças elaboradas de Aproximação e Provações dramáticas. A abertura do chacra laríngeo muitas vezes corresponde à fase de Recompensas, quando os heróis encontram a coragem para falar sua verdade, e pode haver evidências de atividade do chacra do terceiro olho quando os heróis obtêm um insight maior no Caminho de Volta. Os poderes de todos os chacras podem ser invocados no clímax do estágio da Ressurreição, e o resplendor de um Retorno com o Elixir pode dar um vislumbre do chacra coronário em flor. A Jornada do Herói, em mitos e na literatura, aspira ativar e harmonizar todos os chacras no caminho da iluminação completa e consciência expandida representada pelo chacra da coroa aberto, de modo que podemos nos tornar o que Joseph Campbell chamava de "mestre de dois mundos": retornando à vida comum, mas profundamente transformados por um encontro com algo transcendente.

A transformação do herói pode ser realizada com uma simples desobstrução de energia bloqueada em um ou mais chacras, ou pela ascensão dos chacras inferiores até os superiores, ou pela ligação de chacras que não se conectavam há muito tempo.

Claro que é possível mirar diretamente nos chacras inferiores, almejando o horror físico, a excitação sexual ou a indulgência em fantasias de poder. Muitos filmes e franquias bem-sucedidos têm como princípio apelar apenas a esses centros, sem ter qualquer aspecto redentor de amor, autoexpressão, insight espiritual ou iluminação.

Você pode pensar nos chacras como alvos para suas flechas emocionais. Pode mirar alto ou baixo, mas deve estar consciente e agir de forma intencional sobre os efeitos que está tentando alcançar. Pense sobre uma história que afetou você profundamente. Quais chacras os artistas estavam mirando? Em que partes do corpo (quais chacras) você sentiu as emoções? Como os contadores de histórias mostram que os personagens estavam bloqueados em alguns chacras e abertos em outros?

Pense em sua própria história e em quais chacras você está mirando. Como pode convidar o seu público a experimentar a abertura desses centros: compartilhar o empoderamento de um personagem à medida que o chacra do poder

SÃO AS VIBES, CARA

se abre, sentir as dores e alegrias do amor por meio do chacra cardíaco, querer irromper numa canção ou gritar a sua verdade através do chacra laríngeo?

O conceito de chacras sugere que nossa consciência está dividida entre esses sete centros e que cada chacra é quase uma subpersonalidade dentro da pessoa como um todo. Portanto, é possível viver principalmente através de um chacra, com os outros assumindo papéis menores na hierarquia psicológica. Pode acontecer de o assunto dramático de uma história ser a reavaliação dessa hierarquia sob pressão e a redesignação de prioridades para pôr mais ênfase em áreas negligenciadas. Ou, no modo trágico, você pode retratar um fracasso em reestruturar a hierarquia. O personagem de Charles Foster Kane em *Cidadão Kane* procurou expressar-se toda a vida apenas através do chacra do poder e do chacra criativo, e só quando era tarde demais reconheceu que o que ele realmente queria era conforto no chacra cardíaco.

Como membros de uma família, às vezes os chacras brigam, disputam o poder e dão as costas uns aos outros. Mas eles podem aprender a trabalhar juntos de um jeito que beneficie todo o organismo.

O seu trabalho, como contador de histórias, é entrelaçar as emoções do público, que vibram aleatória e caoticamente, na rede consciente e intencional da sua história, de modo que elas experimentem uma mudança distinta em sua frequência vibratória e seu estado de consciência. Essa mudança é ocasionada quando presenciamos os desafios emocionais dos personagens, cujas frequências vibratórias também estão mudando conforme eles lutam contra a oposição e aprendem mais sobre si mesmos.

Quando você conta uma história, o público deve se sentir diferente no final. As pessoas devem ficar cientes, em algum nível, de que sua frequência vibratória mudou. Em casos raros, uma obra de arte pode causar uma reorientação avassaladora que muda a vida da pessoa; frequentemente, nos dá um pequeno momento "Ahá!" de insight sobre a vida ou nossa própria condição. Joseph Campbell falou de "uma amplificação da consciência como a que se pode experimentar ao ascender de um nível ao próximo no jardim de um templo japonês... você está subindo e de repente uma vista completamente nova se descortina. É tudo arranjado de modo que você passa por um alargamento da consciência só experimentando esse jardim" (CAMPBELL, Joseph; COUSINEAU, Paul. *The Hero's Journey: Joseph Campbell on His Life and Work*, 1990, p. 150).

A JORNADA DO ESCRITOR

Neste momento, você está vibrando em muitos níveis, mas do seu jeito único, com tudo que forma o seu ambiente, sua hereditariedade e suas escolhas de vida até este momento. Sua frequência vibratória pode ser mudada. O sistema de chacras aponta para a possibilidade de você, conscientemente, tentar melhorar sua frequência vibratória e viver no mundo com mais harmonia, facilidade de movimento e acesso a todas as possibilidades de sua mente e corpo.

No que trata de contar histórias, o sistema de chacras é só outra ferramenta para analisar personagens e pensar em como eles mudam. Preste atenção ao seu corpo da próxima vez que assistir a um filme que mexer com suas emoções. Talvez seus chacras estejam tentando contar algo a você.

E não se esqueça: são as vibes, cara!

PERGUNTAS

1. Pense num filme ou história de que gostou. Quais chacras os contadores de história estavam tentando atingir? Os personagens passaram pela abertura de certos chacras?

2. Se você sentiu alguma coisa enquanto via ou lia uma história, em que lugar do corpo os sentiu? Descreva essas sensações.

3. Como os contadores de histórias representam mudanças na consciência: momentos de revelação, insight, intuição, desenvolvimento emocional, crescimento espiritual? Como eles representam bloqueios no desenvolvimento de um personagem?

4. Escreva um conto sobre um momento em que você sentiu sua sobrevivência física (chacra raiz) ameaçada. Você sentiu que o poder de algum outro chacra ajudou nesse momento?

5. Pensando sobre o chacra criativo, o que bloqueia sua expressão criativa? Como você pode desbloqueá-lo? Como os personagens nas histórias de que você gosta lidam com seus bloqueios de criatividade?

6. Que histórias retratam personagens controlando seu poder? Essas histórias inspiram você? Escreva como elas fazem você se sentir.

7. Quais filmes fazem um bom trabalho retratando o ato de se apaixonar (abrir o chacra do coração)? Como foi sua experiência com o amor? Onde

você sente essas sensações no seu corpo? Descreva esses sentimentos.

8. Como você acha que seu chacra da garganta se abre ou fecha? Se está fechado, o que você pode fazer para abri-lo?

9. Você já passou pela experiência de o chacra do terceiro olho se abrir para a percepção extrassensorial? Descreva-a e conte como você se sentiu.

10. Você consegue pensar em filmes ou histórias que retratam personagens experimentando algo como a abertura do chacra da coroa, alguma experiência extática ou a sensação de estar na presença divina? O que achou dessas histórias?

CONFIANÇA NO CAMINHO

*"No meio da jornada da vida me vi em uma
floresta sombria, pois o caminho certo estava perdido."*
– *A divina comédia*, de Dante Alighieri

*

Foi o que Dante disse no início de *Inferno*, e assim eu me vi em certa passagem da jornada da minha vida, perambulando sozinho na floresta próxima a Big Sur, Califórnia. Eu estava numa floresta sombria, certo, e perdido. Estava com frio, fome, exausto e em pânico com a ideia de que a noite se aproximava.

Era um inverno chuvoso, com chuva atrás de chuva saturando as encostas depois de anos de seca. Senti o peso do clima na minha vida e parti para o norte, para a terra sagrada de Big Sur, a fim de encontrar algumas coisas que tinha perdido: solidão, paz de espírito, clareza. Senti que havia falhado em áreas importantes no trabalho e em relacionamentos e estava confuso sobre qual seria meu próximo passo. Tinha algumas decisões a tomar sobre minha orientação e sabia por instinto que um salto na vida selvagem poderia me dar uma visão do futuro que me tiraria daquela confusão.

Quando comecei na trilha bem marcada do Serviço Florestal que serpenteia para dentro dos cânions selvagens de Big Sur, percebi um pequeno sinal alertando que a trilha era difícil em alguns pontos. Eu esperava que o caminho

A JORNADA DO ESCRITOR

estivesse úmido e enlameado em alguns lugares por conta das chuvas recentes, mas logo percebi que havia subestimado o impacto feroz das tempestades de inverno sobre as encostas frágeis. Toda a cadeia de montanhas era uma imensa esponja que agora drenava lentamente os cânions, quantidades inimagináveis de água escavando novos cânions e correntes. Aqui e ali eu descobria, ao virar uma curva, que a trilha adiante simplesmente havia desaparecido por quase 50 metros porque a encosta inteira havia deslizado, com trilha e tudo, deixando uma cicatriz úmida de argila esfarelada e uma cascata descendo a rocha pura. A rocha recém-exposta é facilmente quebrada em pedaços em depósitos conhecidos como taludes, que correm encosta abaixo quase com a facilidade da água e podem ser tão traiçoeiros como areia movediça. Eu conseguia ver a trilha continuando além do trecho onde a encosta havia desmoronado e não tinha escolha além de me arrastar como um caranguejo na face rochosa escorregadia e deslizante e agarrando com a ponta dos dedos das mãos e dos pés, enterrando-os no talude em queda até estar de volta no nível de superfície do caminho interrompido. Ele continuava por algumas centenas de metros ao redor de um barranco da montanha, apenas para desaparecer novamente em outro deslizamento de lama que precisava ser cruzado pelo método da ponta dos dedos.

No início parecia estimulante, exatamente o tipo de desafio menor da vida selvagem que eu buscava. Porém, após a terceira ou quarta vez atravessando uma encosta lisa e instável com água lamacenta correndo sobre mim, o processo começou a cobrar seu preço. Meus braços e pernas começaram a tremer pela falta de costume com o esforço; meus dedos dos pés e mãos tinham cada vez mais cãibras. Minha temperatura interna caiu por eu ter me encharcado tantas vezes e o ar frio ter esfriado minhas roupas e pele com a evaporação. Às vezes, a encosta inteira de lama amarela e argila parecia estar tremendo e deslizando sobre mim, correndo em um deslizamento em câmera lenta. Na décima travessia, comecei a ficar preocupado. A caminhada que deveria ter levado uma hora estava levando três e não havia final à vista. Perdi o equilíbrio algumas vezes na lama e mal conseguia me segurar, agarrando-me à rocha esfarelada com os dedos doloridos e braços trêmulos, sabendo que cairia por centenas de metros antes de bater em algo sólido e nivelado.

E, então, quando minha aventura me levou até o lado mais frio e sombrio da montanha, cheguei a uma cicatriz imensa e úmida onde um pedaço inteiro da montanha havia caído, abrindo um cânion profundo, deixando um campo íngreme de rochedos irregulares do caminho de casas que seriam difíceis de cruzar. Não sabia se deveria voltar ou continuar meu caminho. Comecei a medir minha força com muita precisão, reconhecendo uma hiperconsciência primeva, instintiva, que surge quando alguém está à beira da morte. Pois quando eu assisti ao sol afundar atrás da copa das árvores, senti minha energia vital sendo drenada e percebi que eu estava numa daquelas situações trágicas clássicas da vida selvagem californiana sobre as quais se lê nos jornais. Um idiota se vê preso na floresta à noite e cai num cânion, quebrando o pescoço ou perambulando por dias até morrer de fome. Acontece o tempo todo. Seria minha vez?

Com minha percepção elevada, sabia quase em calorias quanta energia ainda restava no meu corpo. Havia trazido pouca comida comigo, apenas um punhado de frutas secas, nozes e castanhas para trilhas, que já tinha consumido tempos atrás, observando como as nozes e uvas-passas me enchiam de energia instantaneamente para desaparecer poucos minutos depois, quando as queimava atravessando a argila traiçoeira. Como era tênue a margem que preserva a vida. Sabia que cada passo a partir dali baixava as reservas principais. Eu quase conseguia ver a areia na ampulheta da minha vida caindo até o inevitável esgotamento.

A pergunta era: voltar ou seguir em frente? O caminho adiante era incerto. Eu não conseguia ver a trilha continuando do outro lado do deslizamento e sabia que seria uma tarefa difícil cruzar a face irregular da encosta, que era a única maneira de continuar. Exigiria o tanto de energia que eu já havia gastado, talvez mais, e não havia garantia de que eu conseguiria encontrar a trilha novamente em meio às árvores do outro lado. Eu poderia simplesmente me arriscar mais fundo na natureza com a noite se aproximando.

Pensei em voltar e refazer a trilha interrompida que eu havia acabado de cruzar com tanta dificuldade, mas sabia com uma terrível certeza que, se eu tentasse fazê-lo, morreria. Minhas mãos eram pura cãibra, como garras, e ficaram praticamente inúteis. Meus braços e pernas tremiam e eu estava certo de que cairia se tentasse voltar pelas três ou quatro daquelas encostas rochosas verticais enlameadas, especialmente no escuro.

Então, reuni minhas forças e continuei pelo campo de rochedos, rastejando como uma formiga, um ponto insignificante no flanco da montanha.

A JORNADA DO ESCRITOR

Em primeiro lugar, fiquei impressionado pelas forças imensas que levantaram aquelas rochas a milhares de pés na direção do céu e naquele momento derrubavam as encostas da montanha. Finalmente eu cheguei às árvores, ao vento e ao frio, sentindo o fim da minha força. Contudo, havia um problema diferente: onde estaria a trilha? Não havia sinal dela. Caminhos vagos pareciam me levar para mais fundo na escuridão, para dentro das sarças, nos bosques frios e impenetráveis como aqueles que cercavam castelos amaldiçoados nos contos de fadas. Subi e desci a encosta aos tropeços, meu rosto e mãos arranhados pelos galhos, na esperança de cruzar o verdadeiro caminho, mas ficando cada vez mais perdido, desesperado e nervoso ao passo que a noite se aproximava. Tinha de sair dali. Sabia que era uma ideia muito ruim tentar passar a noite na floresta sem preparos. Pessoas morriam pela exposição ali o tempo todo. Percebi pela primeira vez que o ar da montanha fluía em momentos diferentes do dia como uma massa de água. O ar frio parecia correr encosta abaixo ao meu redor, inundando o cânion sem fundo e congelando meu sangue, drenando ainda mais minhas energias.

Eu temia a palavra "perdido" e tentava negá-la para mim mesmo, mas eu precisava admiti-la. Uma horda inteira de sensações e pensamentos incomuns me assolaram quando observei as sombras das árvores escuras descendo os cânions. Meu coração palpitava, minhas mãos tremiam. A floresta parecia falar comigo, implorar, me chamar. "Venha", ela dizia com sua voz de bruxa com um milhão de folhas farfalhando. "Aqui você encontrará um fim tranquilo para sua dor. Junte-se a nós! Pule! Corra e se lance do penhasco para dentro deste cânion. Tudo estará terminado em um instante. Cuidaremos de tudo." E, por mais estranho que parecesse, em parte de mim esse pedido soava atraente e razoável, a parte que estava aterrorizada, a parte que apenas queria terminar com aquele momento horrível.

Porém, outra parte do meu cérebro recuou e reconheceu que eu estava vivenciando o estado psicológico humano comum conhecido como pânico. Os gregos, com seu talento para nomear as coisas, chamaram-no de pânico pois acreditavam que se tratava de uma visita do deus natural Pã, com seus pés de bode e flauta, que pode inspirar os mortais, mas também tem o poder de aterrorizá-los, solapar seus sentidos com forças terríveis a seu comando, incentivando que façam coisas idiotas e morram.

CONFIANÇA NO CAMINHO

Também senti a presença das bruxas dos antigos contos populares europeus e russos, figuras apavorantes que representam a natureza dupla da floresta primitiva. Os heróis desses contos aprendem que as bruxas, como a floresta, podem alquebrá-los, destruí-los e consumi-los rapidamente, mas que, se aprendem como acalmá-las e honrá-las, também podem ser protegidos e apoiados como por uma avó gentil, que os esconde dos inimigos e lhes fornece comida e abrigo. Naquele momento, a floresta estava virando seu rosto de bruxa mais maldoso e sedutor para mim. Havia algo vivo, maléfico e faminto lá adiante, como a bruxa de "João e Maria", mas estendido por toda a floresta. Eu estava realmente encrencado.

Parei e tomei fôlego. Aquele ato simples trouxe uma onda repentina de clareza e bom senso ao meu cérebro em pânico, que estava me fazendo correr para lá e para cá como um animal assustado. Percebi que eu não estava respirando direito, que meu arfar havia privado meu cérebro de oxigênio. Além de minha exaustão e frio repentino, eu estava em um estado brando de choque, o sangue fugindo da cabeça e das extremidades para preservar um núcleo de força vital e calor. Dei alguns suspiros profundos e consegui sentir o sangue retornar ao crânio.

Em vez de ficar agitado e sem rumo, examinei meu entorno e entrei em contato com algo ancestral e instintivo em mim, um sentido interno confiável sobre o que fazer em situações perigosas.

Então, uma voz veio à minha mente, clara como a luz do sol. "Confie no caminho", ela disse. Eu realmente ouvi, como uma frase falada que parecia estar vindo de um ponto profundo em mim. Mas sorri, zombando da ideia. Esse é o problema, eu disse a mim mesmo. Não há caminho. Confiei na trilha do Serviço Florestal e olha aonde ela me trouxe. Estava procurando o caminho havia meia hora e ele não estava lá. E, num sentido mais amplo, no grande quadro da minha vida, por um período de anos, eu havia perdido a visão do verdadeiro caminho.

"Confie no caminho", a voz disse novamente, paciente e fiel. Naquela voz havia a certeza de que devia existir um caminho e que seria possível confiar nele.

Olhei para baixo e vi um pequeno caminho no mato – uma fila de formigas. Lá, invisíveis diante do meu pânico, as formigas faziam seu pequenino trajeto numa coluna infinita. Segui com os olhos a trilha de formigas, o único caminho que conseguia ver.

465

A JORNADA DO ESCRITOR

Ele me levou a um caminho levemente mais profundo no matagal, uma trilha pequena usada por ratos campeiros e outras criaturas pequenas, quase um túnel através das sarças. E logo aquele me guiou a um caminho mais largo, uma trilha ziguezagueante de veados que subia pela encosta em degraus tranquilos. Comecei a colocar um pé diante do outro, seguindo aquela trilha. Ela me tirou da confusão, como o fio de Ariadne levando Teseu para fora do labirinto. Em poucos passos eu cheguei a uma clareira, uma campina de montanha onde o sol ainda brilhava. Além da campina, encontrei uma trilha bem mantida e percebi que estava de volta ao caminho oficial do Serviço Florestal, a estrada correta, o caminho de volta.

Enquanto andava, mais calmo, o caminho para fora da minha confusão pessoal ficou mais claro. "Confie no caminho", minha voz dissera, e eu entendi que aquilo significava "Continue até o próximo estágio da vida. Não tente voltar, não se permita ficar paralisado ou entrar em pânico, apenas continue. Confie que seus instintos são bons e naturais e que levarão você a um lugar mais feliz, mais seguro". Então, a trilha de caminhada fundiu-se a um aceiro largo como dois caminhões de bombeiros, e em meia hora eu estava de volta à estrada, onde meu abençoado Volkswagen estava estacionado. O sol ainda brilhava no horizonte, embora eu soubesse que lá atrás, naqueles cânions, a noite já era profunda, e eu poderia ter morrido lá.

Quando olhei para trás, para as montanhas e florestas que haviam me prendido em suas mandíbulas, percebi que havia recebido um presente com aquela frase "Confie no caminho", e agora eu a repasso para você. Isso significa que, quando se perder e estiver em confusão, pode confiar na jornada que escolheu – ou que escolheu você. Significa que outros já fizeram a jornada antes de você, a jornada do escritor, a jornada do contador de histórias. Você não é o(a) primeiro(a), nem será o(a) último(a). Sua experiência com ela é única, seu ponto de vista tem valor, mas você também é parte de algo, de uma longa tradição que remonta aos primórdios de nossa raça. A jornada tem sua sabedoria, a história conhece o caminho. Confie na jornada. Confie na história. Confie no caminho.

Como Dante diz, no início do *Inferno*, "No meio da jornada da vida me vi em uma floresta sombria, pois o caminho certo estava perdido". Acredito que todos fazemos isso; das maneiras mais variadas, nos vemos em meio à jornada de nossa vida de escrita. Olhamos para o nosso Eu na floresta sombria. Desejo sorte na sua aventura e espero que você se encontre em sua jornada. *Bon voyage*.

AGRADECIMENTOS

Este livro não existiria sem o apoio e incentivo de muitos amigos e aliados. Minha esposa Alice sempre vem ao meu resgate com suas habilidades de edição e seu talento para manter meus pés no chão. Minha dívida com Joseph Campbell jamais poderá ser paga, pois ele iluminou meu caminho através do bosque escuro e deu sua bênção aos meus esforços. Nunca esquecerei que foi meu amigo Ron Deutsch quem começou a aventura toda ao propor casualmente minha ideia de livro a Michael Wiese, que por acaso estava se exercitando na bicicleta ao seu lado. Meu amigo e colega profissional David McKenna ainda é a primeira pessoa que consulto ao ter uma ideia e me deu uma ajuda tremenda com o projeto do mapa de doze estágios da Jornada do Herói, definindo os oito arquétipos primários e encontrando exemplos de filmes clássicos para ilustrar esses conceitos. À falecida Michele Montez e seu companheiro Fritz Springmeyer, que criaram as ilustrações que adornam o presente volume, sempre serei grato por seu talento e trabalho inspirado. Agradeço aos muitos professores que gentilmente me incentivaram e aos alunos que me ajudaram a refinar e esclarecer minhas ideias sobre contação de histórias. Um agradecimento especial a Ken Lee, da Michael Wiese Productions, que pacientemente suportou meus métodos erráticos por décadas enquanto fazia um *brainstorming* constante sobre como promover a influência do meu trabalho e a marca da MWP. Por fim, mas não menos importante, eu celebro a amizade e orientação sábia de Michael Wiese, que tem sido um apoiador leal desde o começo e cuja influência positiva no mercado editorial, no cinema independente e no desenvolvimento espiritual deste planeta ressoará por anos a fio.

FILMOGRAFIA

007 contra Goldfinger
2001: uma odisseia no espaço
48 horas
À beira do abismo
À caça do monstro
À procura de Mr. Goodbar
Aconteceu naquela noite
Adeus, Mr. Chips
Adivinhe quem vem para jantar
Agente 86 (série)
Agente da U.N.C.L.E., O (série)
Aladdin
Alien 3
Amigos, sempre amigos
Amor sem escalas
Arthur, o milionário sedutor
Até o último homem
Atração fatal
Avatar
Aventura na África, Uma
Aventuras de Pi, As
Babá quase perfeita, Uma
Barbarossa

Bela adormecida, A
Bela e a Fera, A
Ben-Hur
Birdman ou (A inesperada virtude da ignorância)
Bons companheiros, Os
Branca de Neve e os sete anões
Brutos também amam, Os
Bruxa de Blair, A
Butch Cassidy
Caçada ao Outubro Vermelho
Caçador de assassinos, O
Caça-fantasmas, Os
Cada um vive como quer
Campeão da temporada, O
Campo dos sonhos
Canhoneiro do Yang-Tsé, O
Carga da brigada ligeira, A
Casamento de alto risco, Um
Cassino
Cavaleiros da Távola Redonda, Os
Charada
Chinatown

A JORNADA DO ESCRITOR

Christine, o carro assassino
Cidadão Kane
Cilada para Roger Rabbit, Uma
Cinderela
Cisne negro
Clube da luta
Clube dos cinco
Como treinar o seu dragão
Conde de Monte Cristo, O
Conduzindo Miss Daisy
Confidências à meia-noite
Contato
Contatos imediatos do terceiro grau
Conto de Natal, Um
Coração valente
Corpo que cai, Um
Corpos ardentes
Corra!
Cortina rasgada
Costela de Adão, A
Crepúsculo
Cujo
Curandeiro da selva, O
Dama de Xangai, A
Dança com lobos
De volta para o futuro
Destino de Poseidon, O
Dez mandamentos, Os
Discurso do rei, O
Django livre
Doze anos de escravidão
Doze condenados, Os

Duna
E o vento levou
E. T.
El Cid
Encontros e desencontros
Enlightened (série)
Equipe muito especial, Uma
Escalado para morrer
Escolha de Sofia, A
Exterminador do futuro
Exterminador do futuro 2: o julgamento
final
Falcão maltês, O
Família Buscapé, A (série)
Fantasma de Frankenstein, O
Fargo
Felicidade não se compra, A
Força diabólica
Força do destino, A
Ford vs Ferrari
Forma da água, A
Frozen
Fugindo do inferno
Fugitivo, O
Furacão
Fúria de Titãs
Galaxy Far, Far Away, A
Game of Thrones (série)
Gavião do mar, O
Gavião e a flecha, O
Gente como a gente
Ghost: do outro lado da vida

FILMOGRAFIA

Grande roubo do trem, O
Grinch, O
Guerra do fogo, A
Gunga Din
Hellboy
História de Buddy Holly, A
História de um casamento
Hobbit, O
Homens brancos não sabem enterrar
Hora do rush, A (série de filmes)
Howdy Doody (série)
Ilha de cachorros
Iluminado, O
Imperdoáveis, Os
Incríveis, Os
Indiana Jones e a Última Cruzada
Indiana Jones e o Templo da Perdição
Indiana Jones e os Caçadores da Arca Perdida
Inferno na torre
Inimigo público, O
Instinto selvagem
Interestelar
Intrépido general Custer, O
Intriga internacional
Ivanhoé: o vingador do rei
Jogada de verão
Jogos vorazes
John Wick
Jovens pistoleiros, Os
Júlio César
Juno

Jurassic Park
Juventude transviada
Karatê Kid
King Kong
La La Land: cantando estações
Labirinto do fauno, O
Laços de ternura
Lado bom da vida, O
Ladrão de casaca
Lawrence da Arábia
Lincoln
Linda mulher, Uma
Lorde Jim
Loucuras de verão
Love Story: uma história de amor
Lua de mel a três
Lutador, O
Mad Max: a caçada continua
Mad Max: além da Cúpula do Trovão
Máfia no divã
Mágico de Oz, O
Mamãezinha querida
Mandalorian, The (série)
Máquina mortífera (série de filmes)
Matar ou morrer
Matrix
Médico e o monstro, O
Melhor é impossível
Mentiroso, O
Mestre dos mares: o lado mais distante do mundo
Meu nome é Dolemite

Meu ódio será sua herança

Milagre de Anne Sullivan, O

Millennium: os homens que não amavam as mulheres

Minas do rei Salomão, As

Minha bela dama

Miseráveis, Os

Mistério da viúva negra, O

Moby Dick

Mogli

Monstro da lagoa negra, O

Morte lhe cai bem, A

Moscou contra 007

Mudança de hábito

Mulher faz o homem, A

Mulher solteira procura

Na corte do rei Arthur

Nas montanhas dos gorilas

Nasce uma estrela

Negócio arriscado

No tempo das diligências

Noé

Noivo neurótico, noiva nervosa

Norma Rae

Num lago dourado

Olha quem está falando

Oliver Twist

Paciente inglês, O

Pacto sinistro

Pai da noiva, O

Paixão de Cristo, A

Paixão dos fortes

Pantera negra

Papillon

Pássaros, Os

Pequena sereia, A

Perdido em Marte

Perdidos na noite

Pescador de ilusões, O

Peter Pan

Pinóquio

Platoon

Poderoso chefão, O

Podres de ricos

Preço do desafio, O

Primavera de uma solteirona, A

Primeira noite de um homem, A

Professor aloprado, O

Prometheus

Pulp Fiction

Quatro estações do ano, As

Questão de honra

Rambo: programado para matar

Reencontro, O

Rei leão, O

Revanche do monstro, A

Rio vermelho

Robin Hood: o príncipe dos ladrões

Rocketman

Rocky, um lutador

Sangue de herói

Scaramouche

Scarface

Segredo do abismo, O

FILMOGRAFIA

Selvagem, O

Sem destino

Sem lei e sem alma

Sem saída

Senhor dos anéis: as duas torres, O

Shakespeare apaixonado

Shrek

Silêncio dos inocentes, O

Síndrome da China

Sniper americano

Sombra de uma dúvida, A

Sopranos, Os (série)

Spotlight: segredos revelados

Star Trek (série)

Star Wars (série de filmes)

Sully: o herói do rio Hudson

Superman

Taxi (série)

Terceiro homem, O

Tesouro de Sierra Madre, O

Testemunha, A

The Post: a guerra secreta

Thelma e Louise

Tira da pesada, Um

Titanic

Todos os homens do presidente

Tomates verdes fritos

Tootsie

Topper e o casal de outro mundo

Traídos pelo desejo

Três anúncios para um crime

Três mosqueteiros, Os

Trocando as bolas

Tubarão

Tudo por uma esmeralda

Última ceia

Última tentação de Cristo, A

Último Boy Scout: o jogo da vingança, O

Último dos moicanos, O

Vestígios do dia

Vidas amargas

Vingadores, Os

Volta, meu amor

Voltar a morrer

Wall Street: poder e cobiça

Waltons, Os (série)

West Wing, The (série)

Whiplash: em busca da perfeição

Willow: na terra da magia

Zoolander

BIBLIOGRAFIA

BENET'S Reader's Encyclopedia. Nova York: Harper & Row, 1987.

BOLEN, Jean Shinoda. *As deusas e a mulher: nova psicologia das mulheres*. Trad. Lydia Remedio. São Paulo: Paulinas, 1993.

_____ *Os deuses e o homem: nova psicologia de vida e dos amores masculinos*. Trad. Maria Silvia Mourão Neto. São Paulo: Paulus, 2002.

BULFINCH, Thomas. *Myths of Greece and Rome*. Londres: Penguin Books, 1981.

CAMPBELL, Joseph. *O poder do mito*. Trad. Carlos Felipe Moisés. São Paulo: Palas Athena, 1996.

_____ *O herói de mil faces*. Trad. Adail U. Sobral. São Paulo: Cultrix, 1999.

DAVIDSON, H.R. Ellis. *Deuses e mitos do norte da Europa*. Trad. Marcos Malvezzi Leal. São Paulo: Madras, 2004.

GRAVES, Robert. *Mitos gregos*. Trad. Julia Vidil. São Paulo: Madras, 2004.

HALLIWELL, Leslie. *Filmgoer's Companion*. 8. ed. Nova York: Charles Scribner's Sons, 1983.

HOMERO. *The Odyssey*. Trad. p. ingl. E. V. Rieu. Londres: Penguin Books, 1960.

JOHNSON, Robert A. *He: a chave do entendimento da psicologia masculina*. Trad. Maria Helena de Oliveira Tricca. São Paulo: Mercuryo, 1995.

_____ *She: a chave do entendimento da psicologia feminina*. Trad. Maria Helena de Oliveira Tricca. São Paulo: Mercuryo, 1996.

A JORNADA DO ESCRITOR

_____ *She: a chave do entendimento do amor romântico*. Trad. Maria Helena de Oliveira Tricca. São Paulo: Mercuryo, 1997.

KNIGHT, Arthur. *Uma história panorâmica do cinema: a mais viva das artes*. Trad. Ruy Jungmann. Rio de Janeiro: Lidador, 1970.

LATTIMORE, Richmond. *The Iliad of Homer*. Chicago: University of Chicago Press, 1967.

LEEMING, David. *Mythology*. Newsweek Books, 1976

LEVINSON, Daniel J. *The Seasons of a Man's Life*. Nova York: Ballantine Books, 1978.

LUTHI, Max. *The Fairytale as Art Form and Portrait of Man*. Indiana University Press, 1987.

MAST, Gerald. *A Short History of the Movies*. Indianápolis: Bobbs-Merrill, 1979.

MURDOCK, Maureen. *The Heroine's Journey: Woman's Quest for Wholeness*. Boston: Shambala, 1990.

PEARSON, Carol S. *O despertar do herói interior*. São Paulo: Pensamento, 1993.

PROPP, Vladimir. *Morfologia do conto maravilhoso*. Trad. Jasna Paravich Sarhan. Rio de Janeiro: Forense-Universitária, 2006.

WALKER, Barbara G. *The Woman's Dictionary of Symbols and Sacred Objects*. San Francisco: Harper, 1988.

WHEELWRIGHT, Philip. *Aristotle*. Ohio: The Odyssey Press, 1955.

ÍNDICE

#

007 contra Goldfinger, 203, 251

2001: uma odisseia no espaço, 455

20th Century Fox, 210, 287, 288, 311, 402

48 horas, 33, 275, 313

A

À beira do abismo, 59, 92

À caça do monstro, 340, 354

À procura de Mr. Goodbar, 60, 92

Ação, 55

Aconteceu naquela noite, 254, 313

Acteon, 161

Adeus, Mr. Chips, 164

Adivinhe quem vem para jantar, 180

Admiradores, perseguição por, 244

"After Midnight", 419

Agente 86 (série), 72

Agente da U.N.C.L.E., O, 72

Agon, 412–417

Agonia e êxtase, 413

Aladdin, 386

Alertas, 71, 78, 133, 146, 152, 193, 231, 275, 283, 360, 387, 388

Aliados. Ver também Provas, Aliados e Inimigos (estágio 6).

Arauto, 143

Bares, 183, 184

Camaleão, 89

Faroestes, 105–107

Forma da água, A, 342, 346

Função psicológica, 108

Guardião do Limiar, 154

Heróis, 78

Mundo Especial, 104, 105

Não humano, 106, 107

Pulp Fiction, 329, 332, 335, 336

Rei leão, O, 316

Resgate pelo, 252, 342

Titanic, 293

Visão geral, 49, 50, 103–108

Alien 3, 262

Alívio cômico, 47, 103, 105, 108, 112, 181, 198, 316, 318, 319

Allen, Irwin, 435

Allen, Sheila Rosalind, 107

Allen, Woody, 106, 182, 393

Allers, Roger, 314

Allison, Scott T., 12

Amigos, sempre amigos, 127, 263

Amor sem escalas, 374, 375

Análises estendidas de filmes

    Forma da água, A, 339–357

    Mágico de Oz, O, 155, 166, 175, 185, 191–199, 222, 234, 235, 245, 264, 265, 279, 280

    Pulp Fiction, 322–339

    Rei leão, O, 312–322

Andrews, Roy Chapman, 291

Andrômeda, 135, 230

Animus ou *anima*, 90, 91, 192, 195, 217

    Negativo, 218

Ano-Novo, 422, 429

Antagonista

    Agon e, 412

    Como inimigo, 182, 212

    Criação do, 393

    Destino do, 400

    Heroísmo, 57

    Polarização, 410

    Sombra, 28, 97

Anti-heróis, 58–60, 71

Apolo, 243, 426

Apostas, 56, 135, 149, 185, 196, 251–253, 310, 329, 335

Mais altas, 251

Apoteose, 30, 221, 232, 335

Apresentação, 104, 105, 128, 129, 131

Apresentando Heróis, 127, 131

Aproximação da Caverna Secreta (estágio 7)

    Alertas, 193

    Apostas mais altas, 196

    Arco de personagem, 257

    Complicações, 196

    Defesas, 197

    Forma da água, A, 344, 345

    Funções, 189

    Guardião do Limiar, 194, 195

    Ilusões, 191

    Invasão e, 199

    Jornada do Herói, 32

    Limiares, 193, 194

    Mágico de Oz, O, 191–199

    Mundo Especial, 192, 193

    Namoro e, 190

    Obstáculos e, 191

    Oponentes e, 198, 199

    Ousadia e, 190, 191

    Perguntas sobre a Jornada, 199

    Preparação, 191, 193

    Pulp Fiction, 330, 332–334

    Reorganização, 197

    Testes, 191, 194, 195

    Titanic, 296

    Visão geral, 30, 38, 189, 191–200

    Xamãs, 195

Aquiles, 161

Arabesque, 85, 93, 163, 228, 231

ÍNDICE

Arauto
    Chamado à Aventura (estágio 2), 84, 143
    Como inimigo, 182
    Função dramática, 84, 85
    Função psicológica, 84
    Pulp Fiction, 327, 328, 331
    Sombra, 99
    Tipos, 85, 86
    Visão geral, 49, 50, 83–86
Arco de personagem, 58, 62, 257, 258, 402, 403
Aristóteles, 133, 310, 399, 400, 419, 425, 426, 436
Aronofsky, Darren, 27, 447
Arquétipos. Ver também arquétipos específicos.
    Arauto, 143
    Camaleão como, 41
    Como inimigos, 182
    Corpo, 433
    Donzela em perigo, 305, 306
    Elementos essenciais dos personagens, 117–119
    Eterno Triângulo, 324, 325
    Guardião do Limiar, 153, 154
    Herói, 49, 50
    Manifestações, 212
    Sinergia, 312
    Tipos, 49–51
    Titanic, 289–298
    Visão geral, 47–51
    Vítima, 293, 352
Arthur, o milionário sedutor, 108

Artista como herói, 151, 152
Astaire, Fred, 54, 340
Até o último homem, 449
Atena, 65, 67, 84, 94, 107, 162, 214
Atenas, 426, 427
Aterrissagem dura, 174, 175
Atmosfera, 124
Ator, 60, 73, 105, 130, 181, 388
Atração fatal, 89, 218, 401
Aubrey-Maturin (série de livros), 105
Autopercepção, 232, 271
Autossacrifício, 262
Avatar, 374
Aventura. Ver Chamado à aventura (estágio 2).
Aventura na África, Uma, 394
Aventuras de Pi, As, 235
Avião, Metáfora do voo do, 176
Aykroyd, Dan, 53, 225

B

Babá quase perfeita, Uma, 401
Ballard, Robert, 291
Barbarossa, 165, 250
Bares, *saloons*, cantinas, fontes d'água, 37, 38, 181–185, 330, 338
Batman, 72, 108
Beisebol como metáfora, 285
Bela adormecida, A, 100, 305, 341, 377, 386
Bela e a Fera, A, 20, 99, 125, 135, 154, 228, 313, 321
Bell, James Scott, 227
Belloc, Hilaire, 103

Ben-Hur, 455
Bennett, Nigel, 344
Bergman, Ingrid, 85, 144, 261
Bíblia, 92, 150, 327, 335, 337, 353, 375, 449
Big Sur, 461
Birdman ou (A inesperada virtude da ignorância), 280
Bode, 54, 425
Bogart, Humphrey, 59, 60, 107, 270
Bond, James, 70, 72, 108, 203, 228, 251. Ver também James Bond (série de filmes).
Bons companheiros, Os, 71
Boorman, John, 21, 27
Bornelh, Giraut de, 449
Branca de Neve e os sete anões, 93, 100, 160, 305, 377
Brant, Sebastian, 301
Brennan, Walter, 69, 105, 181
Brutos também amam, Os, 61, 181, 244
Bruxa de Blair, A, 374
Budismo, 240
Bufão, 107
Buscador, 152, 215
Busey, Gary, 165, 250
Butch Cassidy, 253

C
Caan, James, 183
Caçada ao Outubro Vermelho, 72
Caçador de assassinos, O, 233
Caça-fantasmas, Os, 225
Cada um vive como quer, 78

Cage, Nicolas, 183
Cale, J. J., 419
Camaleão
  Arabesque, 228
  Forma da água, A, 343
  Função dramática, 91–93
  Função psicológica, 90
  Heróis, 41
  Inimigo, 223
  Jornada do Escritor, 365
  Máscara, 93, 94
  Mentor, 73
  Projeção, 90
  Pulp Fiction, 326, 330
  Rei leão, O, 316
  Sombra, 98
  Visão geral, 49, 50, 89, 90
Cameron, James, 287, 289, 312, 374
Caminho de volta (estágio 10)
  Arco de personagem, 257
  Cenas de perseguição, 243
  Chacras, 456
  Forma da água, A, 348, 349
  Fuga do vilão, 244
  Fuga mágica, 30, 243, 244
  Jornada do Herói, 32
  Mágico de Oz, O, 245
  Motivação, 240, 241
  Perguntas sobre a Jornada, 246
  Pulp Fiction, 331, 333
  Retaliação, 241, 242
  Reveses, 245
  Titanic, 297
  Variações de perseguição: caça por

ÍNDICE

admiradores, 244
Visão geral, 41
Campbell, Joseph
  Arquétipos, 48
  Chamado à Aventura (estágio 2), 141
  Citações, 20, 152, 179, 199, 220, 221, 229, 339, 358, 449, 456, 457
  Fugas mágicas, 243
  Influência, 16, 27–29
  Mentor, 73
  Pícaros, 113
  Poder do mito, O, 21, 80
  Ponto de vista, 310, 420, 433
  Provação (estágio 8), 203, 215
  Vida, 22
Campeão da temporada, O, 430
Campo dos sonhos, 83, 84
Canhoneiro do Yang-Tsé, O, 253
Carga da brigada ligeira, A, 253
Carter, Howard, 291
Cartões de fichamento, 286
Casablanca, 37, 59, 184, 270
Casamento, 216, 217, 228, 270, 271, 293, 294, 298, 305, 361
Casamento de alto risco, Um, 94
Cassino, 401
Castle, William, 435
Catalisador, 58, 61, 62, 91, 113, 141
  Personagens catalisadores, 405
Catarse, 255–257, 310, 399, 419–431
Catástrofes, 400, 401, 404
Cavaleiro Solitário, 61, 62, 105, 181, 244
Cavaleiros da Távola Redonda, Os, 104, 134, 253

Caverna, 31, 38, 44, 78, 207, 229, 250, 318, 333, 420, 421. Ver também Aproximação da Caverna Secreta (estágio 7).
Celebração, 225, 226, 271, 423, 428
Cenas
  Definição, 371, 372
  De "esclarecimento", 105, 185, 227
  De amor, 41, 216, 218, 227, 228, 231, 236
  De fogueira, 226–228, 235, 271
  De perseguição, 41, 243, 244, 297, 299, 333
Chacras, 441–459
  Básico (Muladhara), 445, 446
  Cardíaco (Anahata), 443, 444–450
  Coronário (Sahaswara), 453–455
  Criativo (Svadhisthana), 446, 447
  Do poder (Manipura), 447, 448
  Do terceiro olho (Ajna), 451–453
  Laríngeo (Vishuddha), 450, 451
Chamado à Aventura (estágio 2)
  Arco de personagem, 257
  Chacras, 455
  Chamados conflitantes, 151
  Forma da água, A, 342, 343, 345
  Função do Arauto, 84
  Intriga internacional, 172
  Jornada do Herói, 32–35
  Mágico de Oz, O, 166
  Perguntas sobre a Jornada, 147
  Pulp Fiction, 32, 326, 331–333
  Rituais, 427
  Tentação, 142, 143

Titanic, 293
Visão geral, 34, 35
Charada, 89
Chefão, 213, 242, 304, 324, 326, 327, 329
Chegando aos extremos, 406
Chinatown, 92
Christine, o carro assassino, 446
Ciclo do Anel, O, 302, 358
Cidadão Kane, 147, 457
Cilada para Roger Rabbit, Uma, 184
Cinderela, 65, 66, 377, 386, 400
Cineastas, 21, 27, 288, 310, 311, 363, 431. Ver também cineastas específicos.
Circular, Forma de história, 268, 269, 275
Cisne negro, 138
Clarividência, 231, 232
Clichês, 163
Clift, Montgomery, 219, 242, 409
Clímax, 42, 204, 205, 245, 280, 298, 321, 401, 421
  Características, 372
  Finais, 277, 278
  Jornada do Herói, 32, 33
  Mudança durante o, 263, 264
  Nos filmes de James Bond, 251
  Provação (estágio 8), 219
  Pulp Fiction, 333
  Rei leão, O, 316
  Ressurreição (estágio 11) e, 249, 254, 255
  Rio vermelho, 410

Silencioso, 254
Star Wars, 362
Sucessivos, 255
Clube da luta, 411
Clube dos cinco, 186
Colombo, Cristóvão, 301
Comédia, 94, 114, 210, 401, 404, 406
  Aliado, 105
  Camaleão, 94
  Catarse, 427, 428
  Comparsas, 105, 106, 111, 112
  Em dupla, 90, 94, 275, 402
  Grega, 426, 427
  Mentor, 72, 73
  Pícaro, 112
  Polarização, 406
  Fim das, 43
  Origem da palavra "comédia", 428
  Rei leão, O, 316
  Risadas, 257
  Romântica, 35, 39, 40, 72, 73, 372
  Sexo, 428
Como treinar o seu dragão, 200
Comparação
  De esquemas, 30, 31
  De terminologia, 30, 31
  Titanic, 306
Comparsas, 105, 106, 111, 112, 181, 182, 214, 305, 315
Computadores, 395
  Jogos de, 417, 431
Conde de Monte Cristo, O, 34
Conduzindo Miss Daisy, 394
Confiança no caminho, 461, 467

ÍNDICE

Confidências à meia-noite, 73

Conflito, 23, 55, 97, 128, 138, 146, 151, 160, 183, 213, 217, 226, 243, 254, 268, 279, 383, 388, 393, 413
  Arauto, 83, 84
  Entre juventude e velhice, 221
  Entre mentor e herói, 164
  Equipes e, 182
  Herói, 31, 40
  Opostos polarizados, 404
  Pícaro, 112
  Polarização, 394–396
  Sombra, 98

Confrontos, 183, 184, 212–214, 242, 251–253, 257, 265, 320, 338

Consciência, 66, 69, 103, 105, 163, 182, 334

Contato, 455

Contatos imediatos do terceiro grau, 18, 126, 142, 289

Conto de duas cidades, Um, 262

Conto de Natal, Um, 450

Contos de fadas, 22, 47, 48, 50, 67, 129, 135, 218, 220, 270, 315, 377, 379, 391, 464. Ver também Disney (empresa).
  Arquétipos, 47, 48, 382
  Camaleões, 90
  Características, 382
  Falsos pretendentes, 261, 337
  Finais, 270
  Fuga mágica nos, 243, 244
  Jornada do Herói, 365
  Mentores, 160, 161, 164

Presentes, 68

Prólogos, 125

Reconhecimento, 143

Rumpelstiltskin, 164, 377, 379–382, 389, 390

Russos, 73

Temas, 131, 132

Tramas, 58

Valor, 375

Contraste, 33, 61, 127, 128, 174, 179, 180, 186, 309, 336, 393, 396, 402, 414

Contrato com o público, 373–375

Coppola, Francis, 27

Coração, 438, 443, 448–450

Coração valente, 176, 310

Corazón, El, 146, 216

Cores × Preto e branco, 127, 128

Corpo, 80, 424–426, 433–439. Ver também Chacras.

Corpo que cai, Um, 91, 260, 435, 445

Corpos ardentes, 92, 212, 401

Corra!, 280

Cortina rasgada, 213

Costela de Adão, A, 374

Cousteau, Jacques, 291

Creelman, James, 141

Crepúsculo, 375

Crescimento, 31, 44, 50, 55, 62, 78, 90, 98, 99, 129, 141, 142, 145, 172, 257, 265, 321, 338, 395

Crise, 200, 225, 228, 241
  Amor, 217, 218
  Central, 205, 206, 210, 251, 318

Da fé ou do espírito, 71, 108, 175, 217, 334, 378

Do coração, 215, 216

Forma da água, A, 346

Jornada do Herói, 32

Postergada, 206, 245

Provação (estágio 8), 204, 205, 216, 217

Cristo, 150, 232, 434, 450

Crystal, Billy, 406

Cuidado por onde anda (no estágio da Ressurreição), 260, 261

Cujo, 446

Cultura ocidental, 61, 268, 287, 302, 324

Cura, 17, 34, 73, 135, 167, 221, 268, 273, 298, 366, 367, 378

Curandeiro da selva, O, 273

Curandeiro ou curandeira, 73, 160, 366

Cussler, Clive, 303

D

Dama de Xangai, A, 99

Dança com lobos, 152, 176, 181, 226, 286, 310

Danske, Holger, 421

Dante, 461, 466

De Niro, Robert, 406

De volta para o futuro, 20

Dean, James, 60, 323

Dehn, Paul, 203

Del Toro, Guillermo, 16, 339, 340, 349–357

Deméter, 426, 427

Demonização, 212, 213

Denning, Carl, 291

Denouement (Desfecho), 33, 268, 277, 308

Descartes, 452

Descida, 33

Desconforto, 144, 145

Desculpas, 150

Desejo, 139, 156, 194, 289, 293, 379, 390, 405, 412

De Morte, 98

Do público, 386–388

Histórias, 378

Mágico de Oz, O, 279

Poder do, 383, 384, 387, 388

Progressão do desejo para a disposição, 388–390

Querer × Precisar, 384–386

Desenhos animados, 100, 113, 257, 279

Desorientação, 126, 144, 145, 163, 271, 325

Despertar do herói interior, O, 62

Destino de Poseidon, O, 435

Deuses, 41, 65, 67, 68, 70, 84, 107, 112, 133, 160, 162, 230, 291, 293, 300, 301, 305, 333, 335, 409

Ações de, 412

Chacra coronário e, 454

Chamado de Deus, 150, 151

Diabo e, 212

Egípcios, 106, 434

Experiência divina, 233

Pã, 464

Presença de, 435

ÍNDICE

Pulp Fiction, 327
  Qualidades de, 337
  Rituais para, 422–426
  Separação de, 133
  Transformando-se em um, 221
  Trono de Deus, 221, 338
De Vil, Cruella, 100
Devine, Andy, 105
DeVito, Danny, 57
DeWilde, Brandon, 244
Dez mandamentos, Os, 455
Diamante, significado, 291, 292
Dickens, Charles, 262
Dillon, Matt, 60
Dinamarca, 314, 420
Dionísio, 296, 305, 426
Discurso do rei, O, 167, 451
Disfarce, ver através do, 231
Disney (empresa), 19, 22, 312–322.
  Ver também filmes específicos.
  Arquétipos, 48
  Desejo como tema, 386, 389
  Estilo de escrita, 129, 402
  Metáfora do voo de avião, 176
  Modelo da Jornada do Herói, 285
  Obras, 21, 22, 66, 125, 227
  Popularidade, 321
  Reconstrução, 377, 378
  Risadas, 257
  Sombra, 100
  Tragédias, 318
  Vilões, 100
Disney, Walt, 227, 375
Disney+, 13, 20, 322, 363

Distorções, 233
Django livre, 235
Donzela em perigo, arquétipo, 305, 306
Douglas, Michael, 92
Doutrina da Mudança, 404, 405. Ver também Polaridade.
Doyle, *Sir* Arthur Conan, 291
Doze anos de escravidão, 176
Doze condenados, Os, 182, 276
Drama
  Antiga regra do, 112
  Grego, 256, 400, 413, 434
  Importância do, 425, 426
  Origens do, 419, 420
  Segredo do, 435
  Tradições, 429
Drive-ins, 17
Droopy, 113
Dru, Joanne, 226, 410
Dualidade, 184, 393, 411
"Duas mãos" (tipo de história), 402
Duelos, 20, 184, 211, 244, 252, 253, 362
Duna, 123

E

E o vento levou, 265
E. T., 35, 39, 41, 43, 128, 204
Earp, Wyatt, 106
Eastwood, Clint, 61, 125, 164, 190, 204, 279
Édipo, 60, 78, 220, 271, 434
Efeitos especiais, 455

Efthimiou, Olivia, 12
Ego, 221
  Chamado e, 151
  Heróis e, 53, 54, 59, 233
  Morte do, 204, 221
  Personagens, 130
  Provação do, 204
  Transcendendo o, 204, 274
Egri, Lajos, 385
El Cid, 421
Eletricidade/Corrente elétrica, 393–397, 401, 438
Eleusínias, 427
Elixir, 277, 280, 335, 337. Ver também Retorno com o Elixir (estágio 12).
  Busca pelo, 40, 41
  Do amor, 273, 274
  Da responsabilidade, 274
  Da tragédia, 274, 275
  Jornada do Escritor, 365
  Mudança interna, 235
  Partilha do, 240
  Pulp Fiction, 337, 338
  Retorno e, 273
  Roubo do, 229, 230, 241
  Sabedoria como, 43, 251, 273
  Star Wars, 362
  Titanic, 298, 309, 310
Elsinore, 420
Emoções
  Catarse das, 425
  Demonstração das, 310
  Elasticidade das, 209, 210
  Horror, 446

Narrativas, 433, 434
Uso das, 310
Encontro com o Mentor (estágio 4), 30, 33, 43, 159–168, 286, 455. Ver também Mentor.
  Arco de personagem, 257
  Jornada do Herói, 32
  Perguntas sobre a Jornada, 167, 168
  Visão geral, 36
Encontros e desencontros, 383
Eneida, A, 239, 302
Enfoque, 165, 308, 388
  Retorno com o Elixir (estágio 12) e, 278
Enkidu, 103, 181, 402
Enlightened (série), 455
Ensaio sobre a crítica (Pope), 441
Ensinar, 66, 319, 384
  Ensinamentos da vida, 384
  Função do Mentor, 66, 73, 159, 160, 164, 165, 211, 292, 295, 296, 316, 319
Entrada (de cena), 125, 129, 130, 293
Entusiasmo, 65, 147, 162, 221, 232
Épico, 146, 185, 358, 363
Epifania, 232, 233
Epílogos, 276, 337
Equilíbrio, 143, 193, 213, 216, 217, 253, 272, 360, 400, 404, 407, 427, 428
Equipe muito especial, Uma, 71, 174, 276
Equipes, 104, 182, 185, 196, 198, 244, 276, 384, 413

ÍNDICE

Escalado para morrer, 164

Escolha, 253, 254, 359, 411, 414
  Ressurreição, 253, 254
  Romântica, 254

Escolha de Sofia, A, 254

Escolha romântica, 254

Escrita formulista, 20, 284, 304, 402

Escritores, 17, 71, 77, 151, 264, 277, 278, 284–386
  Arquétipos, 50, 51
  Heróis, 31
  Influências, 27
  Jornada dos, 365–367
  Mentor, 75, 167
  Mentores para, 167
  Orientação para, 17, 18, 31, 51, 62, 284
  Xamãs, comparados a, 366, 367

Esculápio, 161, 230

Espada, 40, 41, 229, 359, 421. Ver também Recompensa (Empunhando a Espada) (Estágio 9).
  Empunhando, 225, 228, 229, 231, 334
  Mágica, 40, 44, 67, 214, 229, 331
  Quebrada, 164, 229
  Símbolo da vontade, 229

Esportes, 71, 83, 126, 128, 174, 182, 276, 413, 425, 429, 430

Esquiva, 150

Estações do ano, 422–431

Estátua da Liberdade, 303

Estrangeiro, O, 92

Estremecimento, 437

Estrutura
  Aberta, 279
  Circular, 269
  Comédia, 257
  Crise central, 205, 206, 210
  Crise postergada, 206
  De personalidade, 155, 175, 221, 234
  Ditada pelas necessidades da história, 127, 284
  Emprestada, 313
  Jornada do Herói, 44, 285–287, 321, 322
  Mítica, 357, 358
  Modelo de projeto, Jornada do Herói como, 285
  Quatro movimentos, 430
  Titanic, 288, 290, 299, 302, 304, 309
  Três Atos, 171, 172, 207

Eu Superior, Arquétipo do, 49, 66

Eulenspiegel, Till, 107

Eventos cinematográficos de peso, 289–291

Exames, 42, 180, 265, 272

Excalibur (espada), 359

Excalibur (filme), 252, 274

Exposição, 136, 138

Exterminador (personagem), 101, 262

Exterminador do futuro, 101, 411

Exterminador do futuro 2: O julgamento final, 101, 246, 262

F

Falcão maltês, O, 92

Falhas trágicas, 70, 71, 133, 274, 387

Hamartia, 133
Húbris, 133
Falsos pretendentes, 261, 337
Falstaff, *Sir* John, 104, 181, 416
Falta (carência) do Herói, 131, 132, 145
Família Buscapé, A, 33
Fantasia, 28, 90, 126, 128, 139, 142, 153, 273, 295, 388–390, 415. Ver também Ilusões.
Fantasia (filme), 100
Fantasma de Frankenstein, O, 97
Fantasmas, 101, 106, 107, 219, 315, 320, 359, 404
Fargo, 405
Faroestes, 61. Ver também *Rio vermelho*.
  Aliados, 105–107
  Arquétipos, 51
  Comparsas, 181
  Confrontos, 252
  Heróis solitários, 61
  Heróis trágicos, 134, 135
  Limiares, 173
  Mentores, 165
  Mentores internos, 74
  Polarização, 411
  Ressurreição, 250
  Saloons, 183
  Tramas, 37
  Vilões, 244
Favreau, Jon, 27
Felicidade não se compra, A, 107, 429
Femme fatale, 92, 99
Feriados, 429, 430
Feridos, 161, 197, 220, 255, 268

Curandeiros (xamãs), 366
Definição, 133
Heróis, 133–135, 138, 253, 341, 360
Terra, 34, 40, 43, 267, 273
Vilão, 213
Xamãs, 366, 367
Ficção científica, 17, 22, 108, 306, 361, 384, 455
Filme de dupla, 94, 275, 402
Filme *noir*, 74, 92, 143, 304, 324, 343, 411
Filosofia chinesa, 404, 409
Finais, 61, 132, 268, 270, 278, 290, 381
  Abertos, 270, 271
  Abruptos, 278
  Ambíguos, 270, 271
  Com surpresa, 271
  Conto de fadas, 270
  Convencionais (círculo fechado), 269
  De comédias, 43
  Demais, 277
  Em cada forma de história, 268–271
  Estrutura, 278, 279
  Fechamento circular, 268
  Felizes, 270
  Histórias de final aberto, 268
  Pontuação de, 278, 279
  Pulp Fiction, 337–339
  Trágicos, 288
  Viradas, 276
Fio de Ariadne, 196, 215, 466
Flynn, Errol, 283
Fonda, Henry, 250
Força diabólica, 435

ÍNDICE

Força do destino, A, 34–39, 42, 93, 99
    Provação (estágio 8), 204
Ford vs Ferrari, 156
Ford, John, 132, 338, 362
Forma da água, A
    Análise estendida, 339–357
    Aproximação da Caverna Secreta (estágio 7), 344, 345
    Caminho de volta (estágio 10), 348, 349
    Chamado à Aventura (estágio 2), 342, 343
    Fase de provas, 186
    Herói, 350–352
    Jornada do Herói, 283, 339–341
    Mentor, 352, 353
    Mundo Comum, 341, 342
    Prólogo, 341
    Provação (estágio 8), 346, 347
    Ressurreição (estágio 11), 349
    Retorno com o Elixir (estágio 12), 349, 350
    Sombra, 353, 354
    Travessia do Primeiro Limiar (estágio 5), 343
Forma de história com final aberto, 268–271, 279
Fortalecimento, 423, 428
Fortes defesas, 197, 198
Foster, Jodie, 99
França, 83, 104, 184, 268, 303, 326, 437
Frazer, *Sir* James, 423
Freud, Sigmund, 53, 300, 428, 446
Frisson, 317, 437

Frodo, 412
Frozen, 138
Fuga de um vilão, 213, 214, 244
Fugindo do inferno, 182
Fugitivo, O, 33, 227
Função dramática dos arquétipos, 51
    Aliado, 103
    Arauto, 84
    Camaleão, 91
    Guardião do Limiar, 78
    Herói, 57–57
    Mentor, 66
    Pícaro, 112
    Sombra, 98
Função psicológica dos arquétipos, 20, 51
    Arauto, 84
    Camaleão, 90
    Guardião do Limiar, 78
    Herói, 53
    Mentores, 66
    Pícaro, 111
    Sombra, 98
Furacão, 85
Fúria de Titãs, 68, 135
Fusco, John, 179

G

Galaxy Far, Far Away, A, 362
Game of Thrones (série), 13, 15, 118
Gandhi, 57
Gângsteres, 71, 326, 328, 336, 371, 406
Gaster, Theodor, 423, 424
Gato de Botas, 160, 433

Gavião do mar, O, 252
Gavião e a flecha, O, 252
Gênio, 386
Gente como a gente, 58, 132, 160, 172, 269
Gere, Richard, 93, 99, 204
Ghost: do outro lado da vida, 129, 132, 204, 269
Gibson, Mel, 134
Gielgud, John, 108
Gilgamesh, 103, 181, 402
Gladiadores, 307, 434
Goethals, George G., 12
Goldberg, Whoopi, 93, 145
Gollum, 411
Gossett Jr., Louis, 99
Grand Guignol, 434
Grande roubo do trem, O, 435
Grant, Cary, 54, 84, 85, 144, 145, 190, 218, 255, 260, 261, 352
Grateful Dead, The, 107
Greene, Graham (ator), 181
Greene, Graham (escritor), 100, 249
Grego (idioma), 53, 65, 137, 162, 207, 216, 221, 254, 400, 464
Gregos, 92, 161, 221, 413, 425, 428, 435
  Arquétipo do Mentor, 161
  Drama, 256, 400, 413, 429, 434
  Estilo de escrita dos, 271
  Heróis, 67, 161
  Heroísmo, 67, 68
  Ortodoxos, 428
  Prólogos, 126
  Rituais dos, 425–427
  Sacrifícios, 262

Tragédias, 133
Grimm, irmãos, 218, 377, 379
Grinch, O, 450
Guardião do Limiar
  Aproximação da Caverna Secreta (estágio 7), 189, 191, 192, 194, 195
  Arauto, 86
  Camaleão, 93
  Chamado, 153, 154
  Confronto, 20, 198
  Forma da água, A, 346
  Função dramática, 78
  Função psicológica, 78
  Inimigo, 182
  Inversão, 71
  Jornada do Escritor, 365
  Mágico de Oz, O, 185, 222, 234
  Maneiras de lidar com, 78–80, 114, 173, 176
  Mentor, 154
  Propósito, 173
  Pulp Fiction, 329, 333
  Sinalizando novo poder, 79, 80
  Sombra, 98
  Titanic, 296, 298, 305
  Visão geral, 49, 50, 77–80
Guerra do fogo, A, 145, 260, 267
Guerra(s), 83, 85, 93, 112, 141, 182, 212, 217, 232, 233, 250, 288, 302, 306, 322, 411, 415
  Civil Americana, 146
  De Troia, 162
  Do Golfo, 303
  Filmes de, 51, 276

ÍNDICE

Segunda Guerra Mundial, 126, 227
Gunga Din, 57, 174, 190, 255

H
Hades, 34, 294, 427
Hal, príncipe, 104, 181, 416
Halteres, 412
Hamartia, 133
Hamlet, 313–315, 320, 420
Hanks, Tom, 71
Harvey, 106
Hathor, 434
Hawkins, Sally, 341, 355
Hayes, Gabby, 181
He: a chave do entendimento da psicologia masculina, 134
Heflin, Van, 181
Hellboy, 339
Helpful Ghost, The, 107
Helsingør, 420
Henrique IV, 416
Henrique V, 83, 126
Henry, O., 272
Hepburn, Katharine, 54
Herald-Examiner, 20
Hércules, 67, 72, 104, 161, 164, 230
Herói de mil faces, O, 18–21, 27–30, 123, 215, 217
Heroine's Journey: Women's Quest for Wholeness, The, 63
Herói, 33, 214, 292, 293, 334, 338. Ver também Jornada do Herói.
Ações do, 55, 56
Anti-heróis, 59, 60, 71

Apresentação, 127, 129, 131, 290
Arquétipo, 49, 50, 53–63
Ativos, 59, 252
Autossacrifício dos, 262
Catalisadores, 61, 62
Causador de uma morte, 212
Coelhos, 112, 113
Comportamento, 130
Consciência do, 69
Defeitos, 58, 133
Definição, 53
Distorções, 233
Epifanias, 232
Equipes, 104, 182, 196, 413
Estrada dos, 62, 63
Evoluindo para mentores, 165, 166
Faces dos, 63
Falta (carência) do, 131, 132, 145
Feridos, 133–135, 342
Função psicológica, 53, 54
Ganhando o título de, 41, 57
Gênero, 31
Gregos, 161
Mentor e, 36, 65–75, 159, 160, 164–167, 171
Merecendo o título de, 221, 228
Morte aparente do, 210, 211
Morte e renascimento, 40, 231, 253
Motivando, 35, 36, 69
Múltiplos, 182
Mundo Comum (estágio 1), 33, 34
Orientados ao grupo, 60, 61
Origem da palavra "herói", 53
Picaresco, 59, 112

Provação (estágio 8), 39, 41, 78, 79, 203–223, 242
Qualidades universais, 55
Recebendo novo *insight*, 231
Recompensa do, 40, 41
Relacionamento com o Mentor, 36, 159–168
Relutante, 35
Renascimento do, 233
Romance, 37
Sacrifício, 53, 243
Solitário, 61, 226
Sombra, 98
Testemunho da morte, 211
Tomando posse, 228
Trágico, 59, 60, 133–135, 146, 253, 274, 275, 333
Trágico, alertas de, 146, 150
Trágico, morte e renascimento de, 253
Transformação, 456
Variedades, 58, 59
Vilões e, 37, 38
Voluntários, 152, 153
Voluntários × a contragosto, 59
Hidra, 104
História de amor, 278, 304, 311, 402
História de Buddy Holly, A, 394
História de um casamento, 280
História pregressa, 126, 136, 139, 412
Histórias
   Circular × de final aberto, 268, 269
   Como acordos, 373–375
   Contínuas, 62, 72

Lineares × como teia e não lineares, 323, 335, 338
Mantendo em movimento, 69, 84, 141, 142, 162, 166
Origens, 420
Origens das, 419
Histórias de detetive, 34, 35, 61, 92, 126, 136, 150, 233, 304, 447, 453
Hitchcock, Alfred, 338
   Clímax escritos por, 260
   Estilo de escrita, 435, 445
   Obras de, 84, 144, 145, 172, 213, 218, 219
   Projeção e, 91
Hitler, Adolf, 100
Hobbit, O, 186
Holger, o Dinamarquês, 421
Holliday, Doc, 106
Holly, Buddy, 323, 330, 394
Hollywood, 11, 15, 18, 20, 21, 27, 105, 234, 270, 287, 311, 348, 354, 371, 386, 438, 442
Homem-Aranha, 448
Homens brancos não sabem enterrar, 275
Homero, 17, 65, 77, 159, 161
Hommes fatales, 92
Hopkins, Anthony, 99
Hora do rush, A (série de filmes), 402
Horror, 437, 446
Howdy Doody (série), 451
Húbris, 133
Huckleberry Finn, 313

ÍNDICE

I

I Ching, 22, 385, 404

Idade, 21, 41, 44, 145, 220, 221, 289, 308, 310, 421

Identificação
Criando uma, 131
Do público, 39, 54, 55, 218, 304, 307, 308, 361, 383
Histórias e, 385

Ilha de cachorros, 246

Ilíada, 302

Iluminado, O, 218

Ilusões, 53, 173, 175, 191, 232, 234, 421

Ilusões, Visão além das, 231

Imagem de abertura, 125

Ímãs, 396–398, 414

IMAX, 435

Imperdoáveis, Os, 125, 183, 190, 200, 204, 213, 279

Inconsciente coletivo, 28, 47, 323

Incorporação, 54, 80, 166, 263
De lições pelo Herói, 250, 263, 280, 410

Incríveis, Os, 235

Indiana Jones e a Última Cruzada, 168

Indiana Jones e o Templo da Perdição, 38, 168

Indiana Jones e os Caçadores da Arca Perdida, 168

Indígenas norte-americanos, 113

Inferno (Dante), 461, 466

Inferno na torre, 435

Informações plantadas, 70

Iniciação sexual, 70

Iniciações, 30, 33, 40, 70, 126, 230, 231, 296, 305

Inícios, 123, 269, 270, 401, 402, 409, 410

Inimigo público, O, 67, 71

Inimigos, 38, 79, 97, 98, 100, 143, 182– 185, 190, 198, 212, 253, 295, 329, 332, 336, 404, 415. Ver também Provas, Aliados e Inimigos.

Inovações, 322

Insanidade, 407

Instinto selvagem, 92, 271, 276

Interestelar, 455

Interlúdio, 84, 144, 261, 401

Intrépido general Custer, O, 253

Intriga internacional, 132, 172, 190, 218, 260, 401, 445

Invasão, 199

Inventores, 68, 215

Iolau, 104

Ironia, 294, 301

Irons, Jeremy, 314

Ivanhoé: o vingador do rei, 252

J

Jackrabbit Slim's, 330

James Bond, (série de filmes), 72, 251

Jejum, 425, 426

Jenkins, Richard, 341

Jerusalém, 429

João e Maria, 129, 465

Jogada de verão, 430

Jogos, 56, 128, 135, 184, 293, 306, 358

Jogos Olímpicos, 104, 412, 413

Jogos vorazes, 167

Johansson, Scarlett, 383

John Wick, 222

Johnson, Robert A, 134, 180

Joias, 291, 292, 308, 309

Jones, Doug, 342

Jones, Indiana, 38, 168, 219, 291

Jornada do Escritor (conceito), 17, 22, 30, 365, 367, 466

Jornada do Herói

Aplicação, 367

Arco de personagem, 257, 259

Chacras, 455–458

Ciclo completo, 280

Compêndio para a vida, 19, 29

Definição, 284

Esboço do enredo, 285–287

Estágios, 31–33, 43, 44

Estrutura, 284–287

Ferramenta para análise de filmes, 20, 283

Forma da água, A, 339–341, 350–352

Formato, 239

Gráfico, 240

Influência, 19, 21

Mágico de Oz, O, 137, 138

Metáfora da caça, 183–185

Polaridade, 393–395

Ramificações, 268

Rei leão, O, 321

Relação com a Jornada do Escritor, 365

Sinergia, 312

Titanic, 289

Trágico, 59, 60, 133, 146, 253, 274, 275

Uso, 373

Visão geral, 28–44

Jovens pistoleiros, Os, 179

Joyce, James, 233

Júlio César, 146

Jung, Carl G., 28, 47, 50, 90, 134, 142, 377, 383

Juno, 106

Jurassic Park, 186, 375

Justiça poética, 272, 315, 333, 387

Juventude transviada, 60

Juventude x velhice, 220, 221

K

Kahn, Gêngis, 361

Karatê Kid, 160, 277

Katharos, 425

Katzenberg, Jeffrey, 313

Keaton, Diane, 60, 182

Keitel, Harvey, 336

Kennedy, George, 164

Kenosis, 424

Khnemu, 106

King Kong, 132, 141, 228, 244, 265, 291

King, Martin Luther, 57

King, Stephen, 446

Kinsella, W. P., 83

Knight, Fuzzy, 181

Kubler-Ross, Elisabeth, 233

ÍNDICE

Kubrick, Stanley, 447

L
La La Land: cantando estações, 310
Labirinto do fauno, O, 339
Laços de ternura, 276
Ladd, Alan, 181
Lado bom da vida, O, 246
Ladrão de casaca, 260
Lamentação, 425
Landis, John, 53
Langley, Noel, 171
Lantz, Walter, 113
Lawrence da Arábia, 174, 233
Lei da Porta Secreta, 154
Lenda arturiana, 38, 134, 143, 287, 302, 359
Letras como símbolos mágicos, 366
Levy, Migs, 371
Lewis, Jerry, 323
Liceu, 399
Ligeirinho, 113
Limiar, 71, 156, 161, 171, 180, 181, 193, 211, 241, 261
 Aproximação, 171
 Aterrissagens duras, 174
 Primeiro, 167, 171, 175, 176, 184, 199, 241
 Segundo, 43
 Terceiro, 44
 Travessia, 174, 194, 241, 295, 325, 326, 329, 332, 333
Limpeza, 250, 336, 425
Lincoln, 265

Linda mulher, Uma, 58, 129, 156
Linha do desejo, 383
Linhas do tempo, 138
Little Golden Books (coleção infantil), 15
Livro da Selva, O, 318
Livro das Mudanças, O, 409
Lobisomens, Histórias de, 41, 98
Lorde Jim, 277
Loren, Sophia, 93, 228, 231
Loucuras de verão, 276
Love Story: uma história de amor, 257
Lua de mel a três, 183
Lucas, George, 20, 21, 27, 65, 210, 358, 360–363, 435
Lutador, O, 449
Lynch, David, 123

M
Macbeth, 59, 385
Macy, William H., 405
Mad Max: a caçada continua, 274
 Mad Max: além da Cúpula do Trovão, 274
Máfia no divã, 406
Mágico de Oz, O
 Análise estendida de, 47, 155, 166, 175, 185, 191–199, 222, 234, 235, 245, 264, 265, 279, 280
 Chacra raiz, 446
 Chamado à Aventura (estágio 2), 35
 Citação, 171, 189, 267
 Contraste, 127
 Desejos, 383

Fase de aproximação, 191–199

Guardião do Limiar, 79

Jornada do Herói, 137, 138

Mentor, 36, 165, 166

Mundo Especial, 183

Peixe fora d'água, 33, 34

Prenúncios, 128

Provação (estágio 8), 39

Recompensa, 40

Sombra, 146, 147

Trama, 37, 38

Magnetismo, 393, 395–397, 401, 414

Magno, Carlos, 104

Mago, 36, 37, 44, 74, 90, 160, 163

Mahabharata, 185

Maibaum, Richard, 203

Mais triste, porém mais sábio, 275

Malévola, 246

Malick, Terrence, 447

Mamãezinha querida, 59

Mandalorian, The, 363

Mansfield, Jayne, 323

Máquina mortífera (série de filmes), 133, 402

Martin, Dean, 323

"Mary Tyler Moore Show, The", 36

Máscara

Arquétipos e, 48, 197, 217, 218

Da Medusa, 218

De Arauto, 86, 143, 144

De Camaleão, 92–94, 99

De donzela em perigo, 306

De Guardião do Limiar, 153, 154

De Herói, 57, 197, 220, 306

De Mentor, 71, 73, 99, 154, 163, 167, 220, 295

De Pícaro, 114

De Sombra, 98, 99

De Tirano, 220

De Vítima, 197, 293

Pulp Fiction e, 330

Reconhecimento e, 400

Tecnológica, 360

Matar ou morrer, 85, 147, 193, 252

Matrix, 411

Matthew Garth, 219, 226, 242, 256, 409

Médico e o monstro, O, 100, 218, 411

Medo, 149, 219. Ver também Provação (estágio 8).

Melhor é impossível, 404

Memo from the Story Department: Secrets of Story and Character (Vogler, McKenna), 15

Menos é mais, Sistema, 277

Mentes (personagem), 162

Mentiroso, O, 405

Mentor. Ver também Encontro com o Mentor (estágio 4).

Aliado, 108

Arauto, 86, 143

Camaleão, 94

Clichês, 163

Colocação de, 74, 75

Cômico, 72, 73

Como Herói evoluído, 165, 166

Como inventor, 68, 215

Conflitos com o Herói, 164

ÍNDICE

Contínuo, 72

Desafio ao, 220

Desorientação por, 163

Ensinamentos, 66

Figura paterna, 262

Flexibilidade do arquétipo, 73, 74

Forma da água, A, 346, 352, 353

Fracassado, 71

Função dramática, 66–70

Função psicológica, 66

Guardião do Limiar, 154

Heróis, 65–75, 159, 160, 164–167, 171

Histórias impulsionadas pelo, 164, 165

Influência essencial sobre o Herói, 165

Interno, 74

Jornada do Escritor, 365

Mágico de Oz, O, 175

Múltiplos, 72

Odisseia, 65, 159, 162

Pícaro, 182

Presentes do, 67, 68, 159, 164, 196, 214, 195, 319, 331

Pulp Fiction, 325, 328, 329, 331, 334, 336

Quíron como protótipo, 161

Rei leão, O, 315, 316, 319, 320

Sombra, 99

Sombrio, 71

Star Wars, 359, 360, 362

Tipos de, 70–74

Titanic, 292, 295

Treinamento, 180

Usos para o escritor, 167

Visão geral, 49, 50, 65–75

Xamânico, 73

Mesopotâmia, 422

Mestre dos mares: o lado mais distante do mundo, 399

Metáfora, 124, 279, 308, 378

Arquétipos e, 50

Caça, 183–185

Catarse das emoções, 425

Crescimento, 142

Escolhendo uma, 285

Fase adulta, 315

Histórias, 367, 378

Hollywood, 234

Mágico de Oz, O, 137

Mentor, 167

Semestre escolar, 180, 190, 251

Sombra, 101

Star Wars, 358

Titanic, 308, 309

Títulos como, 124, 125

Voo de avião, 176

Metapadrão, 411

Meu nome é Dolemite, 200

Meu ódio será sua herança, 253

Mickey Mouse, 113

Milagre de Anne Sullivan, O, 451

Millennium: os homens que não amavam as mulheres, 265

Miller, George, 21, 27, 274

Minas do rei Salomão, As, 291

Minha bela dama, 451

Minkoff, Rob, 314
Miseráveis, Os, 186
Mistério da viúva negra, O, 92
Mistérios, chacra básico e, 447
Mitologia, 18, 19, 38, 47, 67, 68, 84, 92, 112, 125, 126, 159, 160, 161, 228, 243, 309, 339
   Celta, 16, 309
   Norueguesa, 16, 38
Moby Dick, 146
Modelo, 18, 285–287
Modelos da mente humana, 29
Modesty Blaise (O'Donnell), 333
Modi, Singh, 442
Momentos espelhados, 227
Monroe, Marilyn, 54, 323, 330
Monstro da lagoa negra, O, 340, 354
Morte
   Confronto com a, 38, 233, 319
   Do ego, 204, 221
   Enfrentando a, 38
   Enganando a, 210, 211, 214, 215, 232
   Lidando com a, 56, 57
   Testemunho, 211
   Titanic, 306, 307
   Um gosto da, 208–211, 222, 424
Morte e renascimento, 42, 56, 213, 216, 231, 249, 253, 264, 271, 336, 366. Ver também Ressurreição (estágio 11)
   Heróis e, 40
   Iniciações e, 230
   Jornada do Herói, 33
   King Kong, 228

Provação (estágio 8), 203–209, 251
Pulp Fiction, 335
Rei leão, O, 318
   Rituais de, 423–426
   Titanic, 296
Morte lhe cai bem, A, 151
Mortificação, 423–428
Moscou contra 007, 228
Motivação, 35, 59, 69, 75, 83–85, 135, 150, 153, 166, 172, 240, 241, 245, 330, 359
Moyers, Bill, 19
Mudança, 61, 84, 91, 232, 233, 241, 249, 253, 255–260, 263, 264, 269, 274, 397, 398, 404–407, 430
   Catalisador para, 61, 141
Mudança de hábito, 93, 145
Mudança interna, 269
Mulher faz o homem, A, 33, 164
Mulher solteira procura, 92
Mundo Comum (estágio 1), 30, 43
   Arco de personagem, 257
   Estabelecimento do, 127
   Forma da água, A, 341, 342
   Jornada do Herói, 32, 33
   Perguntas sobre a Jornada, 138, 139
   Pulp Fiction, 325, 326
   Titanic, 291–298
   Visão geral, 33, 34
Mundo Especial, 73, 179, 183, 186, 240, 245, 249, 253, 261, 286, 292, 295, 298, 314, 320, 326
   Aliado, 104, 105

ÍNDICE

Aproximação da Caverna Secreta (estágio 7), 192, 193
Caminho de Volta (estágio 10), 241
Guardião do Limiar, 77, 173
Heróis, 33, 36–38, 41, 43, 44, 61, 240
Heróis permanecendo no, 61, 239
Lições, 245
Mágico de Oz, O, 138
Mundo Comum, 125–128
Peixe fora d'água, 33
Prenúncios, 128, 138
Provas, Aliados e Inimigos (estágio 6), 180, 181
Pulp Fiction, 329, 330, 333
Rei leão, O, 314, 315, 319, 320
Retorno com o Elixir (estágio 12), 267
Retorno do, 260, 261
Saindo do, 243
Titanic, 296
Travessia do Primeiro Limiar (estágio 5), 171–176
Mundo Inferior, 34, 161, 173, 197, 239, 294, 305, 309, 427
Murdock, Maureen, 63
Murphy, Eddie, 62, 113, 154, 179, 275
Murray, Bill, 383
Música, poder da, 454

N

Na corte do rei Arthur, 33
Namoro, 190

Não apenas…, mas também (NAMT), 384
Narradores
Abordagem do final aberto, 268
Australianos, 268
Do futuro, 302, 431
Europeus, 268, 377, 465
Função, 386
Habilidades, 369
Orais, 279, 381
Russos, 73, 465
Narrativa não linear, 323, 335
Narrativa, Arte
Era da computação, 365, 395, 417, 431
Mudanças, 12–15
Poder curativo, 267, 268, 298, 367, 378
Princípios esquemáticos, 18, 304
Reações físicas, 436, 437, 438, 439
Vibrações, 442
Nas montanhas dos gorilas, 60
Nasce uma estrela, 167
Natal, 272, 429
Nau dos Insensatos, 301, 302
Nazistas, 85, 92, 144, 184, 254, 261
Negócio arriscado, 275
Nelson, Willie, 165, 250
Nêmese, 133, 296, 327
Neuroses, 78, 79, 98, 139, 194, 242, 251
New York Times, Mais vendidos do, 21
Nietzsche, Friedrich, 433
No tempo das diligências, 105, 252
Noé, 455

Noivo neurótico, noiva nervosa, 182
Nolan, Christopher, 447
Norma Rae, 398
Nova York, 128, 244, 264, 287, 313, 429
Num lago dourado, 220

O
O'Brian, Patrick, 105
O'Donnell, Peter, 333
O'Toole, Peter, 233
Obstáculos, 55, 71, 77, 78, 162, 173, 180, 191, 199, 200, 210, 384, 386, 388
Odisseia
  Arauto, 84
  Camaleão, 93, 94
  Celebrações, 226
  Citação, 17, 77, 159
  Mentor, 65, 162
  Uso, 313
Odisseu, 84, 152
Olha quem está falando, 276
Olímpia, 412
Olimpo, Monte, 422
Oliver Twist, 163
Opções, Herói sem, 145
Oponentes, 98, 212, 220, 254, 414
  Ataque frontal, 78, 79, 190, 191
  Desejo, 389
  Eliminando, 241, 242
  Enfrentamento dos, 220, 221
  Enganando, 113
  Entendendo, 198, 199, 233
  Guardião do Limiar, 78, 79

Mais temidos, 203, 212
Subestimando, 333
Opostos, 59, 216, 252, 293
  Atração de, 396
  Polarização, 415
  Relacionamentos, 404
  Titanic, 294
Orientação, 378, 383, 393, 414, 415, 429, 438
Origens do drama, 420–427
Osíris, 423, 434
Ovos, simbolismo, 339, 341, 349, 350

P
Pã, 464
Paciente inglês, O, 310
Pacino, Al, 60
Pacto sinistro, 142
Pai da noiva, O, 180
Pai e mãe, enfrentamento de, 219
Paixão de Cristo, A, 374, 455
Paixão dos fortes, 252
Paladinos, 104, 421
Pânico, 211, 306, 464
Pantera negra, 235
Papai Noel, 434
Papa-léguas, 113
Papillon, 399
Paramount Pictures, 287, 288, 311
Parceiros, 91, 94, 103, 132, 223, 231, 242, 401, 405. Ver também Aliado.
  Ideais, 91, 218
  Românticos, 58, 89
  Sexuais, 70

ÍNDICE

Parthenon, 427
Páscoa, 428
Pássaros, Os, 435
Patolino, 111, 113
Pearson, Carol S., 62
Peleu, 161
Pequena sereia, A, 20, 321
Percepção
  Distorcida, 233
  Efeitos da, 438, 439
  Nova, 16, 199, 231, 271
Portas da, 292, 323
Perdido em Marte, 138
Perdidos na noite, 131, 142
Perguntas sobre a Jornada
  Aproximação da Caverna Secreta (estágio 7), 199, 200
  Caminho de Volta (estágio 10), 246
  Chamado à Aventura (estágio 2), 147
  Encontro com o Mentor (estágio 4), 167, 168
  Mundo Comum (estágio 1), 138, 139
  Provação (estágio 8), 222, 223
  Provas, Aliados e Inimigos (estágio 6), 186
  Recompensa (Empunhando a Espada) (estágio 9), 235, 236
  Recusa do Chamado (estágio 3), 156
  Ressurreição (estágio 11), 265
  Retorno com o Elixir (estágio 12), 280, 281
  Travessia do Primeiro Limiar (estágio 5), 176

Peripatos, 399
Pernalonga, 113
Perrault, 377
Perséfone, vulgo Kore, 34, 294, 305, 426, 427
Perseu, 67, 135, 214
Personagens. Ver também Arquétipos.
  Elementos essenciais, 117, 118, 119
  Falhas de, 58, 133, 182, 253, 258, 274, 293, 329, 333, 335
  Realistas, 55
  Voluntários e a contragosto, 59, 69, 70, 93, 147, 152, 155, 156, 176, 260, 388
Personalidade
  Arquétipos, 50
  Completa, 57, 137, 217
  Facetas da personalidade do herói, 49
  Falha de, 129
  Incompleta, 132, 384
  Nova, 249
  Polarizada, 217, 402, 411, 414
Pescador de ilusões, O, 134
Peter Pan, 50, 100, 227, 304
Pica-pau, 113
Pícaro
  Arauto, 86
  Camaleão, 94
  Função dramática, 112
  Função psicológica, 111, 112
  Heróis, 59, 112, 230
  Inimigo, 182, 223
  Jornada do Escritor, 365
  Máscara, 197

Mentor, 73
Mudanças, 275
Rei leão, O, 316
Sombra, 99
Titanic, 294
Visão geral, 49, 50, 111–114
Picolino, 113
Pietà, 434
Pigmalião, 451
Pinóquio, 66, 69, 227
Piu-Piu, 113
Platoon, 411
Plerosis, 424, 428
Poder, sinais de um novo, 79
Poderoso chefão, O, 124
Podres de ricos, 147
Poética (Aristóteles), 399, 419, 425
Polaridade, 294, 358
    Arco de personagem, 402, 403
    Busca solução, 409, 410
    Conflito, 396
    Definição, 393
    Doutrina da Mudança, 404, 405
    Em relacionamentos, 396
    Exemplos, 293, 403, 408
    Extremos, 406, 407
    Fim do espectro, 405, 406
    Interna, 411, 412
    Orienta, 414, 415
    Regras, 396–398
    Reversão, 397, 398
    Star Wars, 359
    Suspense, 397
    Unificação, 415

Universos polarizados, 411
    Visão geral, 393, 394, 395
Polícia e ladrão, gênero, 411
Pope, Alexander, 441
Pós-modernismo, 322, 323
Posse, tomando, 228, 271
Preço do desafio, O, 160
Premissa, 137, 385
Prenúncios, 128, 138
Preocupações com gênero, 333
"Presente dos Magos, O" (conto), 272
Presentes, 72, 73, 156, 166, 175, 243, 466
    Dar, 67
    Do Mentor, 67, 68, 159, 164, 196, 214, 295, 319, 331
    Em mitos, 67, 68
    Merecimento, 68
Presley, Elvis, 323, 330
Preto e branco, 34, 127, 279
Primavera de uma solteirona, A, 160
Primeira noite de um homem, A, 254
Problemas
    Externos, 129, 137, 139, 200, 291–294
    Internos, 129, 137, 139, 291–294
    Internos e externos, 129
Professor aloprado, O, 404
Professor Challenger, 291
Projeção, 54, 99, 131, 160, 192
    Animus ou *anima* negativo, 218
    Camaleão, 90, 91
    Demonização, 212, 213

ÍNDICE

Pulp Fiction, 334
Sombra, 97, 304
Prólogo, 125–127, 276, 325, 326, 341
Prometheus, 455
Propp, Vladimir, 48, 67, 68, 143, 152, 159
Protagonista, 90, 125
  Agon, 412
  Duplo, 402
  Herói como, 31
  Pulp Fiction, 328
  Reversão, 399
  Sombra, 98
  Star Wars, 363
Prova (evidência), 261, 262
Prova (teste), 37, 78, 135, 154, 180, 181, 194, 231, 263
Provação (estágio 8), 30, 43
  Amor, 217, 218
  Animus ou anima, 218
  Arco de personagem, 257
  Casamento, 216, 217
  Chacras e, 456
  Crises, 204–206, 215, 216
  Demonização, 212, 213
  Ego, 221
  Emoção, 209, 210
  Equilíbrio, 217
  Forma da água, A, 346, 347
  Jornada do Herói, 32, 33
  Localização, 205, 206
  Mágico de Oz, O, 222
  Medo, 219
  Morte e renascimento, 203, 204, 207–209, 251

Mudanças, 204
Oponentes, 220, 221
Perguntas sobre a Jornada, 222, 223
Preparação para, 191
Rei leão, O, 319
Sombra, 212
Tensão, 207
Testemunha do sacrifício, 207, 208
Titanic, 296, 297
Vilões, 213, 214
Visão geral, 39, 40
Provas, Aliados e Inimigos (estágio 6), 30, 43, 179–186. Ver também Aliados; Inimigos.
  Arco de personagem, 257
  Forma da água, A, 344
  Jornada do Escritor, 365
  Jornada do Herói, 32, 33
  Perguntas sobre a Jornada, 186
  Pulp Fiction, 329–332
  Teste impossível, 194, 195
  Titanic, 295
  Visão geral, 37, 38
Psicose, 218, 222, 374, 411, 435
Psique, mapas da, 29
Público
  Contrato com, 373–375
  Desejos, 386–388
  Identificação, 54, 55, 304, 307, 308, 383
  Reação física, 435–439
Pulp Fiction, 20, 283, 289, 374, 416
  Análise estendida de 322, 339
  Jornada do Herói, 283

Punição, 272, 326, 327, 333, 338, 387

Purgação, 423–428

Purificação, 42, 249, 250, 255, 336, 424, 425

Q

Quadrinhos, 17, 22, 44, 108, 123, 333, 358

Quadro de figuras, 433

Quadros, 433, 434

Qualidades universais, 50, 54

Quatro estações do ano, As, 430

Querer *vs* Precisar, 384–386

Questão de honra, 413

Questão dramática, Levantando a, 128, 129

Quincas, 112

Quíron, 161, 164

Quixote, Dom, 104, 181

R

Rabbit, Jessica, 184

Rains, Claude, 164, 270

Raise the Titanic (Cussler), 303

Rambo: programado para matar, 34, 150

Ramis, Harold, 225

Ramo de ouro, O, 423

Randall, Tony, 73

Rapunzel, 125, 377

Rastros de ódio, 61, 132, 362

Reações químicas, 436

Reality shows, 386, 413, 430

Recompensa (Empunhando a Espada) (estágio 9), 30, 43, 270, 272, 298,

320, 387, 225, 236

Arco de personagem, 257

Autopercepção, 232

Celebração, 225, 226

Cenas de amor, 227, 228

Cenas de fogueira, 226, 227

Chacras, 456

Clarividência, 231, 232

Distorções, 233

Elixir roubado, 229, 230

Empunhando a Espada, 228, 229

Epifania, 232, 233

Forma da água, A, 340, 346–348

Iniciação, 230, 231

Jornada do Herói, 32

Mágico de Oz, O, 234, 235

Novas percepções, 231

Perguntas sobre a Jornada, 235, 236

Pulp Fiction, 333–336

Retorno com o Elixir (estágio 12), 271

Rio vermelho, 242

Titanic, 296, 297

Tomando Posse, 228

Visão além da ilusão, 231

Visão geral, 40, 41

Reconhecimento, 130, 271, 400, 401

Reconhecimento de terreno, 143, 144, 183, 190, 191

Recusa do Chamado (estágio 3), 30, 43, 162, 286, 292, 320, 326, 329, 332

Arco de personagem, 257

ÍNDICE

Artista como herói, 151
Chacras, 455
Chamados conflitantes, 151
Desculpas, 150
Esquiva, 150
Forma da água, A, 345
Guardiões do Limiar, 153, 154
Heróis, 147, 151–153
Heróis voluntários, 152
Jornada do Herói, 32, 33
Levando à tragédia, 150, 151
Perguntas sobre a Jornada, 156
Porta secreta, A, 154, 155
Pulp Fiction, 325, 329
Recusas positivas, 151
Rei leão, O, 315
Repetição, 286
Titanic, 293
Visão geral, 35, 153–156
Reencontro, O, 186
Regras, 192, 325, 337
De narrativa, 18, 219, 323
Do confronto, 252
Mundo Especial, 37, 166, 180, 183, 185, 192, 193, 329, 330
Narrativas, 284
Polaridade, 393, 396–398
Viver de acordo com as, 405
Rei Arthur, 33, 34, 65, 66, 94, 104, 211, 273, 304, 421
Rei leão, O, 20, 108
Análise estendida de, 312–322
Jornada do Herói, 283
Rei Pescador, 134, 273

Rei Ricardo Coração de Leão, 400, 450
Reinhardt, Max, 124
Reinhold, Judge, 204
Relatividade cultural, 324
Religião, 428, 429, 433, 434, 454. Ver também Chacras.
Renascimento, 255, 264, 437
Reorganização, 18, 190, 197
Catarse, 438
Responsabilidade, 56, 167, 197, 274, 275, 280, 315, 389
Assumindo mais, 147, 221, 274, 316
Elixir da, 274
Ressurreição (estágio 11), 30, 44, 249–265
Arco de personagem, 257
Catarse, 255–257
Clímax, 254, 255, 257
Confrontos, 252, 253
Cuidado por onde anda, 260
Escolha, 253, 254
Escolha romântica, 254
Falso pretendente na, 261
Forma da água, A, 349
Herói, 252, 260
Incorporação, 263
Jornada do Herói, 32, 33
Limpeza, 250
Morte e renascimento de heróis trágicos, 253
Mudança, 263, 264
Nova personalidade, 249, 250
Perguntas sobre a Jornada, 265

Prova (evidência), 261, 262

Provações, 251

Pulp Fiction, 331, 334

Rei leão, O, 321

Sacrifício, 262, 263

Titanic, 297, 298

Última chance do Herói, 260

Visão geral, 42

Retaliação, 241, 242, 271

Retorno com o Elixir (estágio 12), 30, 44, 298, 335, 338. Ver também Elixir.

Arco de personagem, 257

Armadilhas, 276

Chacras, 456

Denouement, 268

Duas formas de história, 268

Elixir da responsabilidade, 274

Elixir da tragédia, 274, 275

Elixir do amor, 273, 274

Encontro da perfeição, 270

Epílogo, 276

Falta de enfoque, 278

Finais, 277, 278

Forma da água, A, 349

Forma de história circular, 269

Forma de história com final aberto, 270, 271

Funções, 271

Jornada do Herói, 32, 33

Mágico de Oz, O, 279, 280

Mais triste, porém (não) mais sábio, 275

Menos é mais, Sistema, 277

Mudança no mundo, 274

Perguntas sobre a Jornada, 280, 281

Pontuação, 278, 279

Pulp Fiction, 331, 337

Recompensa e punição, 272, 387

Retorno, 267, 268

Surpresa, 271, 272

Titanic, 309

Tramas secundárias não resolvidas, 277

Visão geral, 43

Retorno da luz, 428

Revanche do monstro, A, 340

Reversão

Catastrófica, 400, 401, 404

Cenas de reconhecimento, 400, 401

Conceito de Aristóteles, 399

Da reversão, 407–409

Da sorte, 398

De Polaridade, 397, 398, 404, 415

Doutrina da Mudança, 404, 405

Outra ponta do espectro, 405, 406

Romântica, 401, 402

Star Wars, 359

Reveses, 196, 245, 257, 389, 398

Rio vermelho

Aliado, 105

Caminho de volta (estágio 10), 242

Catarse, 256

Cenas de amor, 228

Cenas de fogueira, 226

Chamado à Aventura (estágio 2), 146

Consciência do Herói, 69

Heróis trágicos, 134, 135

Mentor, 160

Polarização, 409, 410
Provação (estágio 8), 219, 220
Recusa do Chamado (estágio 3), 151
Risadas, 111, 112, 190, 256, 257, 373, 399, 428, 430, 438, 439. Ver também Comédia.
Ritos de passagem, 40
Ritter, Thelma, 73
Rituais, 124, 231, 250, 384, 419, 423, 424, 425
  Atenas, 426, 427
  Caverna, 421– 427
  Cerimônias, 382
  Declaração, 279
  Elementos, 40
  Fortalecimento, 428
  Gregos, 426, 427
  Luz, 428, 429
  Namoro, 190
  Prólogo, 126
  Provação, 310
  Pulp Fiction, 327, 336
  Religiosos, 316, 412, 428, 429
  Ressurreição, 250
Rivais, 183
Robin Hood (personagem), 60, 252, 374, 400
Robin Hood: o príncipe dos ladrões, 252
Robinson, Phil Alden, 83
Rocketman, 156
Rocky, um lutador, 36, 150
Rogers, Ginger, 340
Rolling Stones, The, 377
Romance

Aliados, 107
Bares, 184
Camaleão, 91–93
Casablanca, 270
Cenas de amor, 41, 216, 218, 227, 228
Elixir do amor, 273, 274
Heróis, 37
Namoro, 190
Polarização, 410
Provação (estágio 8), 215, 216
Rei leão, O, 315
Reversão, 401, 402
Star Wars, 182, 361
Titanic, 297, 304, 311
Travessia do Primeiro Limiar (estágio 5), 36
Romance (gênero), 44, 92, 107, 124, 128, 210, 215, 304, 401, 416
  Arturiano, 287, 302
  Escritores de, 19, 107, 128, 285, 304
Romanos, 106, 271, 306, 413, 434, 435
Rose, Ruth, 141
Roteiro, estrutura, 32
Roteiros, 20, 21, 32, 55, 131, 135, 141, 147, 210, 288, 299, 311, 313, 316, 431, 439
  Estrutura, 32
Rourke, Mickey, 60
Roy Bean: o homem da lei, 184
Rumpelstiltskin, 164, 377–383, 389, 390
Ryerson, Florence, 171

S

Sabedoria, 31, 65, 72, 166, 240, 378
  Atena, deusa da, 162
  Corpo, 433–439
  Elixir, 251, 273, 280
  Fontes de, 114, 160
  Heróis, 55
  Mentores, 160
  Mentores internos, 69
  Mito, 367
Sabotador, 260
Sacrifício, 265, 273
  Agon, 412
  Autossacrifício, 287
  Heróis, 53, 56, 243, 294, 297
  No estágio da Ressurreição, 262
  Pulp Fiction, 334, 336
  Recompensa, 272
  Ressurreição (estágio 11), 262, 263
  Rituais, 423, 425
  Testemunho do, 207, 208
  Titanic, 294, 297
Saint, Eva Marie, 190, 218, 260
Salt, Waldo, 131
Salto de fé, 174
Sangue de herói, 250
Scaramouche, 252
Scarface, 59, 60
Schliemann, Heinrich, 291
Schwarzenegger, Arnold, 262
Scorsese, Martin, 450
Searcy, Nick, 345
Sebastião, São, 434
Segredo do abismo, O, 374

Segredos, 232, 260, 295, 308, 309, 312, 361, 386, 400, 402, 435
  Lei da Porta Secreta, 154
Selvagem, O, 60
Sem destino, 289
Sem lei e sem alma, 106, 252
Sem saída, 271
Senhor dos anéis: as duas torres, O, 411
Separação na Jornada do Herói, 33
Serviço Florestal, 461, 465
Sexo, 70, 211
  Bares, 184
  Camaleões, 91
  Chacra criativo, 446, 447
  Comédia grega, 428
  Iniciação, 70
  Oposto, 40, 90, 91, 99
  Pulp Fiction, 330
Shakespeare apaixonado, 399
Shakespeare, peças de, 83, 104, 126, 146, 313, 314, 320, 382, 416
Shannon, Michael, 342, 352
Shaw, Robert, 36, 227, 253
She: a chave do entendimento da psicologia feminina, 180
Shoeless Joe (Kinsella), 83
Shrek, 433
Significado em histórias, 18, 23, 134, 233, 283, 300, 358, 367
Silêncio dos inocentes, O, 99, 167, 244
Simbolismo, 383, 404, 409, 425, 428, 433, 439
  Agon, 412, 413

ÍNDICE

Bíblia, 375
Cartas, 366
Pulp Fiction, 327, 331
Quadros, 433, 434
Rituais, 423
Star Wars, 358
Titanic, 308, 309
Vela, 420, 421
Símbolo taoísta, 404
Sincronicidade, 142
Síndrome da China, 375
Smell-o-vision, 435
Sniper americano, 176
Sombra, 97–101, 112, 180, 212–214, 222, 236, 242, 251, 261, 293. Ver também Vilões.
Arauto, 143
Casamento, 217
Como inimigo, 182
Demônio como Sombra de Deus, 212
Demonização, 212, 213
Desafiando, 220
Eliminando, 241, 242
Enfrentando, 212
Forma da água, A, 342, 353, 354
Fuga, 244
Função dramática, 98
Função psicológica, 98
Heróis e, 59, 252
Humanização, 100, 101
Jornada do Escritor, 365
Mágico de Oz, O, 146
Máscara, 98, 99

Mentor, 70, 73
Prova (evidência), 261, 262
Provação, 212
Pulp Fiction, 327, 333, 334, 338
Rei leão, O, 316
Titanic, 293, 304
Visão geral, 49, 50, 97
Sombra de uma dúvida, A, 92
"Somewhere Over the Rainbow", 383
Sonho de uma noite de verão, 382
Sonhos, 28, 47, 54, 65, 155, 192, 279, 362, 366
Aliados, 108
Arautos, 84
Camaleão, 90
Crescimento, 142
Mentores, 73
Sombra, 98
Xamãs, 195, 367
Sopranos, Os (série), 276
Spartacus, 222
Spencer, Octavia, 342
Spielberg, Steven, 21, 27, 204, 435
Spotlight: segredos revelados, 451
Star Trek (série), 13, 273
Star Wars (série de filmes), 18, 38, 207, 210
Aliados, 108
Aproximação da Caverna Secreta (estágio 7), 38
Arauto, 85
Caminho de volta (estágio 10), 41
Citação, 65
Confrontos, 183, 184

Episódio I: A ameaça fantasma, 358, 360

Episódio II: O ataque dos clones, 358, 361

Episódio III: A vingança dos Sith, 359, 362

Episódio IV: Uma nova esperança, 37, 357, 358, 359

Episódio V: O Império contra-ataca, 182, 263, 358

Episódio VI: O retorno de Jedi, 37, 40, 101, 263, 358–360

Espadas, 229

Heroísmo, 57

Inimigos, 182

Jornada do Herói, 283, 357–363

Mentor, 36, 160

Morte e ressurreição, 208, 209

Polarização, 411

Presentes, 67

Prólogo, 126

Provação (estágio 8), 39, 210, 211

Recompensa, 40

Relevância, 289

Ressurreição (estágio 11), 42

Sacrifício, 262, 263

Sombra, 100

Testemunha, A e, 33

Trama, 35

Última chance, 260

Status quo, 111, 112, 194, 195, 220

Stone, Sharon, 92, 271

Stonehenge, 28

Strophe, 400

Stuhlbarg, Michael, 342

Sturges, John, 106

Suécia, 421

Sugestionamento, 126, 325, 426

Sullivan, Ed, 323

Sully: o herói do rio Hudson, 138

Super-heróis, filmes de, 12

Superman (personagem), 62, 133

Superman (filme), 375

Surpresa, 44, 163, 252, 271, 272, 288, 435

Suspeita, 92

Suspense, 39, 91, 112, 154, 260, 290, 298, 312, 397, 435, 439

Criado pela polaridade, 402

"Sympathy for the Devil", 377

T

Tarantino, Quentin, 322, 327, 335

Tarô, cartas de, 50, 165, 174, 229, 385

Taylor, Vanessa, 339

Taxi (série), 57

Teatro de variedades, 428

Televisão, 105, 114, 244, 323, 386, 413, 429, 431. Ver também programas específicos.

Aliados, 105

Histórias contínuas, 62

Mentores contínuos, 72

Peixe fora d'água, 33

Resgate do *Titanic*, 304

Tradições, 429

Tema, 125, 269, 279, 284, 293, 312

ÍNDICE

Definição, 137

Encontros e desencontros, 383

Histórias, 393

Imagem de abertura, 125

Mito do herói, 28

Mudança de, 278

Pulp Fiction, 323, 327, 338

Star Wars, 359

Titanic, 293, 295, 304, 307

Visão geral, 136, 137

Tema da fuga mágica, 30, 243, 244

Tempo de glória, 253, 276

Tensão, 112, 207, 245, 254, 257, 268, 299, 310, 393, 398, 399, 430, 434–438

Tentação, 41, 142, 143, 151, 217, 245, 263, 315, 325, 330, 332, 362, 411

Terceiro homem, O, 249

Tesouro de Sierra Madre, O, 273

Testemunha, 93, 125, 145, 172, 207, 208, 210, 211, 254, 310, 320, 426

Do sacrifício, 207, 208

Testemunha, A, 33, 253

The Post: a guerra secreta, 451

Thelma e Louise, 172, 200

Thomas, Diane, 149

Thrillers, 71, 85, 92, 93, 127, 142, 143, 228, 333, 401, 447

Till Eulenspiegel, 107

Tira da pesada, Um

Aproximação da Caverna Secreta (estágio 7), 190

Conceito de peixe fora d'água, 33

Enredo, 34, 37, 39

Guardião do Limiar, 154

Herói catalisador, 62

Mundo Especial, 179

Pícaro, 113

Provação (estágio 8), 204

Ressurreição (estágio 11), 42

Travessia do primeiro limiar (estágio 5), 172

Vilão, 214

Titania, 382

Titanic, 22, 324

Análise estendida de, 287–312

Busca, 291, 292

Construção, 300, 301

Efeitos, 310, 311

Jornada do Herói, 283, 287–291

Mundo Comum, 292–298

Polarização, 411

Reversão, 399

Simbolismo, 300–310

Sinergia, 312

Títulos, 38, 107, 124, 125, 184, 328, 332, 413

Todos os homens do presidente, 451

Tom Dunson, 134, 146, 151, 219, 242, 256, 409

Tom Sawyer, 130

Tomates verdes fritos, 160

Tootsie, 401

Topper e o casal de outro mundo, 404, 405

Tragédia, 133, 160, 264, 265, 271, 274, 288, 291, 339, 359, 362, 387, 401, 402, 416, 426, 428

A JORNADA DO ESCRITOR

Conflito entre herói e mentor, 137, 138

Elixir, 274, 275

Falhas, 71, 133, 274

Grega, 426

Origem, 425

Polarização, 406

Potencial em conflitos entre Mentor e Herói, 164, 167

Recusa persistente leva à, 150, 151

Titanic, 287

Tragos, 425

Traídos pelo desejo, 374

Tramas secundárias, 255, 268, 286

Não resolvidas, 277

Travessia do Primeiro Limiar (estágio 5), 30, 43, 155, 184, 286, 329

Forma da água, A, 343, 345

Aproximação, 171, 172

Arco de personagem, 257

Aterrissagens duras, 174, 175

Chacras, 456

Jornada do Herói, 32, 33

Medo, 149

Mudança drástica e contraste, 127

Mágico de Oz, O, 193, 194

Perguntas sobre a Jornada, 176

Pulp Fiction, 325, 326, 332

Segunda, 43

Terceira, 44

Titanic, 293, 295

Visão geral, 36, 37, 171–176

Três anúncios para um crime, 147

Três mosqueteiros, Os, 107

Trilby, 164

Trocando as bolas, 33, 275, 402, 406

Tubarão, 36, 227, 253

Tudo por uma esmeralda

Arauto, 85

Camaleão, 92

Chamado à Aventura (estágio 2), 146

Citação, 149

Crise, 216

Elixir, 273

Falta do herói, 132

Guardião do Limiar, 71, 153, 154

Prenúncios, 128

Provação (estágio 8), 251

Ressurreição (estágio 11), 263–265

Turner, Kathleen, 92, 212

Tutancâmon, 301

U

UCLA, Programa de Extensão para Escritores da, 19

Última ceia, A, 434

Última chance, 198, 260, 271

Última tentação de Cristo, A, 450

Último Boy Scout: o jogo da vingança, O, 126

Último dos moicanos, O, 183

Unidade, 393, 422

University of South California, escola de cinema da, 18

V

Vale do Indo, 422

ÍNDICE

Valores, 44, 180, 192, 213, 253, 254, 287, 291, 292, 310, 311, 333
   De um vilão, 213
Vampiros, histórias de, 41, 98, 100, 331, 375
Vela, simbolismo da, 420, 421
Velho Sábio ou Velha Sábia, 163. Ver também Mentor.
   Arquétipo, 34, 36, 39, 44, 47, 50, 65
   Clichês, 163
   Influência, 165
   James Bond (série de filmes), 72
   Mágico de Oz, O, 155
   Personagens repetidos, 28
   Quíron, 161
   Reis Magos, 232
Verossimilhança psicológica, 29
Vestígios do dia, 387
Vibrações, 441, 442. Ver também Chacras.
Vidas amargas, 60
Vikings, 421
Vilões, 47, 54, 100, 171, 222, 241, 254. Ver também Sombra.
   Arauto, 85
   Camaleão, 93
   Capangas, 242, 293, 348
   Confronto, 252, 253
   Defesas, 197, 198
   Eliminando, 241, 242
   Forma da água, A, 342, 352
   Fuga, 213, 214, 244
   Guardião do Limiar, 77, 78
   Heróis e, 37–39

   Heróis em sua mente, 100
   Inimigos, 182
   Justiça poética, 387
   Mentor, 164
   Morte de, 213, 253, 262, 272
   Mundo Especial, 180
   Polaridade, 396
   Prólogos, 126
   Provação (estágio 8), 212, 213
   Pulp Fiction, 334
   Qualidades heroicas, 57
   Quartel-general dos, 198, 200, 252
   Que se veem como heróis, 100, 214
   Reconhecimento de terreno, 143
   Rei leão, O, 314
   Ressurreição (estágio 11), 42
   Sombra do Herói, 213
   Star Wars, 359–361
   Titanic, 293
   Versus antagonistas, 97
Vingadores, Os, 15
Vingança, Tramas de, 34, 132, 242
Violência, Representação de, 434
Virgem Maria e filho, 434
Vítima, 293, 351, 352
Volta, meu amor, 73
Voltar a morrer, 127
Vontade, 55, 171, 220, 229, 294, 327, 338, 388–390

W

Wagner, Richard, 302, 358, 359
Wall Street: poder e cobiça, 413
Wallace, William, 450

Waltons, Os (série), 72

Wayne, John, 61, 105, 134, 146, 150, 219, 242, 250, 409

Weaver, Sigourney, 60, 262

Welles, Orson, 92, 99

West Wing, The (série), 413

"When You Wish Upon a Star", 386

Whiplash: em busca da perfeição, 156, 222

Wiese, Michael, 11, 23

Willis, Bruce, 151

Willow: na terra da magia, 18

Woolf, Edgar Allan, 171

Wurlitzer, 435

X

Xamãs, 161, 195, 321

    Aproximação da Caverna Secreta

(estágio 7), 195

Escritores como, 167, 366, 367

Jornada do Escritor, 365–367

Mentores, 44, 73

Pulp Fiction, 329

Rei leão, O, 320

Ressurreição (estágio 11), 336

Território xamânico, 195

Trabalho dos, 250

Y

Yin-yang, 404

Z

Zeno, Franco, 12

Zeus, 67, 84, 92, 161, 230, 412

Zimbardo, Philip, 12

Zoolander, 402

Dados Internacionais de Catalogação na Publicação (CIP)

V883j

Vogler, Christopher
A Jornada do Escritor: estrutura mítica para escritores /
Christopher Vogler ; tradução de Petê Rissatti e
Isadora Prospero ; ilustrações de Michele Montez.

São Paulo : Seiva, 2024. 520 p. ; 16 x 23 cm

Título original: *The Writer's Journey: Mythic Structure
for Writers*

ISBN: 978-65-83239-01-3

1. Criação – ficção. 2. Escrita criativa. I. Rissatti, Petê.
II. Prospero, Isadora. III. Montez, Michele. IV. Título

CDD: 808.02
CDU: 808.1

**André Felipe de Moraes Queiroz
Bibliotecário – CRB-4/2242**

Coragem para criar

seiva.com.br
ola@seiva.com.br

Assine nossa newsletter diária sobre
o mundo criativo em seiva.com.br/aurora

Para mais inspirações e referências,
siga @ssseiva no Instagram

Rua Bento Freitas, 306, sala 72
República, São Paulo – SP
CEP 01220-000

Esta
edição foi
composta em
Minister
e New Kansas

E IMPRESSA EM IVORY SLIM 65G/M²
RETTEC   NOVEMBRO   2024